:华东师范大学外语学院国别与区域研究丛书

新时期太平洋岛国地区合作
全球背景下的考察

陈晓晨·著

PACIFIC ISLANDS REGIONAL COOPERATION IN A NEW ERA
A Study under Global Backdrop

时事出版社
北京

序 言

"小"角度，"大"视野

王逸舟

（北京大学博雅特聘教授、
中国国际关系学会副会长）

陈晓晨博士的力作《新时期太平洋岛国地区合作：全球背景下的考察》即将问世。作者希望我在这本书的前面写几句。我欣然接受了他的提议。

理由之一是我很欣赏作者的坚韧探索精神。早先的印象来自他在几年前撰写的《寻路非洲：铁轨上的中国记忆》。那不只是一本纪实性作品，它折射出作者为此深入非洲大陆追踪一段历史的辛苦。现在这本书源自他的博士论文，我担任他的开题和答辩委员会主席，看着他从在一般人鲜有涉足的领域选取主题，到远赴南太小岛耗时数月收集素材，从选题开始阶段遭受的质疑到后期改进阶段的完善，新书继续呈现出作者特有的自信和不俗。

另一点是此书符合我的祈愿：越是真正强大的国家，越有宽广视野和心胸，越有可能注意到热门外的地域潜质。时下各路出版社、媒体乃至研究人员，太多追捧"大"话题（诸如"大国重器""战略博弈"之类），太少研究"小"角度（例如小国或冷僻处）。这多少反映整个国家快速成长又成长不足的状态。晓晨富有智库工作经验，按理说写"大"话题轻车熟路，可他偏偏要对南太诸岛对外政策仔细梳理，把其中蕴含的区域主义和次区域主义线索加以提炼。中国学术需要这种态度。

近期的国际形势让我有一丝忧虑。很多年没见过如此严重的大国"互怼"及公众焦虑、如此反差的内外判断和上下误差，以及如此不确定的十字路口与下步走向。各种原因众说纷纭，此处无法深究，我只是觉得中国人还需要更沉稳一些、视野再开阔一些、研究再扎实一些。从这个意义上讲，这本书既是为提高中国学界太平洋岛国研究水平做出的努力，又是激励迈向大国风范进程的一个小路标。

记于2021年初寒风料峭之际

前　言

2009年左右以后，在全球治理深化和围绕南太平洋地区的域外地缘政治争论加剧的大背景下，太平洋岛国在应对气候变化、渔业与海洋治理和可持续发展等领域的共同利益凸显，在全球治理领域的权力尤其是投票权重要性增长，推动了太平洋岛国在南太平洋地区机制主导权的上升，促进了太平洋岛国论坛等既有地区组织的改革，催生了一批由太平洋岛国创建和主导的新地区组织与机制，包括太平洋岛国发展论坛、太平洋小岛屿发展中国家集团、机制化的《瑙鲁协定》缔约国、首席贸易顾问办公室和组织化的美拉尼西亚先锋集团等，进一步推动了太平洋岛国地区主义的兴起与发展。

全球治理的三大重点议题——全球经济金融与发展治理、全球气候治理与全球海洋治理，通过全球—地区两个层次的互动，通过议题政治促进了地区议程的设置，推动了太平洋岛国在地区主义中共同利益的形成。其中，气候变化议题集中体现了全球治理议题与太平洋岛国共同利益之间的联系。

全球治理的民主化提升了太平洋岛国拥有的投票权的重要性。大国考虑太平洋岛国的投票权及其在国际社会的影响力而加大对该地区的投入，围绕太平洋岛国地区的地缘政治活动加剧。地缘政治活动的加剧扩大了太平洋岛国的国际选择空间，降低了太平洋岛国对澳大利亚的依赖程度，提升了太平洋岛国在本地区事务中的自主选择权。这凸显了澳大利亚本已存在的"中等强国困境",使澳大利亚难以像冷战结束后一段时期那样对太平洋岛国施加影响、全面主导地区主义进程。

太平洋岛国在此过程中主动"借力",使用"数量优势牌""海洋权利牌"和"多层制度牌"3种具体的外交策略,充分利用主权,扬长避短,走地区联合之路。

尽管太平洋岛国在地区主义中的主导权有所上升,但与大国尤其是澳大利亚相比仍然相当有限。新旧机制在各自的领域保持优势,难以互相取代,导致南太平洋地区出现不同层次和不同领域范围的多个地区组织与机制并存并立的格局,在南太平洋地区"复杂而拥挤"的地缘战略环境下相互作用,这种局面推动了多层次地区主义的形成。这在地区气候政治中体现得尤为突出。

本书对太平洋岛国地区合作的案例研究有助于加强太平洋岛国地区的研究,为比较地区主义理论建设提供有益案例,也为"一带一路"南太平洋方向建设提供参考。

CONTENTS

目 录

第一章 导论 //(1)
第一节 问题的提出 //(1)
一、研究对象 //(1)
二、研究价值 //(8)
第二节 研究回顾 //(15)
一、南太平洋地区研究概览 //(15)
二、新时期太平洋岛国地区合作研究综述 //(21)
第三节 研究框架 //(29)
一、主要论点 //(29)
二、研究方法 //(31)
三、本书架构 //(33)

第二章 南太平洋地区与地区主义：概念与历史 //(34)
第一节 南太平洋地区界定新论：太平洋岛国何以构成地区 //(34)
一、地区性与模式化互动 //(35)
二、南太平洋地区的复杂性 //(38)
三、以地区性界定南太平洋地区 //(42)
四、本书对南太平洋地区的定义 //(50)
第二节 地区主义的概念 //(53)

一、比较地区主义阶段的地区主义　//（53）
　　二、发展地区主义　//（55）
　第三节　南太平洋地区主义发展简史　//（59）
　　一、殖民时期（1947—1971年）　//（59）
　　二、本土化时期（1971—1991年）　//（62）
　　三、后冷战时期（1991—2009年左右）　//（64）
　　四、2009年以前南太平洋地区主义存在的问题　//（68）

第三章　全球治理、地缘政治与太平洋岛国　//（71）
　第一节　全球治理与太平洋岛国　//（71）
　　一、全球治理的新发展　//（72）
　　二、全球治理的新趋势　//（76）
　　三、全球治理的新影响　//（82）
　第二节　地缘政治环境与太平洋岛国　//（89）
　　一、西方国家"重返南太"　//（90）
　　二、"新兴力量"进入南太　//（105）
　　三、"拥挤而复杂"的地缘政治环境　//（117）
　第三节　"借力"与地区联合：太平洋岛国的外交策略　//（119）
　　一、小国的外交策略概论　//（119）
　　二、太平洋岛国的外交策略　//（122）
　　三、"借力"：太平洋岛国外交策略有效性的来源　//（125）
　小结　//（127）

第四章　旧地区机制的改革　//（129）
　第一节　对《太平洋计划》的批评　//（129）
　　一、非政府组织对《太平洋计划》的批评　//（130）
　　二、"内部人"对澳大利亚主导权的揭露　//（133）
　　三、"温德尔报告"对论坛秘书处工作的否定　//（137）
　第二节　对《太平洋计划》的审查　//（142）

一、调研过程 //（143）
二、意见书 //（147）
三、《太平洋计划审查（2013）》 //（150）
第三节 《太平洋地区主义框架》的提出与改革开启 //（154）
一、《太平洋地区主义框架》 //（154）
二、太平洋岛国论坛的改革开启 //（157）
三、改革的早期收获 //（158）
四、"蓝色太平洋"地区认同的形成 //（167）
第四节 其他的旧地区机制 //（169）
一、太平洋共同体的进一步改革 //（169）
二、新时期的太平洋地区环境规划署 //（171）
三、太平洋地区组织理事会 //（172）
小结 //（173）

第五章 新地区机制的创建 //（175）

第一节 太平洋岛国发展论坛 //（175）
一、缘起与原因分析 //（176）
二、过程 //（183）
三、成果与影响 //（194）
第二节 太平洋小岛屿发展中国家集团 //（200）
一、缘起与原因分析 //（200）
二、过程 //（206）
三、成果与影响 //（208）
第三节 《瑙鲁协定》缔约国的机制化 //（212）
一、缘起与原因分析 //（214）
二、过程 //（221）
三、成果与影响 //（225）
第四节 首席贸易顾问办公室 //（238）
一、背景 //（239）

二、缘起与建立 //（247）
三、成果与影响 //（252）
小结 //（264）

第六章 多层次机制下的次地区合作 //（266）
第一节 美拉尼西亚先锋集团的组织化 //（266）
一、缘起与原因分析 //（267）
二、过程 //（287）
三、成果与影响 //（292）
第二节 其他次地区机制 //（304）
一、波利尼西亚次地区机制建设 //（305）
二、密克罗尼西亚次地区机制建设 //（313）
三、"更小岛屿国家" //（315）
小结 //（317）

第七章 地区重点议题：应对气候变化 //（318）
第一节 气候变化议题：从全球到南太平洋地区 //（318）
一、气候变化：太平洋岛国的核心发展议题 //（319）
二、全球气候治理与太平洋岛国 //（329）
第二节 地区气候议程的重要机制 //（335）
一、改革后的太平洋岛国论坛 //（335）
二、太平洋共同体 //（350）
三、太平洋地区环境规划署 //（355）
四、太平洋岛国发展论坛 //（360）
五、美拉尼西亚先锋集团 //（370）
小结 //（381）

第八章 结语 //（382）
一、研究结论与逻辑链条 //（382）

二、研究启示 //（387）
三、尚待进一步研究的问题 //（392）

参考文献 //（397）
中文文献 //（397）
英文文献 //（403）

附　录 //（411）
附录一　有关国家在太平洋岛国领土上设置的外交机构
　　　　所在国一览表 //（411）
附录二　太平洋岛国论坛2019年5月15日关于应对全球
　　　　气候变化的声明 //（412）

后　记 //（415）

第一章 导论

本章旨在提出研究问题，列出本研究在理论与现实方面的价值，对南太平洋地区研究与太平洋岛国地区合作新发展的研究进行回顾，阐明本书的核心论点、研究方法和章节架构。

第一节 问题的提出

一、研究对象

1. 太平洋岛国地区合作

在我们的蓝色星球上，南太平洋地区（South Pacific Region，SPR），或叫太平洋岛国地区（Pacific Islands Region，PIR），是最为独特的地区之一。它占据着大洋中心地带，是一个完全由岛屿和海洋构成的国际关系体系。地区合作与地区主义是这个地区政治的重要内容，是认识这个地区的一扇"大门"。第二次世界大战结束以来，南太平洋地区主义（South Pacific regionalism）经历了70余年的发展变迁，但长期以来主要由大国主导。尤其是冷战结束后的一段时间，澳大利亚和新西兰（统称"澳新"，ANZ）特别是澳大利亚掌握了南太平洋地区主义的主导权。笔者在《南太平洋地区主义：历史变迁的逻辑》一书中对南太平洋地区主义进行了基于理论的历史梳理与案例研究。①

不过，2009年左右以来，南太平洋地区主义出现了一系列新的发展变化，是值得深入研究的新现象。新现象可以简单概括为：太平洋岛国（Pacific Islands Countries，PICs，又称"南太岛国"，简称"岛国"，2000年以前主要称"南太平洋岛国"）和岛屿领地（Pacific island territory）在已有地区组织与机制中的主导权上升，且出现了多个由太平洋岛国和岛屿领地主导的新兴的地区组织和机制，在地区乃至全球治理中发挥了越来越大的作用。

已有地区组织与机制的主导权变化表现为：作为这个地区最主要的地区组织的太平洋岛国论坛（Pacific Islands Forum，PIF）②在一系列复杂进程后于2014年实施了系统性的改革；该地区最老牌的地区组织太平洋共同体（Pacific Community，SPC）③持续改革，重点关注与太平洋岛国利益息息相关的气候变化等议题。

新兴地区组织与机制表现为：完全由岛国和岛屿领地组成、由岛国和岛屿领地自主决策并主导、没有澳新参加（甚至没有作为观察员或对话伙伴国参加）的太平洋岛国发展论坛（Pacific Islands Development Forum，PIDF）成立，该论坛被一些人认为是"该地区最重要的新地区组织"④；《瑙鲁协定》缔约国（Parties to Nauru Agreement，PNA）在太平洋岛国论坛渔业局（Forum Fisheries Agency，FFA）之外又建立了一个地区渔业管理机制，建立了办公室等实体，自行实施了诸多独特的渔业管理办法，且有效运行；太平洋小岛屿发展中国家集团（Pacific Small

---

① 参见陈晓晨：《南太平洋地区主义：历史变迁的逻辑》，北京：社会科学文献出版社，2020年。

② 前身为1971年建立的南太平洋论坛（South Pacific Forum，SPF），2000年更为现名。本书以2000年为界，将此前的该组织称为"南太平洋论坛"，此后称为"太平洋岛国论坛"。

③ 前身为1947年建立的南太平洋委员会（South Pacific Commission，SPC），1998年更为现名，2015年完成更名程序。本书以1998年为界，将此前的该组织称为"南太平洋委员会"，此后称为"太平洋共同体"。

④ Joanne Wallis, *Pacific Power? Australia's Strategy in the Pacific Islands*, Melbourne: Melbourne University Publishing Limited, 2017, p. 295.

Island Developing States，PSIDS）成为太平洋岛国在联合国的非正式集团，代表岛国的利益，改变了过去以太平洋岛国论坛为岛国在联合国利益的主要代表的局面；岛国克服了澳新的阻力坚持设立了首席贸易顾问办公室（Office of the Chief Trade Advisor，OCTA），为太平洋岛国与澳新之间的贸易谈判提供咨询，维护岛国在劳动力流动（Labour Mobility）等方面的利益；次地区组织和机制愈发活跃，尤其是美拉尼西亚先锋集团（Melanesian Spearhead Group，MSG），在传统上澳大利亚势力较强的次地区建立了完全由岛国和岛屿领地组成并主导的次地区组织，其抱负不仅限于美拉尼西亚次地区，而是着眼于整个太平洋岛国。

在全球事务中，太平洋岛国的活跃度提高，"存在感"增强。尤其在气候治理方面，岛国发挥了远高出其实力的作用。澳大利亚学者格雷格·弗莱（Greg Fry）和南太平洋大学（University of South Pacific，USP）政府、发展与国际事务学院院长桑德拉·塔特（Sandra Tarte）认为，"这个地区正在经历着……关于太平洋外交如何组织、基于何种原则运行的'范式转变'（paradigm shift）"。[1]

太平洋岛国主导权上升最根本的表征，就是"地区性"加强——太平洋岛国更加凸显出其作为一个独立地区的性质。这体现在称呼上的变迁。例如，澳大利亚学者理查德·赫尔（Richard Herr）等学者已经更多使用"太平洋岛国地区"来指称这一地区[2]。近年来，"太平洋岛国地区"作为一个术语越来越受到本地区组织、澳新和联合国机制的认

---

[1] Greg Fry and Sandra Tarte, "The 'New Pacific Diplomacy': An Introduction", in Greg Fry and Sandra Tarte (eds.), *The New Pacific Diplomacy*, Canberra: Australian National University Press, 2015, p. 3.

[2] R. A. Herr, "Regional Security Architecture in the Pacific Islands Region: Rummaging through Blueprints", in Rouben Azizian and Carleton Cramer (eds.), *Regionalism, Security & Cooperation in Oceania*, Honolulu: The Daniel K. Inouye Asia-Pacific Center for Security Studies, 2015, p. 17.

可和广泛使用。① 中国政府近年来也更多使用了这个提法。② 在学理上，从巴里·布赞（Barry Buzan）归纳的"何以为地区"的三条标准——共同的特性（shared characteristics）、模式化的互动（patterned interaction）和共同的知觉（shared perception）——出发，近年来太平洋岛国共同利益不断凝聚、互动越来越机制化、自我认同愈发增强，是太平洋岛国地区性上升的内在学理含义。③ 本书第二章将重点探讨如何以地区性为衡量标准对主要由太平洋岛国构成的南太平洋地区进行概念界定。

当然，也有学者将太平洋岛国构成的地理区域称为"次地区"，将它们的地区组织与机制的进程称为"次地区主义"（sub‐regionalism）。④ 这往往暗含着一个逻辑前提：承认太平洋岛国地区单独构成一个单元，但澳新尤其是澳大利亚与太平洋岛国构成了一个更大范围的地区。在国内学者中，徐秀军和田旭也在使用"太平洋岛国地区"概念时将其称为"主要是小国成员的次区域"。⑤ 笔者认为，太平洋岛国构成一个地区还是次地区是个相对意义上的问题，二者可以同时存在——太平洋岛国既可以单独构成一个地区，也可以是更大范围的大洋洲地区

---

① "Coping with Climate Change in the Pacific Islands Region (CCCPIR) Programme", https://www.spc.int/cccpir; "Pacific Islands Regional Organization", https://dfat.gov.au/international‐relations/regional‐architecture/pacific‐islands/Pages/pacific‐islands‐regional‐organisation.aspx; "GMP2 ‐ Pacific Islands Region ‐ Inception Workshop", https://www.unenvironment.org/sw/node/18740.

② "2019年6月4日外交部发言人耿爽主持例行记者会"，中华人民共和国外交部，https://www.mfa.gov.cn/web/fyrbt_673021/jzhsl_673025/t1669530.shtml.

③ Barry Buzan, "The Asia‐Pacific: What Sort of Region in What Sort of World?", in Anthony Mcgrew and Christopher Brook (eds.), *Asia‐Pacific in the New World Order*, Bath: The Bath Press, 1998, p. 68.

④ Joanne Wallis, *Crowded and Complex: The Changing Geopolitics of the South Pacific*, Barton: The Australian Strategic Policy Institute Limited, 2017, pp. 15‐19; Stephanie Lawson, "Regionalism, Sub‐regionalism and the Politics of Identity in Oceania", *The Pacific Review*, Vol. 29, No. 3, 2016, pp. 387‐409; Tess Newton Cain, "Rebuild or Reform: Regional and Subregional Architecture in the Pacific Island Region", *Le Journal de la Société des Océanistes* [En ligne], Vol. 140, No. 6, 2015, pp. 49‐58.

⑤ 徐秀军、田旭："全球治理时代小国构建国际话语权的逻辑：以太平洋岛国为例"，《当代亚太》，2019年第2期，第99页。

或亚太地区之下的一个次地区，可以依据研究者的视角与研究对象而定。事实上，这种概念上的双重性本身就反映了地区的边界是可变的。①

与"太平洋岛国地区"受到认可相对应，"太平洋岛国地区主义"（Pacific Islands regionalism）这个概念也受到越来越多的认可。其中，南太平洋地区研究（可简称"南太研究"）的两位泰斗级学者理查德·赫尔和格雷格·弗莱对"太平洋岛国地区主义"的研究最具代表性，也最有说服力。2011年，理查德·赫尔担任第一执笔人的研究报告《我们的近邻：澳大利亚和太平洋岛国地区主义》开篇即提出，"太平洋岛国地区"与"太平洋岛国地区主义"的形成与动态发展是报告最核心的问题。② 报告还敏锐地提出，"没有澳大利亚的地区主义"（regionalism without Australia）正在出现。③ 桑德拉·塔特将太平洋岛国地区主义的兴起与发展视为近年来该地区涉及地区秩序的重要问题。④ 在2008年用"保护人—委托人地区主义"（patron-client regionalism）形容澳新对地区主义掌控力的澳大利亚学者斯图尔特·弗思（Stewart Firth）在2019年似乎也接受了"太平洋岛国地区主义"的提法并在其最新文献中使用。⑤

---

① 正如理查德·赫尔在总结南太平洋地区主义发展史及当下情势之后分析的那样，地区主义的认同边界一直在变动中：太平洋岛民试图通过去殖民化进程与在已有的殖民时期的组织中获取主导权取得这个地区的所有权；然而，在两个进程均无法完成的情况下，太平洋岛国创造了其他组织（如南太平洋论坛等）。尽管如此，这个组织仍然不完全属于岛国，由此产生了半个世纪的紧张关系。当下太平洋岛国的政治紧张关系在一定程度上也可以追溯到这些地区认同的矛盾。参见 Richard A. Herr, "The Frontiers of Pacific Islands Regionalism: Charting the Boundaries of Identity", *Asia Pacific World*, Vol. 4, No. 1, Spring, 2013, p. 45.
② Richard Herr and Anthony Bergin, *Our Near Abroad: Australia and Pacific Islands Regionalism*, Barton: The Australian Strategic Policy Institute Limited, 2011, pp. 1–3.
③ Ibid., pp. 53–56.
④ Sandra Tarte, "Regionalism and Changing Regional Order in the Pacific Islands", *Asia & The Pacific Policy Studies*, Vol. 1, No. 2, 2014, p. 312.
⑤ Stewart Firth, "Afterword", in Stewart Firth and Vijay Naidu (eds.), *Understanding Oceania: Celebrating the University of the South Pacific and Its Collaboration with the Australian National University*, Canberra: ANU Press, 2019, p. 406.

本书的研究对象是2009年左右以后新时期的太平洋岛国地区合作。这是南太平洋地区主义历史发展的最新阶段。下文以"南太平洋地区主义"称这个地区历史上的地区主义，以"太平洋岛国地区主义"称这个地区新时期的地区主义。研究对象时间下限及数据资料更新原则上截至2020年初。2020年以来，太平洋岛国地区主义出现了若干新变化，值得继续跟踪研究。

2. 重要性

学界对这一轮太平洋岛国地区主义新发展的影响程度尚存在不同解读。不过，普遍的观点是，太平洋岛国地区主义与历史上的南太平洋地区主义相比确实发生了显著变化，具有研究价值。理查德·赫尔认为这是"二十年一遇"，认为当前的地区主义新发展是冷战结束之后20年左右南太平洋地区主义旧有模式的更新。[1] 格雷格·弗莱认为，当前太平洋岛国地区主义新发展的重要性堪比1971年南太平洋论坛的成立，是"四十年一遇"[2]——这个判断也契合了他从1979年硕士论文以来几十年一直研究、呼吁并亲身实践的"本土化的地区主义"。甚至有年轻学者认为这是"前所未有的变局"[3]。桑德拉·塔特认为，这些新的地区组织与机制正在促进地区权力格局发生根本性转移，反映了长期的、更为根本性的地区秩序的变迁。"这些机制的发展已经挑战了太平洋岛国论坛长期以来的主导地位，而且与一些评论（观点）不同的是，（它们）已经日益成为地区倡议的焦点"。[4] 当然，也有的学者倾向于认为此事的重要性和影响力并没有那么大。在访谈交流中有资深人士对笔

---

[1] Richard Herr and Anthony Bergin, *Our Near Abroad: Australia and Pacific Islands Regionalism*, Barton: The Australian Strategic Policy Institute Limited, 2011, p. 2.

[2] 参见 Greg Fry, "Recapturing the Spirit of 1971: Towards a New Regional Political Settlement in the Pacific", *SSGM Discussion Paper*, 2015/3, Australian National University, 2015.

[3] 参见 Tim Bryar and Anna Naupa, "The Shifting Tides of Pacific Regionalism", *The Round Table*, Vol. 106, No. 2, 2017, pp. 155–164.

[4] Sandra Tarte, "Regionalism and Changing Regional Order in the Pacific Islands", *Asia & The Pacific Policy Studies*, Vol. 1, No. 2, 2014, pp. 321–322.

者表示，在他的整个职业生涯中，南太平洋地区主义"总有后浪"，总在不停地变化。

来自一线外交实践的"零距离观察"也为这一现象提供了佐证。从事对太平洋岛国外交多年、两次担任中国—太平洋岛国论坛对话会特使的杜起文在连续3年参加太平洋岛国论坛会后对话会之后总结认为，"各方比较普遍的看法是太平洋岛国地区形势正在发生历史性的深刻变化"，并将这种"历史性的深刻变化"概括为4个方面——"（1）太平洋岛国谋求自主发展和联合自强的趋势不断增强；（2）国际社会对岛国地区的重视程度上升；（3）太平洋岛国地区的传统力量格局正在发生变化；（4）中国同岛国关系的发展及对岛国地区的影响日益为各方所瞩目"。他还认为以上4个方面中"最具根本意义的是岛国自主发展意识的增强"——"近年来，太平洋岛国积极推动区域合作，提出'太平洋区域主义'合作框架……增强经济发展内生动力。太平洋岛国在气候变化、海洋环境和资源保护等问题上积极发声，在有关气候变化的《巴黎协定》和《联合国2030年可持续发展议程》的制定过程中发挥了特殊的作用。与此同时，太平洋岛国在国际关系中的能见度也在不断提升"。[1]

但是，由于澳新尤其是澳大利亚的实力优势仍然难以撼动，新旧地区组织与机制共同作用，导致南太平洋地区出现多个地区组织与机制并存并立、改革与创新并举、复杂互动格局。新西兰学者贾森·杨（Jason Young，中文名杨杰生）使用"太平洋多层次地区主义"描述这种格局，但含义有所不同。[2] 本书沿用这个术语，但将其所指进行明确界定：新时期南太平洋地区的"多层次地区主义"主要指多个层次上的多个地区组织与机制并存并立、复杂互动的格局。

---

[1] 杜起文：《关于太平洋岛国地区形势和中太关系的几点看法》，见陈德正主编：《太平洋岛国研究（第一辑）》，北京：社会科学文献出版社，2017年，第4—5页。

[2] ［新］杨杰生：《太平洋多层次地区主义：寻找合作点》，见喻常森主编：《大洋洲发展报告（2016—2017）：全球治理框架下的大洋洲区域合作》，北京：社会科学文献出版社，2017年，第117页。

以上是对本书主要研究对象的概述。本书提出并重点研究的问题是：在新时期全球治理深化和围绕南太平洋地区的地缘政治活动加剧的大背景下，太平洋岛国主导权上升的、多层次的太平洋岛国地区主义为何以及如何形成，具体表现是什么，在重要地区组织与机制以及在气候变化这个重点领域中如何体现。

二、研究价值

1. 学理价值

传统上，主流的国际关系研究以大国为主要研究对象，而占世界上国家数量多数的小国难以受到研究者的重视。如彼得·卡赞斯坦（Peter Katzenstein）所说："极少数国际关系研究图书和文章是讨论大约160个小国的。相比之下，对少数几个大国的研究充斥着所有图书馆。"[1] 传统观念认为，在以权力为核心的无政府的国际体系下，小国缺乏赖以维持生存的权力，遑论对体系施加影响。这在现实主义者和强调制度权力的新自由主义者那里表现得尤为突出。例如，罗伯特·基欧汉（Robert Keohane）对小国的界定就反映了这种观念："小国是这样的国家，其领导人认为它不能单独或通过一个小集体的行动对体系产生重要影响。"[2] 这个界定直到50年后的今天仍然具有价值。

但是，也有学者注意到，自威斯特伐利亚体系诞生以来，小国作为一个群体不仅长期存在，而且自"二战"结束后数量越来越多，参与全球事务、发挥独特作用、产生国际影响。[3] 在当下的全球治理时代，小国在国际社会发挥的作用越来越大，小国的外交行为应当受到主流国

---

[1] Peter Katzenstein, "Small States and Small States Revisited", *New Political Economy*, Vol. 8, No. 1, 2003, p. 10.

[2] Robert O. Keohane, "Lilliputians Dilemma: Small States in International Politics", *International Organization*, 1969, Vol. 23, No. 2, pp. 295-296.

[3] Matthias Maass, *Small States in World Politics: The Story of Small State Survival*, 1648-2016, Manchester: Manchester University Press, 2017, pp. 220-221.

际关系研究的更多重视。①

但是，即便在小国研究中，太平洋岛国也因为过于"微型"而处在小国研究视域的边缘。西方的小国研究界还没有以太平洋岛国为案例的学术专著，也鲜有专门论述太平洋岛国的章节乃至段落。② 确实，太平洋岛国都是地理或人口意义上的小国，有的还是"超小型国家"（microstates）③ 或"迷你国家"（mini‑states）④，在不少地图上仅显示为几个点甚至不存在。⑤ 而且，从经济规模、经济社会发展水平或综合国力等角度衡量，它们还都可以被称为"弱国"，特别是与小国研究中的传统重点研究对象（例如新加坡、瑞士、挪威、新西兰等）相比。"由于太平洋岛国地小人稀，处于世界事务的边缘，在相当长一段时间内被视为'太平洋最偏僻的地区'，远离国际冲突热点"。⑥ 可能正因为如此，这些"比一般小国还要小"而且偏远的国家即使在小国研究中也容易被忽视。不过，这些太平洋岛国却发挥着与其规模不相当的国际影响力，尤其是近年来在国际舞台上的"能见度"不断提高。因此，从小国如何运用权力乃至"撬动"大国的角度对太平洋岛国的研究正当其时。而地区主义、地区联合是全球治理时代太平洋岛国发挥主权优势的基本外交策略，值得以此为突破口深入研究。

---

① 对小国研究主要文献的最新梳理参见 Baldur Thorhallsson, "Studying Small States: A Review", *Small States & Territories*, Vol. 1, No. 1, 2018, pp. 17‑34. 我国学界的梳理参见韦民：《小国与国际关系》，北京：北京大学出版社，2014年，第4—13页。

② 参见 Andrew Cooper and Timothy Shaw（eds.）, *The Diplomacies of Small States: Between Vulnerability and Resilience*, Basingstoke: Palgrave Macmillan, 2009; Patrick Coaty, *Small State Behavior in Strategic and Intelligence Studies: David's Sling*, Cham: Palgrave Macmillan, 2019. 韦民的《小国与国际关系》对太平洋岛国几乎没有涉及。

③ Zbigniew Dumienski, *Microstates as Modern Protected States: Towards a New Definition of Micro‑Statehood*, Occasional Paper, Center for Small States Studies, Institute of International Affairs, University of Iceland, 2014, p. 1.

④ Ibid., p. 17.

⑤ Godfrey Baldacchino, "Mainstreaming the Study of Small States and Territories", *Small States & Territories*, Vol. 1, No. 1, 2018, pp. 7‑8.

⑥ 李绍先：《太平洋岛国研究的现状与展望：论坛主旨报告》，见李喆主编：《太平洋岛国的历史与现实："太平洋岛国研究高层论坛"论文集》，济南：山东大学出版社，2014年，第2页。

地区主义是国际关系研究中的重要领域。弗雷德里克·索德伯姆（Fredrik Söderbaum）将地区主义理论发展史划分为4个阶段：早期地区主义（early regionalism）、旧地区主义（old regionalism）、新地区主义（new regionalism）和比较地区主义（comparative regionalism）。[①] 目前，地区主义理论进入了比较地区主义阶段，强调将所有地区纳为研究对象，通过对各个地区的比较案例研究探讨地区主义的普遍性与特殊性。有的地区主义理论研究者还希望以比较地区研究对既有地区主义理论进行检验，或予以修正，或创造新的理论。本书是在比较地区主义阶段对全球治理时代太平洋岛国地区主义的一个案例研究，希望扩充发展地区主义研究的丰富性；得出的结论可能不仅限于解释南太平洋地区，还具有与其他地区案例进行地区间比较的潜在可能，以备将来发展为更加具有普遍性的比较地区主义理论。

按照现实主义范式或霸权稳定论（Hegemonic Stability Theory）的预测乃至常识判断，相对于太平洋岛国，实力超强的澳大利亚理应掌握地区组织与机制主导权并驱动地区主义。然而，本书的案例说明实力弱小的太平洋岛国在一定条件下也可以驱动地区主义。而且，这个过程并没有通过"欧洲经验论"色彩较强的新功能主义（neofunctionism）路径：主要地区组织太平洋岛国论坛当时正因遭受岛国的批评而陷入受质疑的状态，按照新功能主义的预测，本应当发生"溢回"（spill-back），地区主义进展受挫；然而，事实上是太平洋岛国在太平洋岛国论坛之外构筑了新的地区组织与机制，包括太平洋岛国发展论坛、太平洋小岛屿发展中国家集团、首席贸易顾问办公室、《瑙鲁协定》缔约国机制化、美拉尼西亚先锋集团组织化等，从而驱动地区主义的新发展。这种与既有理论的预测相悖的"反常"（也可以认为是反常识）案例凸显了本书构建的变量关系的有效性与重要性，也体现了本书研究的学理价值。

[①] Fredrik Söderbaum, "Old, New, and Comparative Regionalism: The History and Scholarly Development of the Field", in Tanja A. Börzel and Thomas Risse (eds.), *The Oxford Handbook of Comparative Regionalism*, Oxford: Oxford University Press, 2016, pp. 16-38.

发展是我们所处的全球治理时代的核心要素。为发展服务也是当前地区主义尤其是发展中国家地区主义的普遍实践。地区主义前沿理论能否与发展中国家的实践更好结合，如何能为发展这个大局服务，就成为一个突出问题。本书聚焦以发展为导向的地区主义，即"发展地区主义"（developmental regionalism），并以南太平洋地区的案例说明发展地区主义的一般性与地区独特性如何具体结合。那么，太平洋岛国如何把自主发展和联合自强有机联系在一起？太平洋岛国地区主义中的发展导向体现在哪里？最新进展是什么？本书可以成为研究这个问题的视角。

全球治理是当下时代的重要主题。不过，目前还少有对全球治理进程对太平洋岛国影响的研究。本书考察太平洋岛国地区主义进程中的全球背景，以多层次视角将全球与地区两个层次联系起来，以全球治理时代全球层次的因素解释地区主义的发展，并以太平洋岛国这样一群小国、岛国构成的独特地区为案例，这是本书试图做出的学术创新。本书重点研究的太平洋岛国参与乃至在一定程度上主导地区气候政治的案例也可以作为全球气候治理研究的一部分。

本书的多层次视角还体现在对地区以下的次地区层次的研究上，尤其是第六章关于南太平洋地区内部三大文化圈各自组成的次地区组织与机制的分析研究。通过对次地区的研究，本书希望深入到地区内部，丰富对地区的认知，但又保留了结构主义视角，并通过各个次地区之间的比较控制变量，进一步验证本书的核心逻辑。

2. 现实价值

海洋是地球上所有生命的源头，也是地表最主要的地形区划。然而，我们对海洋的了解还太少。在国际关系研究中，我们习惯了从陆地视角看世界，即使研究海洋也是如此。这从根本上看是因为人类（到目前为止）是在陆地上生活的物种。站在新的时代，我们不妨尝试换一种视角，从海洋视角看世界。海洋也可能孕育人类的未来。

从海洋视角看世界，南太平洋地区是唯一一个完全由岛屿和海洋构成的、占据大洋中心地带的地区，太平洋也由此成为唯一一个包含完全由岛屿和海洋构成的地区的大洋。"约3000万平方千米的海域，重要的战略区位与资源价值，以及在全球治理中发挥的与其国力远不相称的重要作用，是南太平洋地区在当下世界政治中的现实价值"。① 这是研究太平洋岛国地区主义的现实意义所在。

中共中央联络部原副部长于洪君是这样概括这个地区的战略价值的："西北与东南亚相邻，西连澳大利亚，东靠美洲，向南越过新西兰与南极大陆相望……连接着太平洋和印度洋，扼守美洲至亚洲的太平洋运输线，占据北半球通往南半球乃至南极的国际海运航线，是东西、南北两大战略通道的交汇处……海洋资源与矿产资源丰富，生产铜、镍、金、铝矾土、铬等金属和稀土，海底蕴藏着丰富的天然气和石油。近年来，该区域已经成为世界各大国和新兴国家战略博弈的竞技场。"②

在李增洪、陈德正看来，太平洋岛国以其重要的战略地位、丰富的自然资源、异彩纷呈的多元文化为世界所瞩目，具体包括四大优势：第一，资源优势，包括可再生的海洋渔业、陆地林业资源，以及不可再生的矿产资源。第二，环境优势，独特优美的自然风光造就了太平洋岛国丰富的旅游资源，使太平洋岛国获得了"人间天堂"的美誉，是世界重要的旅游目的地。第三，地理位置带来的战略优势。"在查看第二次世界大战的资料时，太平洋战争的惨烈会给人留下难以磨灭的印象，但也会给人留下诸多疑问。其中最大疑问便是，为争夺太平洋上的一座无人岛，战争双方为何会投入如此庞大的兵力，付出巨大的代价？其实，原因就在于太平洋岛国所在的地理位置具有的重大战略意义"。第四，独特的文化资源优势，山水阻隔导致的长期封闭状态，造就了太平洋岛国独特而丰富多彩的民族文化。他们认为，被"卷入"全球化之后，在建立民族国家和地区联合过程中，太平洋岛国不得不做出自己艰难的抉择。"他们的抉择不仅关乎自身的前途和命运，也在国际政治中产生

---

① 陈晓晨、常玉迪："中国与太平洋岛国共建'一带一路'：价值、瓶颈与举措"，《祖国》，2019年第8期，第31页。

② 于洪君：《序》，见吕桂霞编著：《斐济》，北京：社会科学文献出版社，2015年，第1页。

着重要影响"。①

2014年11月,中国国家主席习近平访问斐济,"这是中国最高领导人第一次访问南太平洋岛国,意味着中国周边外交已经拓展到遥远的南太地区"。② 从2015年3月起,南太平洋方向正式被中国政府纳入"一带一路"的主要方向之一。③ 2017年5月,中国政府明确太平洋岛国是21世纪海上丝绸之路南向延伸地区的重要组成部分。④ 数年来,"一带一路"的南太平洋方向建设在政策沟通、设施联通、贸易畅通、资金融通和民心相通等方面均结出了硕果,⑤ 中国与太平洋岛国之间的贸易、投资、旅游、人文交流等合作越来越密切。⑥

地区主义与多边主义是南太平洋地区的重要特征,也是与太平洋岛

---

① 李增洪、陈德正:《全球化对太平洋岛国的影响》,见李喆主编:《太平洋岛国的历史与现实:"太平洋岛国研究高层论坛"论文集》,济南:山东大学出版社,2014年,第62—73页。

② 于洪君:"新时代中国特色大国外交的指导思想和总体布局",《当代世界》,2018年第2期,第7页。

③ 国家发展改革委、商务部、外交部:《共建丝绸之路经济带和21世纪海上丝绸之路的愿景与行动》,新华社,2015年3月28日,http://news.xinhuanet.com/world/2015-03/28/c_1114793986.htm。

④ 推进"一带一路"建设工作领导小组办公室:《共建"一带一路":理念、实践与中国的贡献》,新华社,2017年5月10日,http://news.xinhuanet.com/politics/2017-05/10/c_1120951928.htm。中国人民大学重阳金融研究院承担了初稿写作,笔者也在其中参与了相关工作,参见刘伟主编:《读懂"一带一路"蓝图:〈共建"一带一路":理念、实践与中国的贡献〉详解》,北京:商务印书馆,2017年。

⑤ Chen Xiaochen, Chang Yudi and Wang Liangying, "Practical Measure to Push forward China-SPC BRI Cooperation", in Yu, Changsen (ed.), Regionalism in South Pacific, Beijing: Social Science Academic Press, 2018, pp. 69-90;"太和智库与北京大学联合发布'一带一路'五通指数研究报告",太和智库,2018年12月24日,http://www.taiheinstitute.org/Content/2018/12-24/0913043250.html。

⑥ 关于中国与太平洋岛国合作的研究参见陈晓晨、池颖:《中国自太平洋岛国的进口:现状概述与建议》;王学东、江旖旎:《中国对南太平洋岛国的医疗卫生援助》;沈予加、刘舒琪:《中巴新经贸关系现状及展望:兼论巴布亚新几内亚对'一带一路'倡议的态度》,见喻常森主编:《大洋洲发展报告(2017—2018):"印太战略"构想与澳大利亚》,北京:社会科学文献出版社,2018年,第133—151页;第152—161页;第181—191页等。

国共建"一带一路"的重要抓手。① 为了规划共建 21 世纪海上丝绸之路南太平洋方向的建设路径、制定具体措施，考虑到地区主义在南太平洋地区的重要作用，需要更多研究太平洋岛国地区主义的最新发展。② 2018 年 11 月，习近平主席在巴布亚新几内亚首都莫尔兹比港同建交太平洋岛国领导人举行集体会晤时表示，"尊重岛国联合自强、平等参与国际和地区事务的努力"，"支持岛国发出'太平洋声音'"③，这更是给政策研究提出了明确的课题。

然而，南太平洋地区对我国的重要性与我国学界对此方面的研究现状之间存在巨大的差异，基础研究尤其是专题研究极为缺乏，而需求又极为迫切。笔者在承担推进"一带一路"建设工作领导小组办公室的"一带一路"建设专项课题"21 世纪海上丝绸之路南太平洋方向建设路径研究"及其他相关课题时，对此有切身体会。④ 然而，有关南太平洋地区研究的专家数量还非常有限，师资力量和人才培养还较为欠缺，成果的发表渠道也不够通畅，这让不少有志于此的同仁望而却步。有学者认为，在这个大环境下，比较可取的是开展对太平洋岛国的课题研究。⑤ 不过，笔者认为，学理研究与课题研究并不冲突：学术研究是政策研究的基础，政策研究是学术研究的升华，可以把学理探究和经世致

---

① 参见中国人民大学重阳金融研究院：《扬帆向南：中国与太平洋岛国共建"一带一路"的机遇与挑战》，人大重阳研究报告第 61 期，2019 年 11 月 14 日；陈晓晨、关照宇、张婷婷等："扬帆向南：中国与太平洋岛国共建'一带一路'的机遇与挑战"，见陈德正、吕桂霞主编：《太平洋岛国发展报告（2020）》，北京：社会科学文献出版社，2020 年，第 147—172 页。

② 张颖："试论'一带一路'倡议在南太平洋岛国的实施路径"，《太平洋学报》，2019 年第 1 期，第 93—104 页。

③ "习近平同建交太平洋岛国领导人举行集体会晤并发表主旨讲话"，新华社，2018 年 11 月 16 日，http://www.xinhuanet.com//world/2018-11/16/c_1123726560.htm。

④ "'一带一路'建设 2016 年专项课题入选单位公告"，国家发展改革委，2016 年 7 月 21 日，http://www.ndrc.gov.cn/gzdt/201607/t20160721_811799.html。其中第七号课题"21 世纪海上丝绸之路南太平洋方向建设路径研究"由中国人民大学重阳金融研究院承担，笔者任执行负责人，主持完成了这个课题。

⑤ 汪诗明："国内太平洋岛屿国家研究趋势前瞻"，《太平洋学报》，2017 年第 9 期，第 94 页。

用结合，共同促进国内南太平洋地区研究的繁荣。①

第二节　研究回顾

一、南太平洋地区研究概览

到目前为止，西方仍然在南太平洋地区研究上保持领先——近年来，越来越多学者使用"太平洋岛国研究"指代这个研究领域，但"南太平洋地区研究"更具有历史延续性且仍被广泛使用。如果算上记述性成果的话，西方的南太平洋地区研究历史可以上溯到18世纪下半叶的《库克船长日记》。不可否认的是，建立、扩大、维护和延续殖民统治是很长一段时间里西方南太平洋地区研究的根本出发点和背后推力，不少研究在主观上或客观上都为此服务。但是，另一方面也要看到，学术兴趣也是很多学者的追求，从而发展出一个非常具有特色的研究领域。时至今日，西方的南太平洋地区研究已经较为成熟，"政治推力"和"学术推力"交织并存。

南太平洋是最晚进入西方研究视野的地区——在西方学术已经形成体系的时候，这个地区还保留着大量的原始社会传统。在此背景下，人类学成为早期南太平洋地区研究的重要学科——至今仍然是整个南太平洋地区研究学术史最重要的学科之一。田野调查与融入式观察是重要研究方法，孕育了《萨摩亚人的成年》《新几内亚人的成长》和《西太平洋上的航海者》等一批人类学经典著作，以及鲁斯·本尼迪克特（Ruth Benedict）、玛格丽特·米德（Margaret Mead）和马林诺夫斯基（Bronislaw Malinowski）等人类学家。这些都是南太平洋岛屿人民对人类知识的重大贡献。这种对基础研究的重视是西方南太平洋地区研究一

---

① 笔者2017年4月在聊城大学太平洋岛国研究中心新型智库揭牌仪式及第五期学术工作坊研讨会上的发言，参见田肖红："学理探究与经世致用：太平洋岛国研究的路径与方法"，《亚太安全与海洋研究》，2017年第5期，第53页。

直持续到今天的总体基调，留下了丰厚的学术积淀。

1947年，南太平洋委员会（South Pacific Commission，SPC，今太平洋共同体）成立，宣告现代意义上的南太平洋地区形成，也可以被视为西方现代南太平洋地区研究的起始。结合科学网（Web of Science，WOS）数据库，辅以引文空间软件（CiteSpace）的数据分析，可以将由此至今的南太平洋地区研究（侧重人文和社会科学）笼统划分为4个阶段：

第一阶段：早期起步阶段（1947—1970年）。这个阶段的南太平洋地区研究刚刚起步，尚未形成规模，具体表现为：成果数量较少；有限的成果更偏重自然科学；有意识地针对整个地区的社会科学研究极少，更多是关于某个殖民地或者某个具体岛屿。这折射出当时南太平洋地区仍处在殖民秩序之下，尚缺乏地区自主意识和整体意识。在数据上，表现为以"南太平洋"或"太平洋岛屿"为题名的社会科学研究成果数量很少，而且并非每年都有。在非常有限的成果中，关于人口与公共卫生的研究最多，一方面反映了当时的学术兴趣重点，另一方面也折射出西方殖民者维持殖民统治或推动渐进有序自治的政治需要。这一时期出现了马歇尔·萨林斯（Marshall Sahlins）、罗伊·拉帕波特（Roy Rappaport）等人类学学者和《波利尼西亚的社会分层》《献给祖先的猪》等人类学名著。在地区主义研究方面，较有代表性的是长期从事澳大利亚对南太平洋岛屿领地工作的托马斯·弗莱（Thomas Fry），他在《澳大利亚观察》（Australian Outlook）创刊号首篇文章介绍了南太平洋委员会。[①] 当然，这还不是系统性的学术研究。

第二阶段：稳步上升阶段（1971—1990年）。进入20世纪70年代，整个南太平洋地区形势发生了巨大变化。1971年，南太平洋论坛（South Pacific Forum，SPF，今太平洋岛国论坛）成立；美苏冷战逐渐扩展到南太平洋地区；南太平洋岛国纷纷独立，开始在国际舞台上发挥作用。这

---

① T. P. Fry, "The South Seas Conference, 1947," *Australian Outlook*, Vol. 1, No. 1, 1947, pp. 6–10. 《澳大利亚观察》是今天大洋洲重要学术期刊《澳大利亚国际事务杂志》（*Australian Journal of International Affairs*）的前身。

一阶段南太平洋地区研究稳步发展,在数据上体现为从1971年以后每年都有以"南太平洋"或"太平洋岛屿"为课题名的社会科学研究成果发表,而且呈逐年上升趋势。在研究内容上,除了人口和公共卫生仍然是重点外,有关文化、传统和现代化等领域的研究明显增多,与美国有关的研究更是上升为这一时期最主要的研究主题之一。人类学依然发挥着基础学科作用,但更多结合了现代的社会科学研究方法,代表作有澳大利亚学者约翰·康奈尔(John Connell)的《侨汇与农村发展:南太平洋的移民、依赖与不平等》。在地区主义研究方面,出现了最早的系统性学术研究成果,特别是理查德·赫尔的博士论文和格雷格·弗莱的硕士论文,以及基于他们论文的深入追踪研究。40多年来,两位学者一直活跃在南太平洋地区研究界,笔耕不辍,其研究成果代表了这个领域的顶尖水平。[①] 到了20世纪80年代尤其是80年代末期,一大批研究成果井喷式地出现,地缘政治成为重要研究主题,而且有一个明显的特点是由美国学者或美国智库驱动的研究激增,从侧面反映了美国在冷战后期对南太平洋地区更加重视。其中,迈克尔·哈斯(Michael Haas)、亨利·阿尔宾斯基(Henry Albinski)等是最具代表性的美国学者,夏威夷大学特别是东西方中心(The East-West Center)成为最具代表性的美国机构之一。美国/新西兰双重国籍学者斯蒂夫·霍德利(Steve Hoadley)所著《南太平洋外交事务手册》代表了该学科领域建设的初成。[②] 国际学术共同体初步建立。

第三阶段:调整阶段(1991—2008年)。冷战结束后,域外大国对南太平洋地区的兴趣有所减退,大国"撤出南太"一度成为主旋律,如美国关闭国际开发署(USAID)南太平洋地区办公室、英国退出南太

[①] 赫尔近期非常关注中国与南太平洋地区的关系,近作参见 Richard Herr, *Chinese Influence in the Pacific Islands: The Yin and Yang of Soft Power*, Barton: The Australian Strategic Policy Institute, 2019. 弗莱则于近期将其大部分作品上传到"研究之门"(ResearchGate)网站上供下载使用,并出版了新书,参见 Greg Fry, *Framing the Islands: Power and Diplomatic Agency in Pacific Regionalism*, Canberra: ANU Press, 2019.

[②] Steve Hoadley, *The South Pacific Foreign Affairs Handbook*, Sydney: Allen & Unwin Pty. Ltd., 1992.

平洋委员会等。西方大国对南太平洋地区研究的投入有所减少，这直接体现在相关研究成果数量呈震荡走势，增速有所下滑。例如，2001年的期刊文章数量尚不及1990年。国家治理、全球化等成为这一时期南太平洋地区研究的突出主题。在地区主义研究方面，地区安全合作成为一大主题，尤其是在"9·11"事件和2002年10月巴厘岛恐怖袭击事件之后。2003年澳大利亚领导的旨在通过干涉恢复所罗门群岛正常秩序的地区援助所罗门群岛特派团（简称"地区援所团"，RAMSI）成为这一时期最突出的地区安全议题之一，得到了广泛研究。步入21世纪后，"太平洋岛国地区"开始部分替代"南太平洋地区"指代这个地区，以涵盖那些地理上位于北太平洋的南太平洋岛国和岛屿领地，但"南太平洋地区"仍然大量使用。更为本土化、注重本地区主体性的"太平洋研究"（Pacific studies）逐渐成为西方学界尤其是澳新学界的独立学科，体现在澳新和部分英美高校的院系设置、教学计划与研究项目上。[1]

第四阶段：快速发展阶段（2009年—至今）。2008年肇始的全球金融经济危机和2009年的《联合国气候变化框架公约》（UNFCCC）第15次缔约国会议（下称"哥本哈根气候大会"）给南太平洋地区带来了深刻影响，促使南太平洋地区秩序出现了新变化。在此背景下，南太平洋地区研究也进入了蓬勃发展阶段，在数据上体现为2009年以来人文与社会科学研究成果数量激增。在研究内容上，气候变化及相关议题成为这一时期最热的研究主题，并且与其他领域广泛交叉，包括公共卫生与健康、国家治理与现代化等传统的南太平洋地区研究重点领域。在研究类型上，基础研究与应用研究、学术研究与政策研究愈发紧密结合，在数据上体现为从"政策"作为关键词的研究成果的比例显著提升。

纵观整个西方南太平洋地区研究的学科领域分布，人类学是基础，也是研究成果最为集中的学科。历史学、公共卫生与医学、环境学、地

---

[1] Konai Helu Thaman, "Decolonizing Pacific Studies: Indigenous Perspectives, Knowledge, and Wisdom in Higher Education", *The Contemporary Pacific*, Vol. 15, No. 1, 2003, pp. 1 – 17.

理学、考古学等学科也较受重视。经济学、社会学、政治学与国际关系等成果数量逊于上述学科。在研究主体方面，美国、澳大利亚、新西兰和英国是南太平洋地区研究的四个最主要的国家。澳大利亚国立大学、新西兰奥克兰大学、美国夏威夷大学（含东西方中心）和澳大利亚昆士兰大学是最具影响力的四所高校。①

日本对南太平洋地区的研究自成体系，是澳新美英以外重要的南太平洋地区研究大国。1945 年以前日本对南太平洋地区的研究主要是直接或间接服务于殖民统治和侵略战争。战后，日本对南太平洋地区的研究逐渐恢复，与澳新美英类似，也是以自然科学研究为重点，但日本学界尤其重视海洋研究。20 世纪 70 年代后，日本学界对南太平洋地区的社会科学研究尤其是国际政治研究明显增多。1979 年，在时任日本首相大平正芳的指示下，一个以日本权威智库日本经济研究中心（JERC）董事长大来佐武郎为首、由政府官员和学者共同组成的智囊团"环太平洋连带研究小组"组建起来，次年完成了《环太平洋连带构想》报告，提出了对环太平洋地区面向 21 世纪的一系列外交战略构想，地理范围主要是今天的亚太地区，但也涉及了一些南太平洋岛国。② 同年，日本综合研究开发机构（NIRA）发布了《南太平洋的现实与国际合作》报告。③ 1987 年，日本提出了被概括为"仓成主义"的对南太基本政策。20 世纪 80—90 年代，日本国立情报研究所（NII）数据库收录的南太平洋地区研究成果数量达到顶峰。进入 21 世纪后，在多方面因素作用下，日本的南太研究成果数量有所下滑，但仍保持较高水平。日本南太平洋地区研究的一大特点是海洋研究实力强，涉及渔业与海洋生物学、海底矿产、海洋法等领域，近年来在海洋环境与气候变化问题上持续进

---

① 参见刘建峰、王桂玉："基于知识图谱的国际太平洋岛国研究趋势展望"，《太平洋学报》，2019 年第 11 期，第 50—64 页。

② 参见田凯：《环太平洋连带构想：日澳倡议与亚太地区秩序的探索》，北京：社会科学文献出版社，2018 年，第 60—74 页。

③ 総合研究開発機構：《南太平洋の現実と国際協力》，東京：アジア太平洋研究会，1980 年。

行了相关研究。此外，日本在对南太经济援助研究上非常下功夫，在方法上较为注重实证研究。

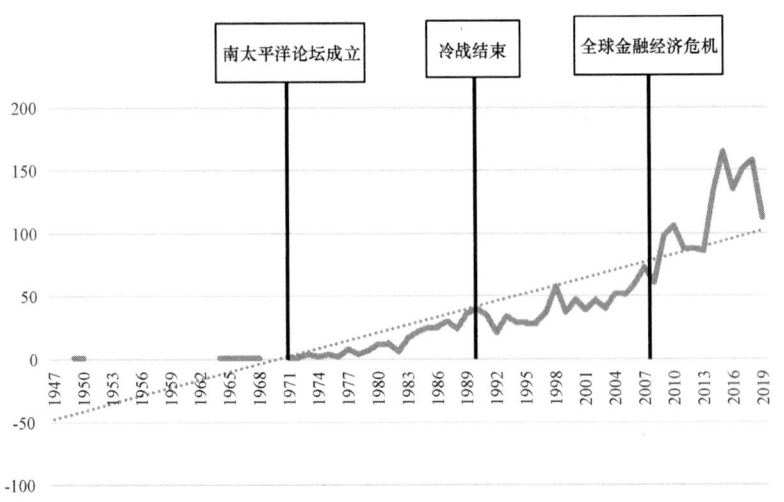

图 1-1　国际南太平洋地区研究（人文与社会科学领域）成果数量、趋势线及重要时间节点

数据来源：科学网（WOS）①

注：2019 年的成果统计尚不全；图中虚线为趋势线

与西方的南太平洋地区研究相比，成规模、系统性的研究近年来才开始在中国出现。整个 20 世纪，中国的南太平洋地区研究成果很少，而且以知识介绍为主，几乎没有专门的研究队伍，更谈不上形成学术共同体。② 进入 21 世纪以后，中国的太平洋岛国研究逐渐开始发展。③ 尤

---

① 该数据是笔者于 2020 年 2 月 16 日在科学网数据库中搜索题名包含"South Pacific"或"Pacific Island *"的人文社科类文献所得。需要特别说明的是，这个数量大大少于所有文献，主要原因是大量文献并不以"南太平洋"或"太平洋岛"为题名。不过，以此为题名搜索，有助于发现哪些研究文献是以南太平洋地区的整体为研究对象的。

② 参见王作成、孙雪岩："20 世纪以来中国的太平洋岛国研究综述"，《太平洋学报》，2014 年第 11 期，第 9—15 页。

③ 参见汪诗明："国内太平洋岛屿国家研究趋势前瞻"，《太平洋学报》，2017 年第 9 期，第 86—95 页；

其是2014年左右以来，研究成果数量迅速增加，成果形式多种多样，研究力量初具规模，学术共同体也初步形成，目前正处在迅速发展的新阶段。① 笔者在2020年第4期《国际政治研究》的专访中对中国的太平洋岛国研究进行了系统性回顾与评述，相信随着太平洋岛国之于中国的重要性日益凸显，随着中国学者的全球视野不断拓展、研究不断深入，中国太平洋岛国研究的未来将更加广阔。②

那么，如何进一步提升中国的太平洋岛国研究呢？笔者认为，李绍先在2014年首届太平洋岛国研究高层论坛上的主旨报告目前仍然具有参考价值："要想推进太平洋岛国研究……就必须突破西方国家的战略思维或大国政治博弈思维，把太平洋岛国作为一个独立政治共同体，抱着温情与敬意，深入、全面、客观地进行研究。"③ 本书研究新时期的太平洋岛国地区主义，就是将太平洋岛国作为一个独立的地区层次上的政治共同体，深入研究这个共同体的最新发展及其动力。

二、新时期太平洋岛国地区合作研究综述

前文已经对西方学界对南太平洋地区主义的研究做了一定的回顾。新时期太平洋岛国地区主义的兴起与发展激发了新一波研究热潮。

南太平洋地区研究界最为资深的学者就新时期太平洋岛国地区主义发表了一系列成果。理查德·赫尔担任第一执笔人的报告《我们的近邻：澳大利亚和太平洋岛国地区主义》聚焦"太平洋岛国地区"概念，认为"没有澳大利亚的地区主义"正在出现。④ 格雷格·弗莱和桑德拉

---

① 参见刘建峰、王桂玉："基于知识图谱的国内太平洋岛国研究趋势展望"，《国际观察》，2019年第1期，第139—157页。
② 参见陈晓晨、王海媚："21世纪以来中国的太平洋岛国研究：历史、现实与未来——陈晓晨研究员访谈"，《国际政治研究》，2020年第4期，第136—160页。
③ 李绍先：《太平洋岛国研究的现状与展望：论坛主旨报告》，见李喆主编：《太平洋岛国的历史与现实："太平洋岛国研究高层论坛"论文集》，济南：山东大学出版社，2014年，第5页。
④ 参见 Richard Herr and Anthony Bergin, *Our Near Abroad: Australia and Pacific Islands Regionalism*, Barton: The Australian Strategic Policy Institute Limited, 2011.

·塔特共同主编了《太平洋新外交》，是对这个问题最有代表性的研究成果之一。① 该书包含22篇文章和发言稿，是一手与二手材料的结合，从多个方面阐述了太平洋岛国地区主义新发展在各个问题领域的表现。该书收录的岛国领导人和官员的发言稿和研究型文章具有一手资料性质。包括两位编者在内的一些作者本身就参与了太平洋岛国地区主义进程，让这本书更加具有贴近实践的价值。格雷格·弗莱2019年新著《框定岛屿：太平洋地区主义中的权力与外交主动性》第13章再次研究了新时期的太平洋岛国地区主义并概述原因。除了在《太平洋新外交》中业已强调的岛国对太平洋岛国论坛不满外，他还特别提出了气候变化是"规则改变者"。② 桑德拉·塔特的文章《地区主义与变动中的太平洋岛国地区秩序》概括了太平洋岛国地区主义的组织机制发展及其动力，认为太平洋岛国对既有地区秩序的不满和对它们自己未来的更大掌控愿望驱动了太平洋岛国地区主义，而动态的地缘政治经济格局是这一变化发生的基本背景。③ 她在《太平洋地区政治范式变化》一文中进一步突出观念与新思想在这种范式变化中发挥的作用，强调范式变化挑战了许多既有成见，认识到并促进选择与替代方案，就太平洋岛国面临的挑战积极主动承担责任，以制度创新发现解决方案。④ 澳大利亚学者、独立咨询师特丝·牛顿—凯恩（Tess Newton – Cain）与长期活跃在南太平洋地区的记者、学者尼克·麦克莱伦（Nic Maclellan）也都对太平洋岛国地区主义新变化与地区秩序的关系进行了评估，得出了相似的

---

① Greg Fry and Sandra Tarte（eds.）, *The New Pacific Diplomacy*, Canberra：Australian National University Press, 2015. 格雷格·弗莱的相关主题文献还包括Greg Fry, "Recapturing the Spirit of 1971：Towards a New Regional Political Settlement in the Pacific", *SSGM Discussion Paper*, 2015/3, Australian National University, 2015.

② Greg Fry, *Framing the Islands：Power and Diplomatic Agency in Pacific Regionalism*, Canberra：ANU Press, 2019, pp. 281 – 285.

③ Sandra Tarte, "Regionalism and Changing Regional Order in the Pacific Islands", *Asia & The Pacific Policy Studies*, Vol. 1, No. 2, 2014, pp. 312 – 324.

④ Sandra Tarte, "The Changing Paradigm of Pacific Regional Politics", *The Round Table*, Vol. 106, No. 2, 2017, pp. 1 – 9.

结论。①

一些一线人员提出的概念具有穿透力。太平洋岛国论坛秘书处（PIFS）的两位研究人员蒂姆·布里亚尔（Tim Bryar）和安娜·纳乌帕（Anna Naupa）将太平洋岛国主导的地区主义定性为"21世纪太平洋地区主义"和"第三波地区主义"，并将其放在全球范围内予以考察，认为这是全球地区主义新发展的一部分。② 两位新西兰外交官海伦·莱斯莉（Helen Leslie）和柯斯蒂·怀尔德（Kirsty Wild）从历史视角出发，认为太平洋岛国主导的地区主义是"后霸权时代"的产物，并着重探讨了新的地区主义纲领性文件——《太平洋地区主义框架》（Framework for Pacific Regionalism，FPR）及其实施进程。③

新一代学者不断崛起，参与到对太平洋岛国地区主义的研究中。澳大利亚学者乔安妮·沃莉丝（Joanne Wallis）执笔的研究报告《拥挤而复杂：变化中的南太平洋地缘政治》站在澳大利亚的角度，认为南太平洋地区出现了对既有地区秩序的新挑战，包括太平洋岛国外交的能动性上升、太平洋岛国论坛中澳大利亚的影响力衰减、太平洋岛国发展论坛和次地区（subregion）层次上的机制强化等。④ 她在专著《太平洋强权？澳大利亚在太平洋岛屿的战略》中进一步表明，澳大利亚在南太平洋地区的影响力正在下降，太平洋岛国和岛屿领地政府在地区事务与国际外交舞台上的独立自主性上升。她将太平洋岛国的主权、地缘政治与澳大利亚自身意愿与权力投射列为决定澳大利亚影响力是否下降、岛国

---

① 参见 Tess Newton Cain, "Rebuild or Reform: Regional and Subregional Architecture in the Pacific Island Region", *Le Journal de la Société des Océanistes* [*En ligne*], Vol. 140, No. 6, 2015, pp. 49 – 58; Nic Maclellan, "Transforming the Regional Architecture: New Players and Challenges for the Pacific Islands", *Asia – Pacific Issues*, East – West Center, No. 118, August 2015.

② 参见 Tim Bryar and Anna Naupa, "The Shifting Tides of Pacific Regionalism", *The Round Table*, Vol. 106, No. 2, pp. 155 – 164.

③ 参见 Helen Leslie and Kirsty Wild, "Post – hegemonic Regionalism in Oceania: Examining the Development Potential of the New Framework for Pacific Regionalism", *The Pacific Review*, Vol. 31, No. 1, 2018, pp. 20 – 37.

④ 参见 Joanne Wallis, *Crowded and Complex: The Changing Geopolitics of the South Pacific*, Barton: The Australian Strategic Policy Institute Limited, 2017, pp. 15 – 19.

影响力是否上升的三个变量，非常具有参考价值。① 新西兰学者安娜·波尔斯（Anna Powles）将这个进程称为"新太平洋地区主义的兴起"，认为这是"一场具有改革性的集体运动"，"新太平洋外交"是"一场关于外交理念、制度和惯例的彻底的改变"②，还认为与中国影响力的增强同样重要却被忽视的是太平洋外交的范式转变和次地区主义的显著发展共同塑造了新的地区秩序。③ 乔安妮·沃莉丝与安娜·波尔斯合写的报告《澳大利亚和新西兰在太平洋岛屿：模棱两可的盟友？》则揭示了澳新两国在面临南太平洋地区内外新挑战时的共性与差异。④ 澳大利亚学者马修·多南（Matthew Dornan）等研究了"绿色增长"和"绿色/蓝色经济"这两个概念怎样从全球层次传播到南太平洋地区，通过什么路径，产生了什么影响，又在"落地"后发生了怎样的变化。这种对观念传播路径的追踪有助于本书进行对变量关系的过程追踪（process-tracing）研究。⑤

一些研究还尝试对太平洋岛国地区主义新发展的内涵进行提炼、解释甚至理论化。澳大利亚学者乔纳森·舒尔茨（Jonathan Schultz）2014年以"中等强国复杂性"（middle power complexity）——澳新在全球范围内和在地区范围内相对权力存在巨大反差，使得全球因素得以介入该

---

① 参见 Joanne Wallis, *Pacific Power? Australia's Strategy in the Pacific Islands*, Melbourne, Australia: Melbourne University Publishing Limited, 2017.

② "讲座回顾：谁的地区秩序？太平洋岛国地区复杂的地缘政治"，北京外国语大学英语学院，https://seis.bfsu.edu.cn/info/1111/2425.htm.

③ Anna Powles, "Finding Common Ground: New Zealand and Regional Security Cooperation in the Pacific", in Rouben Azizian and Carleton Cramer (eds.), *Regionalism, Security & Cooperation in Oceania*, Honolulu: The Daniel K. Inouye Asia-Pacific Center for Security Studies, 2015, pp. 79-95; "The Geopolitical Imperatives of New Zealand's Pacific Reset", in New Zealand Institute for Pacific Research (ed.), *Oceans & Islands: A Conference for Pacific Research*, 29-30 November 2018, Auckland, New Zealand: New Zealand Institute for Pacific Research, p. 26.

④ Joanne Wallis and Anna Powles, "Australia and New Zealand in the Pacific Islands: Ambiguous Allies?", *The Centre of Gravity Series*, Strategic & Defence Studies Centre, ANU College of Asia & the Pacific, October 2018.

⑤ Matthew Dornan et al., "What's in a Term? 'Green Growth' and the 'Blue-Green Economy' in the Pacific Islands", *Asia & The Pacific Policy Studies*, Special Issue, 2018, pp. 1-18.

地区——解释澳大利亚作为一个比太平洋岛国实力大得多的国家为何有时在推进地区主义过程中遭遇阻力，并明确宣示要结束"南太平洋无理论"的尴尬局面。[①] 在德国政府的支持下，2016年出版的《一个转型中的地区：太平洋岛国政治与权力》一书存在明显的建构主义倾向。[②] 其中，乔安妮·沃莉丝认为南太平洋地区已经"安全化"（securitization），构成了巴里·布赞定义的"地区安全复合体"（Regional Security Complex, RSC）。[③] 不过，与丰富的现实相比，理论研究成果仍然较少。

总体来说，西方学界对新时期太平洋岛国地区主义的研究虽然角度很多，也不乏或全面系统或深入细致的研究，但仍然缺乏对太平洋岛国地区主义发展动力的基于变量关系和假说框架的整体解释。总的来说，西方学界的既有研究存在还原主义（reductionism）有余、结构主义（structuralism）不足的问题。不少已有研究聚焦国家—个人层面的分析，普遍具有还原主义倾向，特别是倾向将太平洋岛国地区主义的发展视作澳大利亚乃至某届政府、某任总理的政策的结果，将澳大利亚作为最重要甚至唯一的原因变量。而针对太平洋岛国主导性明显上升的现象，又倾向于将其归因于某个国家的内政或领导人的个性，特别是斐济的内政及其总理弗兰克·姆拜尼马拉马（Frank Bainimarama）的个人因素。[④]

实际上，无论是"澳大利亚中心论"还是"斐济中心论"，本质上

[①] 参见 Jonathan Schultz, "Theorising Australia – Pacific Island Relations", *Australian Journal of International Affairs*, Vol. 68, No. 5, 2014, pp. 548 – 568.

[②] 参见 Andreas Holtz, "Regional Action in the Face of Global Turning Points and Regional Asymmetries", Andreas Holtz, Matthias Kowasch, Oliver Hasenkamp (eds.), *A Region in Transition: Politics and Power in the Pacific Island Countries*, Saarbrücken: Saarland University Press, 2016, pp. 47 – 104.

[③] 参见 Joanne Wallis, "Is Oceania a Regional Security Complex?", in Andreas Holtz, Matthias Kowasch, Oliver Hasenkamp (eds.), *A Region in Transition: Politics and Power in the Pacific Island Countries*, Saarbrücken: Saarland University Press, 2016, pp. 17 – 46.

[④] Greg Fry and Sandra Tarte, "The 'New Pacific Diplomacy': An Introduction", in Greg Fry and Sandra Tarte (eds.), *The New Pacific Diplomacy*, Canberra: Australian National University Press, 2015, p. 12.

都是西方中心主义在当下太平洋岛国研究中的具体表现，都是"只见树木、不见森林"，缺乏聚焦地区与全球层次的结构性因素的整体解释。这种缺失正是本书希望做出学术贡献的方向——以结构主义视角对新时期太平洋岛国地区主义进行基于假说框架的整体解释。特别是，本书试图不依赖对特定政府或领导人的个人因素分析，而是以全球与地区层次上的结构性变量及其互动进行解释，试图证明即使不考虑澳大利亚某届政府或斐济某任总理的因素，仍然可以解释太平洋岛国地区主义的兴起。

近年来太平洋岛国地区主义的兴起与发展已经引起了我国学界的关注。[①] 研究首先从最有代表性的地区组织和重点领域入手。梁甲瑞、张金金研究了近年来太平洋岛国地区主义新发展的重大事件——太平洋岛国论坛恢复斐济的成员国资格。[②] 吕桂霞和笔者都关注了重要的新地区组织——太平洋岛国发展论坛。[③] 此外，吕桂霞、张登华的《太平洋岛国地区气候变化现状及各方的应对》、梁甲瑞、曲升的《全球海洋治理视域下的南太平洋地区海洋治理》、曲升的《南太平洋区域海洋机制的缘起、发展及意义》和《近年来太平洋岛屿区域海洋治理的新动向和优先事项》、余姣的《太平洋岛国参与全球气候治理问题探析》等文章分别对气候变化和海洋治理这两个近年来南太平洋地区政治的突出问题

[①] 2017年4月，中山大学大洋洲研究中心举办了"全球治理框架下的大洋洲区域合作"工作坊，是国内学界对此问题的一次集中探讨。参见李永杰、于镭："'全球治理框架下的大洋洲区域合作'国际工作坊在中大举行"，中国社会科学网，2017年4月15日，http://www.cssn.cn/gd/gd_rwhn/gd_zxjl/201704/t20170415_3487216.shtml。

[②] 梁甲瑞、张金金："太平洋岛国论坛为何恢复斐济的成员国资格"，《战略决策研究》，2016年第1期，第42—58页；梁甲瑞：《过程建构主义视域下南太平洋地区的合作》，见陈德正主编：《太平洋岛国研究（第一辑）》，北京：社会科学文献出版社，2017年，第86—104页。

[③] 吕桂霞："全球化、区域化与太平洋岛国发展论坛"，《历史教学问题》，2018年第4期，第105—111页；陈晓晨："全球治理背景下的太平洋岛国发展论坛：成因、过程与影响"，《区域与全球发展》，2019年第4期，第5—22页。

进行了概述研究。① 李冰岩的硕士论文《太平洋岛国气候合作机制研究》和刘伟的硕士论文《南太平洋岛国区域气候合作与国际机制研究》重点研究了以太平洋岛国为中心的多层级气候变化国际合作机制，其中包括地区层次上的合作。② 宋秀琚、鲁鹏研究了南太平洋地区灾害管理合作机制。③ 王晓晴、吴锦仁从渔业领域对《瑙鲁协定》缔约国机制进行了研究。④ 汪诗明和刘卿等学者也在他们的研究中提及了新时期的南太平洋地区组织与机制。⑤

近两年，我国学界开始对太平洋岛国地区主义的新发展进行整体上的概述。笔者在《南太平洋地区主义的新发展：地区机制与影响评估》与《中国、美国和变化中的南太平洋地区秩序》（英文）中对南太平洋地区主义发展到太平洋岛国地区主义新阶段做了现象概述，评估了其对地区秩序的影响，但没有进一步解释原因。⑥ 笔者和合作者常玉迪还在《南太平洋的发展地区主义：概念、特征与进展》中试图将其定性为

---

① 吕桂霞、张登华："太平洋岛国地区气候变化现状及各方的应对"，《学海》，2017年第6期，第59—62页；梁甲瑞、曲升："全球海洋治理视域下的南太平洋地区海洋治理"，《太平洋学报》，2018年第4期，第48—64页；曲升："南太平洋区域海洋机制的缘起、发展及意义"，《太平洋学报》，2017年第2期，第1—19页；曲升：《近年来太平洋屿区域海洋治理的新动向和优先事项》，见陈德正主编：《太平洋岛国研究（第二辑）》，北京：社会科学文献出版社，2018年，第47—68页；余姣："太平洋岛国参与全球气候治理问题探析"，《战略决策研究》，2018年第3期，第67—80页。

② 李冰岩：《太平洋岛国气候合作机制研究》，华东师范大学国际关系与地区发展研究院硕士学位论文，2018年；刘伟：《南太平洋岛国区域气候合作与国际机制研究》，北京大学国际关系学院硕士学位论文，2019年。

③ 宋秀琚、鲁鹏："浅析南太平洋地区灾害管理合作体系"，《社会主义研究》，2014年第6期，第161—166页。

④ 王晓晴、吴锦仁："瑙鲁协议成员国VDS入渔模式及其对中西太平洋金枪鱼围网渔业的影响"，《渔业信息与战略》，2014年第4期，第293—299页。

⑤ 汪诗明："开放的区域主义与中澳在南太平洋岛屿地区的合作"，《国际问题研究》，2019年第1期，第54—74页；刘卿："澳大利亚强化南太政策：措施、动因及制约因素"，《国际问题研究》，2019年第4期，第64—81页。

⑥ 陈晓晨："南太平洋地区主义的新发展：地区机制与影响评估"，《国际关系研究》，2019年第3期，第79—106页；Xiaochen Chen, "China, the United States and Changing South Pacific Regional Order in the 2010s", *China International Strategy Review*, Vol. 1, No. 2, 2019, pp. 330–343.

"南太平洋发展地区主义"。① 徐秀军、田旭提出了"为什么太平洋岛国能够在全球治理时代获得国际话语权"的问题，认为全球治理时代太平洋岛国通过提升实力和借助道义两个路径构建国际话语权，并以太平洋岛国论坛和气候变化为案例进行了研究。② 岳小颖对新时期南太平洋地区的重要行为体、战略意图和地区形势进行了整体概述，其中概述了太平洋岛国外交上的活跃和太平洋岛国地区主义的新发展。③ 不过，到目前为止，无论是对太平洋岛国地区主义新发展的整体研究还是对具体问题与侧面的研究都还没有出现基于社会科学研究方法的整体解释。

  笔者在《南太平洋地区主义：历史变迁的逻辑》一书中在前人特别是彼得·卡赞斯坦的研究基础上提出了"全球—地区多孔性"（global-regional porosity）④ 概念以衡量全球层次的因素如何影响南太平洋地区主义，通过对 70 多年来南太平洋地区主义发展史中 4 个阶段的比较案例研究，证明"全球—地区多孔性"的上升有利于岛国共同利益的形成与相对权力的加强，从而促进岛国对地区主义的主导权，推动地区主义的本土化，其中第六章以新时期的太平洋岛国地区主义为案例。不过，该书是以变量为导向的（variable-oriented approach）比较案例研究，⑤ 仅对整体脉络进行了框定，没有过多深入案例细节，特别是对新时期的太平洋岛国地区主义着墨不多。而且，该书致力于简化变量关系，主要突出共同利益和相对权力两个变量，舍弃了难以测量的观念与

---

  ① 陈晓晨、常玉迪："南太平洋的发展地区主义：概念、特征与进展"，《南海学刊》，2019 年第 4 期，第 100—109 页。
  ② 徐秀军、田旭："全球治理时代小国构建国际话语权的逻辑：以太平洋岛国为例"，《当代亚太》，2019 年第 2 期，第 95—125 页。
  ③ 岳小颖："南太平洋地区形势与'21 世纪海上丝绸之路'建设：挑战与应对"，《国际论坛》，2020 年第 2 期，第 141—154 页。
  ④ 笔者将"全球—地区多孔性"定义为"域外行为体及全球层次的权力、制度、规范、进程等'穿越'全球—地区层次边界对某个地区及其地区主义产生的影响，其中包括影响的方向和影响的程度。"参见陈晓晨：《南太平洋地区主义：历史变迁的逻辑》，北京：社会科学文献出版社，2020 年。
  ⑤ 关于以变量为导向的案例研究方法，参见 Lars Bergman and Kari Trost, "The Person-Oriented Versus the Variable-Oriented Approach: Are They Complementary, Opposites, or Exploring Different Worlds", *Merrill-Palmer Quarterly*, Vol. 52, No. 3, 2006, pp. 601-632.

认同变量。[①] 本书是在此基础上的进一步研究，逻辑上与《南太平洋地区主义：历史变迁的逻辑》一脉相承，但聚焦 2009 年左右以来太平洋岛国地区主义的新发展、新变化，将新时期的"全球—地区多孔性"具体化为全球治理的深化与地缘政治活动的加剧，并加入了观念传播与地区认同变量，丰富了解释框架与案例细节，力图对新时期太平洋岛国地区主义的全貌进行全面、系统而细致的梳理与解释。

第三节 研究框架

一、主要论点

本书试图构建一个假说框架：全球治理三大新领域与三大趋势以及围绕南太平洋地区的地缘政治活动加剧通过设置议题、增加选择、传播观念 3 条路径，推动了太平洋岛国在气候变化、海洋治理与可持续发展等议题上形成和扩大共同利益，提升了太平洋岛国在地区事务中的选择权并改善了能力建设，塑造了新时期的太平洋岛国地区认同，推动了多层次的太平洋岛国地区主义。

全球治理的三大重点议题——全球经济金融与发展治理、全球气候治理与全球海洋治理通过全球—地区两个层次之间的互动，促进了地区议程的设置，促进了太平洋岛国通过地区集体外交（regional collective diplomacy）[②] 实现其在气候变化、海洋治理和可持续发展等议题上的共同利益。

太平洋岛国国小民寡、综合国力孱弱，其权力的重要来源就是威斯

[①] 参见陈晓晨：《南太平洋地区主义：历史变迁的逻辑》，北京：社会科学文献出版社，2020 年。

[②] 格雷格·弗莱较早论述了南太平洋地区的集体外交。参见 Gregory E. Fry, "International Cooperation in the South Pacific: From Regional Integration to Collective Diplomacy", in W. Andrew Axline (ed.), *The Political Economy of Regional Cooperation: Comparative Case Studies*, London: Pinter Publishers, 1994, pp. 136–177.

特伐利亚体系下的主权。而新时期全球治理的民主化进程提高了太平洋岛国拥有的投票权的重要性。通俗地说,"岛国手中握有的选票的筹码价值提高了"[①]。大国为了太平洋岛国的投票权及其在国际社会的影响力而加大对该地区的投入,围绕太平洋岛国的地缘政治活动加剧。这扩大了太平洋岛国的国际选择空间,使得太平洋岛国可以"借力"(borrowing power)[②]——可以将"借力"定义为"国际体系中权力较小的行为体通过运用外部权力资源对国际进程施加影响以实现该行为体目标的行为与过程"——在实践中尤其表现为利用国际规则与第三方力量,提升太平洋岛国在本地区事务中的自主选择权。

全球治理的新议题与新观念有机结合在一起(例如气候变化议题与"绿色经济"概念、海洋治理议题与"蓝色经济"概念),在新的网络化条件下加速向太平洋岛国传播,有利于塑造太平洋岛国对自身价值的认同,也为太平洋岛国设置议题、改革或创建地区机制提供了正当性与话语权,促进太平洋岛国地区主义的发展。新时期的主要地区组织与机制都不同程度地围绕"绿色/蓝色经济"观念设置。观念的传播既形成了新的地区认同,也有助于太平洋岛国用国际上认可的话语"包装"(legitimize)自己的共同利益,增进合法性(legitimacy)。

新时期的新地区组织与机制的特点是以特定领域或特定地域为该机制的边界。新旧地区组织与机制并存并立,互相无法取代,因而呈现出机制之间合作与竞争并存的局面,进一步强化了南太平洋地区本已存在的多层次机制特性,促使了新时期的"太平洋多层次地区主义"。

[①] Oliver Hasenkamp, "The Pacific Island Countries and International Organizations: Issues, Power and Strategies", in Andreas Holtz, Matthias Kowasch and Oliver Hasenkamp (eds.), *A Region in Transition: Politics and Power in the Pacific Island Countries*, Saarbrücken: Saarland University Press, 2016, p. 228.

[②] 与金融领域的术语"借贷能力"(borrowing power)不同,此处的"借力"指的是国际关系尤其是国际谈判中的一种行为或过程。下文将对"借力"概念专门进行回顾与界定。

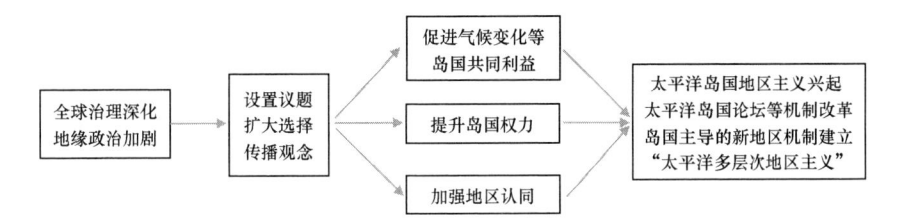

图 1-2 太平洋岛国地区主义的兴起因果关系假说框架示意图
资料来源：作者自制。

二、研究方法

本书整体上是一部定性的社会科学案例研究，力图以对新时期太平洋岛国地区主义的研究为比较地区主义理论构建与小国外交策略研究提供案例支撑。

本书将太平洋岛国地区主义内部的地区组织与机制作为基本分析单元，主要以因变量是否显著、是否有影响力与是否具有代表性为选择案例的标准，筛选出在新时期太平洋岛国地区主义中发挥较大作用、较有代表性的地区组织与机制，包括太平洋岛国论坛、太平洋共同体、太平洋地区环境规划署、太平洋岛国发展论坛、太平洋小岛屿发展中国家集团、《瑙鲁协定》缔约国和美拉尼西亚先锋集团等组织或机制，对其进行重点案例研究。本书还单独以新时期最为重要的南太平洋地区政治议题——气候变化为领域案例。

在对不同地区组织与机制进行案例研究时，本书采用马克斯·韦伯（Max Weber）式的、案例导向（case-oriented approach）的比较分析方法，[①] 在尊重每个案例的完整性、复杂性与丰富性的基础上，按照求同法（Method of Agreement）分析全球治理与地缘政治这两个全球层次的

---

① 关于马克斯·韦伯式的、案例导向的比较分析方法，参见 Donatella Della Porta, "Comparative Analysis: Case-oriented versus Variable-oriented Research", in Donatella Della Porta and Michael Keating (eds.), *Approaches and Methodologies in the Social Sciences: A Pluralist Perspective*, Cambridge: Cambridge University Press, 2008, pp. 198–222.

变量对同一时期的不同地区组织与机制产生的共有影响。求异法（Method of Difference）在对南太平洋地区三大次地区的比较研究中使用，比较为何同一时期、同为次地区机制却出现发展程度不一的现象，试图突出地区权力结构在其中的作用，而地区权力结构与域外大国密切相关。

  在具体案例研究中，本书主要采用过程追踪的方法。"所谓过程追踪，就是研究者通过考察案例的初始条件如何转化为案例结果来探究系列事件或决策的过程。研究者将连接自变量与结果的因果联系的环节解开，分成更小的步骤，然后探寻每一环节的可观察证据"。① 例如，本书第四章对《太平洋计划》（The Pacific Plan）受到批评、被审查和终止的全过程做了详细的历史考察，尤其是通过对重要文件、会议记录和当事人文章的文本分析（text analysis），考察澳大利亚、新西兰、太平洋岛国、地区组织及其管理团队、非政府行为体、学者等各方起的作用，从而揭示各方的利益是如何通过利益的表达和文件的制定过程产生影响，最终的决策输出到底如何体现主导方的利益诉求，以及全球治理与地缘政治对这个过程起到什么作用。又如，本书第五章分析了全球层次上的"绿色发展"概念如何通过一些非政府组织和其中的关键人物的活动对太平洋岛国发展论坛的筹建与宗旨的确立产生影响，以此证明全球治理通过观念传播路径对太平洋岛国地区主义产生作用。再如，本书第六章分析了亚洲国家特别是中国的油气需求、对外援助与投资促进了巴新的经济发展，推动了巴新崛起为地区政治重要力量，塑造了美拉尼西亚次地区形成"巴新—斐济"双头驱动格局，同时驱动了新时期的太平洋岛国地区主义特别是美拉尼西亚次地区主义的发展。与过程追踪方法相符的具体研究途径包括深入研读档案文件、访谈记录和其他一

---

  ① ［美］斯蒂芬·范埃弗拉著：《政治学研究方法指南》，陈琪译，北京：北京大学出版社，2006年，第61页。

手材料等，从而观察到显示整个逻辑过程的证据链条。①

三、本书架构

本书由 8 章组成。第一章到第三章阐述了全书的研究框架。其中，第二章以地区性的视角动态界定了南太平洋地区的概念，在比较地区主义和发展地区主义视域下对太平洋岛国地区主义做出了界定，还对太平洋岛国地区主义的发展简史进行了回顾。第三章重点研究了本书假说框架的两个自变量——全球治理深化与围绕南太平洋地区的地缘政治活动加剧，并概述了它们的发展变化对南太平洋地区产生的影响。

第四章到第七章是新时期的南太平洋地区组织与机制案例研究。其中，第四章重点研究了既有地区组织特别是太平洋岛国论坛的改革进程；第五章重点研究新地区组织与机制的建立与发展，主要包括太平洋岛国发展论坛、太平洋小岛屿发展中国家集团、《瑙鲁协定》缔约国和首席贸易顾问办公室；第六章重点研究次地区主义尤其是美拉尼西亚先锋组织的发展；第七章是关于南太平洋地区应对气候变化合作的问题领域案例。本书从这些案例研究及其比较中考察全球治理与地缘政治在其中发挥的作用，以及这些地区组织与机制之间的关系。

第八章是结语，对全书研究的问题进行了总结，综合评定了本书提出的假说框架，并在此基础上提出研究启示与下一步研究的方向。

---

① 参见 Pascal Vennesson, "Case Studies and Process Tracing: Theories and Practices", in Donatella Della Porta and Michael Keating (eds.), *Approaches and Methodologies in the Social Sciences: A Pluralist Perspective*, Cambridge: Cambridge University Press, 2008, pp. 223–239.

第二章　南太平洋地区与地区主义：
　　　　概念与历史

建立概念与回顾历史是分析问题的起点。本章以地区性为衡量标准界定了南太平洋地区的概念，在比较地区主义和发展地区主义维度下对太平洋岛国地区主义进行界定，对南太平洋地区主义的历史进行了回顾，并列出了2009年以前南太平洋地区主义存在的诸多问题。

第一节　南太平洋地区界定新论：
　　　　太平洋岛国何以构成地区

学界业已对南太平洋地区进行过诸多概念界定，这些界定众说纷纭。笔者在《南太平洋地区主义：历史变迁的逻辑》一书也对南太平洋地区进行过界定。[①] 本节试图以地区性视角重新对南太平洋地区进行动态意义上的内涵和外延综合界定，将其界定为太平洋岛国或岛屿构成的自然与社会空间和构建的政治经济体系，是为界定新论。

当然，在科学研究中，同一个事物完全可以有不同的概念，同一个概念也可以有不同的界定方式，取决于观察者的视角。因此，本书提供的仅仅是一种界定方式，并不排斥其他界定方式。更重要的是，本书试

[①] 参见陈晓晨：《南太平洋地区主义：历史变迁的逻辑》，北京：社会科学文献出版社，2020年，第5—14页。

图以动态发展的角度考察太平洋岛国何以构成一个地区，过程如何，不仅回答"怎样界定南太平洋地区"的问题，还要抓住本质属性，建立衡量标准，解释"太平洋岛国何以构成地区"，并考察各种内外因素如何在动态发展中共同塑造了这个地区。①

一、地区性与模式化互动

1. 地区性

如何界定某个地理区域是否构成人文地理意义上的地区，可以由一个统领性的概念——"地区性"（regionness）——加以衡量。"为了更好地理解'地区'这一概念，必须进一步理解'地区性'概念。"②

"地区性"概念的提出者是新地区主义（new regionalism）和比较地区主义（comparative regionalism）的领军学者比约恩·赫特纳（Björn Hettne，又译赫特内、赫特等）③和弗雷德里克·索德伯姆（Fredrik Söderbaum，又译索德尔伯姆）④——在2016年的专著《重新思考地区主义》（*Rethinking Regionalism*）⑤中，索德伯姆把"地区性"概念的创造完全归功于赫特纳。⑥根据他们的研究，"地区性"指的是"一个特定的地理区域的地区化（regionalisation）进程的多维度结果"⑦，而

---

① 本节部分内容已在学术期刊上发表，参见陈晓晨："南太平洋地区界定新论：太平洋岛国何以构成地区"，《太平洋学报》，2020年第8期，第81—94页。
② 耿协峰著：《新地区主义与亚太地区结构变动》，北京：北京大学出版社，2003年，第24页。
③ 邢瑞磊著：《比较地区主义：概念与理论演化》，北京：中国政法大学出版社，2014年，第21页；耿协峰著：《新地区主义与亚太地区结构变动》，北京：北京大学出版社，2003年，第24页。
④ 郑先武著：《区域间主义治理模式》，北京：社会科学文献出版社，2014年，第23页。
⑤ 此处也有"反思地区主义"之意。
⑥ Fredrik Söderbaum, *Rethinking Regionalism*, London: Palgrave, Macmillan Publishers Limited, 2016, p. 161.
⑦ Björn Hettne and Fredrik Söderbaum, "Theorising the Rise of Regionness", in Shaun Breslin et al. (eds.), *New Regioanlisms in the Global Political Economy*, New York: Routledge, 2002, p. 34.

"地区化"指的是"创造一个地区空间（regional space）的合作、一体化、内聚性（cohesion）和认同的过程"①。简言之，地区性指的就是"某个地理区域何以构成地区"。庞中英将地区性的概念解读为"一个地区在多大程度上是个地区"②。

"地区性"的概念内在指向了一个命题：地区是人为建构、重构或解构的。赫特纳和索德伯姆用"国家性"（stateness）和"民族性"（nationness，此处的"民族"指的是构成"民族国家"的民族——笔者注）比拟"地区性"，认为地区就像民族国家一样是高度主观的现象。"一个巩固了的地区显示了与一个国家的相似性，在于一个地区（如同国家一样）也是'想象的共同体'（imagined community）并具有版图的延展性。"③ 他们明确认为，地区是正在形成的过程，其边界是不断变化的。"大部分时候，当我们谈论地区时，我们实际上指的是正在形成中的地区。没有'天然的'或'给定的'地区，他们是在全球转型的进程中被创造和重构的"。④

那么，地区性如何产生呢？索德伯姆提出，功能和物质利益是基础，但地区性不能仅在这些基础上，还需要有"我们"（we）的意识和某种程度的认同。他还认为，地区性还和影响外部世界的能力相关，而影响外界的能力"很大程度上取决于内聚性和认同"。他在20余年的研究基础上，依据地区的内聚性与认同这两个方面界定地区性，提出了地区性的6个层次，分别为"地区性社会空间"/"前地区地带""地区社会复合体""地区社会""地区共同体""地区制度化实体"和

---

① Fredrik Söderbaum, *The Political Economy of Regionalism: the Case of Southern Africa*, Basingstoke: Palgrave Macmillan, 2004, p.7.
② 庞中英："地区化、地区性与地区主义：论东亚地区主义"，《世界经济与政治》，2003年第11期，第9页。
③ Fredrik Söderbaum, *Rethinking Regionalism*, London: Palgrave, Macmillan Publishers Limited, 2016, p.162.
④ Björn Hettne and Fredrik Söderbaum, "Theorising the Rise of Regionness", in Shaun Breslin et al. (eds.), *New Regioanlisms in the Global Political Economy*, New York: Routledge, 2002, p.39.

"地区行为主体"。①

当然,"地区性"概念也受到过质疑。例如,鲁克·范·朗恩霍弗(Luk Van Langenhove,又译兰根霍夫)②曾在一篇工作论文中质疑赫特纳和索德伯姆创造的这个概念还不足以界定地区。他试图结合心理学方法,创造了"地区属性"(regionhood)概念,通过给地区赋予"人格"(personhood),使其成为"地区人格"(regionality),而且还要具备历史、地理、经济、文化与社会条件,才能形成地区并区分"自我"与"非我"之间的边界。当然,正如该文所承认的,这种分析只是一种比喻(metaphor)。笔者认为,这确实有过于陷入术语创造之嫌。不过,这为我们理解"地区性"提供了另一种思考。而且,朗恩霍弗的"地区属性"与赫特纳和索德伯姆的"地区性"也有共性,那就是都强调地区的心理基础。③

前文提到,布赞将不同范式下对地区的定义总结归纳出形成地区的三条标准:共同的特性、模式化的互动和共同的知觉。本书认为,布赞对地区定义的三条标准和索德伯姆对地区性的界定是内在相符的。"共同的知觉"和索德伯姆的"地区认同"是相通的;而"共同的特性"和"模式化的互动"都促进索德伯姆强调的"内聚力"。因此,也可以认为,布赞的三条标准是地区性在不同方面的具体表征,可以作为衡量地区性的分项指标。

2. 地区的模式化互动

本书还认为,地区主义可以被视作布赞所说的模式化互动的过程。作为一种模式化的互动的过程,地区主义受共同的特性导致的共同利益

---

① Fredrik Söderbaum, *Rethinking Regionalism*, London: Palgrave, Macmillan Publishers Limited, 2016, pp. 161–173.
② 鲁克·范·兰根霍夫:"社会科学'中国时代'到来",耶鲁大学,2010年12月12日,https://yaleglobal.yale.edu/node/59116.
③ Dr. Luk Van Langenhove, *Theorising Regionhood*, UNU/CRIS e–Working Papers, W–2003/1, Brugge, Belgium, 2003.

的驱动，又促进了地区认同与地区意识的产生与发展，将索德伯姆界定的"地区性"的两个方面——内聚力与认同——或布赞归纳的构成地区的三条标准——共同的特性、模式化的互动和共同的知觉——黏合起来。共同的特性有助于形成共同利益；而共同利益是驱动地区主义的动力。地区主义的进展可以促进相互依赖，产生和推动地区认同。

2006 年，菲利普·德·隆巴尔德（Phillippe de Lombaerde）使用六大指标评估地区一体化的进展，其中包括地区主义产生的认同效果和相互依赖作用。[1] 作为国内第一位系统性研究南太平洋地区主义的学者，徐秀军构建了一个分析框架，提出地区主义的发展构建了地区认同和共同价值理念，认为"地区主义的发展可以进一步促进地区成员意识到地区共同利益的存在，这种意识也就是地区意识，它塑造了地区共同价值理念与共同的行为方式"——实际上就是共同利益的内化（internalization）——并通过利益、认同、机制网络与政治经济发展对地区秩序产生作用。[2] 2017 年，布里亚尔和纳乌帕首次将隆巴尔德的指标应用于南太平洋地区，认为促进认同是评估太平洋岛国地区主义效果或成果的一个组成部分。[3]

建立了界定地区的普遍性原则与衡量标准，有助于我们以学理的方式界定某个具体地区，尤其是像南太平洋地区这样内涵与外延均众说纷纭的研究对象。

二、南太平洋地区的复杂性

不过，当研究视角从一般的地区主义理论进入具体的地区研究实践时，复杂性就显露出来。界定南太平洋地区尤为如此。

---

[1] Phillippe de Lombaerde, "Introduction and summary", in Phillipe de Lombaerde (ed.), *Assessment and Measurement of Regional Integration*, New York: Routledge, 2006, pp. 1–6.

[2] 徐秀军著：《地区主义与地区秩序：以南太平洋地区为例》，北京：社会科学文献出版社，2013 年，第 84—89 页。

[3] Tim Bryar and Anna Naupa, "The Shifting Tides of Pacific Regionalism", *The Round Table*, Vol. 106, No. 2, 2017, pp. 155–164.

1. 南北太平洋之分

首先，南太平洋地区存在的必要物质基础是自然地理上的临近性。在自然地理上，南太平洋指的是赤道以南、南纬60°以北的太平洋。这个界定相当清晰，几乎不会引起疑问：赤道就是南太平洋的北部边界；2000年，国际海道测量组织（IHO）正式将南纬60°以南的海域划为南大洋（Southern Ocean，又译"南冰洋"），为全球五大洋之一，这样南太平洋的南部边界就更加清晰了。[①]

不过，正如本书强调的，人文地理意义上的南太平洋地区与自然地理概念存在不同的内涵和外延，差异主要表现在：一方面，一些位于自然地理意义上的南太平洋以外的国家和政治实体也被归入人文地理上的南太平洋地区。密克罗尼西亚联邦、马绍尔群岛和帕劳三国和关岛、北马里亚纳群岛等岛屿领地都全境位于赤道以北，在自然地理上本应属于北太平洋。其中，关岛和北马里亚纳群岛更是一般被视为西太平洋的重要岛屿。基里巴斯国土和专属经济区横跨赤道，但首都位于赤道以北，因此在一些学者看来也可以算作北太平洋岛屿国家。但是，这些岛国和岛屿领地都在实践过程中成为南太平洋地区的一部分，突破了自然地理定义设置的界限。另一方面，位于自然地理的南太平洋范围内的国家与政治实体并非都属于人文地理上的南太平洋地区。例如，许多位于南纬30°以南的南太平洋岛屿一般并不被归入人文地理上的南太平洋地区。又如，南太平洋东部的科隆群岛（加拉帕戈斯群岛）、胡安—费尔南德斯群岛等也并非南太平洋地区的一部分。

为了解决"一些南太平洋岛国位于北太平洋"这个矛盾，也有学者按照另一种统一概念的路径，那就是完全以赤道这个自然地理概念划线，依对象国的领土或其首都（考虑到基里巴斯等横跨赤道的国家）

---

① 即使在此之前，南纬60°以南的地理空间也与本书探讨的主题几乎没有直接关联。参见"International Bathymetric Chart of the Southern Ocean（IBSCO）"，https：//www.scar.org/science/ibcso/ibcso/.

所在的纬度来判定其地缘政治归属。据此，太平洋岛国可划分为首都位于赤道以北的"北太平洋岛国"和首都位于赤道以南的"南太平洋岛国"，分属"北太平洋地区"和"南太平洋地区"。①

然而，本书更多将地区视作人文地理的概念和历史发展的产物。以前文所述"地区性"概念特别是以布赞的三条标准进行衡量，赤道以北的太平洋岛国确实具有一定的地区性，例如地理上更加临近，都笼统属于同一个文化圈，历史上和现实中都与美国关系密切，还构建了密克罗尼西亚总统峰会（Micronesian Presidents' Summit，MPS）和密克罗尼西亚行政首脑峰会（Micronesian Chief Executives' Summit，MCES）等合作机制。然而，这些共同特性与互动还不足以与其他的太平洋岛国彻底区别开来，构成一个单独的地区。

仅从文化共同性角度定义南太平洋地区同样不能完全反映真实情况。南太平洋地区可笼统地分为美拉尼西亚（Melanesia，字面意为"黑人的岛屿"）、密克罗尼西亚（Micronesia，字面意为"小岛屿"）和波利尼西亚（Polynesia，字面意为"很多岛屿"）三大文化圈或岛群。②不过，尽管新西兰、夏威夷群岛和复活节岛都属于广义上的波利尼西亚文化圈，也存在一定程度上的地理临近性，然而夏威夷和复活节岛并不属于南太平洋地区，新西兰也经常不被认为是南太平洋地区国家，本书也持此观点。以前述地区性的三条标准衡量，夏威夷和复活节岛分别作为美国和智利的领土，与南太平洋地区欠缺较高程度的相互依赖与互动。而新西兰虽然与南太平洋地区国家互动程度较高，也有一定的共同文化特性，但仍然欠缺无可争议的共有的文化认同。

2. 澳新两国与南太平洋地区

在对南太平洋地区的界定中，澳新两国是否算作南太平洋地区的一

---

① 汪诗明、王艳芬：《如何界定太平洋岛屿国家》，《太平洋学报》，2014年第11期，第3—4页。

② 这三大文化圈的形成过程既有族群、语言、文化等内生因素，又受西方殖民者侵入后的复杂因素影响。参见吴正英：《南太平洋三大区域"异质性"空间之建构》，《哈尔滨师范大学社会科学学报》，2020年第3期，第96—102页。

部分，一直是一个核心争议，也是界定南太平洋地区绕不开的关键问题。澳新对南太平洋地区事务介入程度很深，而南太平洋地区岛国和岛屿领地对澳新的依赖程度也很高，也形成了模式化的互动，似乎在一定程度上符合约瑟夫·奈的地区定义和布赞提出的三条标准。那么，如何界定澳新是否为南太平洋地区的一部分呢？

汪诗明、王艳芬认为，"我们在谈到大洋洲时，澳大利亚和新西兰是作为两个主要国家来对待的，而在谈到太平洋岛屿国家时，我们又将它们排除在外……仅凭一点就可以将澳新两国与太平洋岛屿国家分得一清二楚：那就是澳新两国为发达的移民国家，而太平洋岛屿国家是欠发达且原住民为主导民族的国家"——这实际上是依据"共同特性"为衡量标准。不过，他们认为，虽然"澳新两国在人们的思维空间里被人为地从太平洋岛屿国家划分出去，但在地缘政治大行其道的今天，很难把澳新两国从这个空间区域隔离开"[①]。

笔者也认为，无论如何划分，澳新在南太平洋地区都拥有特殊的地位，原因就是相互依赖的存在。然而，澳新仍然不属于南太平洋地区的一部分，这主要是因为太平洋岛国和岛屿领地拥有诸多共同特性，形成了自主性不断增强的机制化互动，在这个过程中地区认同不断加强，从而提升了地区性。

表 2-1　太平洋岛国与澳新基本国情比较

国家或领地名称	人口（万人）	陆地国土（km²）	专属经济区（km²）	陆海面积之比匡算	人均 GDP（美元）及数据年份
库克群岛	2.18	240	183 万	1∶7625	19183（2016）
密克罗尼西亚联邦	10.55	702	298 万	1∶4245	3154（2016）
斐济	88.5	18333	129 万	1∶70	4274（2016）
基里巴斯	11.6	811	350 万	1∶4316	1533（2016）

---

① 汪诗明、王艳芬："如何界定太平洋岛屿国家"，《太平洋学报》，2014年第11期，第7页。

续表

国家或领地名称	人口（万人）	陆地国土（km²）	专属经济区（km²）	陆海面积之比匡算	人均GDP（美元）及数据年份
瑙鲁	1.27	21.1	32万	1：15166	9393（2016）
纽埃	0.16	260	45万	1：1731	15586（2016）
帕劳	2.18	459	62.9万	1：1370	16262（2017）
巴布亚新几内亚	约800	462800	310万	1：7	2384（2016）
马绍尔群岛	5.43	181.3	213.1万	1：11754	4032（2017）
萨摩亚	19.6	2934	12万	1：41	4208（2016）
所罗门群岛	约60	28400	160万	1：56	1647（2016）
汤加	10.3	747	70万	1：937	4024（2016）
图瓦卢	1.1	26	75万	1：28846	3537（2016）
瓦努阿图	28.5	12200	68万	1：56	2682（2016）
澳大利亚	2562	7692000	820万	1：1	56328（2018）
新西兰	495	270000	400万	1：15	53496（2018）

资料来源："人口""陆地国土"和"专属经济区"数据来源于中国外交部（2020年底访问）。"陆海面积之比匡算"为笔者根据上述数据计算（结果取整数）。"人均GDP"数据来源于太平洋共同体网站2020年4月上传的统计数据。①

三、以地区性界定南太平洋地区

1. 南太平洋地区的"基本区情"

首先，南太平洋地区具有很强的共同特性，支撑了它构成一个政治地理意义上的单元。

在陆地上，道路和桥梁是组织起各个地理单元形成地区的"黏合剂"；而在南太平洋地区，海洋是这些相距遥远的岛国和岛屿领地相互

---

① "大洋洲"，中华人民共和国外交部，https://www.fmprc.gov.cn/web/gjhdq_676201/gj_676203/dyz_681240/；"Pocket Statistical Summary = Résumé Statistique de Poche：2018"，15 April 2020，http：//www.spc.int/DigitalLibrary/Doc/SDD/Pocket_Summary/Pocket_Statistical_Summary_18.pdf.

沟通乃至形成某种共同体的"道路"和"桥梁"。南太平洋地区是目前世界上唯一一个完全由岛屿（或岛屿的一部分）构成的地区。可以说，正是因为海洋的存在，这些看似分散且内部千差万别的岛国和岛屿领地有了共同特性，建立了支撑地区得以形成的要素。

南太平洋地区的"基本区情"（basic regional conditions）可以概括为"小岛国、大海洋"。陆地国土面积和人口数量是传统意义上国家权力的重要指标。① 太平洋岛国仅占全球陆地总面积的0.4%，总人口更是仅占全球的0.15%。陆地面积最小的岛国瑙鲁仅有21平方千米，人口最少的国家纽埃全国总人口仅1470人，是名副其实的"小国寡民"。在经济实力上，太平洋岛国更是显得无足轻重。世界银行数据显示，除库克群岛和纽埃（并非世界银行成员）外的12个太平洋岛国2017年按市场汇率计算的GDP总和约为302亿美元，占全世界经济总量的比重仅为0.037%。② 14个太平洋岛国中仅有斐济、巴新和汤加3个国家设有常备的国防军，瓦努阿图设有一支规模约300人的准军事组织"瓦努阿图机动部队"（Vanuatu Mobile Force，VMF）。③ 其他国家均无军事力量，有些国家连警察也不给配备任何武器，甚至"整天无所事事"。④ 可以说，这些岛国都是"小且弱"的国家。

但是，这些陆地小国却是"海洋大国"。他们海域广大，专属经济区（EEZ）总和据笔者测算约2000万平方千米，陆海面积之比高达1∶38。图瓦卢、瑙鲁和马绍尔群岛的海域面积甚至超过陆地面积的上万倍。加上尚未独立的岛屿领地后，专属经济区总面积更是达到2800万平方千米，大约相当于欧亚大陆面积的一半，约占全球海洋面积的7.8%、地表总面积的5.5%。

---

① [美] 汉斯·摩根索著：《国家间政治》，徐昕、郝望、李保平译，北京：北京大学出版社，2006年，第164页。
② 参见 World Bank Group, World Development Indicators Database, January 2020, https://databank.worldbank.org/source/world-development-indicators.
③ 笔者曾对所有设有正规武装力量的太平洋岛国的高级军官进行过集体培训。
④ "What Changes in the Police Ministry are Needed?" *Samoa Observer*, 20 March 2017, p. 11.

追本溯源，威斯特伐利亚体系下的主权原则和《联合国海洋法公约》（UNCLOS）共同塑造了"小岛国、大海洋"格局的形成。

20世纪60—70年代，世界范围内的民族解放运动达到了一个高潮，威斯特伐利亚体系逐步扩展到了南太平洋地区。1962年，西萨摩亚（今萨摩亚）独立，成为该地区第一个独立岛国。1970年，随着地区核心国家之一斐济的独立，南太平洋地区去殖民化进程进一步加速。1975年，南太平洋面积最大、人口最多、战略位置可能最为重要的岛屿属地巴新正式独立。此后，所罗门群岛、基里巴斯、图瓦卢、瓦努阿图、马绍尔群岛和密克罗尼西亚联邦先后获得主权。1994年帕劳获得主权，奠定了今天的南太平洋岛国格局。

威斯特伐利亚体系的核心之一——主权平等原则，在南太平洋地区产生了极具特点的影响，其中之一就是主权平等原则与人口数量之间的极度不相称。例如，在联合国大会上，人口约1.1万的瑙鲁、图瓦卢与人口约14亿的中国、人口约13亿的印度至少在理论上拥有同等权利、投票权同为一票。这种不相称在日后成为南太平洋岛国权力的重要来源。

对南太平洋地区的塑造起到根本性作用的还有1973年开始的第三次联合国海洋法大会和《海洋法公约》的谈判、制定与最终颁布。甚至可以说，有了《海洋法公约》，才有了如今的南太平洋地区。

联合国成立后，分别于1958年、1960年召开了两次海洋法大会。1973年，第三次联合国海洋法大会召开，筹备提出一项全新的海洋法公约。对岛国来说，有两个问题至关重要：群岛国家领海基线问题和200海里专属经济区问题。经过将近十年的谈判，1982年《海洋法公约》基本纳入了岛国提出的主要主张，包括群岛国单独定义、按照岛礁外缘单独划设群岛基线、按照基线划定内水和200海里专属经济区、对国际海底享有相关权益等。鉴于南太平洋是个多岛地区，岛礁分布广泛，南太平洋岛国得以拥有并确认了普遍巨大的、与其陆地国土面积和人口规模远远不相称的海洋权益。《海洋法公约》还直接给南太平洋岛国带来渔业利益——有了领海和专属经济区概念，才衍生出渔业权益。

不过，联合国海洋法大会在给予200海里专属经济区的同时，也附加了责任——沿岸国须负起在专属经济区内管理、监测、保护和行政的责任。这带来的管理需求是单个岛国所不具备的能力，因而成为南太平洋论坛渔业局（FFA）和南太平洋地区环境规划项目（SEREP）的国际法背景和动力。[①]

"小岛国、大海洋"的"基本区情"衍生出一系列问题，包括实力对比极度不对称、发展桎梏与能力不足、地区一体化困难重重以及海洋权益潜力与脆弱性之间的矛盾等。此外，汪诗明、王艳芬还总结了面积小、人口少、走和平渐进的"非殖民化"道路、同为世界上最贫困国家的现状等共有的属性。[②] 这些问题既是太平洋岛国开展外交活动的限制因素，也是它们可资利用的优势。

以上这些共同的特性促进了共同的利益，为地区性的巩固与强化提供了基础。

2. 南太平洋地区的模式化互动

然而，仅仅是上述这些共同特性，还不足以使这些岛国和岛屿领地形成一个地区。本书认为，南太平洋地区是各种后天的社会因素塑造的结果，包括南太平洋地区的模式化互动。

在这个过程中，两大地区组织起了至关重要的作用：一个是1947年建立的南太平洋委员会，2015年正式更名为太平洋共同体（简称仍为SPC，指代其秘书处）；另一个是1971年建立的南太平洋论坛，2000年改称太平洋岛国论坛。组织名称的改变主要是为了适应赤道以北的岛国和岛屿领地参与南太平洋地区政治的进程。但也有地区组织仍保留"南太平洋"字眼，例如南太平洋旅游组织（South Pacific Tourism Organization，SPTO）等。

[①] Richard A. Herr, "Microstate Sovereignty in the South Pacific: Is Small Practical?" *Contemporary Southeast Asia*, Vol. 10, No. 2, 1988, p. 187.

[②] 汪诗明、王艳芬：《如何界定太平洋岛屿国家》，《太平洋学报》，2014年第11期，第5—7页。

最早系统性研究南太平洋地区主义的学者之一理查德·赫尔在其1977年的博士毕业论文《南海地区主义：南太平洋委员会的影响（1947—1974）》中系统性地回顾了南太平洋委员会的发展史，认为南太平洋委员会的活动塑造了"南海地区"（The South Sea，范围大致相当于今南太平洋地区）。① 格雷格·弗莱1979年的硕士毕业论文《南太平洋地区主义：本土化支持的发展》② 就已经注意到南太平洋岛国和岛屿领地的共同利益（包括共同的外交需求与经济利益）是南太平洋地区主义的主要驱动力之一，促进了以南太平洋论坛为代表的本土化地区机制，而本土化地区主义的发展又与"泛太平洋意识形态"（Pan‐Pacific Ideology）相互促进，是地区认同的促进因素。③

数十年来，两大地区组织在机制竞争与合作协调中动态地促进了地区共同利益的表达与实现。在南太平洋岛国的不断推动下，南太平洋委员会持续进行改革，从最初完全由域外殖民大国组成，到岛国和岛屿领地的代表性不断增强。时至今日，南太平洋委员会的后继者——太平洋共同体已经成为能够较为代表岛国和岛屿领地利益的地区组织。④ 而南太平洋论坛（及其后继者太平洋岛国论坛）部分由于更好地实现了南太平洋岛国在渔业等切身重大利益，逐渐成为这个地区最主要的地区组织，促进了南太平洋地区秩序不断由最初的外源强制型转向内源合作型。⑤

渔业与发展问题是岛国和岛屿领地数十年来一以贯之的共同经济利益，促进岛屿领地的自治与独立是岛国和岛屿领地长期以来的共同政治

---

① Richard Herr, *Regionalism in the South Seas: The Impact of the South Pacific Commission 1947-1974*, Dissertation, Duke University, 1977.

② 笔者与作者本人多次讨论本书题名的原意内涵和中文名称，尤其是Commitment一词的翻译，最终决定按作者本意将其翻译为"支持"。

③ G. E. (Gregory Ernest) Fry, *South Pacific Regionalism: The Development of an Indigenous Commitment*, M. A. Thesis, Australian National University, 1979, pp. 179-238.

④ 曲升："南太平洋委员会演进的轨迹、动力及意义"，《贵州社会科学》，2018年第12期，第65—73页。

⑤ 徐秀军著：《地区主义与地区秩序：以南太平洋地区为例》，北京：社会科学文献出版社，2013年，第222页。

权益，也一直是南太平洋地区主义的重要问题领域。此外，由于南太平洋地区特殊的自然属性，环境一直是地区政治的核心领域之一。20世纪70—80年代，核试验与核污染一直是岛国和岛屿领地坚决反对的行为，它们为此不惜与宗主国在地区组织中产生冲突。而21世纪尤其是最近10年左右，气候变化、海洋治理与可持续发展逐渐成为这个地区最突出的政治议题。在这些问题上，太平洋岛国和岛屿领地不分赤道南北，都有着共同的利益诉求。近年来太平洋岛国地区主义的新发展正反映了太平洋岛国为了维护它们的共同利益而联合自强、平等参与国际和地区事务的趋势。可以说，正是在地区主义的实践中，今日的南太平洋地区才被塑造出来。①

3. 南太平洋地区认同

如前所述，南太平洋地区的岛国和岛屿领地有着相似的文化与普遍的历史经历。这对地区认同有促进作用，构成了地区性的基础。然而，正如索德伯姆所说，"认同并非仅仅简单地基于传统……而是不断被新的经历与挑战创造和重构"②。南太平洋地区主义就是在长时段的过程中不断建构与重构南太平洋的地区认同，在历史中塑造了南太平洋地区的地区性。

南太平洋委员会即使在殖民时期早期就已经开始对地区认同的促进产生作用。尽管有这样那样的限制，南太平洋委员会下设的南太平洋会议（South Pacific Conference）仍然促进了当时未自治的岛屿互相之间的交流。1953年，后来成为"斐济独立之父"和"南太平洋论坛之父"的拉图·卡米塞塞·马拉（Ratu Kamisese Mara）还只是作为当地一名大酋长的儿子第一次参加了南太平洋会议，感到非常新奇。"感觉像是一场部落聚会"，他后来回忆道，"我们很高兴认识彼此，交换新知，

---

① 参见陈晓晨："南太平洋地区主义的新发展：地区机制与影响评估"，《国际关系研究》，2019年第3期，第79—106页。

② Fredrik Söderbaum, *Rethinking Regionalism*, London: Palgrave, Macmillan Publishers Limited, 2016, p.162.

共溯祖源"。①

马拉对南太平洋地区认同的最大贡献之一是提出了"太平洋方式"（Pacific Way）。更关键的是，在地区主义过程中，"太平洋方式"在这个地区被广泛接受，成为描述南太平洋地区独特的用语。迈克尔·哈斯（Michael Haas）将其概括为六大方面："太平洋问题、太平洋解决"（Pacific Solutions to Pacific Problems）、"文化平等"（Equality of Cultures）、"达成一致的妥协"（Unanimous Compromise）、"政治目标优先"（Primacy of Political Goals）、"泛太平洋精神"（Pan-Pacific Spirit）、"乐观的渐进主义"（Optimistic Incrementalism）。② 徐秀军认为，南太平洋地区主义的发展塑造了以"太平洋方式"为代表的共同价值观念，其主要内容是"合作、平等、和平、渐进"等，他认为"太平洋方式"的形成"在地区层次上增强了整个地区的向心力和凝聚力"。③

当然，南太平洋地区认同的演进并非线性，而是具有复杂性。冷战结束后一段时间，澳新尤其是澳大利亚极力推进澳新与岛国之间的地区经济一体化，并试图推广"大洋洲共同体"观念，强调澳新与南太同属一个更大范围的共同体，甚至推进某种类似欧盟的超主权观念。④ 2005年太平洋岛国论坛出台的《太平洋计划》（The Pacific Plan）在一定程度上代表了这种观念部分地成为地区主义的纲领。然而，这从一开始就遭到了诸多批评。经过数年反复谈判和沟通，2014年，该计划终结，取代其的《太平洋地区主义框架》更强调地区事务应由该地区的

---

① Ratu Sir Kamisese Mara, *The Pacific Way: A Memoir*, Honolulu: University of Hawai'i Press, 1997, p. 168.
② Michael Haas, *The Pacific Way: Regional Cooperation in the South Pacific*, New York: Praeger Publishers, 1989, pp. 10–13.
③ 徐秀军著：《地区主义与地区秩序：以南太平洋地区为例》，北京：社会科学文献出版社，2013年，第220—221页。
④ Jim Rolfe, "Beyond Cooperation: Towards an Oceanic Community", *Australian Journal of International Affairs*, Vol. 60, No. 1, 2006, pp. 83–101.

领导人和人民决定。这也意味着澳新推进的超主权一体化遭遇挫折。①

与此同时，新时期太平洋岛国地区主义的新发展增强了岛国领导人的自信，他们要求"'按照自己的航线航行'（charting its own course），在诸如气候变化、海洋治理和可持续发展的关键领域引领全球思潮"②。"自助"（helping ourselves）的观念得到加强，"岛民所有、岛民所享"（for Pacific islanders, by Pacific islanders）成为新的地区认同。③ 这让终身研究南太平洋地区主义的弗莱在2015年写到，"现在正在经历'太平洋方式'的复归"。④

总之，南太平洋地区主义的波浪式发展总体上增强了南太平洋的地区认同，促使岛国和岛屿领地更强化了"我们"与"域外"的界限，不断在动态中定义着以太平洋岛国和岛屿领地为中心的南太平洋地区。

4. "太平洋岛国地区"

近几年，"太平洋岛国地区"（或译为"太平洋岛屿地区"，Pacific Islands Region，PIR）概念也在南太平洋地区内外出现。理查德·赫尔担任第一执笔人的报告《我们的近邻：澳大利亚和太平洋岛国地区主义》开篇即提出，太平洋岛国地区与太平洋岛国地区主义的形成与动态发展是报告最核心的问题。⑤ 在国内学者中，徐秀军、梁源、吕桂霞和

---

① 参见陈晓晨：《〈太平洋计划〉如何走向终结：以两份报告为中心的文本研究》，见陈德正主编：《太平洋岛国研究（第四辑）》，北京：社会科学文献出版社，2019年，第51—71页。

② H. E. President Anote Tong, "'Charting Its Own Course': A Paradigm Shift in Pacific Diplomacy", in Greg Fry and Sandra Tarte (eds.), *The New Pacific Diplomacy*, Canberra: Australian National University Press, 2015, p. 24.

③ Sandra Tarte, "Regionalism and Changing Regional Order in the Pacific Islands", *Asia & The Pacific Policy Studies*, Vol. 1, No. 2, 2014, p. 322.

④ 弗莱将当前的地区主义发展形容为"夺回1971年的精神"，指的就是"太平洋方式"的复归和"集体外交"的重新兴起。Greg Fry, "Recapturing the Spirit of 1971: Towards a New Regional Political Settlement in the Pacific", *SSGM Discussion Paper*, 2015/3, Australian National University, March 2015, p. 1.

⑤ Richard Herr and Anthony Bergin, *Our Near Abroad: Australia and Pacific Islands Regionalism*, Barton: The Australian Strategic Policy Institute Limited, 2011, pp. 1-3.

张登华等也使用了"太平洋岛国地区"概念。① 在实践上,"太平洋岛国地区"作为一个政治术语越来越受到认可并被普遍使用,例如本地区组织、澳新和联合国机制。② 中国政府近年来也更多使用了这个提法。③

"太平洋岛国地区"概念的使用一是强调纳入"南太平洋地区的北太平洋岛屿",突出开放性、包容性与整体性;二是更强调岛国和岛屿领地的主体性(agency)。而最根本上体现的是地区性的加强。从布赞的三条标准出发,近年来太平洋岛国共同利益的实现不断加强、互动越来越机制化、自我认同愈发增强,是太平洋岛国地区性上升的内在学理涵义。这本身也是南太平洋地区主义历史发展的产物,是南太平洋地区的地区性加强的结果。这又是一个南太平洋地区的概念在动态中发展的例子。

考虑到从1947年以来的历史延续性,本书仍大量使用"南太平洋地区"指称本书研究的太平洋岛国和岛屿领地构成的地区。但是,本书也同时使用"太平洋岛国地区"概念指称近年来的这个地区。

四、本书对南太平洋地区的定义

综上所述,本书将广义的南太平洋地区用来指称目前太平洋共同体中除了法国、美国、澳大利亚和新西兰4个原宗主国外的22个岛屿政治实体所构成的自然与社会空间和构建的政治经济体系。在这个意义

---

① 参见徐秀军、田旭:"全球治理时代小国构建国际话语权的逻辑:以太平洋岛国为例",《当代亚太》,2019年第2期,第95—125页;梁源:"'一带一路'在太平洋岛国地区的良性发展路径",《人民论坛·学术前沿》,2019年第5期(下),第108—111页;吕桂霞、张登华:"太平洋岛国地区气候变化现状及各方的应对",《学海》,2017年第6期,第59—62页。

② "Coping with Climate Change in the Pacific Islands Region(CCCPIR)Programme", https://www.spc.int/cccpir; "Pacific Islands Regional Organization", https://dfat.gov.au/international-relations/regional-architecture/pacific-islands/Pages/pacific-islands-regional-organisation.aspx; "GMP2 - Pacific Islands Region - Inception Workshop", https://www.unenvironment.org/sw/node/18740.

③ "2019年6月4日外交部发言人耿爽主持例行记者会",中华人民共和国外交部,https://www.mfa.gov.cn/web/fyrbt_673021/jzhsl_673025/t1669530.shtml.

上，它与"太平洋岛屿"具有相同的外延。狭义的南太平洋地区的外延是目前太平洋岛国论坛中拥有主权的14个岛国，包括帕劳、密克罗尼西亚联邦（密联邦）、马绍尔群岛、基里巴斯、瑙鲁、巴布亚新几内亚（巴新）、所罗门群岛、斐济、瓦努阿图、图瓦卢、萨摩亚、汤加、纽埃和库克群岛。在这个意义上，它与太平洋岛国具有相同的外延。

那么，这两种定义孰优孰劣？这仍然要回到地区主义理论和南太平洋地区的具体情况上。若以国家中心主义的视角，或严格按照《牛津比较地区主义手册》（*The Oxford Handbook of Comparative Regionalism*）的框定（明确指出地区主义主要是由国家主导的），那么理应采取狭义定义，即认为南太平洋地区是目前14个太平洋岛国构成的互动空间。在现实中，拥有主权的岛国确实比尚未独立或自治的岛屿领地有更大的外交政策独立性，在地区主义中发挥着更大的作用，因而这种定义是有道理的。① 然而，阿米塔夫·阿查亚（Amitav Acharya，中文名安明博）等学者强调，非国家行为体和"非正式的地区主义"在地区性的形成与重塑上起到重要作用。② 在现实中，岛屿领地在南太平洋地区性的构建中也发挥了相应作用，是南太平洋地区主义的次要组成部分。因此，笔者认为，应同时采用两种定义、但以狭义定义为重点研究对象。据此，本书将南太平洋地区等同于太平洋岛国地区。

上述界定解答了前文所述的几个疑问：赤道南北两侧的太平洋岛国与岛屿领地在共同特性、机制化互动和地区认同上并无大异，赤道并没有在物质或"心理"上将它们隔开，因此应当将其视为一个地区整体。太平洋岛国与岛屿领地都参与了地区主义，但程度和作用不同，因此在界定时可有主有次。澳新尽管在地理临近性、相互依赖和模式化互动上

---

① 一个例证是在成立后的45年里，南太平洋论坛/太平洋岛国论坛只允许独立岛国或即将独立的岛屿成为其正式成员，其中部分原因就是一些岛国领导人认为不独立就无法执行独立的外交政策，从而受到宗主国的很大影响。

② Amitav Acharya, "Regionalism beyond EU – Centrism", in Tanja A. Börzel and Thomas Risse (eds.), *The Oxford Handbook of Comparative Regionalism*, Oxford: Oxford University Press, 2016, p. 122.

符合布赞设置的标准,但在地区认同方面与岛国和岛屿领地存在差异,在地区主义发展历程中并未成功实现地区一体化预设目标与"大洋洲共同体",因此可以认为澳新目前不属于南太平洋地区的一部分。

不过,在现实中,南太平洋地区的概念存在复杂性,包括延展性、多重性和可塑性,其边界是不断变化的。因此,要把南太平洋地区放在理论、历史与现实中加以综合界定。也正因为如此,本书对南太平洋地区的界定并不唯一。而且,随着形势的变化,太平洋岛国的地区性也完全有可能发生变化,由此导致地区的内涵与外延的进一步演变。例如,假设若干内外因素导致太平洋岛国的地区性削弱,那么大洋洲地区也可能发展成为一个整合程度更高的地区,澳新特别是澳大利亚强势推动"大洋洲共同体"可能会瓦解太平洋岛国构成的地区。事实上,2020年新冠肺炎疫情暴发以后,由于全球化进程受挫、太平洋岛国与域外国家的联系在很大程度上被阻断,太平洋岛国自立自强的能力受到影响,澳大利亚确实有重新增强对太平洋岛国控制力的迹象。

当然,从目前形势看,这种情境不一定持续;疫情过后的中长期趋势仍然可能是太平洋岛国的地区性增强。而且,本书更强调的是,要建立社会科学领域的衡量标准,在动态发展中考察地区是如何被塑造的,又是如何变迁的。

准确科学地界定南太平洋地区是必要的基础研究工作。与30年前美国学界对南太平洋地区的界定背景有一定类似,今天的中国学界已经逐渐认识到这个地区的价值与重要性。不过,目前我国学界的南太平洋地区研究基础较为薄弱。在这种情况下,形成对南太平洋地区的社会科学界定,有助于我国南太平洋地区研究的进一步发展。

推而广之,本节阐述的界定地区的普遍标准也有潜力适用于其他地区。事实上,所有的地区都是社会建构的产物,只是形成时间有长有短。例如,冷战结束以来,至少有两个地区经历了巨大变化:当代的中亚地区由苏联解体而形成;冷战时期的"东欧地区"则因为冷战的结束而日渐式微,今天的"中东欧"与冷战时期的"东欧地区"在本质上不同。① 此外，东南亚、中东、拉美与加勒比等地区也发生着内涵与外延的变化。而另外一些地区概念，例如"中南亚"，则并没有、至少尚未成为现实。近年来南太平洋地区的内涵外延演变是世界范围内地区变迁的最新案例之一。今后，这种动态发展可能还将继续。因此，将地区视作由社会建构的、受地区认同影响的可变的概念，而不是由自然科学决定的、一成不变的规定，可能更有利于我国的地区研究不断在理论和实践上走向深化。

第二节 地区主义的概念

本节试图以比较地区主义和发展地区主义两个视角对太平洋岛国地区主义进行概念界定。②

一、比较地区主义阶段的地区主义

2016 年，《牛津比较地区主义手册》出版，代表了地区主义理论发展到比较地区主义阶段的最新研究成果。

在比较地区主义视域下，地区主义概念的内涵更为丰富，不仅涵盖传统的地区一体化，还包括地区合作、地区治理、地区集体外交等若干方面。研究对象外延更为扩大，超越了传统的欧洲地区一体化与北美、东亚等被研究较多较深的地区，范围覆盖到了非洲、拉美、中东、中亚、南亚等广大由发展中国家互动构成的地区。近年来，南太平洋地区也有融入比较地区主义大潮的趋势。不过，在不少比较地区主义理论研

---

① 孙壮志、王海媚："21 世纪以来中国的中亚研究：进展与不足——孙壮志研究员访谈"，《国际政治研究》，2019 年第 2 期，第 143—160 页；孔寒冰、韦冲霄："中东欧研究的历史演变、特征及发展趋势——孔寒冰教授访谈"，《国际政治研究》，2019 年第 3 期，第 126—160 页。

② 本节部分内容已在学术期刊上发表，参见陈晓晨、常玉迪："南太平洋的发展地区主义：概念、特征与进展"，《南海学刊》，2019 年第 4 期，第 100—109 页。

究者的眼里，对发展中地区的案例研究只是途径，最终目的是创造一个具有普遍性的、能够解释不同地区的地区主义理论。

本书采用塔尼娅·博泽尔（Tanja A. Börzel）和托马斯·里塞（Thomas Risse）在《牛津比较地区主义手册》中对地区主义的最新权威定义："地区主义是主要由国家主导的建立和维持包含三个国家以上的正式的地区机制与组织的过程。"① 当然，地区主义是否"主要由国家领导"尚具有争议。事实上，正如阿米塔夫·阿查亚在内的比较地区主义领军学者认为的那样，非国家行为体（non-state actors）和"非正式的地区主义"（informal regionalism）在当下的地区主义中也起到重要作用。② 当然，主权国家的作用仍然不可替代。

值得注意的是，这个定义超越了单纯的"地区一体化"，也就超越了欧洲经验论与欧洲中心主义，具有普遍性和包容性，更好地适用于由广大发展中国家构成的地区。新时期的太平洋岛国地区主义并不以地区贸易与经济一体化为重点，因此这个定义尤其适用于太平洋岛国地区主义。与数十年前约瑟夫·奈的只考虑地区主义的形成与建立的定义相比，它强调了地区主义是一个过程，因而内在要求考察地区主义的发展演进。正因为如此，本书尤其注重考查地区组织与机制的发展过程。

从上述定义出发，太平洋岛国地区主义指的就是"主要由国家主导的建立和维持新时期南太平洋地区（或太平洋岛国地区）机制与组织的过程"。这是本书的研究对象。当然，这并不代表不重视非国家行为体在太平洋岛国地区主义中的重要作用。

---

① Tanja A. Börzel and Thomas Risse, "Introduction: Framework of the Handbook and Conceptual Clarifications", in Tanja A. Börzel and Thomas Risse (eds.), *The Oxford Handbook of Comparative Regionalism*, Oxford: Oxford University Press, 2016, p. 7.

② Amitav Acharya, "Regionalism beyond EU-Centrism", in Tanja A. Börzel and Thomas Risse (eds.), *The Oxford Handbook of Comparative Regionalism*, Oxford: Oxford University Press, 2016, p. 122.

二、发展地区主义

如前文所述，比较地区主义理论注重以比较方法研究发展中国家构成的地区，并追求普遍性解释路径。这与"发展地区主义"存在很大交集。

"发展地区主义"本身并不是一个新名词，但它在不同的时期具有不同的内涵。

目前可见的明确提出"发展地区主义"概念的学者是约翰·斯隆（John Sloan）。他在1971年给"发展地区主义"下的定义是"不发达国家（underdeveloped countries）之间为了加速成员国和地区发展速度设计的经济合作、协调与一体化的联合政策"。值得注意的是，"不发达"（underdeveloped）这个术语在当时的特定环境下隐含着一种由于国际体系与国际分工造成不发达国家被"固化"在不发达状态的假说。这个假说可以追溯到劳尔·普雷维什（Raúl Prebisch）等人创造这个概念的时候。斯隆还特别解释，称"发展地区主义""是因为设计它并不仅是为了扩大贸易，也是为了鼓励新的产业、国民经济多元化以及提高该地区对发达国家的议价权（bargaining power）"。[①] 这个定义和补充解释明确提出发展中国家应针对自身特点进行地区主义合作。它在以下方面超越了传统的功能主义的地区主义概念：超越了单纯强调内部一体化，而是包括地区相对于外部的议价权的问题；超越了单纯的贸易一体化，而是囊括了通过计划与协调，促进地区内的工业化；最重要的是，它强调地区主义的目的是实现发展目标，这是发展地区主义概念的核心。不过，斯隆从经济学的视角，仅仅将地区主义定性为一种"政策工具"，是一种对发达国家市场依赖的替代性选择，没有抓住地区主义的根本属性。而且，斯隆的概念诞生于旧地区主义的时代背景下，脱胎于拉美的特定环境中，建立在普雷维什强调进口替代的发展战略基础上，

---

① John Sloan, "The Strategy of Developmental Regionalism: Benefits, Distribution, Obstacles, and Capabilities," *Journal of Common Market Studies*, Vol. 10, No. 2, 1971, pp. 142–143.

最终的目的是要在经济上实现相对于发达国家的"脱钩"。这种价值取向与今天在全球化、全球治理背景下开放的地区主义截然不同。

20世纪80年代末至21世纪初，强调贸易自由化与市场开放的新地区主义或"开放地区主义"大行其道，"发展地区主义"仅散见于南部非洲发展共同体（SADC）和东盟的相关政策和研究中，这些"发展地区主义"是对构建地区价值链和产业发展政策的概括，但并没有形成系统的模式。直到2013年，联合国贸易与发展会议（UNCTAD）发布的《非洲经济发展报告（2013）》再次将发展地区主义作为核心概念提出，然而内涵与约翰·斯隆有较大不同。这篇报告将发展地区主义定义为"为了保证地区一体化的传统收益的以发展为基础的一体化议程"，说明"发展地区主义包括贸易领域合作，强调促进国际贸易与融入世界经济"[1]。这带有较为强烈的新地区主义倾向。但是，这篇报告也反思了新地区主义的经验和教训，认为发展中国家如果要充分获得贸易一体化和融入世界经济的收益，需要进行更为完善的产业发展规划，统筹考虑政治与经济的协调，以综合性治理框架提高自身发展的能力。该报告还以大湄公河次区域经济合作（GMS）为例，向非洲国家介绍了亚洲发展地区主义的成功经验。此外，时任联合国贸易与发展会议总干事素帕猜·帕尼帕提（Supachai Panitchpakdi）也在自己的文章中反思传统贸易一体化的不足，提出将发展作为地区主义的主要目标。[2] 然而，这些关于发展地区主义的论述都集中在对经济发展与贸易之间关系的反思上，并没有涉及到更为综合性的地区发展与治理。

2016年出版的《牛津比较地区主义手册》第一次较为系统地总结了比较地区主义研究中的主要议题。其中，拉斯洛·布鲁斯特（Laszlo Bruszt）和斯特凡诺·帕莱斯蒂尼（Stefano Palestini）提出了地区发展治理（Regional Development Governance，RDG）的概念，即"同一地区

---

[1] UNCTAD, "Economic Development in Africa Report 2013", UNCTAD, 11 July 2013, https://unctad.org/en/PublicationsLibrary/aldcafrica2013_en.pdf.

[2] Supachai Panitchpakdi, "Trade, Development and Developmental Regionalism", *Adelphi Papers*, Vol. 54, No. 450, pp. 79–92.

中来自于两个及以上国家的国家与非国家行为体制定政策以解决发展和与发展相关问题的各种治理方式"①。这个定义首次尝试将地区主义中的发展议题抽象为一种具有较为普遍适用性的一般性概念。但是，这个概念也存在不足之处：首先，它仅将地区发展治理视为一种静态的政策工具或技术手段，对动态的、政治的意涵考虑不足；其次，它将行为体绝对限定在地区内部，从而未能将地区内外因素结合考虑，实际上，区分地区内部与外部在某些情形下是非常困难的；再次，它同样未能探讨"发展"本身意涵的丰富性，较大篇幅局限于经济发展；最后，该手册未能探讨发展和其他议题之间的互动关系。这些不足都有待我们通过进一步完善概念加以弥补。

发展地区主义在我国学界长期是个空白。徐秀军研究了"发展中国家地区主义"和"经济地区主义"。但这与发展地区主义在概念上还不能画等号。② 此外，很多学者都在研究东亚地区主义的过程中提出了东亚地区主义以发展为导向，但缺乏超越东亚、具有普遍适用性的学术抽象。不过，2019年起，我国学者开始更关注发展地区主义研究，成果也开始增多。魏玲在对发展地区主义如何促进东亚合作的研究中认为，"发展地区主义主要是指地区行为体为推动国家和地区经济增长、实力增强和人民生活改善而进行的互动。这里的发展主要指经济发展"。③ 这个概念再次强调了发展地区主义的核心属性——以促进发展为目的。将地区主义定义为"互动"也与比较地区主义的最新研究进展吻合。崔庭赫和郑先武以大湄公河次区域合作为案例对东亚发展地区主义进行

---

① Laszlo Bruszt and Stefano Palestini, "Regional Development Governance", in Tanja A. Börzel and Thomas Risse (eds.), *The Oxford Handbook of Comparative Regionalism*, Oxford: Oxford University Press, 2016, p.374.
② 参见徐秀军："发展中国家地区主义的政治经济学：以南太平洋地区为例"，《世界经济与政治》，2011年第3期，第138—155页。
③ 魏玲："发展地区主义与东亚合作"，《国别与区域研究》，2019年第1期，第74—75页。

了研究，是本书出版前的最新研究成果之一。① 不过，此处的发展主要指涉的是经济发展，虽然很好地契合了东亚地区主义的情况，却损失了部分普遍适用性。例如，南太平洋地区受其地区独特性影响，更强调综合意义上的发展，包括强调应对气候变化的"绿色发展"（green development）、强调海洋治理的"蓝色经济"（blue economy）和强调人类发展（human development）的可持续发展（sustainable development）。这启示我们，在不同地区，"发展"的内涵与外延都可能与东亚的发展地区主义侧重点不同。因此，这就需要我们提出一个具有广泛适用性的对发展地区主义的界定。

本书在既有研究的基础上，将发展地区主义视为"以发展为导向的地区主义"，具体界定为："涉及某个地区的主要行为体通过互动与合作建立和维持地区机制与组织，以实现该地区经济、政治与社会等多重领域的发展为主要目标的过程。"这个定义具有比以往定义更大的包容性，它放宽了行为体的范围限制，更强调行为体的互动过程，并且"发展"的内涵可以根据不同地区的不同情况而变化。因此，当将这个界定应用到某一地区的时候，就需要进一步考察研究对象地区的具体特点，以及该地区发展地区主义的一般性与特殊性。

笔者认为，新时期南太平洋地区的发展地区主义兼具发展地区主义的一般性与南太平洋地区的独特性，主要表现为以地区集体外交为主要内容、在议题上具有鲜明海洋特色的发展地区主义，在新时期尤其突出地体现为以应对气候变化、加强地区渔业与海洋治理和实现可持续发展（绿色/蓝色发展）为主要领域和目的的地区主义新发展及其相关的制度设计。

下文将通过对各重点问题领域的研究，尤其是通过第七章的气候变化领域案例，对新时期南太平洋地区的发展地区主义予以具体说明。

---

① 崔庭赫、郑先武："大湄公河次区域合作与东亚发展区域主义"，《国际政治研究》2021年第2期，第66—91页。

第三节　南太平洋地区主义发展简史

本节将2009年以前的南太平洋地区主义发展史划分为三个时期，据此简述南太平洋地区主义发展史，其中尤其着重机制发展。此外，本节还归纳了2009年以前南太平洋地区主义存在的主要问题。[①]

表2-2　本书划分的南太平洋地区主义四个时期

年代	全球背景	对南太平洋地区的影响	南太平洋地区主义的时期
1947—1971年	战后南太平洋地区安排 全球去殖民化浪潮	南太平洋地区殖民架构 推动岛屿独立	殖民时期
1971—1991年	第三次联合国海洋法大会 冷战扩展到南太平洋地区	更多岛屿独立 《海洋法公约》 域外援助加大	"全球冷战"时期 本土化时期
1991—2009年	冷战结束 "大国撤出南太"	"权力真空" 南太被"边缘化" 澳大利亚固有优势	"后冷战"时期 "再殖民化"时期
2009—至今	全球治理深化 地缘政治活动加剧 亚洲集体崛起	岛国地位上升 共同利益凸显 域外援助增长	新时期

资料来源：笔者自制。

一、殖民时期（1947—1971年）

现代南太平洋地区主义脱胎于"二战"及战后国际秩序。1947年

[①] 本节部分内容已在笔者专著中出版，本节对已出版内容进行了高度概括浓缩，并重点探讨了2009年以前南太平洋地区主义存在的突出问题，作为考察新时期太平洋岛国地区主义的历史背景。参见陈晓晨：《南太平洋地区主义：历史变迁的逻辑》，北京：社会科学文献出版社，2020年，第86—195页。

南太平洋委员会的建立标志着战后南太平洋地区主义的开端。英国、法国、荷兰、美国、澳大利亚和新西兰6个当时在南太平洋地区拥有殖民地的宗主国是这个地区组织的创始成员国。南太平洋委员会下设南太平洋会议,每3年召开一次,允许岛屿代表参与讨论。①

这个时期前半段的地区主义主导权绝对地掌握在殖民国家手中。南太平洋委员会和南太平洋会议当时被人称为"排他性的俱乐部"(exclusive club)②。尤其是1962年以前,南太平洋地区尚无一个独立国家。也正因为如此,徐秀军将这段时期的南太平洋地区主义称为"外源强制型"地区主义,"还不能完全反映地区性"。③

20世纪60年代,全球范围内民族独立的"变革之风"最终影响到了南太平洋地区。1962年,西萨摩亚独立,开启了本地区岛屿领地去殖民化、独立建国的进程,成为"地区主义本土化的催化剂"④。

一方面,地区主义本土化意味着对既有地区组织的改革,主要表现为由岛屿代表参加的南太平洋会议的权力不断上升。从南太平洋岛屿走向独立时起,独立性日益增强的(已独立)岛国和(未独立)岛屿领地领导人对于僵化的南太平洋委员会无法满足他们的利益而日益不满。在1965年的第六届南太平洋会议上,他们迫切期待表达自身的利益诉求,包括岛国和岛屿领地可以提出工作议程、增加岛国和岛屿领地贡献的预算、提高南太平洋会议召开频率等。⑤ 此后数年,这些诉求得到了

---

① South Pacific Commission, Agreement Establishing the South Pacific Commission, Canberra, 6 February 1947, pp. 1 – 6.

② A Special Correspondent in Noumea, "It's not an Exclusive Club Now – And the Islanders Like It", *Pacific Islands Monthly*, Vol. 38, No. 11, November, 1967, pp. 25 – 26, 137.

③ 徐秀军著:《地区主义与地区秩序:以南太平洋地区为例》,北京:社会科学文献出版社,2013年,第222页、第91页。

④ G. E. Fry, *South Pacific Regionalism: The Development of an Indigenous Commitment*, M. A. Thesis, Australian National University, 1979, p. 70.

⑤ 如南太平洋地区主义的重要当事人、"南太平洋论坛之父"拉图·卡米塞塞·马拉(Ratu Kamisese Mara)在回忆录中所说,"南太平洋委员会的章程与程序太过僵化,执行委员会的态度说好听点叫'家长作风',说不好听叫'傲慢''专横'。"参见 Ratu Sir Kamisese Mara, *The Pacific Way: A Memoir*, Honolulu: University of Hawai'i Press, 1997, p. 170.

一定程度的实现，但进展并没有令岛国和岛屿领地满意。

另一方面，地区主义本土化意味着创建新地区组织与机制，包括建立太平洋岛屿种植业协会（Pacific Islands Producers Association，PIPA）和南太平洋论坛。① 1970 年，作为南太平洋地区交通中心、面积最大、人口最多的斐济独立，成为岛国驱动地区主义当仁不让的领导者。正是在斐济独立庆典的当晚，岛国领导人彻夜密谈，酝酿成立南太平洋论坛。② 1971 年，南太平洋论坛正式成立。

在"谁创立了南太平洋论坛"的问题上，学界有不同声音。③ 不过，有一点可以确定，那就是南太平洋论坛的建立是出于对旧地区组织——南太平洋委员会不能满足岛国和岛屿领地利益的不满，以及在多个岛国独立或迈向独立的背景下，在太平洋岛屿种植业协会的成功实践的基础上，斐济、其他岛国（尤其是西萨摩亚和库克群岛）和多方（尤其是新西兰）合力推进的结果。④

---

① G. E. Fry, *South Pacific Regionalism: The Development of an Indigenous Commitment*, M. A. Thesis, Australian National University, 1979, p. 95.

② Stuart Inder, "Leading from the Rear is still Leadership", *Pacific Islands Monthly*, Vol. 42, No. 9, September, 1970, p. 27.

③ 美国学者迈克尔·哈斯（Michael Haas）坚持"马拉说"。参见 Michael Haas, *The Pacific Way: Regional Cooperation in the South Pacific*, New York: Praeger Publishers, 1989, p. 94. 南太平洋委员会首任秘书长福赛思在 1971 年将南太平洋论坛的首倡归功于库克群岛首任总理阿尔伯特·亨利（Albert Henry）。参见 W. D. Forsyth, "South Pacific: Regional Organisation", *New Guinea*, Vol. 6, No. 5, September/October 1971, p. 19. 一些文献尤其是新西兰的文献强调了这是新西兰的倡议。参见 South Pacific Year Committee, *South Pacific Year 1971: A Report on Activity*, Wellington: South Pacific Year Committee, 1971, p. 6; M. Margaret Ball, "Regionalism and the Pacific Commonwealth", *Pacific Affairs*, Vol. 46, No. 2, 1973, pp. 243 – 244. 格雷格·弗莱等学者则坚持是岛国领导人共同创立了南太平洋论坛，这与当时《太平洋岛屿月刊》负责人斯图尔特·因德尔（Stuart Inder）的独家披露和马拉后来的回忆相互印证。参见 G. E. Fry, *South Pacific Regionalism: The Development of an Indigenous Commitment*, M. A. Thesis, Australian National University, 1979, p. 108; Stuart Inder, "Leading from the Rear is still Leadership", *Pacific Islands Monthly*, Vol. 42, No. 9, September, 1970, pp. 26 – 27; Ratu Sir Kamisese Mara, *The Pacific Way: A Memoir*, Honolulu: University of Hawai'i Press, 1997, pp. 171 – 172.

④ Richard Herr, "Pacific Island Regionalism: How Firm the Foundations for Future Cooperation?", in Michael Powles (ed.), *Pacific Futures*, Canberra: Pandanus Books, Research School of Pacific and Asian Studies, The Australian National University, 2006, p. 187.

二、本土化时期（1971—1991 年）

20 世纪 70 到 80 年代，大多数南太平洋岛屿领地走向独立。南太平洋岛国独立的进程，标志着威斯特伐利亚体系在诞生 300 多年后最终扩展到了全世界。多个获得主权的岛国加入了联合国，并开始参与联合国的各项机制，成为南太平洋地区主义在这一时期的全球制度背景。其中，尤为重要的是 1973 年起联合国海洋法大会的召开和《海洋法公约》的谈判、制定与最终颁布，塑造了今日的南太平洋地区，对南太平洋地区主义产生了深刻影响。《海洋法公约》直接给南太平洋岛国带来渔业利益，并为南太平洋地区主义制造了关于渔业、海洋资源管理与环境保护等议题，是南太平洋论坛渔业局、南太平洋地区环境规划项目（SEREP）等相关地区组织与机制的源头。可以说，主权原则加上《海洋法公约》，构成了南太平洋岛国权力的重要来源。

20 世纪 70 年代起，美苏之间的"全球冷战"（The Global Cold War）①扩展到南太平洋地区，成为引发南太平洋地区主义发生变化的又一个全球背景因素。"全球冷战"给了南太岛国以权力"杠杆"。已有研究表明，虽然这一时期南太岛国参与地区主义主要是关注经济合作的收益，对卷入全球冷战并无兴趣，但它们乐于"操控"利用域外大国之间的竞争，以增进自身的议价能力和促进地区利益的实现。②此外，澳新出于自身和美国等西方盟友的战略利益考虑，也需要支持南太平洋地区主义，以确保该地区的稳定，达成对苏联进行"战略拒止"（strategic denial）的目的。"大国之间地缘政治的活动给小国作出改变带来了机遇，这是南太平洋论坛在（20 世纪）70—80 年代采取一系列

---

① 参见［挪］文安立著：《全球冷战：美苏对第三世界的干涉和当代世界的形成》，牛可等译，北京：世纪图书出版公司，2014 年。

② Sandra Tarte, "Regionalism and Globalism in the South Pacific", *Development and Change*, Vol. 20, No. 2, 1989, p. 189.

对这个地区来说关键性举措的原因。"①

这一时期，南太平洋委员会进一步改革。首先，南太平洋委员会与南太平洋会议合并，新名称为南太平洋会议，原南太平洋委员会改组为新的南太平洋会议与会国政府代表委员会（CRPG），作为南太平洋会议的下属咨询机构。这样，殖民时期的南太平洋委员会在上、南太平洋会议在下的权力关系被颠倒过来，由岛国和岛屿领地参与的南太平洋会议掌握了实权。第二，在投票权方面，从1976年起，西方国家与南太岛国和岛屿领地实现了投票权平等。第三，成员准入门槛不断降低，1983年"塞班决议"最终同意接纳南太平洋地区所有政治实体全部加入南太平洋会议。第四，在功能上，南太平洋会议将更多精力放在为南太平洋岛国和岛屿领地做实事上，包括文化教育、乡村发展、海洋资源研究与开发等。②

另一方面，新地区组织与机制不断扩展，使得南太平洋地区主义的本土化程度不断提高。南太平洋论坛在运行中不断扩大发展，在成员构成上排除了英、法等老牌欧洲殖民国家和美国等域外大国，仅允许已独立的岛国、走向独立的自治领地和澳新这两个大洋洲国家加入。除了创始成员国外，南太岛国几乎都在独立前夕加入论坛、甫一独立就成为论坛正式成员国。随着独立岛国不断增多，论坛成员也不断增长，到本时期末的1991年已有15个正式成员，基本上形成了目前的规模。在功能上，南太平洋论坛及其秘书处的功能不断扩展，覆盖到贸易与投资、政治与国际事务、发展与经济等多个领域，并设立了驻外机构。

1971年后，南太平洋地区出现了多个地区组织与机制并存的局面，一方面是以南太平洋会议为代表的"旧机制"，另一方面是以南太平洋论坛为代表的"新机制"。到1973年，人们很明显看出新旧机制之间的

---

① Ian Frazer and Jenny Bryant - Tokalau, "Introduction: The Uncertain Future of Pacific Regionalism", in Jenny Bryant - Tokalau and Ian Frazer (eds.), *Redefining the Pacific? Regionalism Past, Present and Future*, Aldershot: Ashgate Publishing Limited, 2006, p. 7.

② 参见曲升：" 南太平洋委员会演进的轨迹、动力及意义"，《贵州社会科学》，2018年第12期，第65—73页。

事权重叠，而重叠意味着需要协调关系乃至机制竞争。① "旧机制"从内部的改革与"新机制"在外部的推动相互作用。南太平洋论坛与南太平洋会议就渔业合作与环境合作的事权争夺最终导致南太平洋论坛渔业局和南太平洋地区环境规划项目分别由南太平洋论坛和南太平洋会议推动成立。整个20世纪80年代，南太平洋论坛、南太平洋会议、南太平洋论坛渔业局、南太平洋地区环境规划项目这四大地区机制之间的关系一直在动态中发展。1988年，南太平洋地区组织协调委员会（SPOCC）成立，初步确立了以南太平洋论坛为首、包括多个地区组织与机制在内的地区组织网络，南太平洋会议被纳入其中。1990年，时任瓦努阿图总统弗雷德里克·蒂马卡塔（Fredrick Timakata）公开表示，"南太平洋论坛已成为本地区活动的最重要的地区性政治组织"。② 这可以被视作为这一时期的机制竞争划上了句号。

三、后冷战时期（1991—2009年左右）

冷战的结束是南太平洋地区主义发展史上的一个"主要转折点"③。随着冷战结束，南太平洋地区在国际舞台上的重要性下降，域外大国"战略撤出"南太平洋地区。④ 由于域外大国纷纷减少在该地区的存在，

---

① M. Margaret Ball, "Regionalism and the Pacific Commonwealth", *Pacific Affairs*, Vol. 46, No. 2, 1973, p. 247.

② Karen Mangnall, "The South Pacific Forum: A Tale of Two Hotels", *Pacific Islands Monthly*, Vol. 60, No. 9, September, 1990, p. 11.

③ Ian Frazer and Jenny Bryant – Tokalau, "Introduction: The Uncertain Future of Pacific Regionalism", in Jenny Bryant – Tokalau and Ian Frazer（eds.）, *Redefining the Pacific? Regionalism Past, Present and Future*, Aldershot: Ashgate Publishing Limited, 2006, p. 12.

④ 表现在：俄罗斯关闭了苏联时期花了很大代价才建立但运作没几年的驻巴新大使馆，而在冷战末期这被美澳新视为苏联在南太平洋地区加强存在的重要象征；美国关闭了驻霍尼亚拉的大使馆和驻苏瓦的国际开发署（USAID）地区办公室，而苏瓦和霍尼亚拉都是南太平洋重要地区组织的总部所在地，其中包括美国有切身利益的南太平洋论坛渔业局；曾在南太平洋地区占有最多殖民地的英国从南太平洋委员会退出，1997年重新加入时宣布结束双边援助，但2005年再次退出。参见 Richard Herr, "The Pacific Islands Region in the Post – Cold War Order: Some Thoughts from a Decade Later", *Revue Juridique Polynesienne*, Vol. 2, Special Series, 2002, p. 51.

澳大利亚的相对地位上升，就像"二战"期间英法撤出南太平洋地区给澳新留下了权力真空，促使澳新尤其是澳大利亚主导了"二战"结束后南太平洋地区主义的最初构建一样，冷战结束后大国的"撤出"再次给了澳大利亚主导南太平洋地区主义的历史机遇。这一时期也被称为南太平洋地区主义的后冷战（Post-Cold War）时期或"再殖民化"（recolonization）时期——南太研究大家斯蒂芬·海宁汉姆（Stephen Henningham）和理查德·赫尔使用"后冷战时期"，强调了全球层次上冷战的结束给南太平洋地区带来的根本性的变化[1]；而按照特伦斯·韦斯利—史密斯（Terence Wesley-Smith）的说法，"再殖民化"描述了冷战结束后到该文写作时（2007年）澳新就像过去的殖民大国一样全面掌握对该地区的主导权。[2] 这两个词都非常准确地概括了这一时期南太平洋地区主义的主要特征。

这一时期澳大利亚对南太平洋地区主义的主导尤其集中地体现在《太平洋计划》及其酝酿通过的全过程。

2004年4月，太平洋岛国论坛领导人在奥克兰举行特别非正式峰会，通过了主要以知名人士小组（Eminent Persons' Group, EPG）提交给第34届太平洋岛国论坛奥克兰会议的报告（又称"陈仲民报告"）为基础的《奥克兰宣言》（Auckland Declaration），作为制定《太平洋计划》的法理基础。不过，决策与执行落实之间存在差异。在将《奥克兰宣言》具体落实为《太平洋计划》的过程中，澳大利亚接过了主导权。奥克兰特别非正式峰会委托太平洋岛国论坛成立专家组（Task Force），负责《太平洋计划》的拟定。而专家组委托亚洲开发银行和英联邦秘书处进行委托研究，由时任英联邦贸易与地区合作司副司长罗

---

[1] Stephen Henningham, *The Pacific Island States: Security and Sovereignty in the Post-Cold War World*, Basingstoke: Macmillan Press Ltd., 1995; Richard Herr, "The Pacific Islands Region in the Post-Cold War Order: Some Thoughts from a Decade Later", *Revue Juridique Polynesienne*, Vol. 2, Special Series, 2002, pp. 47–57.

[2] Terence Wesley-Smith, "Self-determination in Oceania", *Race & Class*, Vol. 48, No. 3, 2007, p. 38.

曼·格林贝格（Roman Grynberg）作为第一执笔人牵头，研究团队包括来自亚洲开发银行和英联邦秘书处的研究人员和委托的外部专家，于2005年形成了《迈向新太平洋地区主义》研究报告。该报告明确，南太平洋地区主义应以地区一体化为导向，设定一个具体的时间表和路线图，以良治、经济增长、可持续发展和安全四个领域为支柱，以《太平洋紧密经济关系协定》（PACER）等为近期优先事项，推进地区一体化进程。这与《奥克兰宣言》存在明显差异。[①]

2005年，第36届太平洋岛国论坛莫尔兹比港峰会通过了纲领性文件《太平洋计划》。《太平洋计划》以加强地区一体化为目标导向，明确了经济增长、可持续发展、良治和安全四大支柱，并通过《楠迪决定》（Nadi Decisions）作为实现计划的时间表，通过《卡里波波路线图》（Kalibobo Roadmap）作为实现计划的路径。实际上，《太平洋计划》的蓝本就是《迈向新太平洋地区主义》报告。在《太平洋计划》出炉后，南太平洋地区知名社会活动家爱丽丝·赫弗（Elise Huffer）比较了"陈仲民报告"、亚行和英联邦《迈向新太平洋地区主义》报告和《太平洋计划》三份文本的异同，得出结论，认为《太平洋计划》对地区主义的愿景与目标与"陈仲民报告"存在明显的矛盾偏差，认为前者更多是依据《迈向新太平洋地区主义》报告，二者之间的相似度更高，包括目标导向、"四大支柱"和优先事项等。[②] 而《迈向新太平洋地区主义》报告又与澳大利亚政府对《太平洋计划》的观点有较多相关性，与"澳大利亚议会方案"也有较高相似度——"澳大利亚议会方案"是一个以"太平洋经济与政治共同体"（PEPC）为愿景的、以

[①] Roman Grynberg et al., *Toward a New Pacific Regionalism*, The Asian Development Bank, 2005, pp. xx – xxvi.

[②] Elise Huffer, "The Pacific Plan: A Political and Cultural Critique", in Jenny Bryant-Tokalau and Ian Frazer (eds.), *Redefining the Pacific? Regionalism Past, Present and Future*, Aldershot: Ashgate Publishing Limited, 2006, pp. 158 – 159.

澳大利亚为中心的类似欧盟的超主权地区一体化方案。① 这从文本分析的角度印证了澳大利亚对《太平洋计划》的主导作用。②

《太平洋计划》将经济增长作为"四大支柱"之首，主张将贸易自由化尤其是《太平洋紧密经济关系协定》作为举措中的重中之重，并开展石油产品大宗批量采购，促进太平洋航空安全办公室（PASO）、小岛国航运倡议等；将良治作为《太平洋计划》的重要内容，实施涉及国家主权的领导人问责制、加强审计和调查机关、法律和检查部门等重要机构的问责制；加强地区安全委员会（FRSC），实际上加大了岛国在安全合作领域向太平洋岛国论坛让渡主权。③ 从当时的讨论看，太平洋岛国领导人已经注意到《太平洋计划》将不可避免地侵蚀国家主权。④

总之，《太平洋计划》是"以加强地区合作与地区一体化为目标的纲领性文件"⑤，体现了澳大利亚在经济一体化和地区安全等方面的利益和建立"大洋洲共同体"的愿景，显示了澳大利亚对太平洋岛国论坛及南太平洋地区主义的方向和路径设计施加的影响。不过，也正是《太平洋计划》引发的太平洋岛国的普遍不满，解释了此后太平洋岛国地区主义的兴起与发展。

---

① Senate Foreign Affairs, Defense and Trade References Committee, *A Pacific Engaged: Australia's Relations with Papua New Guinea and the Island States of the South – west Pacific*, Canberra: The Senate Printing Unit, 2003, p. 69.

② Elise Huffer, "Regionalism and Cultural Identity: Putting the Pacific back into the Plan", in Stewart Firth (ed.), *Globalisation and Governance in the Pacific Islands*, Canberra: ANU E Press, 2006, pp. 44 – 46.

③ The Pacific Plan: For Strengthening Regional Cooperation and Integration, Pacific Islands Forum Secretariat, Suva, Fiji, November 2007.

④ Duncan Wilson, "Leaders Assess Pacific Plan Progress", *Islands Business*, Vol. 26, No. 15, April 2005; as cited in Jim Rolfe, "Beyond Cooperation: Towards an Oceanic Community", *Australian Journal of International Affairs*, Vol. 60, No. 1, 2006, p. 94.

⑤ 徐秀军著：《地区主义与地区秩序：以南太平洋地区为例》，北京：社会科学文献出版社，2013年，第110—111页。

四、2009 年以前南太平洋地区主义存在的问题

1. 地区主义"私物化"

2009 年以前，南太平洋地区主义存在的最大问题就是太平洋岛国论坛越来越被澳新"私物化"。正如塔特在 2002 年所说，"近年来，随着（太平洋岛国）论坛在经济、政治和安全议题上日益被掌握着钱袋子的澳新主导，'所有权'（ownership）意识已经被侵蚀"。[1] 马拉在晚年时认为，这个他亲手创建的论坛现在已经被官员掌握，领导人只被允许谈论他们能谈的，并认为澳新控制论坛的原因是人力资源充足："他们（指澳新——笔者注）有足够的人员（为领导人）准备讨论案文以及（向领导人）汇报摘要，而我们（指岛国——笔者注）要靠领导人自己。"[2]

"以援助为武器"成为澳大利亚这一时期直接干涉地区事务的重要方式。[3] 这尤其体现在 2004 年时任澳大利亚总理约翰·霍华德（John Howard）将是否继续对岛国进行援助与澳大利亚外交官格雷格·厄尔文（Greg Urwin）是否当选太平洋岛国论坛秘书长挂钩，并采用通过诉诸投票表决的方式，使厄尔文当选。[4]

总之，各种原因导致南太平洋地区最主要的地区组织在这一时期越来越被管理团队（秘书处）"俘获"，从而被澳新"私物化"，岛国失去了驱动地区主义的能力与空间。

---

[1] 参见 Sandra Tarte et al., *Turning the Tide: The Need for a Pacific Solution to Counter Conditionality*, Suva: Fiji, Greenpeace Australia Pacific, 2002.

[2] Ratu Sir Kamisese Mara, *The Pacific Way: A Memoir*, Honolulu: University of Hawai'i Press, 1997, p. 174.

[3] 姜芸：《澳大利亚对太平洋岛屿国家的援助研究》，华东师范大学国际关系与地区发展研究院博士学位论文，2018 年，第 69 页。

[4] Susan Roberts, Sarah Wright and Phillip O'Neill, "Good Governance in the Pacific? Ambivalence and Possibility", *Geoforum*, Vol. 38, p. 972.

2. 地区集体外交式微

从20世纪90年代中期起,南太平洋岛国的集体外交陷入了停滞。澳大利亚主导下的南太平洋论坛专注地区一体化进程,对集体外交的投入不大。如格雷格·弗莱和桑德拉·塔特所说,到了2000年左右,帮助太平洋岛国在全球议程中参与集体外交在很大程度上已经从太平洋岛国论坛的议程中消失,尽管这是论坛最初的目标。[1]

从2000年前后起,澳新试图与太平洋岛国联合起来,组成"太平洋岛国论坛集团"(Pacific Islands Forum Group)。澳新在这个集团中发挥着领导地位。[2] 然而,这使得岛国时常感到被"双重边缘化",即太平洋岛国论坛在联合国被边缘化,同时岛国在太平洋岛国论坛中被澳新边缘化。访谈研究表明,大多数岛国大使和外交官都认为,与澳新一起发声当然意味着他们的声音更大,但这在实践中却意味着岛国的利益被澳新捆绑带偏;一些外交官认为,澳新是利用太平洋岛国论坛在联合国推行自己的国家利益,而在气候变化等一些重要问题上,澳新和岛国的利益是冲突的。然而,当时岛国还没有足够的意愿,也没有足够的能力改变这种情况。[3]

3. 气候变化议题受挫

气候变化问题是这一时期澳大利亚主导地区主义的一个突出表现,特别体现在澳大利亚经常"浇灭"(water down)太平洋岛国在地区组织特别是南太平洋论坛中关切气候变化的呼声。但这同时也是岛国与澳

---

[1] Greg Fry and Sandra Tarte, "The 'New Pacific Diplomacy': An Introduction", in Greg Fry and Sandra Tarte (eds.), *The New Pacific Diplomacy*, Canberra: Australian National University Press, 2015, p. 6.

[2] Michael Powles, "Making Waves in the Big Lagoon: The Influence of Pacific Island Forum Countries in the United Nations", *Revue Juridique Polynesienne*, Vol. 1, No. 2, 2002, pp. 71–73.

[3] Fulori Manoa, "The New Pacific Diplomacy at the United Nations: The Rise of the PSIDS", in Greg Fry and Sandra Tarte (eds.), *The New Pacific Diplomacy*, Canberra: Australian National University Press, 2015, pp. 91–92.

大利亚矛盾的一个源头。

1997年9月，有关各方正在为《联合国气候变化框架公约》第3次缔约方会议（京都气候大会）及《京都议定书》（Kyoto Protocol）的谈判展开博弈。岛国决定在南太平洋论坛拉罗汤加会议上组成游说集团，将强制减少温室气体排放（简称"减排"）的承诺写入会议公报。①不过，这与澳大利亚的立场不符。当时的霍华德政府同样也是为了京都气候大会考虑，坚决反对将强制减排承诺写入公报。

最后，"国家规模与实力占了上风"——南太平洋论坛拉罗汤加会议通过了一份对气候变化问题措辞温和的公报，体现了澳大利亚的立场与利益。新西兰学者伊恩·弗雷泽（Ian Frazer）和珍妮·布莱恩特—托卡劳（Jenny Bryant – Tokalau）认为，对岛国来说，整个过程体现了澳大利亚与岛国之间极不对称的权力对比，以及澳大利亚为了自身利益宁可不顾岛国生存的态度。但是，此时岛国并没有力量改变这种局面。②

京都气候大会通过了《京都议定书》，这是人类历史上第一次以具有法律约束力的国际机制应对气候变化的成功案例；但是，对岛国尤其是小岛屿国家来说，他们为应对气候变化的外交努力才刚刚开始。澳新与岛国之间在全球气候谈判中的矛盾从此时起开始逐渐发展，后来成为太平洋岛国地区主义的重要内容。

正是冷战结束后20年左右的时间里南太平洋地区主义存在诸多问题与"地区治理赤字"，给2009年左右以后的太平洋岛国地区主义的兴起与发展埋下了伏笔。

---

① Karin von Strokirch, "The Region in Review: International Issues and Events, 1997", *The Contemporary Pacific*, Vol. 10, No. 2, 1998, p. 421.

② Ian Frazer and Jenny Bryant – Tokalau, "Introduction: The Uncertain Future of Pacific Regionalism", in Jenny Bryant – Tokalau and Ian Frazer (eds.), *Redefining the Pacific? Regionalism Past, Present and Future*, Aldershot: Ashgate Publishing Limited, 2006, p. 17.

第三章 全球治理、地缘政治与太平洋岛国

本章研究本书假说框架的两个自变量——全球治理与围绕太平洋岛国的地缘政治，考察它们对太平洋岛国的影响，并概述太平洋岛国在此大环境下主动采取的外交策略——"充分利用主权，扬长避短，走地区联合之路"。

第一节 全球治理与太平洋岛国

全球治理概念最早的来源之一是前联邦德国总理维利·勃兰特（Willy Brandt）。他在1990年提出这一概念，并在这个思想基础上发起了"联合国全球治理委员会"（The Commission on Global Governance）。[1] 按照该委员会于1995年发布的报告《我们的全球邻里》（又译《天涯成比邻》[2]）中提出的最初定义，全球治理是"个人和公私机构管理其共同事务的众多方法的总和，是相互冲突或多元化利益开展合作、相互

---

[1] 关于全球治理概念的缘起，参见蔡拓、杨雪冬、吴志成主编：《全球治理概论》，北京：北京大学出版社，2016年，第3—6页；叶江："试论欧盟的全球治理理念、实践及影响：基于气候治理的分析"，《欧洲研究》，2014年第3期，第69—70页。

[2] 该报告中译本为[瑞典]英瓦尔·卡尔松、[圭]什里达特·兰法尔主编：《天涯成比邻——全球治理委员会的报告》，赵仲强、李正凌译，北京：中国对外翻译出版公司，1995年。

融通的一个持续过程"①。但是，到目前为止，政策界与学术界对全球治理的定义尚未达成共识。张胜军认为，在理论上可以将全球治理分为三大范式——强调全球层面的价值共识与公共舆论的全球主义范式；强调国家在全球治理中的主导地位的国家主义范式；强调跨国政府部门网络、跨国非政府组织、跨国民间团体与市场机制的跨国主义范式。② 笔者认为，全球治理是在缺乏一个全球政府的情况下通过国际合作解决全球问题的过程。③ 不过，对定义缺乏共识并没有阻止全球治理从理念扩散到实践，最终广受接纳的过程。2012年3月，第66届联合国大会通过了《全球治理中的联合国》决议，积极推进联合国在全球治理中的作用。④ 可以说，我们当下的世界处在"全球治理时代"。⑤

本节聚焦全球治理进程的哪些方面如何给太平洋岛国带来了巨大影响。⑥

一、全球治理的新发展

议题政治（agenda politics）是全球治理时代的重要特征。2008年以来，全球治理的三大重点议题——全球经济金融与发展治理、全球气候治理与全球海洋治理——凸显，与太平洋岛国的切身利益紧密相关。

2008年的金融海啸及随后的全球性金融与经济危机对全球造成了

---

① The Commission on Global Governance, *Our Global Neighborhood*: *Report of the Commission on Global Governance*, New York: The Oxford University Press U.S.A., 1995, p.2. 此处的中文翻译采用联合国开发计划署、中国国际经济交流中心：《重构全球治理：有效性、包容性及中国的全球角色》，北京：联合国开发计划署驻华代表处，2012年12月17日，第10页。

② 张胜军："全球治理的最新发展和理论动态"，《国外理论动态》，2012年第10期，第25—26页。

③ 陈晓晨、熊娟子："'一带一路'带来全球治理新理念"，《解放军报》，2017年5月14日，第4版。

④ The United Nations in Global Governance, Resolution adopted by the General Assembly on 16 March 2012, United Nations, A/RES/66/256.

⑤ 刘贞晔："全球治理时代全球利益与国家利益的调适"，《社会科学》，2015年第1期，第13—22页。

⑥ 本节部分内容已在学术期刊上发表，参见陈晓晨："全球治理与太平洋岛国地区主义的发展"，《国际论坛》，2020年第6期，第119—136页。

广泛而深刻的影响。国际金融体系改革成为二十国集团（G20）讨论的核心议题之一。在战后国际发展问题上居于重要支柱地位的世界银行等国际机构持续面临改革压力。在诸多国际谈判中非常活跃、与发展中国家联系密切的南方中心（The South Center）总执行长许国平（Martin Khor）2012年认为，冷战以来在全球范围内流行的新自由主义理念受到质疑，国际发展问题上面临治理的缺失，特别是缺乏一个强有力的为发展中国家执行可持续发展的机制；国际社会越来越意识到，全球金融与经济危机在发展中国家中的本质与主要表现是全球发展危机，这就需要把经济危机、社会危机和环境危机放在首位，采取协调的、可持续的发展观念——这是联合国于2012年前后开始推动"后2015"可持续发展议程（Post-2015 sustainable development agenda）并最终制定联合国可持续发展目标（Sustainable Development Goals，SDGs）的背景。[①]

2007—2009年间全球气候治理也发生了重大变革。根据基欧汉、大卫·维克托（David Victor）的观点，"全球气候治理是各种公共或私人机构共同管理气候事务的诸多方式的综合"，"本质是管理全球公地、创建公共产品、提供补偿、资源的再分配、阻止公共之恶"，具体包括提供关于气候变化危险及政策选项的可靠信息、建立并监督国家的减排政策、碳空间和减排成本的再分配、创建和维持排放交易体系、创建并维持投资（包括技术在内）制度、创建并维持资金援助制度、技术开发与转让制度、森林（土地利用）管理制度、地球工程管理9个方面。[②] 其中，考虑到全球气候谈判在全球气候治理中发挥牵一发动全身的作用，本书聚焦在全球气候谈判对太平洋岛国的影响。

在全球气候变化谈判中，联合国政府间气候变化专门委员会

[①] 许国平："联合国计划新的发展议程"，第三世界网络（TWN），2012年8月9日，https：//twnchinese.net/？p=4297.

[②] Robert Keohane and David Victor, "The Regime Complex for Climate Change", *Discussion Paper*, 10-33, The Harvard Project on International Climate Agreements, January 2011, https：//www.belfercenter.org/sites/default/files/legacy/files/Keohane_Victor_Final_2.pdf. 但需要指出的是，基欧汉、维克托侧重强调制度复合体，这可以被理解为全球气候治理的主体，但他们并没有直接使用"气候治理"概念。

(IPCC)发表的评估报告(AR)发挥了显著的推动作用。董亮、张海滨认为,IPCC作为"认知共同体",通过政策创新、政策扩散、政策选择和政策坚持影响国际气候谈判,是气候变化政策合法性的来源和气候变化议程设置的动力,通过政治与科学的互动、与非政府组织的联合塑造政策。① 需要特别注意的是,如托马斯·伯诺尔(Thomas Bernauer)和莉娜·谢弗(Lena Schaffer)认为的那样,评估报告中的《综合报告》和《决策者摘要》也会受到政治的影响,因为IPCC由来自所有成员国的政府代表组成,《综合报告》和《决策者摘要》最终需要得到他们的采纳。② 因此,IPCC本身也是全球气候政治的一个组成部分。到目前为止,IPCC一共发布了5次完整的评估报告,每次评估报告都与国际气候谈判进程与结果之间存在高度关联,对谈判走向发挥了巨大的塑造作用。③ 其中,2007年发布的第四次评估报告(AR4)对谈判进程的影响至关重要。报告提出了"两个90%"——气候变暖有90%以上的可能性是1750年以来人类活动的合成效应导致的;20世纪中期以来的全球平均气温上升有90%以上的可能性是由温室气体(GHG)排放导致的。④ 这大大高于前三次报告判断的关于人类活动与气候变化之间因果联系的可能性。此外,第四次评估报告还通过"决策者摘要"提出了政策建议:如果在本世纪内将全球平均升温控制在2℃以内,工业化国家2020年的排放水平需要比1990年减少25%—40%,2050年的排放水平需要比1990年减少80%—95%。⑤ 这个政策建议更是通过政策扩散直接推动了气候谈判。对这个谈判基础,"2009年哥本哈根会议的

---

① 董亮、张海滨:"IPCC如何影响国际气候谈判:一种基于认知共同体理论的分析",《世界经济与政治》,2014年第8期,第64—83页。

② 托马斯·伯诺尔、莉娜、谢弗:"气候变化治理",刘丰编译,《南开学报〈哲学社会科学版〉》,2011年第3期,第12页。

③ 高云、孙颖等:《IPCC在国际应对气候变化谈判中的地位和作用》,见王伟光、郑国光主编:《应对气候变化报告(2009)》,北京:社会科学文献出版社,2009年,第55—58页。

④ IPCC, *Climate Change* 2007 (*Synthesis Report*): *A Report of Intergovernmental Panel for Climate Change*, Geneva, Switzerland, IPCC, p. 5. 具体表述为"非常有信心"和"非常有可能",而对这两个副词的定义都是"高于90%",定义参见 ibid, pp. 79, 83.

⑤ Ibid, pp. 1 – 22.

每一个国家领导人或政府谈判代表都清楚"①。在诸多因素推动下，2009年哥本哈根气候大会被高度重视，气候变化上升为全球治理中最受关注的核心领域之一。②

全球气候谈判进程本身也将2009年哥本哈根气候大会拔到了极高的高度，一个原因是当时正值《京都议定书》第一承诺期行将于2012年结束之时，但尚无2012年后的全球气候治理安排。以当时的"倒排时间表"思维，如果各国需要3年左右时间批准一个新的议定书或安排的话，2009年就是达成协议的最后期限。在实践中，由于各种因素的耦合，加之媒体的推波助澜，哥本哈根气候大会被广泛报道为"拯救地球（人类）的最后一次机会"③，成为全球气候治理进程中的里程碑。

相比之下，全球海洋治理是一个渐变的过程，但在特定时间节点受全球治理大潮的带动。进入21世纪以来，全球海洋问题越来越严峻，全球海洋治理已经迫在眉睫。④ 可持续发展等价值观念的普遍化，全球气候变化与海洋领域在全球治理框架下的日渐结合，构成了全球海洋治理的大背景。⑤ 2009年哥本哈根气候大会后、尤其是2012年联合国可

---

① 董亮、张海滨："IPCC如何影响国际气候谈判：一种基于认知共同体理论的分析"，《世界经济与政治》，2014年第8期，第73页。

② 张胜军："全球治理的最新发展和理论动态"，《国外理论动态》，2012年第10期，第24页。

③ Louise Gray, "Copenhagen Summit Is Last Chance to Save the Planet, Lord Stern", *The Telegraph*, 2 December 2009, https://www.telegraph.co.uk/news/earth/copenhagen-climate-change-confe/6701307/Copenhagen-summit-is-last-chance-to-save-the-planet-Lord-Stern.html；"哥本哈根气候大会今日召开：拯救人类的最后机会？"，载《南方周末》，2009年12月7日，http://www.infzm.com/content/38406. 笔者当时也加入这波大潮，作为《第一财经日报》记者赴哥本哈根气候大会现场报道，撰写了若干篇报道文章，也进行总结反思，参见刘春、刘荻："哥本哈根：一场虚张声势的大会"，新浪网，2009年12月24日，http://finance.sina.com.cn/leadership/mroll/20091224/15187150500.shtml；陈晓晨："哥本哈根大会失败了吗？"，新浪网，2009年12月30日，http://finance.sina.com.cn/roll/20091230/02297172292.shtml.

④ 梁甲瑞、曲升："全球海洋治理视域下的南太平洋地区海洋治理"，《太平洋学报》，2018年第4期，第48页。

⑤ 王琪、崔野："将全球治理引入海洋领域：论全球海洋治理的基本问题与我国的应对策略"，《太平洋学报》，2015年第6期，第17、21页。

持续发展议程的前期准备大规模开展后,全球海洋治理更受重视。在技术层面,2007年以来,全球海洋研究的科技有了长足进步,例如使用了卫星遥感、剖面浮标等监测手段。这使得全球海洋研究取得更多成果,反过来又促进了全球海洋治理进程。①

上述全球治理的三大问题领域为太平洋岛国带来了直接利益(如国际发展援助)的同时,也提供了政策合法性,提高了太平洋岛国在地区议程设置中的地位,为"太平洋岛国地区主义"创造了外部机遇。

二、全球治理的新趋势

2008年左右以来,全球治理在机制上呈现出三大发展趋势——小集团化、民主化、网络化。这三大新趋势起到了改变国际规则的作用,都有利于硬实力弱小的太平洋岛国在全球治理过程中获取更大的相对权力,特别是国际话语权(international discursive power)与外交领域的能力建设(capacity building),从而提高岛国在太平洋岛国地区主义进程中的博弈能力。

第一,小集团化。"非正式集团(informal groupings)的涌现是当前全球治理的一个重要现象"。② 在多边主义的全球治理日益复杂化的同时,"小多边主义"(minilateralism)作为一种制度创新兴起。按照摩西·纳伊姆(Moises Naim)的定义,"小多边主义"指的是集中尽可能少的国家以对特定问题的解决产生尽可能大的影响的过程。③ 斯蒂芬·沃尔特(Stephen Walt)从现实主义视角出发,基本同意纳伊姆对"小多边主义"下的定义,认为它是由大国决定如何解决全球问题的过

---

① 巢清尘等:"IPCC气候变化自然科学认知的发展",《气候变化研究进展》,2014年第1期,第8页。
② 韦宗友:"非正式集团、大国协调与全球治理",《外交评论》,2010年第6期,第105页。
③ Moises Naim, "Minilateralism", *Foreign Policy*, 21 June 2009, https://foreignpolicy.com/2009/06/21/minilateralism/.

程。① 不过，也有人认为，"小多边主义"并不一定包括大国。保罗·海因贝克（Paul Heinbecker）的定义更具有包容性，认为"小多边主义"是"或非正式、或组织化的政策意愿联盟"，"有时包含大国，有时不包含"，主要功能是通过小集团推动合作。② "在这里，必要国家的数量因问题的不同而不同，可以像变魔术一样变化"。③

"小多边主义"有利于在降低谈判成本的同时使得成员国尤其是小国的利益得以表达。组成谈判集团是全球治理过程中降低沟通成本、促进谈判的基本策略。但如果谈判集团规模过大，利益多元化程度过高，集团内部的沟通成本就很高，谈判效率就会降低，很难满足每一个成员国的利益。一个典型的例子是七十七国集团（G77），作为代表发展中国家利益的主要的正式谈判集团，其成员超过130个。这样大的集团内部沟通成本很高，而小国的利益常常得不到充分表达。但是，对小国来说，单个国家的外交能力有限，仅仅以国家为单位进行沟通的成本更高。因此，介于二者之间的小集团就成为利益多元化背景下全球治理在机制上的一个新趋势。

"小多边主义"概念的最早应用之一就是指在全球气候谈判中近200个国家不断重组，形成一个个小的谈判集团与机制的过程。基欧汉和大卫·维克托重点研究了全球气候谈判案例，认为多样性与不确定性导致缔约方不得不在《联合国气候变化框架公约》下寻找不同联盟和不同机制，导致"机制复合体"（regime complex）的出现与持续。④ 不过，基欧汉和大卫·维克托的文章发表于2010年1月，时间还比较早，

---

① Stephen Walt, "On Minilateralism", *Foreign Policy*, 23 June 2009, https://foreignpolicy.com/2009/06/23/on-minilateralism/.
② Paul Heinbecker, "Global Governance Innovation", Paul Heinbecker & Associates, June 2013, http://www.heinbecker.ca/Writing/2013June-Global%20Governance%20Innovation.pdf.
③ 联合国开发计划署、中国国际经济交流中心：《重构全球治理：有效性、包容性及中国的全球角色》，北京：联合国开发计划署驻华代表处，2012年12月17日，第20页。
④ Robert Keohane and David Victor, "The Regime Complex for Climate Change", *Discussion Paper*, 10-33, The Harvard Project on International Climate Agreements, January, 2011, https://www.belfercenter.org/sites/default/files/legacy/files/Keohane_Victor_Final_2.pdf.

还没有来得及观察并重点研究"后哥本哈根时代"的太平洋岛国，没有看到2010年底坎昆气候大会后小岛屿国家联盟（Alliance of Small Island States，AOSIS）①的内部太平洋岛国、加勒比岛国和新加坡等较为富裕的小岛国因国情不同、利益不同、立场不同而导致的小岛屿国家联盟内部进一步"小集团化"，虽然这种趋势完全符合基欧汉和大卫·维克托的推论。下文还将单独探讨全球气候治理的新趋势与太平洋岛国地区气候治理之间的关联。

"小多边主义"的趋势给太平洋岛国在联合国和其他全球治理机制下自成小集团打下了制度基础，而这又与太平洋岛国自组的新地区组织与机制形成互动，塑造了只有太平洋岛国参与的太平洋岛国地区主义。太平洋小岛屿发展中国家集团就是这个趋势的最直接体现之一。而在太平洋岛国地区主义中，又呈现出以个别领域、个别地域或个别议题为中心的新的"小多边主义"，共同构成太平洋岛国地区主义的新发展。

第二，民主化。笔者认为，虽然有学者认为全球治理同时存在全球主义、国家主义与跨国主义3种范式，②但当前全球治理的主要主体仍然是威斯特伐利亚体系下的主权国家，以主权国家为基本单位进行谈判博弈仍然是全球治理的主要形式。这意味着至少在理论上和形式上，而且一定程度上在实践中，国家不分大小强弱一律平等地参与全球治理。在2018年8月于萨摩亚首都阿皮亚举行的第三届中国太平洋岛国研究高层论坛上，萨摩亚国立大学（NUS）萨摩亚研究中心教授马拉马·梅雷西亚（Malama Meleisea）特别（尽管是非常善意地）提醒在场的中方学者，虽然萨中两国同为主权国家，但中国的人口是萨摩亚的6500倍以上。尽管如此，中萨两国在联合国大会中的投票权同为一票。而萨

---

① 的由若干岛国和低海拔沿海国家成立的政府间组织，是《联合国气候变化框架公约》认可的谈判集团，总体持积极要求减排的谈判立场，其中有些国家立场较为激进。所有已加入联合国的太平洋岛国及东帝汶均为联盟成员。库克群岛、纽埃及未独立的太平洋岛屿也经常参加联盟的相关活动。参见闫楠：《国际气候谈判中的小岛屿国家联盟》，外交学院硕士学位论文，2012年，第14—15页。

② 张胜军："全球治理的最新发展和理论动态"，《国外理论动态》，2012年第10期，第25—26页。

摩亚在太平洋岛国还不算人口特别少的国家。所以，全球治理的民主化是以主权国家为单位的平等化，是"一国一票"，而国家有大有小。这种以主权国家为单位的民主化尤其给了小国更大权力。

有些全球治理机制采取协商一致的程序，有利于"一票否决"，更是给小国带来了额外的程序性权力。"在全球性问题面前，任何国家都不可能独善其身；在全球解决方案中，任何国家都不可或缺"。[①] 可以换一个角度理解这个命题：在协商一致程序下（相对于多数决或等级制程序），全球治理的民主化得以发挥到极致。2009年哥本哈根气候大会是这个命题在现实中的一个近似案例：

> 2009年12月18日晚，哥本哈根市郊的贝拉会议中心（Bella Centre），哥本哈根气候大会到了最后关头。《哥本哈根协议》（Copenhagen Accord）草案被分发到各国代表手中，大会主席、时任丹麦首相拉尔斯·拉斯穆森（Lars Rasmussen）要求各国在60分钟内考虑并通过。这种程序不符协商一致的原则方式，加上令人不满意的协议草案内容，在当时复杂的会议氛围下，使得这个草案遭到了苏丹、图瓦卢、委内瑞拉、玻利维亚、尼加拉瓜和古巴6个国家的激烈反对。尼加拉瓜代表在美国代表发言时起身举起桌牌大幅晃动，强行打断后者的发言，获得全场掌声；委内瑞拉首席谈判代表克劳迪娅·萨莱诺（Claudia Saleno）拿桌牌敲击桌面要求发言，据说还不慎划伤手掌；全国最高海拔仅5米的太平洋岛国图瓦卢首席谈判代表伊恩·弗莱（Ian Fry）诉诸感情，带着哭腔说，"我怕我明天早上醒来，图瓦卢已经不在了"。在这些小国代表的反对以及他们广获现场同情的氛围下，《哥本哈根协议》仅被"记录在案"，

[①] 徐秀军、田旭："全球治理时代小国构建国际话语权的逻辑：以太平洋岛国为例"，《当代亚太》，2019年第2期，第95—125页。

未获通过。①

哥本哈根气候大会是全球气候治理的一次挫折，但与此同时，这个过程与结果也显示了在全球治理规则下，联合起来的小国也能在一定条件下发挥决定性作用。这为太平洋岛国后来自行组成非正式谈判集团并创建新的地区机制以支持这个小集团产生了激励效应。②

第三，网络化。根据已有研究，网络化指的是国际社会在实现和增进全球公共利益的过程中，主权国家、政府间国际组织、非政府组织、公民社会等众多治理主体之间的关系逐渐趋于平衡，所形成的结构不是等级制的，而是一种相互依存、交叉合作的扁平化治理网络。③ 这种交叉网络集中体现在非国家行为体在联合国中的活跃度上升。2008 年，联合国经社理事会（ECOSOC）认证的具有咨商地位的国际非政府组织为 3183 个，联合国贸发会议（UNCTAD）认定的跨国公司数量为 8.2 万个。④ 秦亚青认为，权力意志在从民族国家到公民社会（市民社会）扩散（流散），非政府组织的数量和影响力大大增长，在世界事务中的作用越来越明显。⑤

网络化的治理结构有利于促进治理主体之间的平等，增强主体之间的相互协作，提升治理效果。其中，非政府组织能够影响主权国家的决

---

① 根据笔者在会议现场的观察记录。正是通过在现场观察哥本哈根气候大会的经历，笔者有生以来第一次近距离认识了南太平洋地区，认识了这些"学国际关系出身却也没听过名字的"小岛国，也亲身感受到他们在全球治理中能够发挥的巨大能量。参见陈晓晨："小岛国家提出京都议定书修正案"，搜狐网，2009 年 12 月 10 日，http：//business. sohu. com/20091210/n268869637. shtml；"哥本哈根日志之九：小处的政治"，人人网，2009 年 12 月 16 日，http：//blog. renren. com/blog/220765375/435699546.

② 哥本哈根气候大会的过程与失败原因的分析，参见朱松丽、高翔著：《从哥本哈根到巴黎：国际气候制度的变迁和发展》，北京：清华大学出版社，2017 年，第 28—32 页。

③ Michael Barnett and Martha Finnemore, *Rules for the World: International Organizations in Global Politics*, Ithaca: Cornell University Press, 2004, p. 126.

④ 联合国贸易和发展会议：《2009 年世界投资报告：跨国公司、农业生产与发展（概述）》，纽约和日内瓦：联合国，2009 年，第 10 页。

⑤ 秦亚青："全球治理失灵与秩序理念的重建"，《世界经济与政治》，2013 年第 4 期，第 6 页。

策并塑造着国家形象，重新塑造政府和公民、国家与国际社会的关系。①还有人认为，全球治理网络化具有改变规则的作用，如海因贝克认为，非政府行为体的崛起"也许是当代全球治理挑战最创新、最有争议且最具有改变游戏规则意义的应对方式"②。对小国来说，借助非政府组织的力量，有利于增加小国在特定问题上的专业性，解决小国常见的能力不足的问题，提升小国参与全球治理的实力。

在全球治理时代，个人的效忠对象出现了多元化倾向。出于各种利益和道义原因，不少外籍专家选择为小国服务。例如，前文提到的图瓦卢气候谈判首席代表伊恩·弗莱（后来成为图瓦卢气候与环境大使，并为整个太平洋岛国服务）就是一名澳大利亚籍律师，但澳大利亚与太平洋岛国在气候谈判中的立场迥然不同。他经常在气候谈判中代表太平洋岛国的利益，与自己的母国澳大利亚针锋相对。"毫无疑问，我的心和图瓦卢在一起"。他对笔者如是说，"我不认为澳大利亚在此问题上有雄心。在图瓦卢，涨潮时的最高海拔只有4米，人们遭受着气候变化、海平面上升带来的威胁"。③这些外部专家提高了小国的能力建设水平。

值得一提的是，此时网络技术的发展也促进了网络化趋势，使得非政府组织或外部专家可以在异地远程办公，缓解了对小国来说棘手的专家成本问题。也有具备联合国咨商地位的非政府组织主动采用网络化的组织形式，"花小钱办大事"，有利于小国提升其能力建设。

此外，治理失灵也成为这一时期全球治理的问题。根据秦亚青的定义，全球治理失灵指的是"国际规则体系不能有效管理全球事务，不能应对全球性挑战，致使全球问题不断产生和积累"。④尽管全球治理不

---

① 石晨霞："全球治理机制的发展与中国的参与"，《太平洋学报》，2014年第1期，第23页。
② 联合国开发计划署、中国国际经济交流中心：《重构全球治理：有效性、包容性及中国的全球角色》，北京：联合国开发计划署驻华代表处，2012年12月17日，第22页。
③ 参见笔者当时对伊恩·弗莱的采访。参见陈晓晨："图瓦卢：现有的承诺远远不够"，《第一财经日报》，2010年10月13日，A10版。
④ 秦亚青："全球治理失灵与秩序理念的重建"，《世界经济与政治》，2013年第4期，第5页。

断向前发展，尤其是在 2008 年左右以来，但是，"需要通过国际合作来应对的全球性问题数量迅速增加，其速度大大超过了有效应对这些问题所需的能力和速度，从而影响了这些方案的可信度和外在有效性。"① 全球治理失灵的外在表现之一是全球公共产品的供给不足，不能有效满足需求。在这种情况下，提供地区公共产品（regional public goods）的地区主义能够发挥更大的作用。樊勇明认为，当一种国际公共产品在地区层面供给不足时，国内公共产品对外供给的增加和在地区层面的投射可以作为补充，从而驱动地区公共产品的供给。②

三、全球治理的新影响

上述全球治理的三大新领域与三大新趋势通过设置议题、改变规则、传播观念等途径，促进了太平洋岛国实现共同利益，提升了太平洋岛国在国际事务中的话语权，改善了能力建设，也给了他们"与大国平起平坐的底气"③，塑造了新时期的太平洋岛国地区认同，对南太平洋地区及其地区主义产生了新的来自全球层次的影响，是新时期"全球—地区多孔性"在这个地区的主要表现。

1. 设置议题，促进岛国利益

第一，全球治理设置了新的国际议程，有利于太平洋岛国将气候变化、海洋治理和可持续发展等领域的共同利益设置为地区优先议程。

议题政治是全球治理时代的重要特征，国际议程设置（international agenda setting）是议题政治的重要内容。罗伯特·基欧汉和约瑟夫·奈最早将议程设置引入国际关系研究。他们在《权力与相互依赖》一书

---

① 联合国开发计划署、中国国际经济交流中心：《重构全球治理：有效性、包容性及中国的全球角色》，北京：联合国开发计划署驻华代表处，2012 年 12 月 17 日，第 11 页。
② 樊勇明："从国际公共产品到区域性公共产品：区域合作理论的新增长点"，《世界经济与政治》，2010 年第 1 期，第 150 页。
③ 闫楠：《国际气候谈判中的小岛屿国家联盟》，外交学院硕士学位论文，2012 年，第 33 页。

中注意到，行为体通过议程的扩大或缩小追求自身优势的最大化，从而展示自己的观点、实现自己的利益。① 理查德·曼斯巴赫（Richard Mansbach）和约翰·瓦斯克斯（John Vasquez）在20世纪80年代提出，国际政治研究从"权力政治"主导范式向"议题"范式转变，重点研究国际议程设置的"进入渠道"（access routes），并提出"议题周期"概念，认为全球重大议题存在从酝酿、危机、仪式化、决策或休眠、权威性分配到消失的阶段。② 斯蒂芬·利文斯通（Steven Livingston）提出了"切入点"（access points）概念，以此指行为体构建令人信服的议题的场所。③ 肯尼思·拉瑟福德（Kenneth Rutherford）提出国际非政府组织通过"框架构建"（framing）、"图式"（schema）和"铺垫"（priming）三个过程实现国际议程设置。④ 近年来，国内的国际关系学者也注意到了国际议程设置研究的重要性。韦宗友结合前人研究成果，将国际议程设置定义为"相关行为体将其关注或重视的议题列入国际/全球议程，获得优先关注的过程"，这个过程包括议题选择与界定、冲突拓展与利益动员、寻找"切入点"及最终进入议程4个阶段。"通过这一过程，议题的发起者成功吸引足够多的议程设置参与者，并借助恰当的切入点将议题列入国际议程"。⑤ 任琳和黄薇补充说明，"议程设置具体是指对各种议题依据一定的重要性标准进行排序的活动"，并以G20的议程设置为案例。⑥ 张发林认为，国际议程设置过程包含三个相互关联、

---

① [美]罗伯特·基欧汉、约瑟夫·奈：《权力与相互依赖》，门洪华译，北京：北京大学出版社，2003年，第34—35页。
② John A. Vasquez and Richard W. Mansbach, "The Issue Cycle: Conceptualizing Long – term Global Political Change", *International Organization*, Vol. 37, No. 2, 1983, pp. 257 – 279.
③ Steven G. Livingston, "The Politics of International Agenda – Setting: Reagan and North – South", *International Studies Quarterly*, Vol. 36, No. 3, 1992, pp. 313 – 329.
④ Kenneth R. Rutherford, "The Evolving Arms Control Agenda: Implications of the Role of NGOs in Banning Antipersonnel Landmines", *World Politics*, Vol. 53, No. 1, 2000, pp. 74 – 114.
⑤ 韦宗友：："国际议程设置：一种初步分析框架"，《世界经济与政治》，2011年第10期，第49页。
⑥ 参见任琳、黄薇："全球经济治理中的议程设置问题"，《东北亚学刊》，2014年第6期，第45—50页。

彼此之间并非完全独立的步骤——议题形成、议题传播和议题制度化。①

　　地区议程设置是聚焦于某个特定地区的国际议程设置。参考韦宗友对国际议程设置的定义，可将地区议程设置定义为"相关行为体将其关注或重视的议题列入地区议程，获得优先关注的过程"。与国际议程设置相比，地区议程设置有其自身特点。第一，地区议程设置的目标是主要甚至只服务于本地区，因此主要体现本地区的特点与偏好。从另一个维度看，如果将国际议程视作某种国际公共产品，那么地区议程就是一种地区公共产品。瑞典外交部发展问题专家小组（EGDI）工作报告《地区公共产品与国际发展合作的未来》将对国际公共产品的分析聚焦于地区层次，开创了地区公共产品的研究领域。②樊勇明认为地区公共产品是"只服务于本地区、只适用于本地区、其成本又是由域内国家共同分担的安排、机制或制度"③。由此，可以认为地区议程设置是"只服务于本地区、只适用于本地区的国际议程设置"。第二，地区议程设置受更高和更低层次的议程设置的影响。在今天所处的全球治理时代，地区议程设置也必然受到全球层次的国际议程设置的影响。本书也着重探讨全球治理对太平洋岛国地区议程设置的影响。第三，地区议程设置更有利于"小多边主义"和"小集团"的活动。这与曼瑟尔·奥尔森（Mancur Olson）在《集体行动的逻辑》中的观点相似："在一个很小的集团中，由于成员数目很小，每个成员都可以得到总收益的相当大的一部分。这样，集体物品就常常可以通过集团成员自发、自利的行为提

---

　　① 参见张发林："化解'一带一路'威胁论：国际议程设置分析"，《南开学报》（哲学社会科学版），2019 年第 1 期，第 146—155 页。
　　② Patrik Stålgren（ed.），*Regional Public Goods and the Future of International Development Co-operation: A Review of the Literature on Regional Public Goods*，Stockholm，Sweden: Ministry of Foreign Affairs，Sweden，2000.
　　③ 樊勇明："区域性国际公共产品：解释区域合作的另一个理论视点"，《世界经济与政治》，2008 年第 1 期，第 11 页。

供。"① 特定地区中的国家行为体数量是有限的，与全球层次的国际制度（如联合国）相比更有利于"小集团"发挥作用。

在全球治理时代，地区集体外交是太平洋岛国实现其诉求的重要途径，也从内在要求方面更倾向太平洋岛国的地区主义。2012 年，基里巴斯时任总统汤安诺（Anote Tong）说他"在第 67 届联合国大会上与各国领导人分享了太平洋岛国的挑战与未来为了所有人的更好世界的愿景"，但归来后却在发问，"这样的论坛到底能多有效地解决实际问题？"他自问自答：

> 我相信太平洋地区正在进入一个新的阶段——一个新的范式转变，太平洋岛国需要"按照自己的航线航行"（charting its own course），在诸如气候变化、海洋治理和可持续发展的关键领域引领全球思潮。②

气候变化领域集中体现了全球治理新趋势与太平洋岛国共同利益之间的联系。尼克·麦克莱伦认为，在气候变化、贸易、去殖民化等问题上的根本性的政策差异强化了太平洋岛国的如下观念——澳新应该减少在太平洋岛国论坛的主导作用；岛国日益寻找非传统的（主要指的是西方以外的）发展伙伴，并充分利用太平洋岛国论坛外的其他地区机制；岛国领导人希望在他们自己的机构里设置议程。③ 韦斯利—史密斯尤其认为，在气候变化的威胁已经明显存在的情况下，对岛国领导人急迫关切的问题缺乏行动，不断积累挫折感，是导致地区主义发生性质变化的

---

① ［美］曼瑟尔·奥尔森：《集体行动的逻辑》，陈郁、郭宇峰、李崇新译，上海：格致出版社、上海三联书店、上海人民出版社，2014 年，第 24 页。

② H. E. President Anote Tong, "'Charting Its Own Course': A Paradigm Shift in Pacific Diplomacy", in Greg Fry and Sandra Tarte (eds.), *The New Pacific Diplomacy*, Canberra: Australian National University Press, 2015, p. 24.

③ Nic Maclellan, "Transforming the Regional Architecture: New Players and Challenges for the Pacific Islands", *Asia-Pacific Issues*, East-West Center, No. 118, August 2015, p. 1.

一个重要动因。①

全球治理给太平洋岛国设置的另一个议题是可持续发展。其中，首先表现为联合国为岛国的可持续发展"正名"。20世纪90年代时，"可持续发展"是澳大利亚主张的概念。当时的"可持续发展"主要指的是在财政和经济结构上具有可持续性，带有（经济学意义上的）新自由主义色彩，与财政紧缩、结构调整和经济自由化等概念高度相关。不过，此后"可持续发展"的内涵逐渐产生演变。2008年，联合国教科文组织（UNESCO）和南太平洋大学联合发布了《可持续发展：太平洋岛国的视角》报告，作为《巴巴多斯行动计划》（Barbados Action Plan）及《毛里求斯评估（2005）》（Mauritius Review 2005）的后续。这份报告将"可持续发展"明确定义为人类发展，强调环境与社会可持续性，强调小岛屿发展中国家（SIDSs）的特殊案例。② 这在概念上和话语上给太平洋岛国创造了空间。

2. 增加选择，提升岛国权力

第二，全球治理改变了国家博弈的规则，有利于太平洋岛国提高博弈能力。

全球治理的深化与地缘政治活动的加剧给了太平洋岛国更大的选择空间，提高了其国际地位与对地区事务的影响力。虽然有主体多元化的趋势，但是主权国家仍然是全球治理的主要参与主体。对小国来说，投票权和发言权是它们参与全球治理的最有效手段之一，也是其权力之源。地缘政治影响使得岛国手中握有的选票的筹码价值提高了。而太平洋岛国的外交活动又正反馈地加强了其在全球治理中的重要性，也无意

---

① Terrence Wesley–Smith, "Pacific Uncertainties: Changing Geopolitics and Regional Cooperation in Oceania", in Yu Changsen (ed.), *Regionalism in South Pacific*, Beijing: Social Science Academic Press, 2018, p. 24.

② Kanayathu Koshy, Melchior Mataki, and Murari Lal, *Sustainable Development: A Pacific Island Perspective*, Apia: UNESCO Cluster Office for the Pacific States, 2008, pp. 10–11.

识甚至有意识地加剧了地缘政治活动。①

冷战结束后，由于太平洋岛国战略地位下降，而全球治理彼时尚未起势，出现了大国纷纷"撤出南太"的局势。在这种情况下，岛国在国际社会被某种程度地"边缘化"，对澳新尤其是澳大利亚的依赖程度上升。对澳大利亚来说，全球治理的深化与地缘政治活动的加剧降低了太平洋岛国对其的依赖程度，削弱了其相对于太平洋岛国的权力优势，强化了本已存在的"中等强国困境"或"中等强国复杂性"，使其难以像冷战结束后一段时期那样对太平洋岛国施加影响、全面主导地区主义进程。②

气候变化是全球治理过程削弱澳大利亚在太平洋岛国影响力的最明显领域。在 2017 年澳大利亚外交白皮书的意见征集中，澳大利亚学者斯蒂芬妮·劳森（Stephanie Lawson）写道，随着气候变化越来越成为全球治理的重要议题，而澳大利亚在应对气候变化方面的形象不佳，多次被国际非政府组织"颁发""化石奖"（"Fossil Prize"）③ 而致其国际形象受损，澳大利亚在气候变化问题上也引发了太平洋岛国的担忧，这些都削弱了澳大利亚在太平洋岛国的影响力。④

反过来，澳新对太平洋岛国在国际事务上予以协作的需求上升了。尤其体现在澳大利亚对成为联合国安理会常任理事国（"入常"）的抱负，以及更为现实的澳新寻求联合国非常任理事国席位的需要。2013—2014 年和 2015—2016 年，太平洋岛国分别支持澳大利亚和新西兰当选联合国非常任理事国。然而，澳新并不能保证岛国以后也做出同样选

---

① Oliver Hasenkamp, "The Pacific Island Countries and International Organizations: Issues, Power and Strategies", in Andreas Holtz, Matthias Kowasch and Oliver Hasenkamp (eds.), *A Region in Transition: Politics and Power in the Pacific Island Countries*, Saarbrücken: Saarland University Press, 2016, p. 228.

② 参见 Jonathan Schultz, "Theorising Australia – Pacific Island Relations", *Australian Journal of International Affairs*, Vol. 68, No. 5, 2014, pp. 548–568.

③ 国际气候界非政府组织给它们评选出来的对气候谈判起阻碍作用的国家"授予"的"奖项"，旨在讽刺和抗议。

④ Stephanie Lawson, Australia in the Pacific World, Submission to Australian Government Foreign Policy White Paper, February 2017, p. 3..

择。澳新有求于太平洋岛国这个"票仓",给了后者对前者的权力"杠杆"。①

3. 传播观念,加强岛国认同

第三,全球治理对太平洋岛国身份建构也产生了作用。

全球治理的新议题与新观念有机结合(例如气候变化议题与"绿色经济"概念、海洋治理议题与"蓝色经济"概念),在当前网络化条件下加速向太平洋岛国传播,有利于塑造太平洋岛国对自身价值的认同,也为太平洋岛国设置议题、改革或创建地区机制提供了话语权,促进太平洋岛国地区主义的发展。

"绿色经济"概念与全球气候治理进程密切相关。2011年,联合国环境署发布《通向绿色经济》报告,是"绿色经济"概念的里程碑。2012年"里约+20"会议前后的一系列进程推动了"绿色经济""绿色增长"的概念走上前台,并在太平洋岛国迅速传播,塑造了太平洋岛国地区主义尤其是新地区组织与机制的宗旨。

大众媒体尤其是互联网、移动互联网媒体的发展,岛国的信息隔绝程度大大降低。太平洋岛国与国际社会的关系不仅受到岛国精英的关注,也越来越受到了岛国大众的普遍关注。这使得"太平洋方式"和"太平洋认同"在新时期、新技术和新的社会经济条件下有了新内涵,超越了马拉那个时代的主要表现在岛国精英身上的认同,而更多成为真正的泛太平洋的社会认同。这使得国际观念出现了"内化"(internalization)。例如,有学者通过实地田野调查发现,全球气候变化谈判与可持续发展原本是全球性议题,但由于这牵涉到太平洋岛国民众的切身利益,引发强烈关注,加之太平洋各岛国政府的政策,本地区民众逐渐形成了对"绿色/蓝色经济"的意象(image),形成了全球治理概念对本

---

① Oliver Hasenkamp, "The Pacific Island Countries and International Organizations: Issues, Power and Strategies", in Andreas Holtz, Matthias Kowasch and Oliver Hasenkamp (eds.), *A Region in Transition: Politics and Power in the Pacific Island Countries*, Saarbrücken: Saarland University Press, 2016, p.237.

地思想的建构。当然，这种建构过程伴随着本地人对外来概念进行的本土化，以适应太平洋岛国的实际情况。①

第二节　地缘政治环境与太平洋岛国

对终结 2005 年出台的《太平洋计划》起到关键作用的《太平洋计划审查（2013）》(*Pacific Plan Review* 2013) 文件中强调，这个地区正处在"十字路口"，比以前任何时候都需要地区主义，这是因为地区主义的社会、经济和政治背景都与《太平洋计划》制定时期大为不同，这个地区已经在以困难的、集体的选择应对变化中的地区环境。文件列出的第一条地区环境变化就是"大规模、复杂的地缘政治利益"②。可见，考察地缘政治的变化，对理解太平洋岛国地区主义的外部动力至关重要。

总的来说，地缘政治环境的变化特别是域外大国的介入扩大了太平洋岛国的国际选择空间，使得太平洋岛国可以"借力"，特别是以一个（或一组）大国为筹码与另一个（或一组）大国进行博弈，提升了太平洋岛国在本地区事务中的自主选择权。

围绕太平洋岛国的地缘政治环境是国内太平洋岛国研究的一个重点，目前已有若干论著。其中，梁甲瑞著《域外国家对太平洋岛国的外交战略研究》系统研究了主要域外大国对太平洋岛国的外交战略。③ 本节在这些已有研究的基础上，重点探讨围绕太平洋岛国的地缘政治博弈

---

① Matthew Dornan et al., "What's in a Term? 'Green Growth' and the 'Blue - Green Economy' in the Pacific Islands", *Asia & The Pacific Policy Studies*, Special Issue, 2018, pp. 1 - 18.
② Mekere Morauta et al., *Pacific Plan Review* 2013: *Report to Pacific Leaders*, Suva: Pacific Islands Forum Secretariat, 2013, p. 136.
③ 梁甲瑞著:《域外国家对太平洋岛国的外交战略研究》，北京：社会科学文献出版社，2019 年。

中的哪些因素对新时期太平洋岛国地区主义产生何种影响。①

一、西方国家"重返南太"

对太平洋岛国来说,"最重要的域外大国传统上是澳大利亚、新西兰和法国"②。不过,2009 年前后以来,其他西方大国尤其是美国开始"重返南太",给围绕太平洋岛国的地缘政治格局带来了新变化。

1. 美国

美国在冷战后一度"撤出南太"后,于 2007 年后显著加大了对太平洋岛国的投入。时任美国国防大学(NDU)国际安全事务学院(CISA)副院长、前驻多个太平洋岛国大使斯蒂芬·麦根(Steven McGann)撰文认为,美国将 2007 年定为"太平洋年"(Pacific Year)开启了美国在这个地区重新建"势"(momentum)的努力,明确发出了美国要加强介入南太的信号。③ 2008 年 11 月,出生于夏威夷的贝拉克·奥巴马(Barack Obama)当选美国总统,他在竞选过程中和胜选后都自称"美国的首任太平洋总统"。2009 年 11 月,奥巴马在访问亚洲时正式提出了"重返亚太"(Pivot to Asia-Pacific)。时任美国国务卿希拉里·克林顿(Hilary Clinton)2010 年 1 月选择在夏威夷大学东西方中心——美国长期以来的南太研究与交流重镇——发表题为"亚洲的地区性架构:原则与重点"的演讲,标志着美国在外交层面上"重返亚太"战略的开始。④ 而她在美国《外交政策》(*Foreign Policy*)杂志 2011 年 11 月号上

---

① 本节部分内容已在笔者专著中出版,在此基础上予以扩充。参见陈晓晨:《南太平洋地区主义:历史变迁的逻辑》,北京:社会科学文献出版社,2020 年,第 198—207 页。

② Joanne Wallis, *Crowded and Complex: The Changing Geopolitics of the South Pacific*, Barton: The Australian Strategic Policy Institute Limited, 2017, p. 9.

③ Steven McGann and Ricahrd K. Pruett, "A New Strategic Architecture for the Pacific", *Pacific Islands Brief*, Pacific Islands Development Program (PIDP), No. 2, 13 December 2012, p. 1.

④ Hillary Rodham Clinton, "Remarks on Regional Architecture in Asia: Principles and Priorities", Honolulu, Hawaii, 12 January 2010, https://2009-2017.state.gov/secretary/20092013clinton/rm/2010/01/135090.htm.

刊发的署名文章《美国的太平洋世纪》（*America's Pacific Century*）更是标志着"亚太再平衡"（Asia‐Pacific Rebalancing）战略的形成。① 此后一直到2016年，"亚太再平衡"都是奥巴马政府对太平洋岛国政策的基本背景因素。②

学界对美国"重返亚太""亚太再平衡"已有大量研究，笔者不再赘述。③ 但是，已有的绝大部分研究都重点关注亚洲及西太平洋，很少有文献重点涉及太平洋岛国（关岛是个例外，但学界一般将关岛视为西太平洋的重要军事基地，鲜有从南太视角考察关岛）。不过，"美国重返亚太不会忽视（太平洋）岛国"——美国"重返南太"也是"重返亚太"的重要组成部分。④

"亚太再平衡"在南太方向的表现包括：

第一，高层外交。2011年6月，被认为是美国"重返亚太"与"亚太再平衡"的设计者之一的时任美国负责东亚与太平洋事务的助理国务卿库尔特·坎贝尔（Kurt Campbell）访问了基里巴斯等9个太平洋岛国，宣布"将寻求加强美国的角色，支持太平洋岛国论坛，为美国企业在（南）太平洋地区加大投资创造机会"。⑤ 2011年11月，亚太经济合作组织（Asia‐Pacific Economic Cooperation，APEC，简称"亚太经合组织"）峰会在夏威夷举行，期间夏威夷大学东西方中心特别主办了一场由奥巴马、希拉里·克林顿等美国军政高层和与会11个太平洋岛国领导人或代表的集体会见。在会见时，美方做出了在经济、社会、安全、环保和生物多样性等方面的援助承诺，奥巴马说"我也是一个太平

---

① Hilary Clinton, "America's Pacific Century", *Foreign Policy*, 11 October 2011, https://foreignpolicy.com/2011/10/11/americas-pacific-century/.
② 王成至：《美国在南太平洋推行'战略再平衡'及其对中国的影响》，《美国问题研究》，2014年第2期，第43—45页。
③ 参见陈晓晨、徐以升著：《美国大转向：美国如何迈向下一个十年》，北京：中国经济出版社，2014年，第69—84页。
④ Steven McGann and Ricahrd K. Pruett, "A New Strategic Architecture for the Pacific", *Pacific Islands Brief*, Pacific Islands Development Program (PIDP), No. 2, 13 December 2012, p. 1.
⑤ "美高官访八南太平洋岛国，希拉里称中美竞争"，《联合早报》，2011年6月26日，https://www.zaobao.com/wencui/politic/story20110626-169113.

洋岛屿人。"① 2012 年 6 月，希拉里·克林顿更是以国务卿身份亲自率团赴库克群岛出席太平洋岛国论坛领导人拉罗汤加峰会，成为迄今为止参加太平洋岛国论坛级别最高的美国代表团团长。她在会上表示，美国寻求在该地区建立"美国模式的伙伴关系"，在太平洋岛国关心的经济、社会、环境与资源管理等方面加强对岛国的援助力度。② 这意味着美国改变了此前尤其是冷战结束后一段时间里将该地区主要交由澳新施加影响和主导的方式。③

第二，机构设置与整合。2010 年 11 月，美国国际开发署（US-AID）在大规模撤出南太平洋地区 16 年、关闭南太平洋地区办公室 4 年后决定重启南太平洋地区办公室，负责协调美国国际开发署与各太平洋岛国政府官员、援助机构和私营部门之间的联系。2011 年，美国在新址上重建了驻斐济大使馆，并在此基础上整合了以苏瓦为中心包含防务、环境、公共外交、劳工等议题的美国外交地区系统，使得美国外交使团重新上升为该地区规模最大的域外国家使团。④

第三，安全合作。美国加强在太平洋岛国的军事部署是"亚太再平衡"的重要环节。其中，关岛是整个战略中最重要的前沿桥头堡，是美国在新军事战略下实施快速反应的关键节点。在中美关系或军事战略视域下，关岛属于西太平洋范畴，被认为是"第二岛链"的重要组成部分，在"亚太再平衡"中发挥的作用已经得到了很多研究。不过，在太平洋岛国地区主义视域下，关岛作为尚未独立的太平洋岛屿领地，长期参与南太平洋地区政治的一面被主流国际战略研究长期忽视。帕劳、

---

① "Pacific Island Leaders Meet Obama, Clinton", 18 November 2011, https：//www.eastwestcenter.org/news-center/news-releases/pacific-island-leaders-meet-obama-clinton.

② Hilary Clinton, "Remarks at the Pacific Islands Forum Post-Forum Dialogue", 31 August 2012, (U.S.) Department of State, https：//2009-2017.state.gov/secretary/20092013clinton/rm/2012/08/197366.htm.

③ 参见肖欢、谢思强："浅析美国在南太平洋地区战略调整的动向和影响"，《世界经济与政治论坛》，2015 年第 2 期，第 20—21 页。

④ 喻常森："试析 21 世纪初美国对太平洋岛国的援助"，《亚太经济》，2014 年第 5 期，第 65—66 页。

密联邦和马绍尔群岛是美国的自由联系国，将国防权力交与美国，这些岛国公民还有权在美国武装力量中服役。2012 年，美国向这一地区增派 4700 名海军陆战队员，加强快速反应能力。同年，美国开始实施一系列加强南太平洋地区安全合作的措施，例如加强对美国自由联系国的安全力量培训，并提供 350 万美元以清理"二战"遗留残留武器。美国海岸警卫队和太平洋司令部还向太平洋岛国提供支持，包括直接提供船只，加强太平洋岛国在其海域内组织巡逻的能力等。①

第四，人文交流合作。希拉里·克林顿 2011 年在《美国的太平洋世纪》一文中宣称，美国拥有的最具影响力的资产是其价值观的巨大威力，特别是"美国对民主人权的坚定不移的支持"是美国"外交政策包括向亚太地区战略转移的核心"。② 吴艳认为，美国 2009 年至 2019 年间对太平洋岛国援助的一个特点是注重传播美式价值和理念，注重"软实力"建设，"注重在人文项目设立、实施和评估过程中价值观的塑造和输出"。③ 首先，美国重视对太平洋岛国基础教育的援助，每年流向基础教育领域的资金大约占对太平洋岛国援助总额的 15%。其次，奖学金项目是人文领域的一大重点，其中包括富布赖特（Fulbright）奖学金、汉弗莱（Humphry）奖学金等，还有专门面向太平洋岛国的、由夏威夷大学东西方中心负责管理的美国—南太平洋奖学金。这些奖学金主要资助太平洋岛国青年在人文学科与社会科学领域的学习。富布赖特奖学金尤其强调"外国留学生在美国机构学习时应加深对民主制度的认识"。这些奖学金还推荐完成学业的留学生在太平洋岛国政府机构和太

---

① U. S. Embassy in Koror," Fact Sheet: U. S. Engagement in the Pacific", 1 August 2014, https://pw. usembassy. gov/fact-sheet-u-s-engagement-pacific/. 另参见宋秀琚、叶圣萱："浅析'亚太再平衡'战略下美国与南太岛国关系的新发展"，《太平洋学报》，2016 年第 1 期，第 54—55 页。

② Hilary Clinton, "America's Pacific Century", *Foreign Policy*, 11 October 2011, https://foreignpolicy. com/2011/10/11/americas-pacific-century/.

③ 吴艳："美国对太平洋岛国援助现状及政策分析（2009—2019 年）"，《国际论坛》，2020 年第 3 期，第 128 页。

平洋岛国论坛秘书处等地区机构中任职。①

第五，环境与应对气候变化合作。美国是工业革命以来累计碳排放最高的国家，至今仍然是人均碳排放最高的国家之一，对气候变化及其负面影响负有特殊责任。此外，美国在全球气候治理中长期扮演"拖后腿"的角色，阻碍关键的国际气候制度，特别是退出《京都议定书》和退出《巴黎协定》给全球气候治理带来巨大负面冲击。而太平洋岛国是受气候变化冲击最为明显的国家。正因为如此，美国试图以加大对太平洋岛国环境与气候援助的方式影响太平洋岛国的立场。根据美国官方人士的表述，美国在太平洋岛国的优先目标包括环境、资源管理和适应气候变化等反映太平洋岛国优先利益的内容。② 2012年，希拉里·克林顿宣布将在5年内出资2500万美元在太平洋岛国实施海岸社区适应项目（Coastal Community Adaptation Project，C – CAP），并出资100万美元在太平洋岛国建设一个清洁能源职业培训与教育中心；2013年，时任美国国务卿约翰·克里（John Kerry）主持了"我们的海洋"会议，宣称美国将与太平洋岛国合作共同解决非法捕捞、海洋塑料垃圾、海洋酸化和农业化肥流失等问题，保护南太平洋海洋环境，并宣布出资2400万美元设立太平洋美国气候基金（Pacific American Climate Fund，PACF），支持太平洋岛国提升气候复原力（resilience）；2015年，美国和平队（U. S. Peace Corp）开展太平洋岛屿气候变化适应和复原项目。③尤其是在奥巴马政府后期，奥巴马出于在"亚太再平衡"战略和应对气候变化两个议题上留下个人政治遗产的考虑，在对太平洋岛国提供气候援助方面表现出一定的积极性，取得了一定的成果。当然，这些成果带来的积极效果在唐纳德·特朗普（Donald Trump）于2017年担任美

---

① 方玄烨：《奥巴马政府时期美国对南太平洋岛国的政策研究》，中国青年政治学院硕士学位论文，2018年，第37—38页。

② Steven McGann and Ricahrd K. Pruett, "A New Strategic Architecture for the Pacific", *Pacific Islands Brief*, Pacific Islands Development Program（PIDP）, No. 2, 13 December 2012, p. 2.

③ 宋秀琚、叶圣萱："浅析'亚太再平衡'战略下美国与南太岛国关系的新发展"，《太平洋学报》，2016年第1期，第55—56页。

国总统后基本被抵消。

吴艳将2009年以来美国对太平洋岛国援助的动机概括为三点：以地区安全利益为核心，确保美国在太平洋岛国地区长期军事存在；以美国亚太政策为导向，将援助作为推进对太平洋岛国外交政策的重要手段；以大国竞争为驱动，将对外援助视为与中国在关键战略节点博弈的手段。她还认为，美国对太平洋岛国的援助具有功利主义色彩，一个特点是以美国利益为出发点，"选择性忽略"受援国的发展需求，尤其是忽略了能够真正帮助太平洋岛国实现可持续发展目标的项目。①

总体而言，如美国学者埃里克·涩谷（Eric Shibuya）所说，美国在奥巴马时期的"亚太再平衡"在太平洋岛国取得了复杂效果。一方面，美国重视太平洋岛国、加大投入在一定程度上受到了岛国的欢迎。从历史上看，美国对这一地区的重视有利于太平洋岛国受到更多关注，例如20世纪70—80年代；而美国对这一地区的忽视则促使太平洋岛国被"边缘化"，例如冷战结束后的一段时间。而关注度的增加有利于太平洋岛国争取自身的发展权益，减轻对澳新的依赖，提高在地区主义中的主导权。另一方面，埃里克·涩谷认为，美国的外交辞令与现实中的做法存在差异，引发了太平洋岛国的疑虑。②

2017年，特朗普在担任美国总统后高调宣称实施"印太战略"（Indo-Pacific Strategy），并将太平洋岛国纳入其中，对这个地区继续保持介入，但各种不确定性上升，形势更加复杂化。一方面，将太平洋岛国纳入"印太战略"范畴代表美国将继续介入太平洋岛国的地缘政治，加大投入力度。在特朗普任内，美国在太平洋岛国强化实施"印太战略"以制衡中国的色彩尤其明显。另一方面，特朗普上台后无视国际规

---

① 吴艳："美国对太平洋岛国援助现状及政策分析（2009—2019年）"，《国际论坛》，2020年第3期，第128—132页。

② Eric Y. Shibuya, "Still Missing in the Rebalance? The United States and the Pacific Island Countries", in Rouben Azizian and Carleton Cramer (eds.), *Regionalism, Security & Cooperation in Oceania*, Honolulu: The Daniel K. Inouye Asia-Pacific Center for Security Studies, 2015, pp. 57-66.

则、国际责任与国际道义，宣布退出应对气候变化的《巴黎协定》，公开在推特（Twitter）上否认气候变化的真实性，诋毁全球（甚至包括美国自身）应对气候变化的努力，拒不履行乃至中止若干奥巴马时期承诺的气候变化援助或注资承诺，特别是拒绝兑现奥巴马向《联合国气候变化框架公约》下的绿色气候基金（Green Climate Fund, GCF）承诺的30亿美元注资中尚未履行的20亿美元，推卸美国在气候变化中应负的责任，引发了太平洋岛国的强烈反对。①

事实上，美国和太平洋岛国在气候问题上的尖锐分歧，削弱了特朗普政府在太平洋岛国推行"印太战略"的成效。其中一个例子是，尽管美国代表团在2018年第49届太平洋岛国论坛瑙鲁峰会期间的早餐会上游说了太平洋岛国领导人，但这届论坛最后公报仍称"论坛岛国领导人呼吁美国重返《巴黎协定》"②。特朗普缺席在莫尔兹比港举行的2018年亚太经合组织领导人会议，一些当地人视其为美国漠视岛国事务和对太平洋多边组织失去掌控的象征。③ 而出席会议的美国副总统彭斯（Mike Pence）带头诋毁中国的"一带一路"倡议和中太合作，致使最后公报上出现了严重僵局。这使得议程偏离了太平洋岛国应对气候变化、海洋治理和可持续发展议题，而转向令太平洋岛国领导人担忧的地缘政治热点问题。④ 由此，围绕太平洋岛国的地缘政治格局更加复杂化。

2. 欧洲

近年来，欧洲国家及欧盟在不同程度上、以不同形式恢复了对太平

---

① Terrence Wesley-Smith, "Pacific Uncertainties: Changing Geopolitics and Regional Cooperation in Oceania", in Yu Changsen (ed.), *Regionalism in South Pacific*, Beijing: Social Science Academic Press, 2018, p. 20.

② Pacific Islands Forum Secretariat, *Final Communiqué*, Yaren: Pacific Islands Forum Leaders Meeting, 2018.

③ Nic Maclellan, "The Region in Review: International Issues and Events, 2018," *The Contemporary Pacific*, Vol. 31, No. 2, 2019, pp. 498–518.

④ Xiaochen Chen, "China, the United States and Changing South Pacific Regional Order in the 2010s", *China International Strategy Review*, Vol. 1, No. 2, 2019, p. 337.

洋岛国的战略介入，气候变化成了这一时期维系欧太关系最突出的纽带之一。

英国于1998年重新加入南太平洋委员会，是另一个"重返南太"的老牌殖民大国。2004年，英国地质调查中心成为欧洲大洋钻探联盟的协调人，执行综合大洋钻探计划和国际海洋发现计划，在塔希提暗礁附近海域成功进行了国际勘探工程。虽然在2005年，英国再次退出了由南太平洋委员会改名而来的太平洋共同体，但在2009年哥本哈根气候大会前及此后的一段时间，英国在气候变化问题上持（在太平洋岛国看来）较为积极的立场（但是否符合"气候公正"[climate justice]存疑），在气候谈判中非常活跃，与太平洋岛国之间存在较多交集。2009—2013年，英国对小岛国提供了6000万英镑援助用以应对气候变化，并为哥本哈根气候大会后设立的绿色气候基金提供了7.2亿欧元的快速启动资金，其中一部分项目资金用于太平洋岛国。2012年，英国加入太平洋地区环境规划署。2016年的"脱欧"（Brexit）公投及此后的"脱欧"进程给英国对外政策带来广泛的不确定性，也引发与英国联系密切的澳新和南太学界的高度关注。此后，英国继续维持在太平洋岛国的存在。①

德国曾是南太平洋地区的殖民列强之一，但是在第一次世界大战后丧失了其在南太平洋地区的所有殖民地，此后将近一个世纪里与这个地区联系不多。从2007年左右起，德国明显加强了与太平洋岛国的联系，主要推动力既包括气候变化，也包括争取"入常"、利用太平洋岛国广袤的专属经济区海域从事海洋科考、确保南太平洋航线及未来海底石油勘探等考虑。② 2007年，德国提出了气候外交战略，将气候外交作为德国整体外交框架的重要部分。③ 也正是从这一年起，德国气候援助占官

---

① 梁甲瑞："英国在南太平洋地区的战略评析：基于海上战略通道的视角"，《国际论坛》，2018年第2期，第71—72页。

② 参见梁甲瑞："德国对太平洋岛国政策的新动向、原因及影响"，《德国研究》，2017年第1期，第41—54页。

③ 李莉娜："气候外交中的中德比较"，《公共外交季刊》，2016年第1期，第61页。

方发展援助（ODA）的比重迅速提升。① 其中包括2008年起德国国际气候行动（International Climate Initiative）对小岛屿发展中国家提供价值1.61亿美元的35个项目、2009年起德国技术合作公司（GTZ，后更名为德国经济合作公司［GIZ］，实为德国联邦政府负责实施对外援助项目的机构）与南太平洋委员会/太平洋共同体共同实施气候变化适应性技术合作地区项目等。②

法国作为传统殖民大国，一直在南太平洋地区保持战略（包括军事）存在，其实从未真正"撤离南太"，因而在严格意义上不能称之为"重返南太"。但是，法国长期以来在南太平洋委员会中扮演的是强硬坚持殖民利益的角色。在整个20世纪90年代，法国都受制于在南太平洋地区进行核试验及其后续问题（法国于1996年停止在南太平洋地区进行核试验，但其诸多"后遗症"至今仍未消除，仍有后续问题未得到圆满解决）、殖民地问题（新喀里多尼亚、法属波利尼西亚一直没有完全自治，独立势力非常活跃，是南太平洋地区政治重点议题）等，在太平洋岛国形象不佳，对地区主义的介入成效不高。③

不过，进入21世纪，法国明显加大了对太平洋岛国的外交力度。2003年，法国首次召开法国—大洋洲峰会。此后，法国在这一地区的形象逐渐好转。2007年起，法国加大了对美拉尼西亚先锋集团的支持力度。到2008年时任法国国防部长埃尔维·莫兰（Hervé Morin）访问法属太平洋岛屿领地时，他将法国与澳大利亚并称为"两大主要的太平洋强国"。与此前相比，法国在这个地区经历了身份转变——从过去自认为的"地区内国家"（但在一些南太人看来是带有殖民印记）转型成为"域外发展伙伴"。在合作议题上，法国更多关注与太平洋岛国息息

---

① 秦海波、王毅："美国、德国、日本气候援助比较研究及其对中国南南气候合作的借鉴"，《中国软科学》，2015年第2期，第25页。
② 梁甲瑞："德国对太平洋岛国政策的新动向、原因及影响"，《德国研究》，2017年第1期，第43页。
③ Denise Fisher, *France in the South Pacific: Power and Politics*, Canberra: ANU E Press, 2013, pp. 47–95.

相关的气候变化问题，受到岛国的欢迎，一定程度上改变了长期以来"强硬殖民者"的形象。此外，法国还是欧盟在南太利益的主要代表之一。在法国的带动和促进下，欧盟作为整体对太平洋岛国的介入加深。①

引领全球治理（尤其是气候变化和海洋治理）和保持作为全球大国的战略存在是法国近年来实施南太政策调整的主要动因。法国以全球应对气候变化的领导者自居，而太平洋岛国是彰显法国全球气候治理的绝佳地点，也是法国与欧盟在气候谈判中的潜在盟友。在全球气候治理的关键时间节点上更能体现出这种联系。一个佐证是第三届和第四届法国—大洋洲峰会的举办时间分别在2009年哥本哈根气候大会和2015年巴黎气候大会前夕，从时机上代表了法国为全球气候谈判做准备的意图。第四届法国—大洋洲峰会尤其紧密围绕两项全球治理议题——巴黎气候大会和联合国后2015可持续发展目标。②

表3-1　历届法国—大洋洲峰会概览

届次	会议时间	会议地点	优先事项	主要成果代表
第一届	2003.7	法属波利尼西亚·帕皮提	珊瑚礁保护、渔业监测、地区安全	建立"南太平洋珊瑚礁倡议"（CRISP）
第二届	2006.6	法国·巴黎	气候变化与珊瑚礁保护、医疗、环保、生物多样性、灾害风险管理等	升级"南太平洋珊瑚礁倡议"；支持欧盟"减少太平洋岛国脆弱性"项目

---

① Denise Fisher, *France in the South Pacific: Power and Politics*, Canberra: ANU E Press, 2013, p. 235.
② "Final Declaration, 3rd France – Oceania Summit", *Pacific Islands Report*, 3 August 2009, http://www.pireport.org/articles/2009/08/03/final-declaration-3d-france-oceania-summit?qt-article_tabs=2; "Declaration of the Fourth France – Oceania Summit", Embassy of France in Canberra, 26 November 2015, https://au.ambafrance.org/Declaration-of-the-Fourth-France-Oceania-Summit.

续表

届次	会议时间	会议地点	优先事项	主要成果代表
第三届	2009.7	新喀里多尼亚·努美阿	应对全球金融与经济危机、气候变化、海洋治理、教育、通信和信息技术、民主、良政与人权等	通过《第三届法国—大洋洲峰会宣言》；支持法属岛屿殖民地更多参与地区政治；承诺通过法国南太平洋基金（South Pacific Fund）支持环保、气候变化与渔业
第四届	2015.11	法国·巴黎	巴黎气候大会、可持续发展	通过《第四届法国—大洋洲峰会宣言》

资料来源：作者根据法国总统府、法国外交部和法国驻澳大利亚大使馆资料整理

澳大利亚前驻法国南太领地资深外交官丹妮丝·菲舍尔（Denise Fisher）将法国近年来加大对南太投入力度的动力归结为：第一，继续保持法国在太平洋的战略存在，以此作为法国维持在欧洲和全球角色的"压舱石"，并将法国在近赤道地区的三个岛屿领地作为对中国进行"战略拒止"的支点；第二，支持欧洲的航天技术，法国在南太平洋地区靠近赤道的领地对维持法国的航天大国地位尤为重要；第三，法国在南太平洋地区的经济商业利益增长，包括看重法国和法属岛屿领地专属经济区内丰富的海洋资源、与太平洋新的经济枢纽建立联系以试图将太平洋打造为"21世纪的法国地中海"、保护投资以及引领欧盟在这个地区的利益；第四，在社交网络时代避免国内外公众产生关于法属领地的负面舆论。[1]

最后，近年来，欧盟越来越以一个整体介入南太平洋地区事务。2006年，欧盟委员会首次发布对太平洋岛国外交战略《欧盟与太平洋岛国的关系：一个加强的伙伴关系战略》。仅仅6年后，随着南太平洋

---

[1] Denise Fisher, *France in the South Pacific: Power and Politics*, Canberra: ANU E Press, 2013, pp. 245–252.

地区形势的急剧变化，欧盟委员会出台了《迈向一个更新的欧盟—太平洋发展伙伴关系》报告，更新了对太平洋岛国的整体外交战略，视太平洋岛国为国际舞台上的一支重要的集体力量，明确以发展欧太战略伙伴关系为目标，标志着欧盟作为一个整体全方位介入南太平洋地区。叶圣萱认为，欧盟介入南太平洋地区将平衡地区权力结构，推进地区整合进程。[①]

欧洲国家尤其是英法德等国虽然与澳新美同属西方发达国家，但在一些涉及太平洋岛国的重大问题上与澳新或美国的利益并不一致。气候变化是其中一个典型：对减排持较为积极立场的欧盟与持消极立场的澳新美存在矛盾，这种矛盾尤其在全球气候治理的关键时间节点上更加显性化。此外，在海洋治理、国际发展合作、贸易与投资等领域，欧洲国家与澳新美也存在利益差异。对太平洋岛国来说更重要的是，欧洲是澳新以外的援助提供方，尤其是在环境与气候变化方面。这给了太平洋岛国降低对澳新援助的依赖、扩大选择空间与提高议事权更多机会。

3. 日本

日本在冷战结束后也一度减少了对太平洋岛国的援助力度，在数据上反映为日本对太平洋岛国的 ODA 实际支出额在 1995—2004 财年期间呈下降趋势。不过，此后日本也"重返南太"，突出表现为日本对太平洋岛国的 ODA 实际支出额显著回升，尤其是从 2008 财年起重新突破 1 亿美元（见图 3-1）。

日本近年来还加强了日本地方政府、大学和非政府组织在对太平洋岛国援助中的作用，强调"全体国民参加型援助外交体制"，注重提高援助质量，将日本的援助从"看不见脸的援助"转变为"看得见的援助"。例如，日本政府将环保领域的"福冈模式"——福冈市与福冈大学在垃圾填埋与固体废物利用方面的合作成果应用到太平洋岛国，作为

---

① 参见叶圣萱："欧盟对南太平洋岛国的外交战略论析"，《德国研究》，2020 年第 1 期，第 98—114 页。

日本国际协力机构（Japan International Cooperation Agency，JICA）与太平洋地区环境规划署合作开展"大洋洲废弃物地区战略（2010—2015）"的一部分。① 日本在援助中非常注重宣传效果，即"看得见的援助"。笔者团队在太平洋岛国调研期间发现，哪怕一只小小的储水罐，也会醒目地标出"日本援助"等字样。②

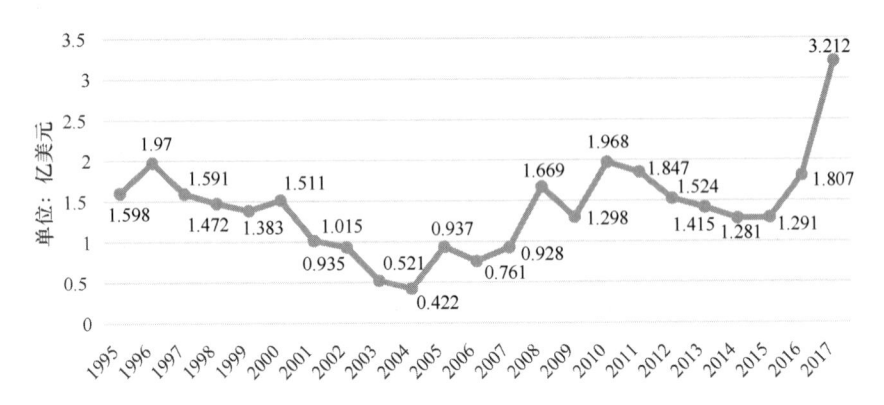

图 3-1 1995—2017 财年日本对太平洋岛国 ODA 实际支出额
资料来源：笔者根据日本外务省资料整理

日本—太平洋岛国论坛峰会（Pacific island Leaders Meeting，PALM）③ 是日本与太平洋岛国跨地区多边合作的政治机制。2009 年，在第五届日本—太平洋岛国论坛峰会上，时任日本首相麻生太郎承诺此后三年为太平洋岛国提供 500 亿日元（约合 5 亿美元）援助。第六届和

---

① 日本对太平洋岛国的 ODA 参见陈艳云、张逸帆："日本对南太平洋岛国 ODA 政策的调整及其特点"，《东北亚学刊》，2013 年第 4 期，第 41—44 页。
② 陈晓晨、吕桂霞、池颖："援建南太，中国何以遭抹黑？"，《环球时报》，2018 年 1 月 18 日，第 7 版。
③ 1997 年召开第一届峰会时称"日本—南太平洋论坛首脑会议"（日·南太平洋フォーラム，Japan-SPF Summit Meeting）。由于此后南太平洋论坛更名为太平洋岛国论坛，该机制又称"日本—太平洋岛国论坛峰会"。在第二届峰会上，双方同意将该机制的日文名称改为"太平洋·岛サミット"，中文直译为"太平洋·岛国峰会"；英文名称改为"Pacific island Leaders Meeting"，简称 PALM，字面意为"棕榈"。中文译名还有"日本和太平洋岛国首脑峰会"等译法。本书采用陈艳云、张逸帆的译法，将其译为"日本—太平洋岛国论坛峰会"。

第七届峰会分别由时任日本首相野田佳彦和安倍晋三主持，承诺援助数额分别为 5 亿美元和 4.5 亿美元。在此基础上，日本在政治协调、安全合作、文化交流、应对气候变化等问题上加强了与太平洋岛国的合作协调力度。

陈祥认为，日本在前五届日本—太平洋岛国论坛峰会上推行"环境外交"，从 2012 年的第六届峰会后转向"海洋外交"。[1] 笔者认为，实际上环境与海洋一直都是日本—太平洋岛国论坛峰会的两个重点领域，日本一直非常重视，而且两个议题之间相互交叉渗透。例如，在 2000 年第二届峰会上，时任日本首相森喜朗提出以"年轻人""海洋"和"未来"为关键词推进面向 21 世纪的"太平洋新开拓地外交";[2] 而 2015 年第七届峰会移师日本"3·11"大地震震中福岛，发布了《福岛磐城宣言》，主要围绕防灾、气候变化、环境、人文交流、可持续发展、海洋渔业和贸易投资旅游 7 个重点领域展开。[3] 这都是环境与海洋两大议题互相渗透的表现。当然，第六届峰会后，日本在峰会上对海洋治理的强调带有了更多政治涵义，尤其是在 2018 年第八届峰会上倡导"法治海洋秩序"，高调支持"自由开放的印太战略"。林娜认为，这是日本针对中国建设 21 世纪海上丝绸之路的回应。[4]

此外，日本还广泛利用多边机制包括多边金融机构加大对太平洋岛国的投入力度。其中，2008 年由亚洲开发银行设立的太平洋地区基础设施基金（Pacific Region Infrastructure Facility，PRIF）是重要的国际机

---

[1] 参见陈祥:"日本的南太平洋外交战略演变与太平洋岛国峰会：从环境外交到海洋外交",《太平洋学报》，2019 年第 5 期，第 26—39 页。
[2] "太平洋・島サミットにおける森総理基調演説"，日本外务省，2001 年 4 月 22 日，https://www.mofa.go.jp/mofaj/press/enzetsu/04/palm01.html.
[3] "第 7 回太平洋・島サミット（結果概要）"，日本外务省，2015 年 5 月 23 日，https://www.mofa.go.jp/mofaj/a_o/ocn/page4_001215.html.
[4] 林娜:《日本与太平洋岛国首脑峰会：动机、进程及效用评析》，见陈德正主编:《太平洋岛国研究（第二辑）》，北京：社会科学文献出版社，2018 年，第 175 页。

构。王竞超认为，这已经成为近年来日本"多角度对冲"[①] 中国"一带一路"倡议的一种手段。[②]

日本近年来重新加强与太平洋岛国的关系，全球治理和地缘政治是重要动力：

第一，太平洋岛国作为一个小集团在联合国尤其是日本争取"入常"中发挥作用。太平洋岛国作为日本在联合国的潜在"票仓"，在日本参与国际事务、迈向"正常国家"尤其是争取"入常"的过程中是一支不可忽视的重要力量。事实上，从第一届日本—太平洋岛国论坛峰会起，时任日本首相桥本龙太郎就表示，日本与南太平洋岛国的关系迅速超过了双边合作的传统界限，日本希望南太平洋论坛成员国在国际舞台上支持日本，尤其是涉及联合国的议题。此后，历届日本—太平洋岛国论坛峰会都关注联合国改革议题。2009年以来太平洋小岛屿发展中国家集团的建立与活跃更是强化了这一趋势。宋秀琚和叶圣萱认为，争取太平洋岛国对日本主张的联合国改革方案尤其是"入常"是日本加大对太平洋岛国投入力度的重要原因。[③]

第二，围绕太平洋岛国的地缘政治环境急剧变化。其中，尤其是中美在太平洋岛国加大存在给日本带来了传统优势地位受到挑战的危机感。近年来，太平洋岛国越来越被日本视作平衡和牵制中国的第三方势力。2011年11月，日本召开了有外务省官员和专家学者参加的第六届日本—太平洋岛国论坛峰会筹备会议。会上，以大阪学院大学教授小林泉为代表的学者向日本外务省提交了建议书，指出近年来围绕太平洋岛国地区的战略环境发生了重大变化，因此建议日本应从外交战略上考虑，对太平洋岛国的ODA至少应维持在当前水平（笔者注：当时日本

---

① 卢昊将日本近年来对"一带一路"的政策概括为"有限度对接"和"多角度对冲"。参见卢昊："日本对'一带一路'倡议的政策：变化、特征与动因分析"，《日本学刊》，2018年第3期，第68页。

② 王竞超："日本南太平洋战略初探：历史渊源、实施路径与战略动因"，《边界与海洋研究》，2019年第4期，第94—95页。

③ 参见宋秀琚、叶圣萱："日本—南太岛国关系发展及中国的应对"，《国际观察》，2016年第3期，第144—157页。

对太平洋岛国 ODA 已突破并维持在 1 亿美元以上）。该建议书受到日本政府的重视，体现了日本加大对太平洋岛国援助与地缘政治之间的关联。[1]

此外，日本自身的海洋战略、获取资源与市场、维持日美同盟、维系太平洋岛国日本侨民和日裔人士的友好关系以及"二战"期间日本在太平洋战场的特殊历史情结等都是日本近年来"重返南太"的推力。

日本作为亚洲的西方国家对太平洋岛国重新加大投入力度，使得太平洋岛国地区的地缘政治形势更加复杂化，给太平洋岛国实施"北望"（Look North）政策提供了更大空间。日本对"环境外交"和"海洋外交"的重视契合了太平洋岛国的优先事项。日本还直接支持了太平洋岛国地区在环境、应对气候变化与海洋治理方面的合作，增强了后者的地区主义能力建设。

二、"新兴力量"进入南太

与传统西方国家"重返南太"相比，"新兴力量"进入南太平洋地区产生的实际和心理影响更大。其中最突出的是亚洲国家与太平洋岛国联系加深。

1. 印度尼西亚

印度尼西亚（印尼）是唯一与太平洋岛国有陆地接壤的亚洲邻国，与太平洋岛国事务联系紧密。印尼近年来强化了"中等强国"的形象与信心，开展"全方位外交"，尤其是"边境外交"——重点发展同周边国家的外交关系，其中包括印尼的东部近邻太平洋岛国。[2]

由于各方面原因，特别是世界上最大的群岛国家的独特身份，印尼

---

[1] 日本外务省：《平成 24 年版外交青书（地域别に见た外交）》，2012 年 8 月，第 69 页，https://www.mofa.go.jp/mofaj/gaiko/bluebook/2012/pdf/pdfs/2_1.pdf.

[2] 参见宋秀琚、王鹏程：" '中等强国'务实外交：佐科对印尼'全方位外交'的新发展"，《南洋问题研究》，2018 年第 3 期，第 97—108 页。

一向重视与其他国家的海上合作。2010年8月，时任印尼总统苏西洛（Susilo Bambang Yudhoyono）发布了首份国情咨文，提出了印尼的外交目标是成为东南亚地区的大国，扮演负责任大国的角色。《印尼外交政策指南》明确提出，"印尼致力于在维护国际和平方面扮演重要角色，例如积极在联合国论坛上维护旨在鼓励联合国安理会改革的倡议。印尼自由、积极的外交政策需要在联合国关于解决国际和平与安全问题的论坛中得到一贯的支持"。梁甲瑞认为，"对印尼来说，为了提高在国际事务中的发言权，树立国际形象，太平洋岛国是非常具有吸引力的一个'投票集团'和'发声集团'"。① 近年来，尤其是佐科（Joko Widodo）就任印尼总统以来，印尼提出了"全方位外交"和建设"全球海洋支点"的理念，强调要把印尼建设成为全球海洋强国的愿景。佐科表示，印尼是印度洋和太平洋之间的重要力量，渴望印度洋和太平洋地区保持和平稳定。2015年印尼《国防白皮书》表示，"作为一个群岛国家和海洋国家，印尼对建立地区安全非常感兴趣，包括海洋安全，目的是支持印尼成为'全球海洋支点'的理念。印尼国防政策致力于保护海洋资源，维护群岛国家的身份和使印尼呈现为一个海洋国家。印尼独特的地理位置是位于10个海上邻国的中心。海洋对印尼的贸易至关重要"。② 这份白皮书还特别强调了建立全球伙伴关系的必要性。这些政策都推动了印尼与太平洋岛国加强交流合作。③

印尼加强与太平洋岛国的联系具体表现为以下4个方面：第一，强化了对太平洋岛国的援助。2013年，苏西洛承诺将通过能力建设项目为太平洋岛国提供2000万美元援助，包括在农业、渔业、教育、治理、能源、基础设施建设、灾害风险治理、林业、旅游业等多个领域。斐济

---

① 梁甲瑞著：《域外国家对太平洋岛国的外交战略研究》，北京：社会科学文献出版社，2019年，第168页。

② "Indonesian Defence White Paper 2015", Defence Ministry of the Republic of Indonesia, https://www.kemhan.go.id/wp-content/uploads/2016/05/2015-INDONESIA-DEFENCE-WHITE-PAPER-ENGLISH-VERSION.pdf.

③ 参见宋秀琚、王鹏程："'中等强国'务实外交：佐科对印尼'全方位外交'的新发展"，《南洋问题研究》，2018年第3期，第97—108页。

和巴新是印尼提供援助的两个重点国家。第二，加强了与太平洋岛国的双多边外交关系。印尼在历史上因东帝汶问题、西巴布亚问题等长期与诸多太平洋岛国关系不睦。不过，印尼近年来改善了与太平洋岛国的关系。在双边方面，印尼在斐济和巴新建有大使馆，并与绝大多数太平洋岛国建立了外交关系，尤其是改善了与巴新、东帝汶和瓦努阿图的关系。在多边方面，印尼重点与太平洋岛国论坛、太平洋岛国发展论坛和美拉尼西亚先锋集团发展合作关系。2014年，苏西洛出席第二届太平洋岛国发展论坛领导人会议开幕式并致辞。2015年，印尼成为美拉尼西亚先锋集团准成员国，并自称"印尼就是美拉尼西亚，美拉尼西亚就是印尼"，强调共同的身份认同。① 2019年，首届印尼—南太平洋论坛在雅加达召开，佐科主持并宣布发起了旨在加强印尼与太平洋岛国联系的"太平洋高地"（Pacific Elevation）计划。第三，增强了贸易往来。2010—2014年，印尼向太平洋岛国的出口年均增长4.29%，进口年均增长2.36%，到2014年印尼太双边贸易额达到约3亿美元，其中最多的三个国家为巴新、斐济和所罗门群岛。第四，注重文化交流。截至2015年，印尼文艺奖学金项目授予了来自太平洋岛国的148名学生，印尼教育部达玛西瓦（Darmasiswa）奖学金资助了来自太平洋岛国的61名学生在印尼学习语言文化和艺术。印尼还与斐济签署了落地签证协议。这些措施都增进了印尼与太平洋岛国之间的关系，为太平洋岛国提供了来自近邻的助力。②

印尼加强与太平洋岛国的关系尤其体现在与印尼最为临近、关系也最为密切且错综复杂的美拉尼西亚次地区。本书第六章将专门探讨印尼与美拉尼西亚次地区特别是与美拉尼西亚先锋集团的关系。

---

① Joanne Wallis, *Crowded and Complex: The Changing Geopolitics of the South Pacific*, Barton: The Australian Strategic Policy Institute Limited, 2017, p. 13.
② 梁甲瑞著：《域外国家对太平洋岛国的外交战略研究》，北京：社会科学文献出版社，2019年，第172—177页。

2. 印度

印度与太平洋岛国地区存在传统联系，其中最具代表性的是斐济。斐济国内印度族裔人口占了全国总人口的很大一部分，被称为印度与斐济（及太平洋岛国）的"天然联系"。2007年左右以来，印度开始以"向东看政策"（Look East Policy）强调超越东南亚继续向东的战略利益，这在印度《2007年海洋军事战略》和《2009年海洋战略报告》等文件中都得到了阐述。同样是在2007年，"印太"概念开始在印度出现，此后逐渐在印度取得话语权，2017年汇入"印太战略"大潮中。2014年纳伦德拉·莫迪（Narendra Modi）的上台更是推动了印度在太平洋岛国地区加强存在，对太平洋岛国的政策由"向东看"（Look East）演进为"东进"（Act East）。[1]

印度的"东进"政策的具体举措可以概括为以下4个方面：一是主动交友。莫迪上台后对斐济展开访问，是继英吉拉·甘地（Indira Priyadarshini Gandhi）后第二位踏上太平洋岛国国土的印度总理，标志着莫迪的"全球外交"进入南太平洋地区。二是深化合作。在莫迪访问斐济期间举行了印度—太平洋岛国合作论坛，莫迪承诺在此框架下定期与太平洋岛国举行首脑峰会。三是资金与技术援助。印度近年来经济实力日渐增强，有加大对太平洋岛国提供援助的趋势。2009年起，印度开始对所有太平洋岛国都开展每国至少10万美元的对外援助项目。2014年起，印度对每个岛国的援助额上升到至少20万美元。印度还积极寻求与太平洋岛国加深安全与防务合作并提供相应援助。四是海洋与科技合作。印度科学家在斐济设立分支机构，开展航天测控等项目研究。2015年，莫迪宣布为14个太平洋岛国的专家和官员提供关于海洋科技合作的交流平台，并为太平洋岛国的海岸监测与水文测量等提供援

---

[1] 参见梁甲瑞、张金金："印度在南太平洋地区的战略评析"，《南亚研究季刊》，2016年第1期，第9—17页。

助和能力建设支持。①

印度的"东进"政策有多重目的。巴拉吉·钱德拉莫汉（Balaji Chandramohan）在美国印太司令部（USINDOPACOM）《印太防务论坛》（*Indo-Pacific Defense Forum*）杂志网络版撰文认为，通过这些举措，印度在该地区外交工作的军事层面将为他们在太平洋岛国地区的军事基地和军事附属机构（特别是海军附属机构）打前站。"印度还可通过海外侨民扩大他们在南太平洋的存在。印度在澳大利亚、新喀里多尼亚、斐济和新西兰有大量侨民，为西南太平洋邻国与印度本土之间的信息交流提供了开放渠道"。② 莫迪 2015 年 8 月在第二届印度—太平洋岛国合作论坛上表示，太平洋岛国虽然很小，但是联合起来的太平洋岛国对印度很重要，并表示印度将在各种国际场合支持太平洋岛国。③ 胡欣认为，印度的南太外交是为其推动联合国改革未雨绸缪，这些太平洋岛国在"一国一票"机制下能够对国际机制的变动产生不小影响，因此成为联合国的重要"票仓"，印度显然希望能从中拉拢更多国家，为印度在联合国改革中争取票源。④ 梁甲瑞认为，印度加大对南太平洋地区投入力度的一个动因是参与全球海洋治理的需要，包括维护这一地区的海上战略通道安全、保护居住在太平洋岛国的海外印度人安全与利益等。⑤

---

① 参见胡欣："向东看得更远：印度全球外交走进南太平洋"，《世界知识》，2014 年第 24 期，第 33—35 页；梁甲瑞："海上战略通道视角下中印在南太平洋地区的海上战略博弈"，《南亚研究季刊》，2017 年第 1 期，第 29 页。
② 巴拉吉·钱德拉莫汉："印度在太平洋岛国地区的战略扩张"，《印太防务论坛》杂志网络版，2019 年 4 月 22 日，https://ipdefenseforum.com/indias-strategic-expansion-in-the-pacific-islands/.
③ John Braddock, "India Reaches into the South Pacific to Counter China", 27 August 2015, https://www.wsws.org/en/articles/2015/08/27/modi-a27.html.
④ 胡欣："向东看得更远：印度全球外交走进南太平洋"，《世界知识》，2014 年第 24 期，第 35 页。
⑤ 梁甲瑞："印度海上战略通道的新动向、动因及影响"，《世界地理研究》，2020 年第 1 期，第 54、57 页。

3. 其他亚洲国家

除了印尼和印度外，其他亚洲国家也普遍加强了与太平洋岛国的各方面合作。

东帝汶作为地理上的亚洲国家，近年来加强了对太平洋岛国地区政治的参与。2013 年 8 月，东帝汶开国总统、时任总理沙纳纳·古斯芒（Xanana Gusmão）出席太平洋岛国发展论坛开幕式。不过，理查德·赫尔认为，东帝汶是以参与太平洋岛国地区主义作为参与东南亚地区主义的"对冲"（hedging）。①

事实上，不仅是印尼和东帝汶，东南亚国家整体上都加强了与太平洋岛国的联系。菲律宾、泰国、马来西亚等近年来与太平洋岛国的合作都进一步深化。东南亚作为一个整体与太平洋岛国之间的地区间互动也走向机制化，例如东盟近年来经常邀请太平洋岛国论坛秘书处和太平洋岛国发展论坛秘书处参加峰会，巴新已成为东盟观察员，"东盟＋巴新"合作机制已经建立。②

一些其他亚洲国家，如朝鲜、韩国、阿联酋、土耳其、沙特阿拉伯、以色列等，都以不同方式不同程度地加强了与太平洋岛国的联系。其中，太平洋岛国在联合国（例如涉及中东问题的讨论与投票）及在其他国际组织（例如对中东国家非常重要的国际能源署）是理解亚洲国家尤其是中东国家加强在这一地区存在的背景因素。

4. 俄罗斯

如果将苏联时期考虑在内，俄罗斯严格意义上并不属于南太平洋地区的"新兴力量"。不过，冷战结束后，在国际法上继承苏联在南太遗产的俄罗斯迅速放弃了不少外交资产，特别是关闭了苏联在南太存在的

---

① Richard Herr and Anthony Bergin, *Our Near Abroad: Australia and Pacific Islands Regionalism*, Barton: The Australian Strategic Policy Institute Limited, 2011, pp. 24 – 25.

② 参见沈予加、陈晓晨："地区间互动视角下的南太平洋地区与东南亚"，《东南亚研究》，2020 年第 6 期，第 19—30 页。

标志之一——驻莫尔兹比港大使馆,并且此后长期未关注南太平洋地区。直到2008年8月俄罗斯—格鲁吉亚军事冲突后,主要是看重太平洋岛国在联合国不可忽视的投票权,俄罗斯开始加强在太平洋岛国的活动,特别是为了争取太平洋岛国对阿布哈兹和南奥塞梯独立的承认。在俄罗斯的活动下,瑙鲁、瓦努阿图和图瓦卢都曾承认阿布哈兹或南奥塞梯独立甚至与之建交。这引发了格鲁吉亚也在太平洋岛国加大了活动以对俄罗斯进行反制。[①]

不过,俄罗斯显然有更远大的战略考虑。重返南太是俄罗斯"重返世界大洋"战略构想的一部分,也是其"向东看"亚太战略的延伸。俄罗斯的"向东看"与斐济等太平洋岛国的"向北看"政策之间产生了可供对接的交集。2012年俄罗斯外交部长拉夫罗夫访问斐济、2013年斐济总理姆拜尼马拉马访问俄罗斯都是这种对接的具体体现。2016年1月,一艘满载20个集装箱的俄罗斯军事装备的货轮抵达斐济首都苏瓦港,这些装备包括手枪、机关枪和直升机零部件等,有观察者惊呼"北极熊回归南太平洋地区"。[②] 李秀蛟、李蕾认为,俄罗斯重返南太平洋地区是其实施"向东看"亚太战略的一部分,这既与亚太地区近年来的经济繁荣对俄罗斯的吸引有关,也与美国实施"亚太再平衡"战略密切相关;俄罗斯"向东看"加速行动更是与乌克兰危机导致的俄美关系及俄罗斯与整个西方关系恶化有关。他们还认为,俄罗斯未必想从太平洋岛国获得多少实际的利益,而仅是为了刺激一下在该地区激烈博弈的其他大国,时不时加剧一下地区紧张局势,减轻西方对俄罗斯的战略压力——可以说,是现代版的"围魏救赵"。俄罗斯国际事务理事会专家谢尔盖·巴尔马索夫(Sergei Balmasov)表示,大国在远离俄罗斯的太平洋岛国竞争直接符合俄罗斯的利益,因为这将不可避免地牵扯

[①] 李秀蛟、李蕾:"俄罗斯重返南太平洋外交解析",《俄罗斯东欧中亚研究》,2017年第4期,第102—103页。
[②] Roman Madaus, "The Bear Returns to the South Pacific: Russia Sends Arms to Fiji", The Diplomat, 9 April 2016, https://thediplomat.com/2016/04/the-bear-returns-to-the-south-pacific-russia-sends-arms-to-fiji/.

与俄罗斯或多或少有竞争关系的其他世界大国的注意力与资源。[①]

此外，古巴、智利等拉美国家近年来也加强了与太平洋岛国的合作。其中，古巴在太平洋岛国中开展的"医疗外交"独具特色，广受太平洋岛国民众欢迎，拓宽了太平洋岛国与域外发展中国家南南合作的对象，提供了跨地区的小岛国之间互帮互助的范例。2008年9月，古巴在哈瓦那举办首届古巴—太平洋岛国峰会。2009年，古巴与斐济、萨摩亚和汤加建交，标志着古巴加强在太平洋岛国的存在。

5. 中国

当然，最引人瞩目的"新兴力量"当属中国。2006年，时任中国国务院总理温家宝访问斐济并出席首届中国—太平洋岛国经济发展合作论坛，这是中太合作加强的标志性事件。[②] 2014年11月，中国国家主席习近平对斐济进行国事访问，并同太平洋建交岛国领导人举行集体会晤。这是中国国家元首历史上首次对太平洋岛国进行国事访问，确立了中国同太平洋岛国之间建立相互尊重、共同发展的战略伙伴关系，"在中国—太平洋地区岛国关系发展史上具有重要的战略意义"[③]"说明中国与太平洋岛国关系进入一个新的历史阶段"[④]。

2015年3月，中国国家发展和改革委员会、商务部、外交部发布《共建丝绸之路经济带和21世纪海上丝绸之路的愿景与行动》，将南太

[①] 李秀蛟、李蕾："俄罗斯重返南太平洋外交解析"，《俄罗斯东欧中亚研究》，2017年第4期，第106—112页。

[②] 最早的文献包括翟崑："开拓南太的外交哲学"，《世界知识》，2006年第16期，第67页；Terence Wesley–Smith, *China in Oceania: New Forces in Pacific Politics*, Honolulu, U. S. A.: East–West Center, 2007; Yongjin Zhang, "China and the Emerging Regional Order in the South Pacific", *Australian Journal of International Affairs*, Vol 61, No. 3, 2007, pp. 367–381, 等。

[③] 王玮、韩锋、陈须隆、金灿荣："中国外交全球战略新布局：习近平主席出访太平洋岛国的重大意义"，《太平洋学报》，2015年第1期，第1—10页。

[④] 汪诗明、王艳芬："论习近平访问太平洋岛国的重要历史意义"，《人民论坛·学术前沿》，2015年第24期，第66页。

平洋方向作为 21 世纪海上丝绸之路的重点方向之一。① 2017 年 5 月，在首届"一带一路"国际合作高峰论坛开幕前夕，中国政府发布《共建"一带一路"：理念、实践与中国的贡献》，将大洋洲定位为"21 世纪海上丝绸之路"的南向延伸地区，并明确太平洋岛国是重要组成部分。② 数年来，中国与太平洋岛国共建"一带一路"南太平洋方向结出了硕果：

——在政策沟通方面，2018 年 11 月，中国国家主席习近平访问巴新并在莫尔兹比港同建交太平洋岛国领导人举行集体会晤，决定将双方关系提升为"相互尊重、共同发展的战略伙伴关系"。③ 斐济总理姆拜尼马拉马、时任巴新总理彼得·奥尼尔（Peter O'Neill）分别于 2017 年 5 月和 2019 年 4 月出席第一届和第二届"一带一路"国际合作高峰论坛。④ 2019 年 10 月，第三届中国—太平洋岛国经济合作发展论坛在萨摩亚首都阿皮亚召开，中国和 10 个太平洋建交岛国代表共同签署了《中国—太平洋岛国经济发展合作行动纲领》。⑤

——在设施联通方面，基础设施的互联互通成为"一带一路"南太平洋方向建设的优先领域之一。例如，在萨摩亚由中资兴建的法勒奥洛国际机场的新航站楼，结合萨摩亚传统建筑风格与中国现代建筑工艺，取代了原来狭小闷湿的旧航站楼。自 2017 年 11 月建成以来，这座

---

① 国家发展改革委、商务部、外交部：《共建丝绸之路经济带和 21 世纪海上丝绸之路的愿景与行动》，新华社，2015 年 3 月 28 日，http://news.xinhuanet.com/world/2015-03/28/c_1114793986.htm。

② 推进"一带一路"建设工作领导小组办公室：《共建"一带一路"：理念、实践与中国的贡献》，新华社，2017 年 5 月 10 日，http://news.xinhuanet.com/politics/2017-05/10/c_1120951928.htm。

③ "习近平同建交太平洋岛国领导人举行集体会晤并发表主旨讲话"，新华社，2018 年 11 月 16 日，http://www.xinhuanet.com//world/2018-11/16/c_1123726560.htm。

④ "习近平会见巴布亚新几内亚总理奥尼尔"，新华社，2019 年 4 月 25 日，http://www.xinhuanet.com/2019-04/25/c_1124417395.htm。

⑤ "'第三届中国—太平洋岛国经济发展合作论坛'于 2019 年 10 月在萨摩亚成功召开"，中华人民共和国商务部，2019 年 11 月 11 日，http://www.mofcom.gov.cn/article/i/jyjl/l/201911/20191102911702.shtml。

航站楼已经成为萨摩亚的"国门"和给外国游客的第一印象。①

——在贸易畅通方面，中国已经是太平洋岛国论坛成员国最大的贸易伙伴。2015 年，中国与太平洋岛国的货物贸易额达到 81.80 亿美元，实现年增长 62.77%，为 2000 年的 29.8 倍。② 对太平洋岛国而言，旅游业被视为是对贸易伙伴的出口，对国家财政收入和就业增长的贡献有重要意义。中国是南太平洋旅游组织唯一的域外成员。近年来，中国赴太平洋岛国旅游的游客人数迅速增加。2015 年，中国到访太平洋岛国的游客历史性地突破 15 万人次。③ 2018 年 11 月，时任库克群岛总理亨利·普纳（Henry Puna）出席了在上海举行的首届中国国际进口博览会（CIIE），旨在进一步推广太平洋岛国产品、吸引中国游客。

——在资金融通方面，中国始终在南南合作框架下向太平洋岛国提供力所能及的援助。2013 年 11 月，时任中国国务院副总理汪洋在第二届中国—太平洋岛国经济合作发展论坛上宣布了中方支持太平洋岛国经济社会发展的一系列措施，包括支持岛国重大项目建设，向建交岛国提供共计 10 亿美元的优惠贷款；设立 10 亿美元专项贷款，用于岛国基础设施建设；此外，中国还将重点支持岛国的医疗卫生、农业生产、环境保护、防灾减灾、绿色能源等方面的事业与项目。④ 中国驻澳大利亚大使成竞业在谈到对太平洋岛国援助时表示："在对外援助中，中国始终坚持不附带任何政治条件，切实尊重受援国意愿和需求，并坚持互利共赢。同时，我们始终充分考虑受援国的负债情况和偿还能力，避免受援国承受过大债务负担。所有相关援建项目都要经过认真的可行性研究和

---

① 陈晓晨、吕桂霞、池颖："援建南太，中国何以遭抹黑？"，《环球时报》，2018 年 1 月 18 日，第 7 版。

② 丁鹏、崔玉中："中国与太平洋岛国合作述评"，《山东理工大学学报（社会科学版）》，2017 年第 6 期，第 41 页。

③ "Annual Review of Tourist Arrivals in Pacific Island Countries（2014 – 2017）"，https：// corporate. southpacificislands. travel/wp – content/uploads/2017/02/2015_Annual_Tourist_Arrivals_Report1. pdf.

④ 赖雨晨、陈寂："汪洋出席中国–太平洋岛国经济发展合作论坛并发表主旨演讲"，新华社，2013 年 11 月 8 日，http：//www. xinhuanet. com//politics/2013 – 11/08/c_118069718. htm.

市场化论证，以确保它们都能取得应有的经济和社会效益。"①

——在民心相通方面，数年来，中国重视开展与太平洋岛国的人文交流，通过举办各种联谊会、招待会、艺术演出等形式进行"面对面"交流，促进教育领域的交流，通过为太平洋岛国学员提供来华政府奖学金、开办各类研修培训班等方式拉近中太之间的距离。② 随着中太关系的发展，双方学界的交流也愈发密切，对中太关系及其对太平洋岛国的影响进行了更多探讨，也有了更多研究成果。2015 年 2 月，"中国与太平洋：来自大洋洲的观点"研讨会在萨摩亚国立大学举办，来自中国、太平洋岛国和澳新美等地的学者和外交官聚在一起，探讨中国在太平洋岛国日益增长的角色与影响。时任太平洋岛国论坛秘书长达梅·梅格·泰勒（Dame Meg Taylor）、副秘书长安迪·冯泰（Andie Fong Toy）、太平洋共同体副秘书长费基塔·乌托伊卡马努（Fekita Utoikamanu）等重要的地区组织负责人参加会议。③ 会后出版了由迈克尔·波尔斯主编的《中国与太平洋：来自大洋洲的观点》论文集，较为系统地收录了对这一问题的研究。④ 2017 年 4 月，中山大学大洋洲研究中心举办了"全球治理框架下的大洋洲区域合作"国际工作坊，邀请了新西兰资深外交官、前驻华大使托尼·布朗（Tony Brown，中文名包逸凡）、杨杰生、张剑等大洋洲学者与会。⑤ 2018 年 8 月，聊城大学与萨摩亚国立大学联合举办了第三届中国太平洋岛国研究高层论坛，这是该论坛首次在太平

---

① "中国对太平洋岛国援助？中国驻澳大使：言论不实"，新华社，2018 年 1 月 19 日，http：//m. haiwainet. cn/middle/3541083/2018/0119/content_31240855_1. html.

② 参见金文盼：《中国对南太平洋岛国的公共外交》，北京外国语大学国际关系学院硕士学位论文，2020 年。

③ Tony Browne, "China and the Pacific: The View from Oceania", Keynote Address, Apia, Samoa, 25 February 2015, https：//www. victoria. ac. nz/chinaresearchcentre/programmes – and – projects/china – symposiums/china – and – the – pacific – the – view – from – oceania/3 – Tony – Browne – Keynote – Address. pdf.

④ "Preface", in Michael Powles (ed.), *China and the Pacific: The View from Oceania*, Wellington: Victoria University Press, 2016, pp. 11 – 14.

⑤ 李永杰、于镭："'全球治理框架下的大洋洲区域合作'国际工作坊在中大举行"，中国社会科学网，2017 年 4 月 15 日，http：//www. cssn. cn/gd/gd _ rwhn/gd _ zxjl/201704/t20170415_3487216. shtml.

洋岛国举办，也是首次由中太双方机构合办，重点讨论了中太关系问题。① 2016—2019 年，笔者及团队在太平洋岛国与澳新参加了一系列会议并进行了实地调研，就共建"一带一路"南太平洋方向阐述看法，与该地区的学者和各界人士进行交流，并参与了联合国开发计划署举办的中国—太平洋岛国合作研讨会等活动。②

总的来说，中国加强在太平洋岛国地区的存在有利于太平洋岛国增加对地区事务的选择权。正如担任中国—太平洋岛国论坛对话会特使多年的杜起文通过一线交流得出的结论："岛国朋友对我们说，中国对岛国的重要性不仅在于中国为岛国提供了大量真诚的援助，更重要的是为岛国提供了另外一种选择（an alternative）。这有助于增强岛国自主发展的信心和能力，也在客观上调动了其他各方（势力）发展同岛国关系的积极性。"③ 在一定程度上，中国促进了太平洋岛国的"自主发展梦"。④

鉴于目前关于中太关系的文献已经较多，这个问题也是目前国内学界关注和研究的重点（意味着预期还将出更多成果），在此不再赘述。⑤

---

① "第三届太平洋岛国研究高层论坛在萨摩亚成功举办"，聊城大学，2018 年 8 月 31 日，http://www.lcu.edu.cn/ztzx/ldyw/238170.htm。

② 参见"人大重阳受邀参加中国—太平洋岛国合作研讨会"，人大重阳网，2016 年 11 月 18 日，http://rdcy-sf.ruc.edu.cn/index.php?s=/Index/news_cont/id/27354；"陈晓晨：中国新西兰要成为'海洋绿色金融'伙伴——在新西兰国际展望峰会的演讲"，人大重阳网，2017 年 12 月 12 日，http://rdcy.org/index.php?s=/Index/news_cont/id/41976。

③ 杜起文：《关于太平洋岛国地区形势和中太关系的几点看法》，见陈德正主编：《太平洋岛国研究（第一辑）》，北京：社会科学文献出版社，2017 年，第 6 页。

④ 参见陈晓晨："'一带一路'助力南太'自主发展梦'"，《半月谈》，2019 年第 21 期，第 86—87 页。

⑤ 关于中国与太平洋岛国共建"一带一路"的新进展，参见陈晓晨、关照宇、张婷婷等："扬帆向南：中国与太平洋岛国共建'一带一路'的机遇与挑战"，见陈德正、吕桂霞主编：《太平洋岛国发展报告（2020）》，北京：社会科学文献出版社，2020 年，第 147—172 页；赵少峰："2019 年中国与太平洋岛国关系回顾与展望"，见陈德正、吕桂霞主编：《太平洋岛国发展报告（2020）》，北京：社会科学文献出版社，2020 年，第 173—186 页。

三、"拥挤而复杂"的地缘政治环境

"拥挤而复杂"是乔安妮·沃莉丝在《拥挤而复杂：变化中的南太平洋地缘政治》报告中对近年来围绕太平洋岛国的地缘政治形势的精炼形象概括。① 较早关注南太平洋地区新一轮地缘政治问题的大洋洲学者有张勇进、杨健和斯蒂芬·拉图瓦（Steven Ratuva）等，中国学者有翟崑、郭春梅等。② 理查德·赫尔担任第一执笔人的《我们的近邻：澳大利亚和太平洋岛国地区主义》报告认为，太平洋岛国本身的资源、地缘价值并不足以解释新的地缘政治变化，这种变化是由域外大国的政治动态推动的。③ 岳小颖也用"复杂而拥挤"概括这一时期围绕这个地区的地缘政治形势。④

围绕南太平洋地区的地缘政治也是全球治理深化的一个结果，其中一个主要原因是大国为了太平洋岛国拥有的投票权及其在国际社会的影响力而加大对该地区的投入。⑤ 美国官员与有关机构的言行非常能佐证这一点，不少美国官员明确提出，太平洋岛国在全球事务中的作用及其投票权是太平洋岛国重要性之所在。2012年，斯蒂芬·麦根在前述撰文中呼吁，考虑到全球事务的最新发展，要建立新的战略框架，美国在南太平洋地区的优先目标应包括促使太平洋岛国明确支持美国在全球的

---

① Joanne Wallis, *Crowded and Complex*: *The Changing Geopolitics of the South Pacific*, Barton: The Australian Strategic Policy Institute Limited, 2017, pp. 5 – 6.

② 参见 Yongjin Zhang, "China and the Emerging Regional Order in the South Pacific", *Australian Journal of International Affairs*, Vol 61, No. 3, 2007, pp. 367 – 381; Jian Yang, *The Pacific Islands in China's Grand Strategy*: *Small States*, *Big Games*, New York: Palgrave Macmillan, 2011; Steven Ratuva, "A New Regional Cold War: American and Chinese Posturing in the Pacific", *Asia & The Pacific Policy Studies*, Vol. 1, No. 2, 2014, pp. 409 – 422; 郭春梅：" 南太平洋的'大国博弈'"，《世界知识》，2012 年第 20 期，第 32—33 页。

③ Richard Herr and Anthony Bergin, *Our Near Abroad*: *Australia and Pacific Islands Regionalism*, Barton: The Australian Strategic Policy Institute Limited, 2011, p. 18.

④ 岳小颖："南太平洋地区形势与'21 世纪海上丝绸之路'建设：挑战与应对"，《国际论坛》，2020 年第 2 期，第 143 页。

⑤ 参见陈晓晨："全球治理与太平洋岛国地区主义的发展"，《国际论坛》，2020 年第 6 期，第 119—136 页。

域外利益。[1] 2016 年，时任美国负责东亚和太平洋事务的助理国务卿丹尼·拉塞尔（Danny Russel）在美国国务院官方杂志撰文谈到太平洋岛国的重要性时表示，"它们（首先指的是北太平洋的美国自由联系国，但也指其他太平洋岛国——笔者注）作为独立国家正在关键问题上发声""作为联合国和其他国际组织的成员，认真承担它们作为世界公民的责任"。[2] 2018 年 6 月，美国国会美中经济与安全评估委员会（U.S.－China ESRC）的一份幕僚研究报告对南太平洋地区对美国的地缘战略重要性进行了评估，认为该地区有着远远超过其规模的国际影响力，并明确认为这是因为太平洋岛国拥有和世界上最大经济体同等的在联合国大会的投票权，以及在渔业和气候变化等相关的问题上具有与其规模不匹配的巨大影响力。[3]

其他发达国家官员的言行也佐证了这一点。例如，德国驻澳大利亚大使和驻新西兰大使联合撰文表示，德国与太平洋岛国新的联系起源于一系列在全球事务中相似的利益，尤其是和气候变化有关的挑战。[4] 有学者研究认为，当日本希望改革联合国安理会并"入常"时，由于该项改革有可能诉诸联大表决，太平洋岛国的票数至为关键，这使得日本加强在太平洋岛国的活动；在一些人看来，这同时也引起了包括中日在内的各方就联合国改革问题上在太平洋岛国的竞争。[5]

域外国家尤其是大国竞相加大对太平洋岛国的投入，降低了太平洋

---

[1] Steven McGann and Ricahrd K. Pruett, "A New Strategic Architecture for the Pacific", *Pacific Islands Brief*, Pacific Islands Development Program（PIDP）, No. 2, 13 December 2012, pp. 1 -2.

[2] Danny Russel, "The Freely Associated States", *State Magazine*, Vol. 16, No. 4, April 2016, p. 23.

[3] Ethan Meick, Michelle Ker and Han May Chan, *China's Engagement in the Pacific Islands: Implications for the United States*, Staff Research Report, U.S.－China Economic and Security Review Commission, 2018, p. 3.

[4] Dr. Anne－Marie Schleich and Dr. Christoph Muller, "Forward", in Andreas Holtz, Matthias Kowasch and Oliver Hasenkamp（eds.）, *A Region in Transition: Politics and Power in the Pacific Island Countries*, Saarbrücken: Saarland University Press, 2016, p. III.

[5] John Cooper, *China's Foreign Aid and Investment Diplomacy*, Volumn III, New York: Palgrave Macmillan, 2016, p. 130.

岛国对澳大利亚的依赖程度，扩大了太平洋岛国选择合作伙伴的余地，使澳大利亚难以像冷战结束后一段时期那样对太平洋岛国施加那么大的影响力、全面主导地区主义进程。① 正是诸多与全球治理与地缘政治相关的新因素在2008—2009年左右产生了"耦合"（conjuncture）②，促进了此后以太平洋岛国主导权上升为主要特征的太平洋岛国地区主义的新发展。

第三节 "借力"与地区联合：太平洋岛国的外交策略

当然，太平洋岛国并不完全是地缘政治的被动接受者，而是利用了全球治理和域外地缘政治的"潮流"与"风向"，主动"借力"，实施寻求地区联合的外交策略，推动了新时期的太平洋岛国地区主义。本节首先归纳小国外交策略的共性，再简述太平洋岛国在"小岛国、大海洋"的特殊环境下的整体外交策略，最后概述太平洋岛国的"借力"行为与过程。③

一、小国的外交策略概论

对小国权力及其来源的研究是小国研究的重要课题。在近年来的文献中，汤姆·隆（Tom Long）将小国的权力按照权力来源分为3类：内

---

① 参见 Jonathan Schultz, "Theorising Australia – Pacific Island Relations", *Australian Journal of International Affairs*, Vol. 68, No. 5, 2014, pp. 548 – 568.

② 美国政治学者西达·斯考切波（Theda Skocpol）在其专著《国家与社会革命》中使用了这一概念（该书中译本翻译为"接合"），指的是各种变量在具体的历史条件下相互强化，造成了危机，引发了革命。参见［美］西达·斯考切波著：《国家与社会革命：对法国、俄国和中国的比较分析》，何俊志、王学东译，上海：上海世纪出版集团，2007年，第42页。笔者认为，她对革命成因的理论与历史结合的分析框架同样可以适用于对其他问题的原因探究。

③ 本节部分内容已在学术期刊上发表，参见陈晓晨："小国研究视域下太平洋岛国的外交策略"，《国际关系研究》，2020年第2期，第108—131页。

生权力（intrinsic power）、衍生权力（derivative power）和集体权力（collective power），其中内生权力包括特定的资源（例如石油天然气）和地理位置（例如位于重要海上通道）等；衍生权力包括结盟以借助大国的力量、影响大国的政策等；集体权力包括建立和加入国际制度、地区组织并在制度内部以规则调节国家间关系等。[1] 耶莱娜·拉多曼（Jelena Radoman）将小国的权力分为物质性权力与理念性权力。她认为，聚焦物质性权力将导出"小国只得被限定在霸权或国际结构中"的结论，而如果关注理念性权力则倾向于认为小国可以追求不同的政策选择，在国际舞台上向其他相关行为体投射其意愿。[2] 在国内学者中，陈旭将小国的权力分为自然性权力、制度性权力、结构性权力和行为权力，并认为前3种权力是小国权力的资源或客观条件，策略行为将前3种权力进行有效的整合。她还认为，小国获得权力的最好途径是在充分发挥自身拥有的资源、利用自身所处环境的基础上制定明智的外交战略。[3] 王剑峰专门探讨了小国在联合国中的制度性权力，特别强调主权平等与"一国一票"制是小国制度性权力的重要来源。[4]

实际上，无论是汤姆·隆的衍生权力、集体权力，耶莱娜·拉多曼的理念性权力，还是陈旭的行为权力，都可以归结为小国的外交策略。对小国来说，在很多情况下，如何运用它们非常有限的权力资源比拥有多少权力资源更为重要。近年来越来越多的研究认为，小国的外交策略具有能动性，对小国维持生存和获得国际影响力产生可观效用，而非像一些传统现实主义者认为的仅仅是国际体系与客观环境的结果。罗伯特·达尔（Robert Dahl）和爱德华·塔夫特（Edward Tufte）很早就研

---

[1] Tom Long, "Small States, Great Power? Gaining Influence through Intrinsic, Derivative, and Collective Power", *International Studies Review*, Vol. 19, No. 2, pp. 194–200.

[2] Jelena Radoman, "Small States in World Politics: State of the Art", *Journal of Regional Security*, Vol. 13, No. 2, pp. 186–187.

[3] 详见陈旭："国际关系中的小国权力论析"，《太平洋学报》，2014年第10期，第40—44页。

[4] 王剑峰："小国在联合国中的制度性权力探析"，《国际关系研究》，2018年第3期，第78—92页。

究了小国的生存战略，认为减少与大国之间的资源差异、提高大国反对小国的机会成本是小国的两种基本生存战略。① 在近几年的文献中，维克托·吉格列（Victor Gigleux）从角色理论（role theory）出发研究了小国外交政策的多样性，认为这种多样性足以证明小国外交并非完全由客观环境与结构决定，而是由自我的角色认知建构。② 斯韦里尔·斯坦松（Sverrir Steinsson）和巴尔迪·索哈尔松（Baldur Thorhallsson）认为，如果小国运用策略适当，那么可以弥补规模和影响力的不足。③ 韦民概括了小国的多边外交和专长外交偏好。④

总之，小国的外交策略是对有限权力资源的运用，对外交策略的研究是近年来小国研究的新趋势。本书对太平洋岛国外交策略的研究是这个趋势中的一部分。

通过对已有的小国研究文献进行总结归纳发现，小国往往较有规律性地采取的外交策略可以概括为以下3种基本模式，可以将其称为"弱者的武器"（weapons of the weak）⑤：

第一，发挥数量优势。小国的内在缺陷在于单个国家的实力远不如大国。但是，它们的优势在于数量众多，享有大小国家平等的法律地位。⑥ 因此，发挥数量上的优势就成为小国的一项基本外交策略。此外，小国还可以集中资源，在特定议题中占据某种优势。⑦

---

① ［美］罗伯特·达尔、爱德华·塔夫特著：《规模与民主》，唐皇凤、刘晔译，上海：上海人民出版社，2013年，第111—113页。

② Victor Gigleux, "Explaining the Diversity of Small States' Foreign Policies through Role Theory", *Third World Thematics*, Vol. 1, No. 1, pp. 27–45.

③ Sverrir Steinsson and Baldur Thorhallsson, "Small State Foreign Policy", *The Oxford Research Encyclopedia of Politics*, 2017, DOI: 10.1093/acrefore/9780190228637.013.484.

④ 韦民：《小国与国际关系》，北京：北京大学出版社，2014年，第236—266页。

⑤ 乔纳森·舒尔茨曾使用这个词语指涉太平洋岛国作为弱者抵抗澳大利亚的具体策略。详见Jonathan Schultz, "Theorising Australia – Pacific Island Relations", *Australian Journal of International Affairs*, Vol. 68, No. 5, 2014, p. 555.

⑥ Tom Long, "Small States, Great Power? Gaining Influence through Intrinsic, Derivative, and Collective Power", *International Studies Review*, Vol. 19, No. 2, p. 198.

⑦ ［美］罗伯特·达尔、爱德华·塔夫特著：《规模与民主》，唐皇凤、刘晔译，上海人民出版社，2013年，第112页。

第二，利用内生权力。汤姆·隆所说的内生权力和陈旭所说的自然性权力主要指的是自然资源和地理资源。① 但是，笔者认为，对"内生权力"还可以有更宽泛的理解——小国可以充分利用作为主权国家的资格、主权衍生的各项权利获取政治经济利益。②

第三，依靠国际制度。借助多边机制、倡导国际规范是小国弥补实力缺陷的基本途径。也正是因为"小"，小国往往在国际制度中占据天然有利的道德高地。③ 不过，维克托·吉格列等人认为，小国参与国际制度也有劣势，乃至付出成本，也有小国参与国际制度不积极的案例，因此参与国际制度并非"给定的"小国行为，而是小国自主选择的外交策略。④

本书认为，近年来太平洋岛国的外交策略总体而言体现了发挥数量优势、利用内生权力和依靠国际制度这3种基本模式，但同时又有较强的地域特征，兼具一般性与特殊性。

二、太平洋岛国的外交策略

"小岛国、大海洋"的基本特征和衍生问题都影响了太平洋岛国的

---

① Tom Long, "Small States, Great Power? Gaining Influence through Intrinsic, Derivative, and Collective Power", *International Studies Review*, Vol. 19, No. 2, p. 194；陈旭："国际关系中的小国权力论析"，《太平洋学报》，2014年第10期，第41页。

② Andrea Suilleabhain, "Small States at the United Nations: Diverse Perspectives, Shared Opportunities", p. 6, https://www.ipinst.org/wp-content/uploads/publications/ipi_e_pub_small_states_at_un.pdf.

③ Jim McLay, "Making a Difference: The Role of a Small State at the United Nations", *Juniata Voices*, 27 April 2011, p. 123, https://www.juniata.edu/offices/juniata-voices/past-version/media/mclay-making-a-dif.pdf.

④ Victor Gigleux, "Explaining the Diversity of Small States' Foreign Policies through Role Theory", *Third World Thematics*, Vol. 1, No. 1, p. 39. 除了上述这些具有共性的外交策略外，常见的小国外交策略还有结盟、制衡（balancing）、追随（bandwagonning）、对冲（hedging）等。近年来小国理论通过对北欧5国和苏格兰外交策略的研究总结出寻求地位（status-seeking）和寻求庇护（shelter-seeking）两种外交策略，前者是指提高实力以在盟友面前抬高地位（以挪威为典型），后者是指寻求盟友的庇护（以冰岛为典型）。这些策略并非小国外交策略的共性，而是不同国家在不同环境下有不同表现。这些策略之间也并非相互排斥、非此即彼。

对外行为。能否利用好"大海洋"的资源，将其转化为博弈中的优势，从而克服"小岛国"带来的弊端，是太平洋岛国外交的一个重要目标。太平洋岛国的外交策略虽然在总体上符合小国外交策略的基本模式，但在实际应用中具有独特性。具体策略可以概括为以下3种：

第一，"数量优势牌"——通过制定规则，寻找发挥数量优势的机制，尤其是在地区政治中。与其他小国相比，太平洋岛国与澳新或其他大国实力对比不对称更加突出。澳新可以规避国家平等原则，依靠实力优势对地区组织施加影响力。因此，与其他小国不同，太平洋岛国在地区政治中的数量优势并不会自动转化为影响力，而是需要在地区组织的改革与创新中通过制定规则寻机实现。本书第四章重点探讨的太平洋岛国论坛改革是这个策略的突出体现。

第二，"海洋权利牌"——充分主张海洋权利，利用专属经济区的海洋资源获取利益。太平洋岛国拥有面积巨大的专属经济区，不过普遍缺乏实现海洋权利的能力。如果缺乏有效的外交策略，这些权利就无法得到主张，海洋资源也就无法充分利用。特别是重要远洋渔业国美国没有加入《海洋法公约》，在法律上不承认太平洋岛国的海洋权利。如何构建地区渔业机制，从海洋资源中获得利益，并与远洋渔业国尤其是美国展开谈判，就成为太平洋岛国外交的重点。本书第五章重点探讨的《瑙鲁协定》缔约国是这个策略的突出体现。

第三，"多层制度牌"——通过在多个层次参与不同的国际制度，寻找符合太平洋岛国利益的更好方案。即使在地区组织中太平洋岛国与澳新国家数量之比为14∶2，由于实力居于劣势，这种数量优势并不一定能发挥出来。而全球层次的机制（例如G77＋中国、小岛屿国家联盟等）有些情况下由于过大而无法完全代表太平洋岛国的利益。有时候，地区层次的机制也不一定代表地区内部不同次地区的利益。这就需要太平洋岛国采取在多个层次上寻求不同国际制度的外交策略。本书第五章重点探讨的太平洋小岛屿发展中国家集团案例和第六章重点探讨的美拉尼西亚先锋集团都是这个策略的突出体现。

对太平洋岛国来说，上述3种策略是相互联系的，可以提炼出一个原则:"充分利用主权,扬长避短,走地区联合之路"。这是太平洋岛国寻求地区联合的内生动力。可以说,新时期的太平洋岛国地区主义总体上体现了太平洋岛国的外交策略原则。小国研究的传统重点研究对象各有各的优势,有的科技发达(如以色列),有的地理位置重要(如新加坡),有的战略资源丰富(如卡塔尔),有的外交能力出众(如挪威),但这些优势太平洋岛国基本都不具备。相形之下,主权是太平洋岛国最可倚重的资源。上述3种具体策略都是主权原则衍生出来的:主权与平等原则衍生出数量优势;主权与《海洋法公约》衍生出海洋权利;主权与国际制度的多元化衍生出多层次的制度性权力。扬长避短、地区联合是太平洋岛国外交策略的鲜明特点。

上述3种外交策略贯穿体现在本书选取的案例中。需要说明的是,在这些案例中,这3种外交策略是同时存在、交织作用的,不能完全割裂开。不过,还是可以提出,这3种外交策略最典型的案例分别为太平洋岛国论坛改革、《瑙鲁协定》缔约国的机制化与太平洋小岛屿发展中国家集团的建立发展(见表3-2)。本书将在案例研究中具体予以展开论述,并在第八章结语中予以总结。

表3-2 太平洋岛国的外交策略与本书案例一览表

小国的基本外交策略	太平洋岛国的实际情况	太平洋岛国的外交策略	在本书中的最典型案例	太平洋岛国外交策略的总体原则
发挥数量优势	数量优势并不必然起作用	"数量优势牌"	太平洋岛国论坛改革	充分利用主权扬长避短走地区联合之路
利用内生权力	地理和自然资源并不充裕但专属经济区面积巨大	"海洋权利牌"	《瑙鲁协定》缔约国的机制化	
依靠国际制度	在某一层次的制度中并不一定掌握话语权	"多层制度牌"	太平洋小岛屿发展中国家集团的建立与发展	

图表来源:作者自制

三、"借力"：太平洋岛国外交策略有效性的来源

以上探讨了太平洋岛国的基本外交策略，但并未探讨这些策略的有效性，也就是说这些策略能否成功实施、达到预期效用——这还取决于与域外大国和其他行为体的互动。由于太平洋岛国自身实力极度弱小，外部支持是提高它们外交策略有效性的有利条件——虽然还很难说是充分条件。不过，太平洋岛国并非完全被动地等待这些外部支持，而是发挥自身的主动性（initiative），主动"借力"，利用好汤姆·隆所定义的衍生权力与集体权力，包括利用国际规则的潮流与大国之间的矛盾，与域外国家与组织展开互动，为自身争取权利和利益。这是本书强调的核心观点之一。

如果说"武器"可以用来比喻弱者的权力来源，那么"借力"指的就是弱者如何用好这些权力资源使其产生有效性。伊拉·威廉·扎特曼（Ira William Zartman）、杰弗里·鲁宾（Jefferey Rubin）等学者最早在国际冲突管理与谈判研究中使用了"借力"概念，将其定义为"运用外部权力资源"[①]，但这与"外交策略"的定义产生了重复，忽略了"借力"与有效性的联系，虽然他们在研究中实际上已经讨论了运用外部权力资源的有效性问题。

卡萝拉·贝措尔德（Carola Betzold）在他们对"借力"的概念界定基础上研究了国际气候谈判中的小岛屿国家联盟如何通过"借力"对谈判成功施加影响力的过程。她虽然仍引用威廉·扎特曼、杰弗里·鲁宾的定义，但实际上发展了"借力"概念，明确提出："借力"的主体是"弱小的低权力行为体"；"借力"的客体是"外部权力资源"，并将"权力"定义为"价值的增加"；"借力"的结果是"成功"，或曰"成功"是"借力"的一个函数，并以"最终协议反应某个谈判者目标的

---

① 参见 I. William Zartman and Jefferey Z. Rubin, "Symmetry and Asymmetry in Negotiation", in I. William Zartman and Jefferey Z. Rubin (eds.), *Power and Negotiation*, Ann Arbor, MI: The University of Michigan Press, 2000, pp. 271–293.

程度"为指标衡量"成功",从而将"借力"的行为与"成功"的结果在逻辑上联系起来。她还具体区分了可供弱者"借力"的4类对象:"背景"(context)、"目标"(target)、"第三方"(third parties)和"进程"(process)。据此,她认为在国际气候谈判中弱者"借力"可以有4种方式:第一,从背景中"借力",呼吁原则与规范,提供道义权力,以道义为"杠杆";第二,从谈判伙伴处"借力",呼吁共同利益,建议共同的解决方案,寻求交集;第三,从第三方"借力",寻求非政府组织、游说集团提供有益的信息和经验,利用科学证据和术语,寻求媒体的支持;第四,从谈判进程中"借力",以专业技巧推动谈判,形成联盟,汇集资源,并抓住有利时机或"时间窗口"。[1]

一些小国研究者从"借力"概念出发做了一些应用研究。例如,伊内斯·德·阿奎达·科尔纳卢(Inés de Águeda Corneloup)和亚瑟·莫尔(Arthur Mol)研究了国际气候谈判中的小岛屿国家联盟如何运用"道义领导力"实现谈判目标。[2] 贝杰图什·加希(Bejtush Gashi)、迪亚娜·潘克(Diana Panke)和尤利娅·居罗尔(Julia Gurol)都聚焦在欧洲的小国或政治实体"借力"欧盟的案例。[3] 不过,目前尚无涉及太平洋岛国的案例研究。

本书认为,"借力"不仅是一种行为,而且是复杂而具体的过程。因此,笔者在上述学者的研究基础上,将"借力"定义为"国际体系中原本权力较小的行为体通过运用外部权力资源对国际进程施加影响以实现该行为体目标的行为与过程",将太平洋岛国主动利用全球治理与

---

[1] Carola Betzold, "'Borrowing' Power to Influence International Negotiations: AOSIS in the Climate Change Regime, 1990–1997", *Politics*, Vol. 30, No. 3, 2010, pp. 135–137.

[2] Inés de Águeda Corneloup and Arthur Mol, "Small Island Developing States and International Climate Change Negotiations: The Power of Moral 'Leadership'", *Int Environ Agreements*, Vol. 14, 2014, pp. 281–297.

[3] Bejtush Gashi, "The Role and Impact of the Small States Diplomacy on Regional and International Security", *ILIRIA International Review*, Vol. 6, No. 1, 2016, pp. 145–56; Diana Panke and Julia Gurol, "Small States as Agenda-Setters? The Council Presidencies of Malta and Estonia", *Journal of Common Market Studies*, Vol. 56, 2018, pp. 142–51.

地缘政治实施地区联合外交策略的行为与过程归为"借力"。需要说明的是,上述学者对"借力"概念的使用基本限于国际谈判中,而笔者对"借力"的界定更为宽泛,将"借力"视为小国实施外交策略的行为与过程,从而超越了单纯的国际谈判,应用更加广泛。

在本书中,"借力"指的是太平洋岛国"主动利用风向",包括充分利用全球治理的国际规则,以及采取类似东盟的平衡外交策略,广泛与各个域外大国保持友好关系,积极发挥主动性,从而争取更大的外交空间。其中的一个代表案例是多个太平洋岛国提出"北向"或"北望"政策,积极与大体上位于太平洋岛国以北的亚洲国家开展合作,作为"南向"或"南望"(Look South)、即与大体上位于太平洋岛国以南的澳新合作的补充。其中,多数太平洋岛国整体上对"一带一路"倡议持欢迎态度并与中国政府签订"一带一路"合作备忘录是"北望"政策的重要表现。[①]

总之,全球治理深化与地缘政治活动加剧并不会自动带来太平洋岛国地区主义的发展;太平洋岛国顺应这种趋势主动"借力",才能在历史过程中的具体情境下推动太平洋岛国地区主义。正因为如此,本书在解释太平洋岛国地区主义外部动力的同时,也着重考察每个地区组织与机制的建立和发展过程,探究全球层次的动力与太平洋岛国的能动选择如何在具体情境下互动。

小　结

2008—2009 年左右是全球治理发展道路上的重要节点,三大问题

---

① 参见 Xiaochen Chen, "China, the United States and Changing South Pacific Regional Order in the 2010s", *China International Strategy Review*, Vol. 1, No. 2, 2019, pp. 338 – 340;岳小颖:"南太平洋地区形势与'21世纪海上丝绸之路'建设:挑战与应对",《国际论坛》,2020 年第 2 期,第 151 页;张颖:"试论'一带一路'倡议在南太平洋岛国的实施路径",《太平洋学报》,2019 年第 1 期,第 93—104 页。

领域——全球经济金融与发展治理、全球气候治理和全球海洋治理——在此前后得以凸显，而且都与太平洋岛国的切身利益紧密相关。全球治理机制的发展趋势呈现出三大特点——小集团化、民主化、网络化，起到了改变规则的作用，都有利于硬实力弱小的太平洋岛国在全球治理过程中获取更大的相对权力，从而提高太平洋岛国在地区主义进程中的博弈能力，对太平洋岛国地区主义的发展产生了巨大影响。

西方国家"重返南太"，"新兴力量"进入南太，其中尤其是中国加强与太平洋岛国的合作，全球治理与地缘政治相互作用，南太平洋地区呈现出"拥挤而复杂"的地缘政治格局，有利于太平洋岛国扩大选择空间，提升在本地区事务中的自主选择权。

当然，太平洋岛国并非完全被动地受上述全球层次因素的影响，而是在此大环境下主动"借力"，选择适合自身"小岛国、大海洋"条件的外交策略，充分利用主权，扬长避短，走地区联合之路，在具体的历史过程中推动太平洋岛国地区主义。

第四章 旧地区机制的改革

本章重点研究《太平洋计划》为何及如何走向终结，以太平洋岛国论坛为代表的"旧机制"为何及如何改革。从《太平洋计划》出台到终止，期间发生了很多事件。笔者在《南太平洋地区主义：历史变迁的逻辑》中曾对太平洋岛国论坛的改革进行过简要概述。[①] 本章引入更多一手文献与资料，对太平洋岛国论坛的改革进行更为详尽的过程追踪分析，对关键文本进行文本分析，以还原太平洋岛国论坛改革的全过程，研究其中的因果链条。此外，本章还对太平洋共同体等其他既有地区机制的改革进行了简述。

第一节 对《太平洋计划》的批评

《太平洋计划》出台以后，对其批评的声音一直不断。本节概述了各方尤其是本地区的非政府组织对《太平洋计划》的批评，特别是在2009年这个关键节点前后一些关键人物的批评，分析这些批评起到的作用。[②]

[①] 参见陈晓晨：《南太平洋地区主义：历史变迁的逻辑》，北京：社会科学文献出版社，2020年，第212—224页。

[②] 本节部分内容已在学术辑刊上发表，参见陈晓晨："《太平洋计划》如何走向终结：以两份报告为中心的文本研究"，见陈德正主编：《太平洋岛国研究》（第四辑），北京：社会科学文献出版社，2019年，第51—71页。

一、非政府组织对《太平洋计划》的批评

几乎在2005年《太平洋计划》刚刚出炉时，对该计划的批评就已经开始在学界和非政府组织中蔓延开来。批评主要指向这个计划没有解决太平洋岛国人民的真正需求（批评新自由主义倾向）、损害了太平洋岛国的主权（批评新干涉主义倾向）、有违太平洋岛国认可的程序、方式与观念（批评地区霸权主义倾向）。

此时日渐活跃的南太平洋地区非政府组织网络在批评浪潮中发挥了很大作用。尤其是2006年6月底到7月初在斐济城市楠迪（也是南太平洋地区交通中心）由牛津饥荒救济委员会（OXFAM，又称"乐施会"）新西兰分会（OXFAM NZ）召集的以"人民的太平洋计划"为主题的南太平洋地区非政府组织的系列会议上，原本较为松散的非政府组织在批评《太平洋计划》上形成合力。

反对澳大利亚主导的贸易一体化成为这次系列会议的主要焦点之一。2006年地区主义最热点的两大议题——岛国与澳新的《太平洋更紧密经济关系协定》（Pacific Agreement on Closer Economic Relations，简写为PACER Plus或PACER+）谈判和岛国与欧盟的《经济伙伴关系协定》（Economic Partnership Agreement，EPA）谈判都在会议上得到了热烈讨论。这是南太平洋地区非政府组织第一次直接面对面成规模地讨论贸易自由化与贸易协定问题，它们承诺将联手继续向它们的政府施压。系列会议的会后宣言强调：

> 我们作为公民社会在斐济楠迪组织会议，确信贸易协议必须本质上合理而平等地发展。真正的可持续发展——包括经济、社会、文化、性别和环境领域——必须在这些协议中占据中心地位。我们关切《经济伙伴关系协定》以目前形式的提议不会实现这些发展

目标。①

爱丽丝·赫弗批评道，《太平洋计划》的两大驱动引擎——全球化和安全都是域外议题，太平洋岛国对此毫无控制力。不过，她也承认，全球化和安全已经成为南太平洋地区主义的两大议题，太平洋岛国没有其他选项，只能接受并应对。②

程序上不符合"太平洋方式"也是《太平洋计划》为非政府组织所诟病的一点。爱丽丝·赫弗批评道，《太平洋计划》欠缺合法性，其中涉及政治与经济变化的内容并没有反映太平洋岛国人民的意愿并在此基础上行动。她认为，《太平洋计划》的制定过程在程序上是有问题的，虽然太平洋岛国论坛是该地区最主要的政治性机构，但计划的制定缺少整个地区的参与，等级制和以技术官僚为中心成为这个计划的特点。③

学者的参与给这种批评注入了更多专业性。新西兰奥克兰大学法学教授简·凯尔茜（Jane Kelsey）参加了上述系列会议，表示经济结构调整和自由化带来的负面效应已经在该地区显现，尤其是过度依赖侨汇加剧了太平洋岛国经济的外部风险。④ 格雷格·弗莱则通过对南太平洋地区主义历史的分析，说明地区一体化有可能遭遇困境，而集体外交更能代表太平洋岛国的利益。⑤

---

① As cited in Claire Slatter and Yvonne Underhill Sem, "Re-claiming Pacific Regionalism: Does Neo-liberealism Have to Reign?", 2009, p. 11, https://www.academia.edu/10235082/Re-claiming_Pacific_Regionalism_does_neo-liberalism_have_to_reign.

② Elise Huffer, "The Pacific Plan: A Political and Cultural Critique", in Jenny Bryant-Tokalau and Ian Frazer (eds.), *Redefining the Pacific? Regionalism Past, Present and Future*, Aldershot: Ashgate Publishing Limited, 2006, p. 158.

③ Ibid, pp. 158–159.

④ 其主要观点后来发表在《斐济研究》杂志。参见 Jane Kelsey, "Regionalism: An Opportunity or an Imposition on Fiji?", *Fijian Studies*, Vol. 4, No. 2, 2006, pp. 3–29.

⑤ Greg Fry, "'Pooled Regional Governance' in the Island Pacific: Lessons from History", in Satish Chand (ed.), *Pacific Islands Regional Integration and Governance*, Canberra: ANU E Press and Asia Pacific Press, The Australian National University, 2005, pp. 89–104.

此时已年迈的罗恩·克罗科姆也参与了这一轮学者对《太平洋计划》的批评,他的观点被收录进迈克尔·波尔斯主编、2006年出版的《太平洋未来》一书中:

> 以逻辑标准评判,"有效的地区主义"(在《太平洋计划》中,这几乎是"经济一体化"的同义词——笔者注)在太平洋岛国的潜力是有限的。我们已经在政府、商贸、宗教和其他领域的更多形式的(地区)合作中取得了很多成绩,当然这需要保持和次地区及地区间的其他形式相联系。虽然近期重新出现了实际上是澳大利亚、新西兰和欧洲的政府倡议、资助、推广并广泛塑造的太平洋岛国论坛成员国之间政治一体化,但这也不太会改变这一点。①

他还明确表示,在这个时候需要重新思考南太平洋地区主义业已存在的格局和未来的可能需求,认为太平洋岛国如果拒绝超越国界的地区一体化,确认一体化的界限和程度,他们会获益更多。②

2007年,罗恩·克罗科姆出版了他的最后一部专著《亚洲在太平洋岛屿:替代西方》。全书623页,全景式地描述了亚洲与太平洋岛屿数千年来的联系,并认为现在到了转折的时刻,预测亚洲的崛起将改变过去200年来西方对太平洋岛屿的全面主导,将对南太平洋地区产生根本而深远的影响。③ 2009年6月,他以80岁高龄就任汤加雅典学院(Atenisi Institute)研究员。一周后,这位"太平洋研究之父""罗恩父亲"(Papa Ron,这是以部分南太平洋岛屿的远古神话人物、传说中的人类始祖Papa对罗恩·克罗科姆的尊称——笔者注)在家中去世,"将

---

① Ron Crocombe, "Regionalism Above and Below the Forum: The Geographical/Culture Regions, Asia – Pacific and Others", in Michael Powles (ed.), *Pacific Futures*, Canberra: Pandanus Books, Research School of Pacific and Asian Studies, The Australian National University, 2006, p. 195.

② Ibid, pp. 195 – 196.

③ 参见 Ron Crocombe, *Asia in the Pacific Islands: Replacing the West*, Suva: IPS Publications & The University of the South Pacific, 2007.

他的一生献给了太平洋岛屿和人民"①。

这些对《太平洋计划》的批评一直持续到《太平洋计划》的终结，对澳新和太平洋岛国论坛秘书处持续构成压力，在 2012 年对太平洋岛国秘书处的审查和 2013 年对《太平洋计划》本身的审查中都有体现。

二、"内部人"对澳大利亚主导权的揭露

2009 年 3 月的一天，曾为《太平洋计划》的制定起大作用的时任太平洋岛国论坛经济治理司司长罗曼·格林贝格离职。他给同事们群发了一封离职邮件，信中是这样写的：

> 你们中的一些人可能已经知道了，我作为（太平洋岛国）论坛司长的合同没有续约。这很大程度上是澳大利亚和新西兰政府的命令，因为我在（贸易）谈判中支持（太平洋岛国）论坛中的发展中国家。我不会道歉。这不是对我的误判，熟悉我的人都知道这就是我的一贯作风。我仍然相信，支持弱者是一种荣耀，即使这让你丢了工作，而这对我来说不仅是一份职业。②

前文已述，格林贝格是《迈向新太平洋地区主义》报告的第一执笔人，《太平洋计划》正是以该报告为蓝本。也正因为如此，从 2005 年到 2009 年，格林贝格已经被包括格雷格·弗莱、爱丽丝·赫弗等反对澳大利亚主导权的知名学者和社会活动家批评了数年，被视为"代表澳大利亚的利益"。不过，格林贝格本人其实长期与澳大利亚、新西兰、英国等在贸易谈判问题上存在矛盾。据他本人的描述及非政府组织的调

---

① Pippa Brown, "Tributes farewell the 'father' of Pacific studies", *Pacific Media Center*, 22 June 2009, http://pacificmediacentre.blogspot.com/2009/06/tributes-farewell-father-of-pacific.html.

② Personal Email Correspondence, 3 March 2009, as cited in Maureen Penjueli and Wesley Morgan, *Speaking Truth to Power: Australian and New Zealand Use of Power Politics to Launch Pacific Free Trade Negotiations*, Suva: Pacific Network on Globalisation, 2009, p. 33.

查，认为他的离职与澳新试图利用"快轨"推动《太平洋更紧密经济关系协定》谈判有关。① 不过，时任澳大利亚贸易与投资部长西蒙·克林（Simon Crean）断然否认格林贝格的说法，声称"我从未与此人会面"②，"所以不知道这种胡话从何而来"，称和他不再续约的决定是太平洋岛国论坛秘书处作出的，与澳大利亚政府无关。③

格林贝格离职前后在媒体上发表了一系列文章，在为自己正名的同时，描述了太平洋岛国论坛秘书处内部如何运作，理论上的成员国平等原则如何演变成实际操作中的澳新主导格局，而岛国又为何支持哪些澳新提出的、明显不符合岛国利益的决策：

——关于论坛由谁决策。格林贝格写道，理论上当然是由成员国部长根据官员们的建议向领导人汇报，由领导人背书。但实际上，是论坛秘书处的技术官僚负责准备文件和提供建议，而论坛秘书处并没有能力在大多数经济议题上做出独立的决策。因此，政策要么直接来自堪培拉和惠灵顿，要么来自国际货币基金组织、世界银行和亚洲开发银行等国际金融机构，但最终仍然间接来自澳新。而"如果你看看这些国际金融机构的几乎所有对这个地区的研究报告，你会在第2页或第3页看到一句'致谢'，说明研究资金来自澳大利亚国际发展署（AusAID）或新西兰国际发展署（NZAID）"。④

——关于论坛由谁设置议程。格林贝格写道，理论上，在论坛以及在所有国际组织中，议程草案须获得所有成员国的一致同意；但在实际操作中，只有澳新有能力评估这些文件，或者把这些文件发回堪培拉和

---

① Maureen Penjueli and Wesley Morgan, *Speaking Truth to Power: Australian and New Zealand Use of Power Politics to Launch Pacific Free Trade Negotiations*, Suva: Pacific Network on Globalisation, 2009, pp. 32 - 33.

② 作为太平洋岛国论坛最大成员国的贸易部长，西蒙·克林与太平洋岛国论坛经济治理司司长经常碰面。显然，"我从未与此人会面"是不可能的。

③ Jemima Garrett, "Interview: ABC Radio Australia - Pacific Beat", 15 March 2009, https://trademinister.gov.au/transcripts/2009/090315_abc_ra_pb.html.

④ Dr. Roman Grynberg, "Who Owns the Forum?", 14 March, 2009, https://masalai.wordpress.com/2009/03/14/who-owns-the-forum.

惠灵顿由后方官员和专家去评估，并依此做出实质性的决策；相比之下，岛国人力资源有限，即使是最大的岛国巴新也没有这样的人手和能力，因此岛国贸易官员必须把所有工作都"一肩挑"，因而往往对会议和谈判缺乏足够文件准备，结果是岛国官员在会议中往往被澳新同事全面压制。[1]

——关于岛国为何在大部分时间里同意澳新或保持沉默。格林贝格首先承认，澳新的一些提议确实有道理，或至少看起来有道理。但如何解释岛国代表有时候在明显不符合其国家利益的文件上签字呢？一些人认为，这是岛国的文化所致，认为是岛国与世无争、不希望起冲突的习惯所致。但格林贝格认为并非如此，直言很多时候是这些岛国外交官和谈判代表的个人私利导致他们同意澳新的立场。他举了一句岛国谚语来说明这个问题："吃人嘴软，拿人臂软"，暗示是这些官员在澳新的银行账户起了作用，促使他们为了个人私利而出卖自己国家的利益；况且，签了这些文件回国后也不用担责任，但公开反对澳新却代价高昂。[2]

格林贝格离职后也离开了他工作和生活了25年的南太平洋地区，此后赴非洲任教并从事非洲贸易问题研究，2015年成为国立纳米比亚大学教授。[3]

格林贝格的离职本身以及他离职前后对论坛内部运作的描述引发了整个地区的关注，成为当时的一个热点新闻，也让更多"圈外"的太平洋岛国人了解了论坛的内部情况。他的离职还给正在兴起的非政府组织提供了"弹药"。2009年8月初，一份由在南太平洋地区非常活跃的非政府组织太平洋基督教会大会（Pacific Conference of Churches，PCC）

---

[1] Dr. Roman Grynberg, "Who Owns the Forum?", 14 March, 2009, https://masalai.wordpress.com/2009/03/14/who-owns-the-forum.

[2] Dr. Roman Grynberg, "Who Owns the Forum?", 14 March, 2009, https://masalai.wordpress.com/2009/03/14/who-owns-the-forum.

[3] "Prof. Roman Grynberg", University of Namibia, http://www.unam.edu.na/staff/roman-grynberg.

资助的报告《对权力说真话》(*Speaking Truth to Power*) 开始流传，其中大段引述了格林贝格在《萨摩亚观察家报》(*Samoan Observer*) 刊发上的关于太平洋岛国论坛内部运作的文章，引起很大反响。①

2009 年的另一桩离职也与日后太平洋岛国地区主义的发展有关：曾经在《太平洋未来》一书中撰文支持澳大利亚建立超主权的"太平洋共同体"构想的太平洋岛国论坛渔业局副秘书长特兰斯福姆·阿阔柔（Transform Aqorau）因与一名澳大利亚官员发生言语上的冲突而离职，转而加入当时新成立的《瑙鲁协定》缔约国办公室（PNAO）任首席执行官（CEO），并在这一职位上取得了巨大成功。② 本书第五章还将详细叙述此事作为论证。

2009 年，另一位与《太平洋计划》的制定相关的人物、"休斯报告"③ 作者、所罗门群岛独立咨询师安东尼·休斯（Anthony Hughs）也因《太平洋计划审查（2009）》的契机对《太平洋计划》转而持批评态度，认为该计划辜负了预期，没有执行到位，并没有像他设想的那样给这个地区带来利益。此后，他也转而对澳大利亚对地区主义的主导采取批评态度，宣扬所有国家（主要是岛国）对太平洋岛国论坛的"所有

---

① Maureen Penjueli and Wesley Morgan, *Speaking Truth to Power: Australian and New Zealand Use of Power Politics to Launch Pacific Free Trade Negotiations*, Suva: Pacific Network on Globalisation, 2009, pp. 31–35.

② Transform Aqorau, "State of the Pacific: Slippery Slopes and Rough Rides in Regional Cooperative Endeavours in the Islands", *SSGM Discussion Paper*, 2016/8, Australian National University, 2016, p. 2.

③ 作为《太平洋计划》制定过程中的一个环节，安东尼·休斯受命向 2005 年第 36 届太平洋岛国论坛莫尔兹比港峰会提交关于地区主义架构的报告，即"休斯报告"。虽然是出于减少浪费、提高效率、为太平洋岛国利益服务的初衷，但是休斯提出的主张却充满争议甚至南辕北辙——他建议将南太平洋地区主要机构合并为"太平洋会议"（Pacific Commission），并在 2008 年前实现这种合并。这种将所有职能都合并为一体的地区机构实际上有利于超主权的地区一体化，不利于岛国，因此也遭到了一些岛国和非政府组织人士的批评，尽管这并非作者初衷。参见 A. V. Hughes, *Strengthening Regional Management: A Review of the Architecture for Regional Co-operation in the Pacific*, Consultative Draft, Report to the Pacific Islands Forum, August 2005.

权"（ownership）。①

格林贝格、阿阔柔和安东尼·休斯都是2005年前后主观上或客观上为《太平洋计划》及澳大利亚主导权铺路的人。他们三个人"倒戈"反对《太平洋计划》可以说是2009年的标志性事件，本身就说明《太平洋计划》此时正在失去人心。不过，本书并非如不少南太平洋本地区的研究那样，试图将地区主义的发展归因于某个国家乃至某个人，而是认为这些事件过程中共同反映了澳大利亚对地区主义的主导所引发的一些岛国或亲岛国人士的不满达到了一个临界点。这种不满的积累在具体事件中产生了耦合作用，在2009年集中爆发，共同塑造了此后地区主义的新变化。

2012年太平洋岛国论坛对其秘书处做的第三方独立审查初稿多处强调成员国对秘书处缺乏领导，建议加强这种领导。这是上述批评在政策过程中的体现。② 接下来将重点分析这份审查报告。

三、"温德尔报告"对论坛秘书处工作的否定

2009年，《太平洋计划》接受了出台后的第一次审查。这次审查由第三方咨询机构完成，主要负责人为基里巴斯前外交官马库丽塔·巴罗（Makurita Baaro），因此这份《太平洋岛国论坛审查（2009）》也被称为"巴罗报告"。巴罗长期活跃在国际气候变化界，曾任基里巴斯驻美大使，不久又回到咨询行业。"巴罗报告"的主要成果之一是将"可持续发展"的内涵予以变更、外延予以扩大，纳入了应对气候变化和改善生活水平与福利的内容，这样南太语境下的"可持续发展"彻底脱离了一度强调财政紧缩、结构调整的新自由主义范式，与联合国语境下的"可持续发展"实现了同步。

---

① Tony Hughes, "The Pacific Plan: Vague Purpose, Shaky Ownership, Fractured Implementation", http://www.devpolicy.org/the-pacific-plan-vague-purpose-shaky-ownership-fractured-implementation-20130226/.

② Peter Winder, Tessie Eria Lambourne and Kolone Vaai, Review of the Pacific Islands Forum Secretariat - Draft Report, Leaked Document, May 2012, pp. 4, 6, 8-11.

不过，不少太平洋岛国人士及亲岛国非政府组织人士对《太平洋计划》的不满仍与日俱增，类似《巴罗报告》这种对《太平洋计划》进行小修小补的方式显然已经不能达到他们的期望。与此同时，澳新之间对《太平洋计划》及其执行也产生了分歧，澳大利亚的主导与新西兰的主张也产生了矛盾。

2011年底，在多方联合推动下，太平洋岛国论坛对秘书处进行了一次审查，由第三方咨询机构执行。审查小组的主要负责人为新西兰奥克兰市前议员彼得·温德尔（Peter Winder），因此这份《太平洋岛国论坛秘书处审查》也被称为"温德尔报告"。在报告撰写过程中，审查小组对论坛成员国进行了广泛调研，因此这份审查报告反映了不少成员国、尤其是岛国不仅对论坛秘书处、也对论坛和《太平洋计划》本身的关切。这份从未正式公开的报告对《太平洋计划》和论坛秘书处工作在多处表达了批评甚至否定态度。

"温德尔报告"开篇就提出了全报告聚焦的内容——成员国—管理层关系问题——更为直接的说，就是秘书处"专权"的问题。报告尖锐地提出，成员国和秘书处的沟通水平低下，需要双方都采取行动来解决这个问题。"审查小组强烈地相信，成员国的行为和方式将决定秘书处的成败。为了改进秘书处的工作业绩，成员国需要对秘书处施加更大力度的'所有权'"。报告为此建议秘书处的所有会议都要有成员国的代表参加，而且成员国派出的代表要有延续性（即参加人员要稳定，有助于熟悉业务），并加强内部沟通。①

"温德尔报告"尤其强调成员国领导人对秘书处的领导作用，认为核心政府官员经常缺席限制了《太平洋计划》的价值。报告建议成员国领导人"要成为《太平洋计划》的监护人"，建议秘书处的所有项目都要成为此后《太平洋计划审查（2013）》的一部分。② 审查报告明确

---

① Peter Winder, Tessie Eria Lambourne and Kolone Vaai, Review of the Pacific Islands Forum Secretariat – Draft Report, Leaked Document, May 2012, p. 4.

② Ibid, pp. 6, 8.

认为，在地区组织内的发言权与资金贡献大小相关，建议成员国（实际上主要指的是岛国、尤其是小岛国）在有限的经费中挤出一部分，以加强它们对秘书处的权力。①

"温德尔报告"关注议程设定问题，认为这是论坛的核心问题，而议程设定的"所有权"应该归成员国、归各国领导人。报告建议各国领导人和部长们要对论坛的议程设定有更强的战略导向；建议加强对秘书处的管理，增强其纪律性，以确保决策完全让成员国知晓。报告还特别建议确保成员国在设置优先度的会议上有参与权，包括《太平洋计划》行动委员会（PPAC）和论坛官员委员会（FOC）。为了加强成员国对议程设定的掌控力，报告建议设立论坛部长会议，在每次会议之前召开《太平洋计划》行动委员会并向部长们汇报，再由部长们向领导人汇报，以增强领导人通过部长对议程设定的控制权。报告特别提出，《太平洋计划》要反映国家层面的发展目标。②

"温德尔报告"尤其关注贸易自由化问题，建议论坛领导人重新调整秘书处在贸易发展领域的授权，平衡成员国在贸易促进与新贸易协定谈判之间的优先度——显然，这是回应岛国普遍对澳新加速推进《太平洋更紧密经济关系协定》的不满，建议要照顾岛国在促进贸易上的关切，而非急切推进《太平洋更紧密经济关系协定》谈判。报告注意到，一些论坛成员国对秘书处在贸易领域的工作更倾向于持批评态度；一些成员国认为应扩大首席贸易顾问办公室的角色，使其职权超越《太平洋更紧密经济关系协定》的范围；另有一些国家普遍提出，他们全面参与贸易自由化谈判的能力有限，贸易自由化的相关度——即必要性，以及优先度——即紧要性，都存在很大疑问：在贸易自由化对岛国既没什么好处又不急迫的情况下，为何要以秘书处的力量推动岛国参与贸易谈判，尤其是《太平洋更紧密经济关系协定》？③

---

① Peter Winder, Tessie Eria Lambourne and Kolone Vaai, Review of the Pacific Islands Forum Secretariat – Draft Report, Leaked Document, May 2012, p. 39.
② Ibid, pp. 9 – 11.
③ Ibid, pp. 7 – 8.

"温德尔报告"确认了论坛应当回应太平洋岛国在气候变化问题上的强烈而急迫的关切。报告认为,在国际气候变化谈判和气候适应资金问题上让这个地区的声音被听到非常重要,认为论坛外交部长会议可以发挥更大作用,对地区组织有更大"所有权"并更好地协调地区与成员国的对外发声。①

在气候变化问题上,太平洋岛国论坛、太平洋共同体和太平洋地区环境规划署存在事权竞争问题,与20世纪70年代时南太平洋委员会和南太平洋论坛争夺渔业与环境问题事权相似,这引起了审查小组的关注。审查小组确认了事权竞争现象的存在,而且敏锐地发现这反映了一个真正问题:地区组织在成员国做出政治决断和地区安排之前就试图设计并执行技术性工作计划,而环境问题天然需要地区主义的方式。因此,"温德尔报告"提出的对策是领导人要加强对事权的授权,以及要对秘书处的所有项目进行审查。审查报告对气候变化问题上的事权进行了分配建议,将气候资金的使用和项目实施归入太平洋地区环境规划署,认为太平洋岛国论坛秘书处如果不执行项目的话,会更容易发挥政策和谈判促进作用——实际上,这形同建议剥夺太平洋岛国论坛秘书处在气候项目上的权力。②

"温德尔报告"首次明确提出了《太平洋计划》本身的去留成了一个问题——而在此之前,《太平洋计划》设定的目标是一直延续下去,并没有提出何时做出重大改动或是终止。"温德尔报告"明确建议,要建立"第二代"《太平洋计划》,以取代"第一代"即"目前版本",更好地与国家发展目标和地区行动相结合,更有效地驱动地区架构以反映成员国的需求,反映成员国的发展目标。③

不过,审查报告也直言建立"第二代"《太平洋计划》的困难,就是他们在审查中发现秘书处的态度比较复杂,"不是所有人都保持开放

---

① Peter Winder, Tessie Eria Lambourne and Kolone Vaai, Review of the Pacific Islands Forum Secretariat – Draft Report, Leaked Document, May 2012, p. 27.
② Ibid, pp. 37 – 38.
③ Ibid, pp. 43

性",尤其是秘书处高层对任何改革怀有"强烈的抵触(态度)"。因此,改革需要"持续的外部支持"。①

"温德尔报告"对太平洋岛国论坛秘书处直言不讳的批评,使得该报告引发圈内的强烈反响。有人认为,正因为如此,秘书处才一直未将该报告正式公开。② 看过这份报告的学者迅速将报告定义为对秘书处的强烈批评,解读为"几乎是认为秘书处在回应成员国需求上失败了",并认为首要的问题就是成员国对秘书处的"所有权"问题,呼吁秘书处不要"遮丑",应正式公开这份报告。③ 还有人更为直接地将"温德尔报告"概括解读为秘书处存在下列问题:

——受到澳大利亚、新西兰和欧盟的强大影响
——没有对太平洋岛国领导人作出响应
——在贸易等地区问题上缺乏(领导人)授权和地区共识
——管理薄弱
——在关键问题上没有能力作为
——运行结构老化
——员工薪资不足④

"温德尔报告"在彻底改革、最终以"太平洋地区主义框架"取代《太平洋计划》的过程中起到承上启下的作用。它反映了气候变化、贸

---

① Peter Winder, Tessie Eria Lambourne and Kolone Vaai, Review of the Pacific Islands Forum Secretariat – Draft Report, Leaked Document, May 2012, p. 59.

② Tess Newton Cain, "Rebuild or Reform: Regional and Subregional Architecture in the Pacific Island Region", *Le Journal de la Société des Océanistes* [En ligne], Vol. 140, No. 6, 2015, p. 53.

③ Matthew Dornan, "Swept under the Pandanus Mat: The Review of the Pacific Islands Forum Secretariat Needs to be Taken Seriously", 20 September 2012, http://www.devpolicy.org/swept-under-the-pandanus-mat-the-review-of-the-pacific-islands-forum-secretariat-needs-to-be-taken-seriously-20120920/.

④ "Emannuel", "Draft Report – 2012 Review of the Pacific Islands Forum Secretariat", 25 August 2012, https://masalai.wordpress.com/2012/08/25/draft-report-review-of-the-pacific-islands-forum-secretariat/.

易等具体领域岛国的利益诉求与关切，也是岛国表达其对《太平洋计划》具体执行的不满。"温德尔报告"改变了地区议程。正因为"温德尔报告"，对《太平洋计划》的审查推迟，审查方案被重新设计，以"自下而上"地倾听太平洋岛国的声音、反映太平洋岛国的需求。"温德尔报告"还在内容上对《太平洋计划审查（2013）》产生了影响——后者也如同前者一样将重点放在论坛成员国与论坛秘书处的关系上，表面上说的是成员国—秘书处关系，实际上反映的是澳新—岛国关系问题，以及"谁对秘书处拥有'所有权'"[①]这个核心问题。岛国的这些利益诉求通过"温德尔报告"对后来的《太平洋计划审查（2013）》产生影响，最终对地区主义的新发展产生了作用。

第二节 对《太平洋计划》的审查

本节择取在其中起到承上启下重要作用的两份文件——《太平洋岛国论坛秘书处审查》（又称"温德尔报告"，the "Winder Report"）和《太平洋计划审查（2013）》（又称"莫劳塔报告"，the "Morauta Report"）为案例，通过文本分析对其进行过程追踪，试图分析《太平洋计划》走向终结的过程如何发生、动因何在，动因又是如何在文本中得以体现，从而在历史过程中发挥作用。其中，"温德尔报告"从未正式公开，但其文本早已流传出来，为业内人士所采信，但尚未有对这份报告专门而细致的文本分析。因此，对这份材料的研究尤其具有独特价值，有助于考察2009年左右以后的太平洋岛国地区主义新发展以及《太平洋计划》从2003年左右酝酿到2014年寿终正寝的历史过程，并

[①] "Emannuel", "Draft Report – 2012 Review of the Pacific Islands Forum Secretariat", 25 August 2012, https://masalai.wordpress.com/2012/08/25/draft-report-review-of-the-pacific-islands-forum-secretariat/.

从中发现地区主义发展的驱动力。①

一、调研过程

对《太平洋计划》的全面审查工作从 2012 年底开始，一直持续到 2013 年 10 月完成并向太平洋岛国论坛成员国领导人汇报。这次的审查小组由巴新前总理梅克雷·莫劳塔（Mekere Morauta）牵头，首先在政治级别上是该地区的最高级。在研究途径上，审查以"自下而上"的方式进行研究，广泛地进行调研、咨询，强调过程透明。斐济学者克莱尔·斯拉特（Claire Slatter）认为，"考虑到非政府组织、学者和其他利益攸关方对《太平洋计划》的严厉批评，这种（"自下而上"的方式）意图非常明确：给非国家行为体一个为修改《太平洋计划》做出贡献的机会。"②

事实上，论坛成员国在给审查小组进行授权时，就已经提出要考虑如何更有效地优先反映小岛国的利益。③ 因此，如同很多审查报告一样，这是一次一开始就带有改革目的的政治活动，不能将其视为完全客观的、单纯的研究活动。当然，后来的结果超出了授权——授权是对《太平洋计划》进行更新（renew），但审查的结果是以新的框架代替（replace）了《太平洋计划》，事实上宣告《太平洋计划》走向终结。

在 8 个月左右的调研期间，审查小组对所有相关方开放意见提交（submissions），任何人都可以在网上提交自己或所在组织对《太平洋计划》的意见，供审查小组参考吸收。审查小组还对所有论坛成员国及纽约、日内瓦等地进行了实地调研，听取各方面对《太平洋计划》的看

---

① 本节部分内容已在学术辑刊上发表，参见陈晓晨："《太平洋计划》如何走向终结：以两份报告为中心的文本研究"，见陈德正主编：《太平洋岛国研究》（第四辑），北京：社会科学文献出版社，2019 年，第 51—71 页。

② Claire Slatter, "The New Framework for Pacific Regionalism: Old Kava in a New Tanoa?", in Greg Fry and Sandra Tarte (eds.), *The New Pacific Diplomacy*, Canberra: Australian National University Press, 2015, p. 55.

③ Mekere Morauta et al., *Pacific Plan Review* 2013: *Report to Pacific Leaders*, Suva: Pacific Islands Forum Secretariat, 2013, p. ix.

法，咨询了超过 700 个调研对象，收到了 65 份有效的由个人或机构提交的意见书，并就一些具体问题进行委托研究。审查小组还组织了《太平洋计划》行动委员会参加的地区层面的咨询研讨会。2013 年 8—10 月间，行动委员会进行工作论文审议，评估小组草拟初稿，并在不断修改的基础上形成《太平洋计划审查（2013）》终稿。①

表 4-1　《太平洋计划审查（2013）》实地调研过程及调研对象一览表

调研日期	调研国家、地区或机构	领导人/部长	官员（含议员、外交官）	地区组织	民间团体	私营部门	学界	域外发展伙伴	总计
1.23—25	萨摩亚	1	21	2	4	8		5	41
1.28—29	汤加	1	7		18	2	2	3	33
1.31—2.5	图瓦卢	4	27		10				41
2.6—9 2.19—20 7.25—27	新西兰	3	25	1	20		10		59
2.10—14 7.25—27	澳大利亚	2	37		14		27	4	84
2.14—19	瓦努阿图	2	11	5	21		4	3	46
2.20—24②	库克群岛	7	20		1	2			30
2.25—28	法属波利尼西亚	4	14		6	1	3		28
4.6—12	纽埃	4	6		9	5			24
4.16—20	所罗门群岛	3	2	4	3	1		3	16

① Mekere Morauta et al., *Pacific Plan Review 2013: Report to Pacific Leaders*, Suva: Pacific Islands Forum Secretariat, 2013, pp. 95-100.
② 原文为 2 月 10—14 日。经笔者核对，实应为 2 月 20—24 日。

续表

调研日期	调研国家、地区或机构	领导人/部长	官员（含议员、外交官）	地区组织	民间团体	私营部门	学界	域外发展伙伴	总计
4.20—25	巴布亚新几内亚	4	16①		36	11	5		72
4.25—5.1	新喀里多尼亚	1	5	9	2	5	4		26
5.2—5.6	瑙鲁	9	25		10				44
5.3—5.7	马绍尔群岛	15	10	1	3	4			33
5.6—5.9	基里巴斯	4	2		1	3		5	15
5.7—9	密克罗尼西亚联邦	2	25	2	2			1	32
5.9—12	帕劳	3	16		9	6			34
5.14—17	斐济	1	2	25	16	4		3	51
6.11	欧盟							5	5
7.15—16	联合国		9					3	12
1.23—7.27	合计	70	280	49	185	52	55	35	726

资料来源：笔者根据《太平洋计划审查（2013）》② 统计整理

从调研对象来源的数据上看，虽然官员（含议员、外交官等）是调研对象最集中的类别，但民间团体也占了调研对象的四分之一多（185人），较为可观。此外，私营部门的调研对象占了约7%（52人），超过了来自地区组织的人员（49人），体现了对私营部门的意见也较为重视。

---

① 有些与会官员未列名。
② 参见 Mekere Morauta et al., *Pacific Plan Review* 2013: *Report to Pacific Leaders*, Suva: Pacific Islands Forum Secretariat, 2013, pp. 117 – 133.

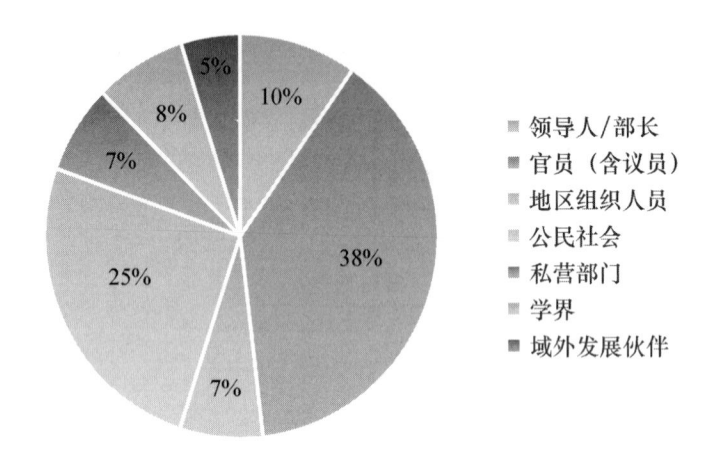

图 4-1 《太平洋计划审查（2013）》调研对象来源/所属部门

领导人/部长 10%
官员（含议员）38%
地区组织人员 7%
公民社会 25%
私营部门 7%
学界 8%
域外发展伙伴 5%

图片来源：笔者自制

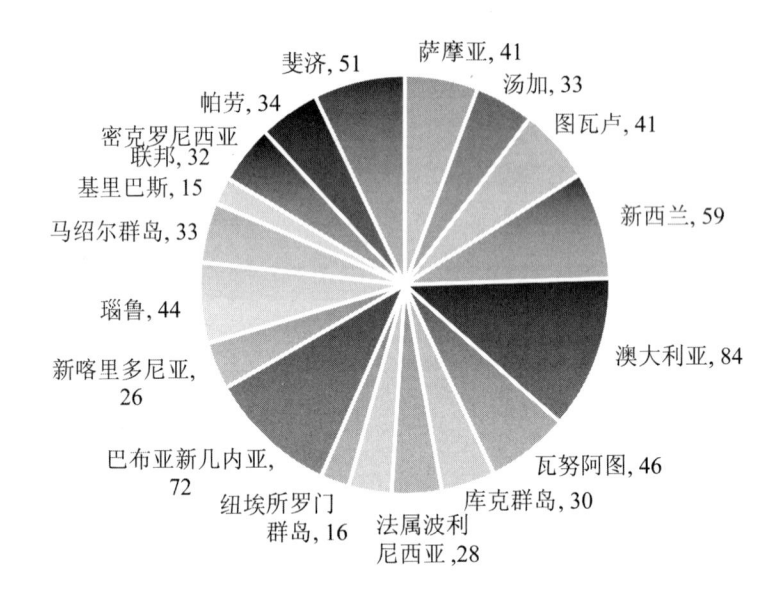

图 4-2 《太平洋计划审查（2013）》调研对象所在国家（不含驻联合国外交官）

萨摩亚, 41
斐济, 51
汤加, 33
帕劳, 34
图瓦卢, 41
密克罗尼西亚联邦, 32
新西兰, 59
基里巴斯, 15
马绍尔群岛, 33
瑙鲁, 44
澳大利亚, 84
新喀里多尼亚, 26
巴布亚新几内亚, 72
瓦努阿图, 46
纽埃所罗门群岛, 16
库克群岛, 30
法属波利尼西亚, 28

图片来源：笔者自制

从调研对象来源国家、地区或机构的数据上看，虽然澳大利亚、新西兰仍分别位列第一、第三位，但总体上国家分布较为平衡，既照顾到小岛国和人口较少国家，又考虑到了人口规模（如巴新调研对象人数位列第二，超过新西兰），岛国调研对象总和远远超过澳新和域外发展伙伴。不过，值得注意的是，在被调研的官员和学者中，来自澳新的较为集中，其中澳新官员占被调研官员总数的五分之一强，澳新学者更是占被调研学者的约三分之二。这从一个侧面显示，澳新在政策制定和传播方面还是有着无可比拟的优势。不过，岛国领导人参与调研较多，16个岛国和政治实体（新喀里多尼亚和法属波利尼西亚当时尚未成为论坛正式成员，但也受邀参加了调研）中有11个国家或政治实体的时任国家元首或政府首脑参加了调研，显示出岛国对调研的重视。

通过部门较为广泛、国别较为平衡、参与层级较高的实地调研，岛国得以借助数量优势施加影响力，岛国的利益诉求也得以相对充分地表达。这影响了审查的走向，并在《太平洋计划审查（2013）》中得以体现。

二、意见书

非政府组织和学者除了有一些成为调研对象外，也通过网上提交意见书的方式积极参与调研。在超过70份网上提交的意见书中，有37份来自非政府组织，其中19份来自本地区非政府组织，18份来自域外国际非政府组织。另有17份个人（包括学者、社会活动家和普通公民等）提交的意见书，4份私营部门提交的意见书。网上提交意见书成为岛国和非国家行为体影响审查的另一个主要渠道。[①]

在19份来自本地区非政府组织的意见书中，有3份影响力较大，最后都以较大篇幅出现在《太平洋计划审查（2013）》文本中。一份来

---

① Claire Slatter, "The New Framework for Pacific Regionalism: Old Kava in a New Tanoa?", in Greg Fry and Sandra Tarte (eds.), *The New Pacific Diplomacy*, Canberra: Australian National University Press, 2015, p. 53.

自太平洋岛屿非政府组织协会（PIANGO）——这是一家涵盖21个太平洋岛国和岛屿领地的地区性非政府组织框架协调机构，题目为《我们希望的太平洋：一个新的太平洋地区架构》。该意见书呼吁"重新思考发展、重新塑造我们希望的太平洋地区"，反对《太平洋计划》持续强调单纯的经济增长和地区一体化，认为这无助于改善人类发展和可持续性，要求关注气候变化、可持续渔业、教育医疗等对岛国人民非常重要的可持续发展议题。太平洋全球化网络（PANG）提交的意见书呼吁"必须反思《太平洋计划》对新自由主义经济学的强调"，提出"新自由主义经济学对太平洋人民和他们生计的负面影响正在日益显现"，认为地区主义应当符合本地区传统和文化。还有一份意见书来自代表13家本地区非政府组织的太平洋地区非政府组织联盟（PRNGO），重点关注非国家行为体参与地区主义的机制和程序问题，认为非政府组织、私营部门等应当成为正式的、机制化的发展伙伴。[①]

有一份来自个人的意见书非常重要：长期在英国外交与英联邦事务部和联合国等机构从事国际发展工作的安东尼·贝蒂（Anthony Beattie）于去世前不久提交的关于"管理团队俘获"（management capture）——即管理团队独立追求自己的目标，而非成员国的目标——的意见书。[②]意见书特别针对南太平洋地区提出了一些看法，其中包括：

——《太平洋计划》对像他这样的"局外人"来说缺乏关于其治

---

① "Pacific Plan Review 2013: Public Submissions"，http://pacificplanreview.org/submissions/.

② "委托—代理"模型（principal-agent model）对"管理团队俘获"现象的解释是，在国际发展合作中，由于无法像公司那样计算商业收益，一个国际组织的成员国或捐助国难以对管理团队进行绩效考核，因此，国际组织的执行团队有逐渐脱离理事会/董事会的控制而自行主导运作的倾向。参见 Owen Barder, "Beyond Planning: Markets and Networks for Better Aid", October 2009, p. 9, https://www.files.ethz.ch/isn/108925/1422971_file_Beyond_Planning_FINAL.pdf. 安东尼·贝蒂将这个理论解释应用于地区组织，认为地区组织成员国对地区组织管理团队的权力因上述逻辑在后者负责提供公共产品的过程中被削弱。参见 Anthony Beattie, The Governance of Priorities, Financing and Performance in the Delivery of Public Goods by International and Regional Membership Organisations, Prepared for Independent Review of the Pacific Plan, Suva, 2013, p. 7.

理问题的公开资料。也就是说，《太平洋计划》的透明度和可视性不高。

——《太平洋计划》的执行过程中，"管理层"（论坛秘书处）较为强大，但"理事会"（成员国领导人）领导力不足。各国政治周期不同，因此各国领导人参与地区事务的时间参差不齐，且对地区事务的关注度不一，使得"弱理事会、强管理层"的现象在《太平洋计划》的执行中强化。

——《太平洋计划》行动委员会人数太多，但投入程度又有限，还在原则上存在合法性问题，因而无法发挥领导力。[①]

不过，贝蒂在其意见书中最为引人注目的还是直接点出了澳新—岛国关系存在问题。在他看来，双边合作、非核心项目和特定项目资金支持成为了重要趋势，使得澳新这样的捐助国对地区议程施加了强大的影响，如何影响到太平洋岛国论坛秘书处还有待《太平洋计划审查（2013）》的研究。而且，"那个最大的论坛成员国、同时也是论坛秘书处最大的捐助国"从上一个十年起"绑架了论坛"。[②] 贝蒂如此直接批评澳大利亚，可以说捅破了南太平洋地区习惯的那种运用字里行间的微妙措辞掩盖真实涵义的"窗户纸"，引发了本地区学者的讨论和对他观点的支持。斐济学者维贾伊·奈杜（Vijay Naidu）在引述贝蒂的评论后认为，为了《太平洋计划审查（2013）》过程中的治理维度，需要对与《太平洋计划》的执行有关的结构、文化和进程进行"沉思"，太平洋岛国论坛秘书处需要问一问是否所有伙伴已经参与了《太平洋计划》及其执行过程。[③]

此外，安东尼·休斯和已经远赴非洲的格林贝格也都在此时站出

[①] Anthony Beattie, The Governance of Priorities, Financing and Performance in the Delivery of Public Goods by International and Regional Membership Organisations, Prepared for Independent Review of the Pacific Plan, Suva, 2013, pp. 1 – 5.

[②] Ibid. pp. 10 – 12.

[③] Vijay Naidu, "Commentary on Professor Anthony Beattie's Governance Think Piece for the Pacific Plan Review 2013", 14 May 2013, https：//www.cid.org.nz/assets/CID – Resources/Other/CommentaryonGovernanceThinkPieceVijayNaidu – 1.pdf.

来，以发表文章、接受采访等形式，以强烈的措辞抨击了他们曾亲身参与制定的《太平洋计划》，在这次审查中发挥了独特的作用。①

上述来自几大非政府组织、贝蒂等学者及格林贝格等《太平洋计划》制定过程亲历者的意见，在审查调研过程中发挥了很大作用，不仅直接体现在《太平洋计划审查（2013）》的相关段落中，还体现在他们引发的更多讨论中，推动了对《太平洋计划》"实实在在的审查"和对太平洋岛国论坛治理机制的改革趋势。

三、《太平洋计划审查（2013）》

2013年8月，在广泛调研与吸收网上意见书的基础上，《太平洋计划审查（2013）》报告初稿完成，进入修改阶段，供《太平洋计划》行动委员会开会讨论，并邀请利益相关方和具有代表性的非政府组织参加。尽管基调已经是持全面改革倾向审查报告初稿中仍然有一些支持此前的地区主义架构、肯定《太平洋计划》的内容。这引起了来自非政府组织的一些反对声音。2013年10月，莫劳塔向第44届太平洋岛国论坛马朱罗峰会汇报修改后的报告主旨。在经过了来自成员国的意见反馈和继续修改后，同年12月，审查报告即"莫劳塔报告"最终版正式对外发布，分三大部分、21个附录，共225页，此前受非政府组织批评的内容被大量删除。②

"莫劳塔报告"关键内容如下：

---

① Roman Grynberg, "The Pacific Plan and Other Failures – What Can Be Learned?", *Pacific Media Center*, 16 January 2013, http：//www. pmc. aut. ac. nz/articles/pacific – plan – and – other – failures – what – can – be – learned; Tony Hughes, "The Pacific Plan: Vague Purpose, Shaky Ownership, Fractured Implementation", 26 February 2013, http：//www. devpolicy. org/the – pacific – plan – vague – purpose – shaky – ownership – fractured – implementation – 20130226/.

② Resina Katafono (ed.), *A Sustainable Future for Small States: Pacific 2050*, London: Commonwealth Secretariat, 2017, p. 103; Claire Slatter, "The New Framework for Pacific Regionalism: Old Kava in a New Tanoa?", in Greg Fry and Sandra Tarte (eds.), *The New Pacific Diplomacy*, Canberra: Australian National University Press, 2015, pp. 58 – 59.

(1)《计划》赶不上变化

"莫劳塔报告"一开篇就点明了核心结论:"发展地区主义不仅是修改优先事项,而是要对整个计划的过程、机制和治理进行彻底改革。"①报告表明,这种彻底改革不仅要体现在文件上,还要体现在整个体系和行动中。② 实际上,这意味着彻底推翻《太平洋计划》,尤其是莫劳塔在向太平洋岛国论坛领导人汇报时明确说,对《太平洋计划》"到了考虑存续与否的时候了",并呼吁要设立一个新的地区主义框架。③

"《计划》赶不上变化"是报告提出的要彻底改革的背景原因。报告确认,彻底改革的背景是地区内外环境的变化,"新的复杂的社会、经济、环境和政治变量在《计划》之后出现"。④ 报告尤其强调域外大国对南太平洋地区新的地缘政治利益抬头,背景是南太平洋地区广阔的海洋和资源的全球重要性更加显著。"大量的、复杂的地缘政治利益……是作出改变的背景。"⑤

"莫劳塔报告"强调,审查小组认为,在当前复杂的全球形势下,本地区国家、尤其是小岛国面临一系列新需求、新挑战,其中包括全球金融经济危机带来的余波与全球化给岛国的冲击,"千年发展计划"(MDGs)在南太平洋地区未能实现,气候变化等一系列挑战加剧等。⑥不过,这些新挑战并未被充分地、合适地讨论,公民的声音在地区治理中缺失,因此这份审查报告表示要特别考虑如何能更有效地反映小岛国的优先利益。⑦

(2)调整成员国—管理层关系

受"温德尔报告"和贝蒂意见书的影响,"莫劳塔报告"重点关注

---

① Mekere Morauta et al., *Pacific Plan Review* 2013: *Report to Pacific Leaders*, Suva: Pacific Islands Forum Secretariat, 2013, p. xx.
② Ibid, p. 43.
③ Ibid, p. 135.
④ Ibid, p. 5.
⑤ Ibid, p. 136.
⑥ Ibid, pp. 12-13.
⑦ Ibid, pp. 3, 16, 89.

了成员国和管理层的关系问题。审查小组断定,"我们发现论坛所需要的政治对话是缺失的;相反,我们发现大量由(地区组织)官员驱动的议程。""地区组织追求自设议程成了优先事项设定的动力。"① 审查小组认为,《太平洋计划》被官僚与地区组织秘书处的利益主导,结果是《太平洋计划》内容过多、经常产生方向性错误;地区组织秘书处官员对具体措施的实施影响过大,而这与领导人制定的政策之间脱节;《太平洋计划》行动委员会本来应当发挥为领导人监督《计划》落实执行的角色,但这个委员会人员太多却不够投入,并不能真正起到监管作用。② 由此种种,使得《太平洋计划》的治理结构出现问题,委托—代理关系混乱——这与贝蒂意见书的理论是一致的。③ 为此,"莫劳塔报告"建议加强论坛成员国的"理事会"职能,改革《太平洋计划》行动委员会,由官员、民间团体、私营部门和援助者的代表共同组成,让一小群能够有效投入的人代表领导人的集体意愿,负责指导地区主义发展。④

成员国—管理层关系的背后是捐助国—受援国关系。"莫劳塔报告"认为,太平洋岛国论坛秘书处和其他本地区组织一样,其国际集体行动的资金支持很大一部分来自援助,这决定了援助者有更大的发言权,尤其是通过专项资金来设定议程。因此,改革成员国—管理层关系意味着要调整捐助国—受援国关系,使得受援国能够更大程度地决定议程。⑤

---

① Mekere Morauta et al., *Pacific Plan Review* 2013: *Report to Pacific Leaders*, Suva: Pacific Islands Forum Secretariat, 2013, p. 18.

② Ibid, pp. 31 – 35.

③ Anthony Beattie, The Governance of Priorities, Financing and Performance in the Delivery of Public Goods by International and Regional Membership Organisations, Prepared for Independent Review of the Pacific Plan, Suva, 2013, p. 7.

④ Mekere Morauta et al., *Pacific Plan Review* 2013: *Report to Pacific Leaders*, Suva: Pacific Islands Forum Secretariat, 2013, pp. 61 – 62.

⑤ Ibid, pp. 30, 37 – 39.

(3) 地区一体化应由各国决定

"地区一体化应由各国决定，反对在条件不成熟、成员国不认同时强行推动需要让渡主权的地区一体化"，这是"莫劳塔报告"传递出来的另一个核心信息。

报告开篇即试图对地区主义进行定义，将地区合作列为地区主义外延的第一位，认为地区合作是（南）太平洋地区主义自20世纪60年代以来的首要模式。① 报告称，南太平洋地区的国家"可能没有意愿"迈向经济一体化；有的国家也可能有意愿，但一体化到底走多远，应当交由（南）太平洋地区人民和领导人来决定。② 报告还称，将超主权机构作为南太平洋地区发展的路径，这让许多岛国公民和政治家感到受挫。③ 报告对此建议，新的地区主义框架应当具有应对这个地区多样性的灵活性，承认面对现代化时的脆弱性和复原力。④ 报告虽然也提出了一个地区一体化的路径，但强调并不存在对这个路径的地区共识，强调必须有足够的灵活性应对一体化的不同速度和方式，而且最根本的，一体化最终应由各成员国决定。⑤

(4) 地区主义是框架而非计划

最后，"莫劳塔报告"明确提出地区主义的指导文件要从"计划"改名为"框架"，提出这不仅是名称的改变，而且是性质的变化，强调地区主义要由各成员国"所有"，认为新的框架只应包含一个战略性愿景、价值和战略方向，不能包含具体项目，具体项目应由成员国领导人和其他过程决定。⑥ 报告还建议，新的地区主义框架要以政治驱动为原则，改变议事规则和优先事项设定程序，让这个过程更加透明、包容、

---

① Mekere Morauta et al., *Pacific Plan Review* 2013: *Report to Pacific Leaders*, Suva: Pacific Islands Forum Secretariat, 2013, p. x.
② Ibid, p. 49.
③ Ibid, p. 14.
④ Ibid, p. 46.
⑤ Ibid, p. 49.
⑥ Ibid, p. 56.

简明、独立。① 这是和《太平洋计划》那样"自上而下"的因而也有利于澳新和论坛秘书处本身设定议程的程序不同，与以"太平洋方式"为代表的南太平洋本地区的习惯议事方式在文化上更为相近。

"莫劳塔报告"是 2005 年《太平洋计划》出台后对其批评的一次总结，体现了从"温德尔报告"开始的对整个计划做出反思的成果，明确反映了在新的全球背景下太平洋岛国的利益与新的权力关系，表达了对地区一体化的怀疑和审慎倾向，再次突出了成员国—管理层关系和援助者—受援国关系问题，认为应当由成员国决定地区主义的方向和优先事项。报告还提出了 36 条具体建议，基本构成了 2014 年《太平洋地区主义框架》的核心内容。

第三节 《太平洋地区主义框架》的提出与改革开启

本节研究了太平洋岛国论坛改革正式开启的标志——《太平洋地区主义框架》的提出，并跟踪了改革的早期收获。从这些早期收获中，可以进一步观察太平洋岛国推动地区主义改革的动力，尤其是应对气候变化和加强海洋治理方面。②

一、《太平洋地区主义框架》

2014 年 7 月，太平洋岛国论坛第 45 届领导人会议在帕劳首都科罗尔举行，通过了以"莫劳塔报告"中的建议部分为基础的《太平洋地区主义框架》（下称《框架》）。《框架》扉页即明确表明，《框架》替代了《太平洋计划》，成为指导太平洋地区主义的纲领性文件。③

---

① Mekere Morauta et al., *Pacific Plan Review* 2013: *Report to Pacific Leaders*, Suva: Pacific Islands Forum Secretariat, 2013, pp. 46, 59 – 60.
② 本节部分内容已在学术期刊上发表，参见陈晓晨："全球治理与太平洋岛国地区主义的发展"，《国际论坛》，2020 年第 6 期，第 119—136 页。
③ Pacific Islands Forum Secretariat, The Framework for Pacific Regionalism, Suva, 2014, p. 1.

《框架》是对《太平洋计划》多次审查的最终结果。根据其后新到任的太平洋岛国论坛秘书长泰勒的概括，该框架有四大特点：第一，强调政治协商，以修正《太平洋计划》"在政治上的缺失"，供领导人进行"开放而强有力的对地区主义的政治讨论"。第二，改变地区治理架构，使得太平洋地区组织理事会（CROP，前身为前文所述的南太平洋地区组织协调委员会）建立明确的分工和授权。第三，更具包容性，向整个地区的各类行为体开放议事权，以改变此前由官僚和地区组织秘书处决策的模式。第四，转变范式，主要由领导人通过公开的政策过程决定地区重大事务。[1]

改革在一定程度上试图重建成员国领导人对秘书处的领导权。改革前，太平洋岛国论坛议题事项过多，领导人根本没时间考虑和讨论，只得在秘书处事先准备好的文件上签字，秘书处脱离领导人自行其是被广为批评。改革后，在《框架》制定的新程序下，议题首先开放给全地区讨论，任何机构和个人都可以在网上提交希望领导人讨论的议题，确保了开放性，这有利于吸纳域内外非政府组织的意见；再由地区主义专家小组委员会筛选出五个议题，供领导人参考；领导人再在这五个议题中进行优先排序和讨论。而整个进程都由成员国领导人监督和驱动，有利于决策权从秘书处回归到成员国领导人。

改革前的另一个问题是，缺乏专业、专职对成员国领导人直接负责的团队，使得岛国领导人缺乏对太平洋岛国论坛秘书处日常工作的监督。为了保障决策权回归成员国领导人，一个关键的制度改革是建立地区主义专家小组委员会（Specialist Sub-committee on Regionalism，SSCR），由该委员会本着为领导人负责的原则审查各方提交上来的提案，向论坛官员委员会汇报，由后者做出评估或进一步建议后呈送给领导人。[2] 这回应

---

[1] Dame Meg Taylor, "The Future of the Pacific Islands Forum and the Framework for Pacific Regionalism", in Greg Fry and Sandra Tarte (eds.), *The New Pacific Diplomacy*, Canberra: Australian National University Press, 2015, pp. 43–45.

[2] Pacific Islands Forum Secretariat, The Framework for Pacific Regionalism, Suva, 2014, p. 5.

了"温德尔报告"和"莫劳塔报告"都重点强调的《太平洋计划》行动委员会对秘书处领导和监督不力的问题。

地区主义专家小组委员会还进一步改变了太平洋岛国论坛的目标，从准备走向地区一体化、要求各国让渡主权的超主权行为体转向成为一个框架性的、汇集各方利益的政策协调机构。2015年新上任的地区主义专家小组委员会委员洛佩蒂·塞尼图利（Lopeti Senituli）接受采访时明确表示，太平洋地区主义转向为一个地区框架，这与将太平洋岛国的主权让渡给《太平洋计划》的方式相反。塞尼图利是汤加前政府官员，在委员会中负责代表波利尼西亚次地区的利益。①

这样，论坛成员国领导人及对他们负责的地区主义专家小组委员会在程序上更多地掌握了议题选择权，得以把精力聚焦在有限的议题上，这在程序设计上天然有利于拥有数量优势的岛国领导人选择岛国关切的议题，加强了领导人对秘书处的领导权，从而提升了岛国的权力。

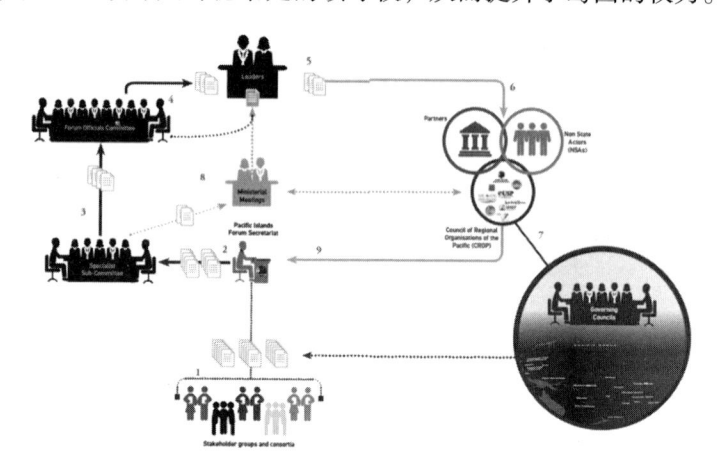

图 4-3 《太平洋地区主义框架》决策流程

资料来源：《太平洋地区主义框架》②

---

① Koro Vaka'uta, "New Group to Foster Regionalism in Pacific", 10 April 2015, https://www.rnz.co.nz/audio/player?audio_id=20174147.

② Pacific Islands Forum Secretariat, The Framework for Pacific Regionalism, Suva, 2014, pp. 6-7.

总之,《太平洋地区主义框架》的出台有利于强化岛国的主体性。一旦决策权更多地掌控在领导人层面,太平洋岛国领导人就有机会更多地发挥其国家数量的优势,更多地对与太平洋岛国息息相关的地区事务进行政治讨论,从而塑造地区事务的走向,在一定程度上调整冷战后一段时期地区事务完全由澳新主导的格局。①

二、太平洋岛国论坛的改革开启

在《太平洋地区主义框架》的指导下,太平洋岛国论坛开启了改革。时任太平洋岛国论坛秘书长泰勒将改革举措概括为与《框架》一一对应的4个方面:第一,由领导人授权进行地区主义的实施,每次会议只讨论5个具有政治重要性的地区议题,这样让议题更为集中,以增加领导人讨论和决策的时间——而在此前的论坛上,往往有超过20个的议题,领导人无法集中展开讨论,大部分情况是直接为准备好的文本签字背书。第二,论坛自身更具包容性,将此前没有进入地区决策机制的民间团体、私营部门、社区组织、学界和公民纳入进来。第三,更加高效的论坛会后会机制,使发展伙伴更多聚焦于多边合作而非双边议程。第四,论坛秘书处自身也要进行根本性的改革,以适应《框架》对论坛的新要求。特别是秘书处不再直接决定具体事项,而是就地区主义的状态向领导人提供高质量的政策咨询,由领导人予以决定。此外,秘书处本身也要进行"瘦身",以适应《框架》的要求。②

泰勒认为,她上任后发现,这个地区经历了快速巨大的变化,太平洋岛国论坛的组织结构必须要重新评估,对领导人的想法予以回应和执行,确保《框架》不仅被论坛成员国领导人和太平洋地区组织理事会

---

① Helen Leslie and Kirsty Wild, "Post–hegemonic Regionalism in Oceania: Examining the Development Potential of the New Framework for Pacific Regionalism", *The Pacific Review*, Vol. 31, No. 1, 2018, p. 33.

② Dame Meg Taylor, "The Future of the Pacific Islands Forum and the Framework for Pacific Regionalism", in Greg Fry and Sandra Tarte (eds.), *The New Pacific Diplomacy*, Canberra: Australian National University Press, 2015, pp. 45–47.

的地区组织所接受，而且还要被捐助机构所接受，"当太平洋领导人说，'这是我们地区的四个优先议程'的时候，捐助机构能够支持，而不是像我现在看到的这样，许多捐助者和合作伙伴有它们自己的议程。现在，太平洋地区发生很多事，但这并不总是与太平洋岛国领导人想的优先议程一致，这真的是非常离奇的。"①

桑德拉·塔特认为，泰勒的上述表态体现了太平洋岛国发展论坛对太平洋岛国论坛的影响，尤其明显地体现在"开放、包容的对话机制"上。② 从这个角度看，太平洋岛国论坛自身的改革既是太平洋岛国地区主义新发展的一部分，也是其影响下的结果。

一系列改革措施调整了"委托—代理"模型下一度受到诟病的成员国—秘书处关系，有利于将太平洋岛国论坛中成员国的主体性固化、机制化，尤其是在议事日程上的改革保证了领导人的决策权，一定程度上改变了冷战结束后一段时期内领导人只是为论坛秘书处签字背书的局面，而领导人决策权的提高有利于发挥岛国的数量优势，使得岛国的政策偏好更容易影响到论坛进程，在制度上促进了岛国的主导权上升。

三、改革的早期收获

2015 年以来，对太平洋岛国论坛特别是决策程序的改革取得了一些早期收获。由于改革了议事规则，论坛成员国领导人得以更多地聚焦在有限的议题上。不出意外地，气候变化和渔业连续几年成为领导人关注的重点，并且取得了一些有利于岛国的进展。这首先直接反映了岛国领导人对这两个议题的重视，希望议题设置有更多延续性。这种延续性本身也有助于这两个议题持续得到全地区的重视与资源投入，有助于岛国在太平洋岛国论坛的政治意愿表达和行动纲领制定中发挥更大作用。

---

① "Transcript: Regionalism, Sub - regionalism and Women's Empowerment: An Interview with Dame Meg Taylor", https://devpolicy.org/pacific - conversations/Pacific - conversations - transcript - dame - meg - taylor.pdf.

② Sandra Tarte, "The Changing Paradigm of Pacific Regional Politics", *The Round Table*, Vol. 106, No. 2, 2017, p. 5.

1. 新任秘书长的工作

2014年底，巴新资深外交官泰勒接任太平洋岛国论坛秘书长，被授权用3年时间执行《太平洋地区主义框架》。事实上，泰勒就任秘书长除了她自身的出众资质、能力与亲和力外，也是时任巴新总理奥尼尔大力游说的结果。① 因此，这个任命本身就反映了近年来南太平洋地区的一系列变化，特别是巴新的崛起。关于巴新崛起对太平洋岛国地区主义的影响，本书第六章将予以分析。

此外，泰勒成为秘书长也得到了近年来南太平洋地区兴起的女性权益保障呼声与女权运动的助推。女性权益虽然不是本书探讨的重点，但也是南太平洋地区议程之一，主要涉及地区以下的国家—社会层次，对南太平洋地区的社会结构有广泛影响。这些因素共同助推泰勒成为南太平洋论坛/太平洋岛国论坛历史上首任女性秘书长。②

泰勒本人的施政风格也符合《太平洋地区主义框架》的内在要求。甫一上任，她就展开了"倾听太平洋之旅"，走访了所有的论坛成员国，面对面地与各国领导人进行交谈。③ 这种姿态显然有助于重塑此前饱受批评的成员国—秘书处关系，缓解对秘书处的批评。她在"倾听太平洋之旅"期间接受牛顿—凯恩采访时表示，现在有一种批评，认为太平洋岛国论坛已经"不相关""不被需要"，她向太平洋地区人民保证，他们表达了对一个能真正代表他们国家的地区组织的需要，而她希望太平洋岛国论坛能够展示出这种代表性。此外，她还表达了对美拉尼西亚

---

① Jenny Hayward-Jones and Tess Newton Cain, "Pacific Island Leadership: PNG steps up", *The Interpreter*, 28 August 2014, https://www.lowyinstitute.org/the-interpreter/pacific-island-leadership-png-steps.

② Jenny Hayward-Jones and Tess Newton Cain, "Pacific Island Leadership: PNG steps up", *The Interpreter*, 28 August 2014, https://www.lowyinstitute.org/the-interpreter/pacific-island-leadership-png-steps.

③ Dame Meg Taylor, "The Future of the Pacific Islands Forum and the Framework for Pacific Regionalism", in Greg Fry and Sandra Tarte (eds.), *The New Pacific Diplomacy*, Canberra: Australian National University Press, 2015, p. 39.

先锋集团等次地区组织与机制的开放合作态度，认为地区组织与次地区组织都是目前这个地区需要的，有些事情次地区组织可以做甚至做得更好，但也有一些事需要地区组织承担职责与发挥领导力，双方需要交换意见。①

泰勒还按照《太平洋地区主义框架》的要求，根据各方推荐的人选，在职权范围内促成地区主义专家小组委员会的建立。但是在建立委员会的过程中，她又特别强调领导人的作用，强调并非太平洋岛国论坛及其秘书处建立这个委员会，自己只是起到促进和执行作用。2015年3月，在"倾听太平洋之旅"过程中，她与太平洋岛国论坛"三驾马车"——即前后三任主席国领导人派出的代表会面，商定委员会组成名单。

2015年，地区主义专家小组委员会成立。委员人选尽量综合了各方利益，考虑到个人背景、代表利益、资历以及性别的平衡，并在一定程度上向小岛国做了倾斜。2018年，委员会完成了换届。本书在此列出2019年底的地区主义专家小组委员会的委员构成表，试图用直观的方式说明太平洋岛国地区主义的具体驱动者都是哪些人，以及这些个体背后所反映的地区权力结构。

表4-2　地区主义专家小组委员会委员构成（2020年初）

姓名	英文姓名	国籍	代表利益方或利益群体	个人职业背景或专长领域
达梅·梅格·泰勒（兼委员会主席）	Dame Meg Taylor	巴新	太平洋岛国论坛秘书处	外交官、律师
格尔森·阿利克·杰克逊	Gerson Alik Jackson	密联邦	密克罗尼西亚次地区	渔业和资源管理、行政管理、财政、发展计划

---

① Meg Taylor and Tess Newton Cain, "Regionalism, Sub-regionalism and Women's Empowerment: An Interview with Dame Meg Taylor," 8 March 2015, https://devpolicy.org/regionalism-sub-regionalism-and-womens-empowerment-an-interview-with-dame-meg-taylor-20150308/.

续表

姓名	英文姓名	国籍	代表利益方或利益群体	个人职业背景或专长领域
埃丝特·拉梅科—波乌托阿	Esther Lameko-Poutoa	萨摩亚	波利尼西亚次地区	金融管理、基金运营
莱昂纳德·洛马	Leonard Louma	巴新	美拉尼西亚次地区	行政管理、外交、美拉尼西亚先锋集团工作
约翰·戴维森	John Davidson	澳大利亚	澳大利亚和新西兰	国际发展援助
特雷莎·马纳朗基—特洛特	Teresa Manarangi-Trott	库克群岛	"更小岛屿国家"	可持续发展政策制定与咨询、国际金融机构
希奥塔梅·德鲁·哈韦阿	Siotame Drew Havea	汤加	民间团体	非政府组织、青年、社会企业
斯蒂芬·莱昂	Stephen Lyon	库克群岛	私营业主	旅游业、户外、环保

资料来源：笔者根据太平洋岛国论坛秘书处网站整理制作①

2015年初，《框架》设计的提案程序首次启动。增加开放性和包容性是《框架》确立的一个原则。为此，泰勒领导的太平洋岛国秘书处通过媒体欢迎各个太平洋岛国政府、各种机构、非政府组织、公民社会和个人通过专用网站提交提案，供地区主义专家小组委员会筛选，最终供太平洋岛国论坛领导人讨论。这种公开邀请产生了比预期更强的公众关注。② 截至2015年6月提案网站关闭时，秘书处共收到68份有效提案（合并同类提案后为65份有效提案），其中27份来自非政府组织和专业委员会，23份来自地区组织和国际机构，4份来自本地区政府，4

---

① "Specialist Sub-Committee on Regionalism", Pacific Islands Forum Secretariat, https://www.forumsec.org/pacific-regionalism/#1505952408382-f2ae2f4f-4042.

② "Regional Framework Invites Public Engagement in Regional Priority Setting Processes", 10 May 2015, http://www.pina.com.fj/?p=pacnews&m=read&o=3939635225550093c375eb3117b980.

份来自教育机构，2份来自私营部门，8份为个人提案。①

地区主义专家小组委员会对这些提案进行筛选，从中挑选出了5个议题供领导人讨论。筛选的原则是，议题需要地区层面的应对方式；产生集体净收益；不损害成员国主权、市场或与已有活动重复。当然，这个筛选标准与过程并不向社会公开。最后入选的5个议题为：气候变化与灾害应对、渔业、信息与通信技术（ICT）、宫颈癌预防和西巴布亚人权问题。在多南和牛顿—凯恩等观察者看来，这5个议题都具有政治重要性。②

2. 改革后的首次峰会

2015年9月，太平洋岛国论坛第46届领导人会议（莫尔兹比港峰会）召开。这是太平洋岛国论坛改革后，首次按照《框架》设计的程序筛选出地区议题并进行政治讨论。

议事规则的改革，使得太平洋岛国的政策偏好更容易影响到论坛进程。不出意外地，在地区主义专家小组委员会挑选出的5个议题中，岛国最为关切的气候变化成为领导人集中讨论的议题。当时正值2015年巴黎气候大会即将召开，太平洋岛国发展论坛又刚刚召开了第三届领导人会议，通过了《关于气候变化的苏瓦宣言》，密克罗尼西亚次地区和波利尼西亚次地区也发布了各自的气候变化宣言，而且"更小岛屿国家"首次举行领导人会议。这些地区次地区组织与机制给南太平洋地区的气候变化议题增加了热度，也给太平洋岛国论坛施加了压力。

由于澳新和岛国在气候谈判上的立场分歧，会议开始前就围绕气候

---

① Helen Leslie and Kirsty Wild, "Post – hegemonic Regionalism in Oceania: Examining the Development Potential of the New Framework for Pacific Regionalism", *The Pacific Review*, Vol. 31, No. 1, 2018, p. 28.

② Matthew Dornan and Tess Newton Cain, "The Moresby Forum: A Reframed Pacific Regionalism", 30 September 2015, https: //devpolicy.org/the – moresby – forum – a – reframed – pacific – regionalism – 20150930/.

变化问题出现了紧张乃至对立局面。① 如多南和牛顿－凯恩所说："正是《框架》成功地'带回'政治，论坛领导人反而在关键议题上凸显分歧。"② 不过，经过外交折冲，最后会议还是通过了《太平洋岛国论坛领导人气候变化行动宣言》，太平洋岛国取得了一个各自保留意见的"妥协后的胜利"。泰勒认为，这种激烈的政治讨论，以及在各自保留意见的基础上通过公报，恰恰说明这个地区组织仍然有用。③ 本书第七章将具体阐述莫尔兹比港峰会上岛国与澳新在气候变化上的讨论折冲过程。

岛国在莫尔兹比港峰会上的另一个"胜利"是渔业领域的治理规则。与气候变化议题一样，渔业也成为莫尔兹比港峰会的重点议题之一。在会议上，《瑙鲁协定》缔约国与新西兰就地区渔业治理规则应采取前者实施的"作业天数计划"（Vessel Day Scheme，VDS）④ 还是后者主张的配额管理制度进行辩论，前者在辩论中明显占了上风。最后，论坛公报授权论坛渔业局、《瑙鲁协定》缔约国和论坛秘书处组建联合工作组对配额管理制度的可持续经济利益的潜力予以研究。⑤ 一年后，太平洋岛国论坛第47届领导人会议一致同意"在可预见的未来不需要改变'作业天数计划'的管理"⑥，最终宣告了《瑙鲁协定》缔约国在这

---

① Jenny Hayward－Jones, "Pacific Islands Forum: Climate Change Obscures Other Serious Challenges", *The Interpreter*, 14 September 2015, https: //www. lowyinstitute. org/the－interpreter/pacific－islands－forum－climate－change－obscures－other－serious－challenges.

② Matthew Dornan and Tess Newton Cain, "The Moresby Forum: A Reframed Pacific Regionalism", 30 September 2015, https: //devpolicy. org/the－moresby－forum－a－reframed－pacific－regionalism－20150930/.

③ Koro Vaka'uta, "Forum Secretariat Says Meetings Are Still Useful", 15 September 2015, https: //www. rnz. co. nz/audio/player? audio_id = 201770601.

④ 又译"每船每日计划""船天计划""休渔期计划""按日计费入渔模式""渔船作业天数方案""渔船作业天数机制"等。

⑤ Pacific Islands Forum Secretariat, *Forty－sixth Pacific Islands Forum*, *Port Moresby*, *Papua New Guinea*, 8－10 September 2015: *Forum Communiqué*, PIFS (15) 7, Port Moresby, Papua New Guinea: Pacific Islands Forum Secretariat, 2015, p. 3.

⑥ Pacific Islands Forum Secretariat, *Forty－seventh Pacific Islands Forum*, *Pohnpei*, *Federal States of Micronesia*, 8－10 September, 2016: *Forum Communiqué*, PIFS (16) 7, Pohnpei, Federal States of Micronesia: Pacific Islands Forum Secretariat, 2016, p. 2.

一轮交锋中获胜。当然，阿阔柔领导的《瑙鲁协定》缔约国办公室在这一年里对最后的结果也起了关键作用。本书将在第五章进一步研究渔业领域的案例，尤其是《瑙鲁协定》缔约国机制。

相比之下，领导人对 ICT、宫颈癌预防和西巴布亚人权问题的探讨较少，政治意愿也不高，尤其是西巴布亚问题涉及太平洋岛国与印尼的关系，较为敏感。到了 2016 年，领导人将此问题做低调淡化处理。信息与通信技术管理是由南太平洋大学的学者们力推的议题，其实对地理上呈分散的碎片化的南太平洋地区来说非常重要；但事实证明，学者们的判断不能代替领导人的见解。宫颈癌预防作为一个看起来比较专业的医疗问题能进入最终的五个议题之一，按照新西兰外交官海伦·莱斯莉和柯斯蒂·怀尔德的说法，主要是因为地区主义专家小组委员会已经预见到气候变化、渔业问题可能引发澳新与岛国之间的紧张乃至对立，从而有意识地设置了一个看起来容易达成一致的议题。[①] 但是，会议的实际走向说明，领导人们还是选择了比较困难但对岛国利益至关重要的气候变化和渔业两个议题，并且都达成了有利于岛国的成果。

当时有澳大利亚智库的学者撰文认为，不应让气候变化问题妨碍应对其他重要挑战，不应强调分歧而忽视合作，认为领导人忽视了 ICT、宫颈癌议题是个错误。[②] 不过，这恰恰体现了岛国领导人的政治意愿和优先度的排序——与气候变化和渔业治理相比，ICT 和宫颈癌议题并非与全球治理密切相关的地区议题，并且诠释了什么是"政治讨论"，说明了专家学者的意见无法代替岛国领导人在地区组织中对重大切身利益的表达，体现了改革给太平洋岛国提供了更多"掌舵"太平洋岛国论坛的机会。

[①] Helen Leslie and Kirsty Wild, "Post–hegemonic Regionalism in Oceania: Examining the Development Potential of the New Framework for Pacific Regionalism", *The Pacific Review*, Vol. 31, No. 1, 2018, p. 30.

[②] Jenny Hayward–Jones, "Pacific Islands Forum: Climate Change Obscures Other Serious Challenges", *The Interpreter*, 14 September 2015, https://www.lowyinstitute.org/the–interpreter/pacific–islands–forum–climate–change–obscures–other–serious–challenges.

总之，太平洋岛国论坛改革后的首届峰会基本实施了《框架》对议事规则的改革。尽管《框架》本身并没有引起多少注意，但是《框架》的议事规则制造了峰会上热议的议题，产生了地区影响力。

3. 改革的后续成果

在2016年和2017年两届太平洋岛国论坛领导人会议上，渔业和气候变化都持续在领导人讨论的5个议题之内。这主要反映了岛国领导人对这两个议题的重视，希望议题有更多延续性。[1]

但另一方面，在第47届太平洋岛国论坛领导人会议（波纳佩峰会）上，论坛外交部长会议成为另一个议题提案的"过滤"机制。由于在外交部长层面，澳新有更大的地区利益与更强的能力，有观察者认为，这一举措使得澳新对提案筛选有了更大影响力，证据就是领导人讨论并接纳了法属波利尼西亚和新喀里多尼亚两个岛屿领地加入太平洋岛国论坛，而这个议题并没有通过地区主义专家小组提出。论坛外交部长会议发挥"过滤"作用是对《太平洋地区主义框架》在实践上的一次修正。法属波利尼西亚和新喀里多尼亚加入太平洋岛国论坛更是太平洋岛国论坛建立45年以来，首次接纳尚未明确独立或自治时间表的岛屿领地。由于这类岛屿领地缺乏外交政策的独立性，实际上相当于宗主国法国的影响力间接进入太平洋岛国论坛内部。这是澳新近年来一贯支持的。多南和牛顿—凯恩的分析认为，这是澳新为了阻遏姆拜尼马拉马试图将澳新赶出太平洋岛国论坛成员国的反制举措。这显示澳新在太平洋岛国论坛仍然发挥重要角色，也显示太平洋岛国论坛的改革进程并不是直线进行，而是一个动态反复的曲折过程。[2]

---

[1] Helen Leslie and Kirsty Wild, "Post – hegemonic Regionalism in Oceania: Examining the Development Potential of the New Framework for Pacific Regionalism", *The Pacific Review*, Vol. 31, No. 1, 2018, p. 34.

[2] Matthew Dornan and Tess Newton Cain, "A Reframed Pacific Regionalism: Rise of the Foreign Ministers", 13 September 2016, http://www.devpolicy.org/reframed – pacific – regionalism – rise – foreign – ministers – 201.

不过，莱斯莉和怀尔德不同意多南和牛顿—凯恩的看法，认为论坛外交部长会议也可以成为巩固对优先议题排序"所有权"的机制。她们认为，"在许多方面，新的《太平洋地区主义框架》展现了正在兴起的被'后霸权'或'后发展'激励的地区主义的特点，使发展中国家在这种发展进程中获得更大的控制权成为可能。"[1] 乔安妮·沃莉丝则在波纳佩峰会后明确认为，澳大利亚在太平洋地区主义中的地位正在衰落，有越来越被边缘化成为"中空霸权"（hollow hegemon）的趋势。[2]

2017年底，《太平洋地区主义框架》的三年早期收获期期满。此前，太平洋岛国秘书处发布了《太平洋地区主义状况报告（2017）》，高度评价了泰勒作为秘书长实施《框架》的成绩。泰勒在"早期收获期"收官后连任秘书长，继续下一个为期三年的任期。

正如这份报告提出南太平洋地区在2017年以来面临新的来自全球化与地缘政治的挑战，包括全球权力转移、中美关系紧张、特朗普政府带来的不确定性（尤其是特朗普的"美国优先"政策和"具有破坏性的气候变化政策"）、一些西方国家的民粹主义潮流、全球不平等加剧，以及自然资源枯竭等，认为太平洋地区主义进入了新的阶段，面临不确定性与挑战，更需要在已有成绩的基础上"拓宽思想"。[3]

《太平洋地区主义状况报告（2017）》还特别提出，中国的"一带一路"倡议可能给作为一个整体的太平洋地区带来发展机遇，南太平洋的大洋中央区位有助于中国将"一带一路"延伸到拉美。[4] 这预示着新一轮全球治理、地缘政治与太平洋岛国地区主义的互动还将持续展开。

---

[1] Helen Leslie and Kirsty Wild, "Post-hegemonic Regionalism in Oceania: Examining the Development Potential of the New Framework for Pacific Regionalism", *The Pacific Review*, Vol. 31, No. 1, 2018, p. 33.

[2] Joanne Wallis, "Australia's Declining Influence in the Pacific", 21 September 2016, https://www.eastasiaforum.org/2016/09/21/hollow-hegemon-australias-declining-role-in-the-pacific/.

[3] Pacific Islands Forum Secretariat, State of Pacific Regionalism: Report 2017, Suva, 2017, p. 1.

[4] Pacific Islands Forum Secretariat, State of Pacific Regionalism: Report 2017, Suva, 2017, p. 14.

2018—2020年间,太平洋岛国论坛还在继续动态发展。2018年,太平洋岛国论坛第49届领导人会议(亚伦峰会)做出决定,到2027年澳新对太平洋岛国论坛的预算贡献将不得超过49%。这是对澳新在太平洋岛国论坛决策权的进一步限制。这届峰会还克服了澳大利亚的阻碍,在公报中宣称气候变化是"对太平洋地区人民生计、安全与福祉的最大威胁"。此外,太平洋岛国还在太平洋岛国论坛历史上第一次单独发布宣言,呼吁特朗普治下的美国回归《巴黎协定》——此前如果有类似的行动,一旦澳大利亚反对,太平洋岛国一定会弱化或撤回它们的强烈措辞。在格雷格·弗莱看来,这些都标志着太平洋岛国正在经历着基于地区自决原则的进一步转型。①

四、"蓝色太平洋"地区认同的形成

2017年9月,在主席国萨摩亚特别是萨摩亚总理图伊拉埃帕·萨伊莱莱(Tuilaepa Sailele)的极力推动下,太平洋岛国论坛第48届领导人会议(阿皮亚峰会)提出了"蓝色太平洋"(Blue Pacific)倡议,作为地区认同的"新叙事"(new narrative)。② 这个倡议整合了气候变化、渔业、可持续发展等太平洋岛国重点关注的议题,又最大限度地寻求"地区海洋治理"这个澳新也能接受的最大公约数。这代表了岛国主导地区主义议程设置的一个新阶段。③

"蓝色太平洋"倡议的提出也与另一个地区组织——太平洋岛国发展论坛的长期推动与联合倡议分不开。2016年,太平洋岛国发展论坛第三届领导人会议提出"2017太平洋海洋年"倡议;2017年,太平洋

---

① Greg Fry, *Framing the Islands: Power and Diplomatic Agency in Pacific Regionalism*, Canberra: ANU Press, 2019, p.301.
② "PBEC Outcome", https://mega.nz/#!hXhUySTb!ADr8qGdM7Xs_ysB2FzG03hoM2MIjlm0KogXLrQlGJT0.
③ Pacific Islands Forum Secretariat, *Forty-eighth Pacific Islands Forum, Apia, Samoa, 5-8 September*, 2017: *Forum Communiqué*, PIFS (17) 10, Apia, Samoa: Pacific Islands Forum Secretariat, 2017, pp.2-3.

岛国发展论坛与太平洋岛国论坛合作推动"2017 太平洋海洋年"。就在太平洋岛国论坛阿皮亚峰会前两周，太平洋岛国发展论坛在所罗门群岛首都霍尼亚拉举行了第一届"太平洋蓝色经济高级别会议"，重点讨论了气候变化威胁下的海洋可持续发展问题，这对阿皮亚峰会既是配合，也是施压。① 本书第五章将从太平洋岛国发展论坛的角度分析"蓝色太平洋"倡议的背景。

与"太平洋方式"等历史上的南太平洋地区认同表述类似，"蓝色太平洋"的内涵与外延具有一定模糊性。即便如此，"蓝色太平洋"业已成为南太平洋地区对外宣示身份的一个标识。图伊拉埃帕·萨伊莱莱本人作为 2017 年太平洋岛国论坛主席将"蓝色太平洋"的内涵解读为太平洋的"共享的管理者"（shared stewardship），外延包括应对气候变化、海洋治理与保护、可持续发展、和平稳定等优先事项。②

"蓝色太平洋"是一个"最大公约数"，得到了域内国家的一致拥护，与新旧地区机制都有相符性，也得到了澳新的认可。《太平洋地区主义状况报告（2017）》认为，"蓝色太平洋"确认了所有太平洋人民的需求和潜力，规划了他们的发展议程，为了全体而非少数的利益集体行动，建议在新的全球形势下，要利用并保护好"太平洋海洋资源"，掌握好"太平洋海洋区位"带来的权力机遇与挑战，建立"太平洋海洋认同"。③

"蓝色太平洋"还得到了包括中国在内的域外国家的支持。2017 年 9 月，"中国—小岛屿国家海洋部长圆桌会议"在中国平潭举行，斐济、纽埃、巴新、萨摩亚、瓦努阿图等太平洋岛国代表团参加。会议通过了

---

① 参见吕桂霞："全球化、区域化与太平洋岛国发展论坛"，《历史教学问题》，2018 年第 4 期，第 109 页。

② "Pacific Islands Forum Chair Highlights Priorities for the Blue Pacific at the United Nations", Pacific Islands Forum Secretariat, https：//www.forumsec.org/pacific-islands-forum-chair-highlights-priorities-for-the-blue-pacific-at-the-united-nations/.

③ Pacific Islands Forum Secretariat, State of Pacific Regionalism: Report 2017, Suva, 2017, pp. 13 – 15; "Pacific Regionalism & The Blue Pacific", Pacific Islands Forum Secretariat, https：//www.forumsec.org/pacific-regionalism/.

《平潭宣言》，表示认识到中国与岛屿国家"在参与全球海洋治理、应对气候变化、促进海洋可持续发展等方面有着共同的关切"，"认为2030年可持续发展议程确定的'可持续发展目标14'是各方推进国内海洋可持续发展及开展国际合作的重要指导"，在此基础上提出了"构建基于海洋合作的'蓝色伙伴关系'"。①

"蓝色太平洋"还具有更多更深的内涵，是一个仍在不断发展的概念，值得继续深入研究。

第四节　其他的旧地区机制

本节研究了太平洋岛国论坛以外的其他既有地区组织与机制的改革，包括太平洋共同体的进一步改革、太平洋地区环境规划署在新时期的活动以及太平洋地区组织理事会如何应对新挑战。

一、太平洋共同体的进一步改革

由南太平洋委员会演变而来的太平洋共同体的改革一直持续，贴近太平洋岛国的实际需求，包括在环境与应对气候变化方面。② 2011年，为适应"后哥本哈根时代"全球与南太平洋地区气候变化议题迅速发展变化的新形势，原南太平洋应用地球科学委员会（SOPAC）并入太平洋共同体。这一改革举措是为了避免南太平洋应用地球科学委员会与其他地区组织之间的机构竞争，加强太平洋共同体在应对气候变化方面的职权。不过，2011年机构改革之后，机构竞争仍然存在，尤其是在太平洋共同

---

①《平潭宣言》，中国一带一路网，2018年3月28日，https://www.yidaiyilu.gov.cn/bdzmg/ydylzbd/51228.htm。

② 关于太平洋共同体的改革与发展，参见曲升："南太平洋委员会演进的轨迹、动力及意义"，《贵州社会科学》，2018年第12期，第65—73页。

体与太平洋地区环境规划署之间围绕气候变化存在事权之争。[1]

2015年，原南太平洋委员会彻底完成了历时17年的更名法律程序，正式改名为太平洋共同体，缩写仍为SPC，指代其秘书处。根据2019年12月发布的最新文件，新的太平洋共同体将自身定位为"太平洋地区最大的国际发展组织"，"向整个地区提供科学和技术支持"，在与气候变化的科学研究以及气候融资等领域具备专业能力，"通过深入了解太平洋岛屿的背景和文化，以科学和知识的有效创新应用为太平洋人民的福祉而努力"。[2]

2015年，《太平洋共同体战略计划（2016—2020）》发布，规划了组织更名后第一个五年发展目标。根据该计划，太平洋共同体设置了五大组织战略目标：加强与太平洋共同体成员和合作伙伴的接触与合作；加强太平洋共同体的科技知识和专业知识；通过多学科方法解决成员的优先发展议题；改进太平洋共同体的计划、优先排序、评估、学习和创新；提高能力建设。[3]

总之，经过数十年的演进，太平洋共同体已经由原先的由宗主国控制的那个南太平洋委员会演变为一个为包括太平洋岛国在内的成员提供服务、聚焦地区发展的组织。正如曲升的研究所言，在太平洋岛国争取民族独立的时代，南太平洋委员会的"非政治性"，即回避政治独立问题，必然引起它们的不满；然而，从长远看，"非政治性"却逐渐成为太平洋共同体的突出优势和力量所在——在南太平洋委员会更名为太平洋共同体后，这个组织进入了全新而活跃的发展时期，在南太平洋地区

---

[1] Marc Williams and Duncan McDuie-Ra, *Combatting Climate Change in the Pacific: The Role of Regional Organizations*, Cham: Palgrave Macmillan, Springer International Publishing, 2018, p. 34.

[2] Pacific Community, "The Pacific Community (SPC) and Climate Change: Building Resilient Communities in the Pacific", https://www.spc.int/resource-centre/publications/the-pacific-community-spc-and-climate-change-building-resilient.

[3] Pacific Community, "The Pacific Community (SPC) and Climate Change: Building Resilient Communities in the Pacific", https://www.spc.int/resource-centre/publications/the-pacific-community-spc-and-climate-change-building-resilient.

合作和社会经济可持续发展上发挥着不可替代的作用。此外，太平洋共同体还是美国和法国两个域外大国继续保持在南太平洋地区存在的桥梁和平台。这种存在对于这些大国维护在南太平洋地区的战略安全利益、树立良好国际形象、推动岛国经济社会进步均具有重要意义。在南太平洋地区诸多地区组织中，太平洋共同体经费最为充裕，这主要归功于大国的贡献。[1]

太平洋共同体在为太平洋岛国提供地区公共服务方面最突出的领域是应对气候变化。本书将在第七章单独探讨。

二、新时期的太平洋地区环境规划署

2004年，原南太平洋地区环境规划署更名为太平洋地区环境规划署，简称仍为SPREP。太平洋地区环境规划署的宗旨是"促进太平洋地区合作，并提供协助，以保护和改善环境，确保当代和下一代的可持续发展"[2]。这包含了太平洋地区环境规划署的两大宗旨：协调地区政策、承担地区行动。

太平洋地区环境规划署是最早介入地区气候变化政策的南太平洋地区组织，1994年起就开始涉入《京都议定书》的谈判，2008年起开始召集气候变化圆桌（Climate Change Roundtables）作为南太平洋应对气候变化的地区协调机制。

原南太平洋应用地球科学委员会并入太平洋共同体后，太平洋地区环境规划署和太平洋共同体围绕气候变化事权形成了一定程度的机制竞争。李冰岩认为："相较于太平洋共同体，太平洋（地区）环境规划署提供了一个更加便捷的机制，服务于太平洋岛国同域内外大国的气候合

---

[1] 曲升："南太平洋委员会演进的轨迹、动力及意义"，《贵州社会科学》，2018年第12期，第72—73页。

[2] Secretariat of the Pacific Regional Environment Programme, Strategic Plan 2017 - 2026, Apia, Samoa, 2017, p.6.

作。"① 本书第七章将比较这两个地区机制在地区气候治理上的作为。

三、太平洋地区组织理事会

太平洋地区组织理事会（CROP）前身为南太平洋地区组织协调委员会，1999年改为现名。这不是一个地区组织，而是地区组织间的磋商机制，旨在促进南太平洋地区各个政府间组织之间的合作与协调。其成员也并非国家，而是南太平洋地区的主要地区组织。"太平洋地区组织理事会组织起来的地区组织网络将地区内所有国家和地区及其与在本地区有重大影响的国家之间的合作行动与目标整合到一个组织框架之下，使地区主义的发展具有整体规划。"②

2009年以来，新地区组织与机制的出现给了太平洋地区组织理事会新的挑战。这些机制并不是太平洋地区组织理事会成员。如何面对太平洋岛国地区主义的新发展，如何处理与这些新机制的关系就成为太平洋地区组织理事会面临的一个新问题。

2014年的《太平洋地区主义框架》给太平洋地区组织理事会确立了新的方向。在此基础上，《太平洋地区组织理事会宪章》于2017年进行了修订。根据新修订的宪章，《太平洋地区主义框架》是太平洋地区组织理事会工作的基本指导，工作程序也要符合《太平洋地区主义框架》。新一版《宪章》特别指出，太平洋地区组织理事会要在提交给领导人之前通过公开政策程序向地区主义专家小组委员会提供建议。这进一步加强了地区主义专家小组委员会的地位。③

新一版《宪章》也规定了加入太平洋地区组织理事会的成员资格，其中特别指出成员组织须具有全地区范围的代表性。④ 这从法理上排除

---

① 李冰岩:《太平洋岛国气候合作机制研究》，华东师范大学国际关系与地区发展研究院硕士学位论文，2018年，第42页。

② 徐秀军著:《地区主义与地区秩序：以南太平洋地区为例》，北京：社会科学文献出版社，2013年，第167页。

③ Council of Regional Organisations of the Pacific (CROP) Charter 2018, p. 3.

④ Council of Regional Organisations of the Pacific (CROP) Charter 2018, p. 4.

了被称为"次地区主义"的新地区组织（包括美拉尼西亚先锋集团，也暗含了包括太平洋岛国发展论坛、《瑙鲁协定》缔约国等并非由全地区国家参加的组织）加入太平洋地区组织理事会。

2020年2月，太平洋地区组织理事会在南太平洋地区组织网络中的地位迎来了新挑战。太平洋岛国发展论坛和美拉尼西亚先锋集团这两个被2017年版《太平洋地区组织理事会宪章》排除在外的新地区组织联合举行预备会议，探讨建立"太平洋地区组织伙伴关系"（PROP），希望将本地区的地区与次地区组织、国际公民社会组织、联合国机构、学术研究机构和利益集团等都纳入进来。[1] 这预示着南太平洋地区的机制竞争还将继续。本书第五章将重点探讨新地区机制的兴起与发展，第六章将探讨次地区主义。

小　　结

2009年以来，太平洋岛国地区主义经历了新发展，其中包括《太平洋计划》的终结和太平洋岛国论坛的改革。"温德尔报告"和"莫劳塔报告"是这个历史过程中的重要环节。

"温德尔报告"和"莫劳塔报告"集中反映了三个核心问题，也是《太平洋计划》被诟病的三个方面：第一，"委托—代理"关系中的太平洋岛国论坛成员国与秘书处之间的关系问题。如前所述，这表面上是成员国—秘书处关系，实际上反映的是澳新—岛国关系，以及"谁对秘书处拥有'所有权'"的问题。因此，两份报告对秘书处与成员国关系的解构，就是对澳大利亚地区主义主导权的解构。第二，两份报告反映了太平洋岛国在气候变化、贸易、渔业等具体领域的利益诉求与关切，也表达了太平洋岛国对《太平洋计划》的不满。这些利益诉求通过两

---

[1] "Latest News", Pacific Islands Development Forum, 13 February 2020, http://www.pidf.int/news2/.

份报告以及"温德尔报告"对"莫劳塔报告"的影响显现出来。第三，两份报告共同反映了一些太平洋岛国人士对澳大利亚主推的以《太平洋更紧密经济关系协定》为代表的地区一体化的保留态度，强调地区主义是一个框架而非计划，是否以及如何进行地区一体化应由各国决定，而非"自上而下"地推动。三个方面的因素在两份报告的文本中得以充分体现，共同促使《太平洋计划》走向终结。

通过这两份报告，太平洋岛国的利益与不满得以表达，并转化为政策输出，为《太平洋地区主义框架》的制定奠定了基础。《太平洋地区主义框架》与太平洋岛国论坛的改革取得了若干早期收获，形成了"蓝色太平洋"地区认同新叙事，最终构成了整个太平洋岛国地区主义新发展的组成部分。

此外，太平洋共同体进一步改革，与太平洋地区环境规划署产生了一定程度上的机制竞争。太平洋地区组织理事会修订了宪章，以适应《太平洋地区主义框架》的新要求，但与新地区机制之间尚存在不兼容的问题。

第五章 新地区机制的创建

本章重点研究新时期南太平洋地区的新兴地区组织与机制，包括太平洋岛国发展论坛、太平洋小岛屿发展中国家集团、机制化的《瑙鲁协定》缔约国和首席贸易顾问办公室，并对每个机制兴起与发展的动力、过程与成果展开分析，着重探讨发展原因中的全球层次共性。

第一节 太平洋岛国发展论坛

本节重点研究太平洋岛国发展论坛（简称"发展论坛"，以与简称"论坛"的太平洋岛国论坛互相区分）。这是由斐济发起的地区综合性国际组织，其特点是参与主体仅限于太平洋岛国和岛屿领地（不包含澳新），但不限于国家政府，而是包括非国家行为体（包括非政府组织、企业、学者等），政府代表和非国家行为体代表同台论坛。它被一些人认为是该地区最重要的新地区组织，也是2009年以后太平洋岛国地区主义新机制"最集中、同时也是最有争议的体现之一"[1]，集中体现了由气候变化和渔业利益等衍生而来的"绿色/蓝色经济"如何在一定的

---

[1] Joanne Wallis, *Pacific Power? Australia's Strategy in the Pacific Islands*, Melbourne: Melbourne University Publishing Limited, 2017, p.295.

国际环境下助产了一个地区机制的创立。①

一、缘起与原因分析

1. 太平洋岛国的集体支持

太平洋岛国发展论坛的创立可以从国家—个人层次上找原因——斐济推动了这个论坛的创建，尤其是斐济总理姆拜尼马拉马是创立这个论坛实质上的最关键人物。2006 年，时任斐济海军准将姆拜尼马拉马发动政变，后自立为总理。这使得斐济遭到了澳新美英等国的制裁。2009年，因未能按时举行大选，斐济被中止太平洋岛国论坛的成员资格。在这种情况下，斐济迫切需要打开新的外交空间。2010 年，美拉尼西亚先锋集团本来预备召开领导人峰会，斐济本来按轮值顺序将于这次会议上接任主席国，但会议在最后时刻被东道国瓦努阿图取消，据说是因为澳大利亚对瓦努阿图施压。② 在本来要举行会议的时间，斐济政府另行召开了"接触太平洋领导人会议"（EWTP）。这是这次会议召开的国家—个人层次原因和偶然性所在。

在"接触太平洋领导人会议"上，费伊洛阿基塔乌·特维（Feiloakitau Tevi）作为时任太平洋基督教会大会秘书长提出了一项倡议，呼吁"反思新自由主义经济伦理"，建议采取"一个新的发展模式，推动大洋洲通向包容性和富足"③——由于历史原因，基督教是太平洋岛国共

---

① 本节部分内容已在学术期刊上发表，参见陈晓晨："全球治理背景下的太平洋岛国发展论坛：成因、过程与影响"，《区域与全球发展》，2019 年第 4 期，第 5—22 页。

② Sandra Tarte, "A New Pacific Regional Voice? An Observer's Perspective on the Pacific Islands Development Forum (PIDF), Inaugural Summit, Denarau, Fiji, 5 – 7 August 2013", *Pacific Islands Brief*, No. 4, Pacific Islands Development Program (PIDP), Hawai'i, 28 August 2013, p. 1. 但也有瓦努阿图方面对斐济的看法等复杂原因。

③ Pacific Conference of Churches, Re‐thinking the Household of God in the Pacific: Towards Sufficiency and Solidarity, Inclusiveness and Participation: Concept Papers to Islands Leaders, as cited in Matthew Dornan et al., "What's in a Term? 'Green Growth' and the 'Blue – green Economy' in the Pacific Islands", *Asia & The Pacific Policy Studies*, Vol. 5, Special Issue, 2018, p. 5.

同的宗教信仰，太平洋基督教会大会是南太平洋地区很有影响力的非政府组织，其建议非常具有分量。会后发表了《纳塔多拉宣言》（Natadola Communiqué），直接采用了太平洋基督教会大会的提法，并支持了巴新提出的关于太平洋小岛屿发展中国家集团的动议。①

因为"接触太平洋领导人会议"的肇始与斐济的国家行为高度相关，而且带有偶然性，因此，不少文献将其单纯理解为斐济的外交政策、姆拜尼马拉马个人乃至一次偶然事件的结果②，甚至认为"接触太平洋领导人会议""注定要消退"。③

斐济在太平洋岛国发展论坛中发挥的领导力确实毋庸置疑。然而，这并不足以解释这个新地区组织的创立原因。与20世纪70年代初南太平洋论坛的创立相仿——当时的斐济总理马拉被认为是南太平洋论坛实质上的创始人——仅仅将地区主义的发展归因于某个国家甚至某个领导人是不足以解释原因的。根本原因还是要从全球背景出发——对太平洋岛国发展论坛来说，全球治理背景下"绿色经济""蓝色经济"观念的扩展及其与太平洋岛国在气候变化与可持续发展等方面切身利益的契合使得发展论坛的筹建获得了太平洋岛国的集体支持。

事实上，"接触太平洋领导人会议"并没有消退，而是不断发展，其走向也受到斐济以外的各方因素的共同影响。2011年，第二届"接触太平洋领导人会议"扩大了规模。2012年的第三届"接触太平洋领导人会议"宣布授权斐济于2013年召开首届太平洋岛国发展论坛领导人会议，正式宣布了这个新地区组织的诞生。④

太平洋岛国发展论坛的筹建得到了广大太平洋岛国的参与和支持，

---

① "The Natadola Communiqué", 23 June 2010, http://www.fiji.gov.fj/Media-Center/Press-Releases/The-Natadola-Communiqu%C3%A9.aspx.

② 这种观点参见 Stephanie Lawson, "Fiji's Foreign Relations: Retrospect and Prospect", *The Round Table*, Vol. 104, No. 2, 2015, pp. 209-220.

③ Michael Field, "Natadola - The Disappearing Communique", http://discombobulatedbubu.blogspot.com/search/label/Natadola%20-%20the%20disappearing%20communique.

④ 参见吕桂霞：《全球化、区域化与太平洋岛国发展论坛》，《历史教学问题》，2018年第4期，第107页。

其他一些太平洋岛国领导人也发挥了突出作用。例如，时任基里巴斯总统汤安诺表态提议斐济总理姆拜尼马拉马和东帝汶总理古斯芒不仅要出席会议，还要发表主旨演讲。① 非政府组织更是对太平洋岛国发展论坛的筹建起到了推波助澜的作用。特维等该地区重要非政府组织主要负责人直接参与了筹备工作，并塑造了主旨和议程，特别是对"绿色经济"和"蓝色经济"的强调。正是"泛太平洋"的参与——前文所述"太平洋方式"的六大内核之一——促使"接触太平洋领导人会议"发展成为太平洋岛国发展论坛。

推动太平洋岛国发展论坛建立的还有岛国的切身关切无法得到既有机制的满足引发的普遍不满。"绿色经济"是这种不满的一个折射，体现出旧有的地区机制不能满足岛国在气候变化等问题上的切身利益。斯蒂芬妮·劳森等澳大利亚学者也不得不承认，"对澳新在气候变化相关问题上的不满毫无疑问……确实推动了太平洋岛国追求排除澳新的地区组织战略"②。

与旧地区机制形成对比的是，太平洋岛国发展论坛"通过使政府、商界和非政府组织作为平等伙伴参与，确实满足了太平洋岛国地区的需要"，而大部分非政府组织已经厌倦了旧机制下的那种"象征意义上的、设计好用来论证已有程序的咨询"。③ 此时已经成为《瑙鲁协定》缔约国办公室 CEO 的阿阔柔更是直言："太平洋岛国发展论坛的建立只不过是反映了这个地区新的政治动力，（太平洋岛国）对（地区外）捐助国主导的过时的地区架构的挫折感驱动了它。"④

---

① Stephanie Lawson, "Regionalism, Sub-regionalism and the Politics of Identity in Oceania", *The Pacific Review*, Vol. 29, No. 3, 2016, p. 400.

② Stephanie Lawson, "Australia, New Zealand and the Pacific Islands Forum: A Critical Review", *Commonwealth & Comparative Politics*, Vol. 55, No. 2, 2017, p. 229.

③ Nic Maclellan, "Transforming the Regional Architecture: New Players and Challenges for the Pacific Islands", *Asia-Pacific Issues*, No. 118, East-West Center, August 2015, p. 6.

④ Transform Aqorau, "State of the Pacific: Slippery Slopes and Rough Rides in Regional Cooperative Endeavours in the Islands", *SSGM Discussion Paper*, 2016/8, Australian National University, 2016, p. 5.

2. "绿色/蓝色经济"

从"接触太平洋领导人会议"到太平洋岛国发展论坛的演进过程中,"绿色经济"与"蓝色经济"逐渐成为旗帜。在 2011 年第二届"接触太平洋领导人会议"上,融合二者的新概念"绿色/蓝色经济"(blue/green economy)第一次出现,很快成为"接触太平洋领导人会议"的核心价值。这与全球气候治理尤其是从哥本哈根气候大会到第三届联合国可持续发展会议("里约+20")的进程密切相关,也是全球层面的"绿色经济"观念在不同地区传播的结果。

2009 年哥本哈根气候大会虽然在混乱与茫然中结束,但也留下了一些成果,其中之一就是哥本哈根绿色气候基金(GCF)。2010 年,坎昆气候大会通过了《坎昆协议》,正式建立这个基金。① 2011 年,联合国环境署(UNEP)发布《通向绿色经济》报告,是"绿色经济"概念的里程碑。2012 年"里约+20"会议前后的一系列进程推动了"绿色经济""绿色增长"的概念走上前台。②

全球治理领域的"绿色经济"概念很快传播到了南太平洋地区。在这个传播过程中,绿色增长领导联盟(GGLC)项目起了很大作用。这个项目由全球最大的环保组织——国际自然保护联盟(IUCN)2011 年 6 月在斐济首都苏瓦发起,旨在建立该组织地区办公室并培养人才。同时,就在项目发起后,美拉尼西亚先锋集团环境部长会议也讨论了"绿色增长框架",并迅速得到该项目的积极回应。国际自然保护联盟候任地区干事为塔何罗·卡米(Taholo Kami),但项目实际负责人正是时任太平洋基督教会大会秘书长特维。③

---

① UNFCCC, The Cancun Agreements: Outcome of the Work of the Ad Hoc Working Group on Long – term Cooperative Action under the Convention, Decision 1/CP.16, Cancun, Mexico, 15 March 2011, p. 17.

② Matthew Dornan et al., "What's in a Term? 'Green Growth' and the 'Blue – green Economy' in the Pacific Islands", *Asia & The Pacific Policy Studies*, Vol. 5, Special Issue, 2018, p. 5.

③ "A Coalition for Green Growth", IUCN, 12 July 2012, https://www.iucn.org/content/coalition – green – growth.

"绿色经济"概念在南太平洋地区的传播直接影响了太平洋岛国发展论坛的建立与主旨。在2012年第三届"接触太平洋领导人会议"上，联合国亚太经社理事会苏瓦办公室主任伊奥瑟法·马伊阿瓦（Iosefa Maiava）做了关于"绿色经济"的发言，引发了现场热烈讨论。马伊阿瓦曾任太平洋岛国论坛副秘书长，常驻斐济首都苏瓦，刚刚参加了绿色增长领导联盟的项目。马伊阿瓦、卡米和特维三人也都参与了在"接触太平洋领导人会议"基础上建立太平洋岛国发展论坛的工作，并在这个过程中参与塑造了太平洋岛国发展论坛的主旨和议程。

就在太平洋岛国发展论坛的筹备期间，"里约+20"召开，"蓝色经济"概念得到联合国的认可并大力推广。① 一份为"里约+20"准备的报告还称"对小岛屿国家来说，蓝色经济就是绿色经济"，"因此海洋和渔业必须予以突出强调"②。这样，太平洋岛国发展论坛与"绿色/蓝色经济"概念建立了"先天的历史联系"——包括其名称中"发展"也是这样来源的。③

"绿色经济"作为全球议程对太平洋岛国发展论坛的影响在马伊阿瓦、卡米和特维三个关键人物身上得到了很好的体现。依托非政府组织和外部专家推动地区主义，这正是新时期全球治理的网络化特征在太平洋岛国的体现。

不过，这也并非把太平洋岛国发展论坛的建立及其与"绿色/蓝色经济"的联系归因于几个个体身上，而是"绿色/蓝色经济"契合了太平洋岛国的共同利益，而这种共同利益的历史背景是久已有之的共有传统文化与价值观。有研究显示，早在前现代社会，太平洋岛民就已经用自己的方式"应对气候变化和海平面上升"，例如在公元8到15世纪的

---

① "Blue Economy Concept Paper", https：//sustainabledevelopment.un.org/content/documents/2978BEconcept.pdf.

② Biliana Cicin-Sain et al., *Oceans at Rio +20: Summary for Policy Makers*, Newark：Global Ocean Forum, October 2011, p. 28.

③ Matthew Dornan et al., "What's in a Term? 'Green Growth' and the 'Blue-green Economy' in the Pacific Islands", *Asia & The Pacific Policy Studies*, Vol. 5, Special Issue, 2018, p. 8.

密克罗尼西亚，人们就已经广泛建造类似今天的"人工岛"。① 格雷格·弗莱的研究发现，从 1950 年第一届南太平洋会议开始，环保就是南太平洋岛屿土著居民最关注的议题之一。② 这使得到了现代社会气候变化衍生的诸多概念，例如"绿色/蓝色经济"，很容易与南太平洋的本土文化传统结合，从而得到太平洋岛国人民的广泛响应。③

3. 域外国家的支持

域外支持是首届太平洋岛国发展论坛得以成功举办的重要原因。44 个国家和地区以及 18 个地区和国际组织（包括非政府组织）参加了首届太平洋岛国发展论坛，全部受邀和报名参会者共 300 多人，这是对这个新生机制的巨大支持，对这个地区机制的建立和影响力的扩大起到了积极作用。

中国、美国、俄罗斯、欧盟（当时含英国和法国）都派出代表作为观察员参加了首届太平洋岛国发展论坛。这样，联合国五大常任理事国均对这个地区机制表示了支持。同样作为观察员参会的还有日本、韩国、卡塔尔、阿联酋、科威特等亚洲国家代表（见表 5-1）。中国为首届太平洋岛国发展论坛的召开捐资 20 万斐济元（当时约合人民币 66 万元），科威特和阿联酋分别捐资 38.9 万美元和 10 万美元。④ 斐济政府支

---

① Jenny Bryant‑Tokalau, *Indigenous Pacific Approaches to Climate Change: Pacific Island Countries*, Cham: Palgrave Macmillan, Springer International Publishing, 2018, pp. 40-46.

② Greg Fry, "The South Pacific 'Experiment': Reflections on the Origins of Regional Identity", *The Journal of Pacific History*, Vol. 32, No. 2, 1997, pp. 180-202.

③ Matthew Dornan et al., "What's in a Term? 'Green Growth' and the 'Blue-Green Economy' in the Pacific Islands", *Asia & The Pacific Policy Studies*, Special Issue, 2018, pp. 1-18.

④ 吕桂霞:"全球化、区域化与太平洋岛国发展论坛",《历史教学问题》，2018 年第 4 期，第 108 页。塔特称中国、科威特、阿联酋共为论坛捐资 68.9 万美元，似有误。参见 Sandra Tarte, "A New Pacific Regional Voice? An Observer's Perspective on the Pacific Islands Development Forum (PIDF), Inaugural Summit, Denarau, Fiji, 5-7 August 2013", *Pacific Islands Brief*, No. 4, Pacific Islands Development Program (PIDP), Hawai'i, 28 August 2013, p. 3.

出 150 万斐济元用于建设论坛秘书处。① 加上域内外公私部门的捐款，多方力量共同支持了首届太平洋岛国发展论坛领导人会议的召开。

表 5-1　首届太平洋岛国发展论坛领导人会议与会者来源国家或地区

大洋洲（16）	澳大利亚、新西兰、巴布亚新几内亚、斐济、密克罗尼西亚、马绍尔群岛、基里巴斯、瑙鲁、汤加、图瓦卢、瓦努阿图、所罗门群岛、东帝汶、法属波利尼西亚、新喀里多尼亚、托克劳
亚洲（13）	中国、日本、韩国、印度、印尼、马来西亚、格鲁吉亚、新加坡、斯里兰卡、卡塔尔、阿联酋、科威特、以色列
欧洲（5）	英国、法国、德国、俄罗斯、比利时
非洲（3）	南非、摩洛哥、几内亚
美洲（7）	美国、加拿大、墨西哥、阿根廷、智利、委内瑞拉、古巴
地区内组织（含非政府组织）（10）	太平洋共同体、南太平洋旅游组织、南太平洋大学、太平洋岛国论坛渔业局、太平洋岛屿非政府组织协会、太平洋岛屿私营部门组织、太平洋地区环境规划署、太平洋领袖计划（PLP）、夏威夷大学东西方中心、牛津饥荒救济委员会新西兰分会
地区外或国际组织（含非政府组织）（8）	欧盟、联合国系统、国际货币基金组织、国际自然保护联盟、国际红十字会、世界自然基金会（WWF）、绿色和平、保护国际基金会（CI）

资料来源：首届太平洋岛国发展论坛领导人会议成果文件②

制表：吕桂霞③（本书调整了其原始数据）

值得注意的是，澳新政府代表未参加首届太平洋岛国发展论坛，但有来自澳新的非政府组织、企业和学者参会。太平洋共同体等地区组织到会，但太平洋岛国论坛秘书处缺席。不过，这种缺席并不一定是故意

---

① Ministry of Finance, Republic of Fiji, Economic and Social Update: Supplement to the 2014 Budget, Suva, Fiji, 8 November 2013, p. 37, http://www.fiji.gov.fj/getattachment/747077a3-1557-4e21-bdbd-01a77b8e71cb/2014-Budget-Supplement-(pdf).aspx.

② Pacific Islands Development Forum, Inaugural Pacific Islands Development Forum Outcomes Document, Nadi, Fiji, August 5-7, 2013, p. 12.

③ 吕桂霞："全球化、区域化与太平洋岛国发展论坛"，《历史教学问题》，2018 年第 4 期，第 107 页。本书使用了这篇文章的制表形式，但调整了数据资料。

为之，因为同一时间段太平洋岛国论坛秘书处正在忙于进行前文所述的《太平洋计划审查（2013）》初稿的会议和相关工作。除了澳新和太平洋岛国论坛秘书处缺席外，萨摩亚总理图伊拉埃帕也缺席并公开反对太平洋岛国发展论坛。岛国内部矛盾并非本书强调的重点，在此处提及是为了在一定程度上还原地区主义的复杂性与丰富性。

二、过程

1. 首届领导人会议

在域内外的广泛支持下，首届太平洋岛国发展论坛于2013年8月在斐济楠迪的度假胜地丹娜拉岛（Denarau）召开。如汤安诺建议的那样，姆拜尼马拉马和古斯芒与14个太平洋岛国和岛屿领地领导人或政府高级别代表参会。

会议主题是"为了绿色/蓝色太平洋经济的领导力、创新和伙伴关系"（Leadership, Innovation & Partnership for Green/Blue Pacific Economies）。论坛的形式相对较为开放，包括全会和7个行业分论坛，全会各环节主题包括"从里约到太平洋""领导力、伙伴关系与创新""私营部门领导力""社区领导力"等，以及太平洋岛国发展论坛的机制建设本身；分论坛主题分别为矿产与能源、渔业与森林、旅游与创新、农业、制造业与贸易、交通与基础设施、健康与灾害防治。这种相对开放的、非正式的会议形式方便与会的政府代表和非国家行为体代表互动交流，也更符合太平洋岛国所习惯的开会方式。也正因为此，姆拜尼马拉马将这种会议形式上政府、民间团体和企业之间的"真正的"咨商与共识称为"太平洋方式"——对历史上形成但冷战后一度缺失的传统的一种强调。①

---

① Josaia Voreqe Bainimarama, "Address at the Inaugural Pacific Islands Development Forum (PIDF) Meeting", Pacific Islands Development Forum, Nadi, Fiji, 5 August 2013, p. 2, http://pacificidf.org/wp-content/uploads/2013/08/Fiji-PM-speech-at-the-PDIF.pdf.

论坛上的一段问答是这种互动的典型代表。一位来自斐济的旅游行业从业者做了一个关于恢复太平洋岛国传统知识以促进可持续海洋交通的发言①，引发了时任马绍尔群岛外交部长托尼·德·布鲁姆（Tony de Brum）一段不无激情的即席评论：

> 太长时间里，我们接受了经济下行是常态；我们接受了小是常态；我们接受了发展伙伴（主要指域外援助方——笔者注）开出的药方是常态——我们必须按照别人说的去做，而不是按照我们自己想的去做。我来到这个论坛，怀着希望，希望太平洋岛国发展论坛能填补我们发展中的这个缺陷——解决我们发展问题的方案能迅速拿出来，而不必寻求众多昂贵的咨询。世界需要替代性能源技术。这适合这次会议的议程。关于气候变化，我们需要做些新的事情。在这个领域，太平洋岛国很少做成事，这让人沮丧。这个组织（指太平洋岛国发展论坛——笔者注）可以起带头作用，结束清谈。②

尽管太平洋岛国发展论坛极力避免与太平洋岛国论坛形成"两个论坛竞争"的局面，强调自己是聚焦绿色经济的发展型地区组织，宣称"不谈政治"（从而试图与传统上强调"讨论政治"的太平洋岛国论坛拉开距离、有所区分），但是鉴于太平洋岛国发展论坛事实上就是建立在各方对以太平洋岛国论坛为代表的既有地区机制的不满之上，会上各发言人对澳新与太平洋岛国论坛的批评似乎在所难免。姆拜尼马拉马在开幕式上公开批评太平洋岛国论坛"被一小部分人主导"，"在太多问

---

① Colin Philp, "Sustainable Sea Transport: Back to the Future", presentation at Session 5, Pacific Islands Development Forum, 5 August 2013, http://pacificidf.org/wp-content/uploads/2013/08/SST-Back-to-the-Future-II.pdf.

② As cited in Sandra Tarte, "A New Pacific Regional Voice? An Observer's Perspective on the Pacific Islands Development Forum (PIDF), Inaugural Summit, Denarau, Fiji, 5–7 August 2013", *Pacific Islands Brief*, No. 4, Pacific Islands Development Program (PIDP), Hawai'i, 28 August 2013, p. 4.

题上不再真正代表我们的利益与需求"。他进一步阐述道,"我们希望作为太平洋岛屿人民站出来,用一个声音向整个世界发出一个明确的信息:太平洋小岛屿国家是脆弱的,面对独特的可持续发展挑战。"① 东帝汶开国总统、时任总理古斯芒也称:"我们要掌握我们自己的变革。"② 在两位领导人的带动下,整个论坛的与会者反复强调基于"绿色/蓝色经济"的"新的发展范式"(new development paradigm),要求"跳出既有逻辑"(out of the box),拒绝"公事公办"(business as usual)等,将矛头指向澳新主导的太平洋岛国论坛、《太平洋计划》和"旧的"发展方式。③

首届论坛会后通过了《太平洋岛国发展论坛创始会议成果文件》(以下简称《成果文件》)。《成果文件》的一个特点是务实、有针对性。其附件分为七个轨道,围绕七个分论坛涉及的七大重点行业达成若干成果。在矿产与能源行业轨道中,《成果文件》强调要建立政府、私营部门和社区及其他利益攸关方的三方谈判机制,并且表示这种三方关系要从早期开始。矿业与能源行业涉及大量的传统土地所有权问题。《成果文件》对此表示,要将传统土地所有权作为自然资源的原生所有者,将这些土地赋值的过程需要全程透明的咨询过程。此外,《成果文件》还呼吁完善已有的可持续发展指标,加强可持续的以人民为中心的绿色/蓝色经济的能力建设,并通过法律、政策与财政手段鼓励提高能效与环保技术。在渔业与林业行业轨道中,《成果文件》着重强调已有的计划

---

① Josaia Voreqe Bainimarama, "Address at the Inaugural Pacific Islands Development Forum (PIDF) Meeting", Pacific Islands Development Forum, Nadi, Fiji, 5 August 2013, p. 3, http://pacificidf.org/wp-content/uploads/2013/08/Fiji-PM-speech-at-the-PDIF.pdf.

② Xanana Gusmão, "Keynote Address by His Excellency the Prime Minister of the Democratic Republic of Timor-Leste Kay Rala Xanana Gusmão on the Occasion of the Opening Session of the Pacific Islands Development Forum", Pacific Islands Development Forum, Nadi, Fiji, August 5 2013, p. 10, http://pacificidf.org/wp-content/uploads/2013/08/Chief-Guest-Speech.pdf.

③ Sandra Tarte, "A New Pacific Regional Voice? An Observer's Perspective on the Pacific Islands Development Forum (PIDF), Inaugural Summit, Denarau, Fiji, 5-7 August 2013", *Pacific Islands Brief*, No. 4, Pacific Islands Development Program (PIDP), Hawai'i, 28 August 2013, p. 4.

与协议要得到有效实施（显然其背景是《太平洋计划》中关于渔业的内容并没有得到很好落实），强调要执行好"百万植树计划"和凤凰群岛保护区等行动。在旅游行业轨道中，《成果文件》强调领导力、伙伴关系和创新，特别是建立和支持旅游基础设施、聚焦生态旅游等。在农业行业轨道中，《成果文件》提议建立若干"绿色中心"并开展技能培训。在制造业与贸易行业轨道中，《成果文件》采纳了太平洋小岛屿发展中国家标准（PSIDS Standard），其背景是当时澳新主导的《太平洋更紧密经济关系协定》谈判正在推动建立与澳新企业更为契合的"高质量标准"。在交通与基础设施轨道中，《成果文件》推广与以人民为中心的绿色/蓝色经济相匹配的基础设施标准与设计。最后，《成果文件》将卫生与灾害防护纳入绿色/蓝色经济的范畴。①

从上述重点成果可以看出，太平洋岛国发展论坛从一开始就强调草根性和包容性，特别是私营部门、公民社会的伙伴关系角色。这个特点一直伴随该机制此后的发展。

2. 机制化不断得到加强

首届太平洋岛国发展论坛建立了领导人会议机制和常设的秘书处，通过了《宪章》，这确立了这个新地区组织的机制基础。在此后的发展中，太平洋岛国发展论坛的机制化得到了不断加强。

2014年，第二届太平洋岛国发展论坛领导人会议仍在楠迪举行，主题为"太平洋绿色增长：建立弹性的可持续未来和真正的伙伴关系"。会后，太平洋岛国发展论坛与5个域内外组织签订了《合作谅解备忘录》（MoU）。②

2015年，第三届太平洋岛国发展论坛领导人会议移师苏瓦，主题为"建立具有气候弹性的绿色蓝色太平洋经济"。会后通过了《关于气

---

① "2013 Summit Outcome", http://pacificidf.org/summit-outcomes/.
② "Memorandum of Understanding of Cooperation", Pacific Islands Development Forum, http://pacificidf.org/memorandum-of-understanding-of-cooperation/.

候变化的苏瓦宣言》（简称《苏瓦宣言》，Suva Declaration on Climate Change），为太平洋岛国参加两个月后的巴黎气候大会预热，也是向当时即将举行的太平洋岛国论坛施加压力，力图推动澳新在气候变化议题上对太平洋岛国作出更大让步。①

2016年，第四届太平洋岛国发展论坛领导人会议在所罗门群岛首都霍尼亚拉举行。这是论坛首次在斐济以外举办。在这次论坛上，东帝汶成为论坛的第18个基础成员和第13个成员国。会议通过了《战略计划草案（2017—2020）》，还宣布2017年为"太平洋海洋年"，并开展了一系列活动。②

不过，预期中的第五届峰会并没有如期在2017年举行。未举行峰会有多重原因，包括承办方问题、预算经费问题等，其中一个原因是当年的工作重点放在海洋治理上，有其他重要的国际议程与斐济有关，特别是"2017太平洋海洋年"成为太平洋岛国发展论坛的工作重心。2017年，姆拜尼马拉马成为联合国全球海洋大会联合主席，并担任《联合国气候变化框架公约》第23次缔约国会议（COP23）主席。在这个背景下，太平洋岛国发展论坛举办了首届"太平洋蓝色经济高级别会议"，探讨了气候变化背景下的南太平洋地区海洋治理与可持续发展问题。③ 2017年末，太平洋岛国发展论坛与联合国全球海洋大会联合举行了"可持续发展目标-14太平洋承诺：2018年行动议程"研讨会，为"2017太平洋海洋年"画上了句号。④

太平洋岛国发展论坛还尝试进入"绿色/蓝色经济"下更加专业的

---

① Pacific Islands Development Forum, Suva Declaration on Climate Change, Suva, 2-4 September, 2015.
② "2016 Leaders' Summit & Pre Summit: Outcome Document", Pacific Islands Development Forum, http://pacificidf.org/wp-content/uploads/2013/06/2016-Leaders-Summit-and-Pre-summit-Outcome-Document.pdf.
③ "PBEC Outcome", https://mega.nz/#!hXhUySTb!ADr8qGdM7Xs_ysB2FzG03hoM2MIjlm0KogXLrQlGJT0.
④ "Symposium: SDG 14 Pacific commitments-2018 Action Agenda", https://sustainabledevelopment.un.org/index.php?page=view&type=13&nr=2575&menu=1634.

领域。例如，2018 年 2 月，论坛组织了"太平洋技术官员关于船运减排的工作坊"。① 2019 年 3 月，太平洋岛国发展论坛与联合国南南合作办公室（UNOSSC）在斐济楠迪共同举办了"南南合作太平洋咨商会"（Pacific Consultation on South – South Cooperation），借助太平洋岛国发展论坛业已取得的在联合国中的咨商地位，为太平洋岛国参与第二届联合国南南合作高级别会议（BAPA + 40）做准备并试图影响议程。会议聚焦联合国可持续发展议程，发布了《南南合作与三方合作：太平洋岛国发展论坛》报告，介绍了太平洋岛国发展论坛的基本情况、理念与实施项目。这体现了太平洋岛国发展论坛作为南太新地区组织的代表试图影响全球议程的努力。②

2019 年 7 月，在第四届峰会召开 3 年后，第五届太平洋岛国发展论坛领导人会议终于在斐济楠迪举行。论坛主题为"为具有复原能力的太平洋而南南合作"。与以往历次论坛相比，这届论坛更强调南南合作的重要性，是对第二届联合国南南合作高级别会议的呼应。帕劳在这届论坛上正式成为发展论坛成员国。会后通过了《关于太平洋气候变化危机的楠迪湾宣言》（简称《楠迪湾宣言》），正式宣布太平洋地区已经进入了"气候变化危机"（climate change crisis），呼吁各方携手应对。③

2019 年 11 月，太平洋岛国论坛首届秘书处期满，斐济资深外交官索洛·马拉（Solo Mara）接替弗朗索瓦·马特尔（François Martel）成为太平洋岛国发展论坛第二任秘书长，开启了下一个 4 年任期。他表示，将继续太平洋岛国发展论坛的良好势头，实现论坛的核心愿景，协助成员通过海洋保护、适应气候变化与建立可复原性等手段促进蓝色与

---

① "Pacific Technical Officers' Workshop on Shipping Emissions Reduction", http: //green-business. solutions/wp – content/uploads/2018/02/PACIFIC_TECHNICAL_OFFICERS_WORKSHOP_SHIPPING_EMISSIONS_REDUCTION_Report_Lores. pdf.

② "Pacific Consultation on South – South Cooperation", http: //www. asia – pacific. unsouth-south. org/2019/03/pacific – consultation – on – south – south – cooperation – nadi – fiji – 6 – 8 – march – 2019/.

③ "Nadi Bay Declaration on Climate Crisis in the Pacific", 31 July 2019, https: //cop23. com. fj/nadi – bay – declaration – on – the – climate – change – crisis – in – the – pacific/.

绿色经济转型。他特别强调，"太平洋岛国发展论坛将与草根人民、私营部门和公民社会密切合作加强自然保护意识，并通过商业手段给资源所有者和社区成员提供经济激励"。他还透露，接下来新一届秘书处将开展一系列项目，例如将太平洋岛国国家元首官邸和政府建筑"太阳能化"，以在太平洋地区增进使用可再生能源的意识。①

2020年1月，在新一届秘书处组织下，太平洋岛国发展论坛举办了主题为"太平洋地区的海平面上升与海洋主权"的"塔拉诺阿对话"（Talanoa Dialogue）②。2月的"塔拉诺阿对话"探讨了可持续交通，邀请了船东和船运协会等利益相关方参与，在对话中发表关于如何把节约成本和减排结合起来促进绿色船运的见解，提出私营部门对政府部门的要求。③ 这些是本书截稿前太平洋岛国发展论坛的最新活动。

从历届领导人会议和历次其他会议的主题上可以看出，太平洋岛国发展论坛一直围绕"绿色/蓝色经济"，聚焦太平洋岛国最为关切的气候变化、海洋治理、可持续发展等议题——这些既是全球治理议题，也是近年来太平洋岛国地区主义最核心的议程。

3. 太平洋岛国发展论坛的特点

太平洋岛国发展论坛在建立之初将自身的独特性概括为五点：包容性；真诚的伙伴关系；多利益攸关方治理；启动绿色/蓝色经济；公共、私营与公民社会利益攸关方的联盟，宣称其使命是"通过包容性战略、真诚的伙伴关系和多利益攸关方治理机制启动绿色/蓝色经济"。④ 在上述全球与地区背景之下，太平洋岛国发展论坛成为了一个极具特点的地

---

① "New PIDF Secretary – General Ready to Serve", 19 November 2019, https：//www.fiji.gov.fj/Media–Centre/News/NEW–PIDF–SECRETARY–GENERAL–READY–TO–SERVE.

② "塔拉诺阿"本义为斐济和其他太平洋岛国的一种传统议事方式，强调包容性、参与性和透明性，也强调坦诚直率的精神，重点在于分享故事、建立同情心与信任。

③ "Latest News", Pacific Islands Development Forum, 13 February 2020, http：//www.pidf.int/news2/.

④ Pacific Islands Development Forum, "PIDF–Brochure", http：//pacificidf.org/wp–content/uploads/2013/07/PIDF–Brochure.pdf.

区组织，主要表现出以下特点，这些特点进一步印证了太平洋岛国发展论坛成立与发展的动因：[1]

第一，主体的明确性。太平洋岛国发展论坛的基本成员由太平洋岛国和岛屿组成，不包含澳大利亚和新西兰，不对澳新两国的正式政府代表开放。这是其与太平洋岛国论坛与其他既有地区组织的根本不同之一。发展论坛强调发挥岛国领导人的权力，而非听命于大国。发展论坛还强调"只代表太平洋人民和价值观"。这是发展论坛最具有独特性、也最具有争议的一点。

第二，议题的针对性。太平洋岛国发展论坛聚焦太平洋岛国和岛屿领地的可持续发展议题上，集中讨论应对气候变化、"绿色增长"与"蓝色经济"。这是在议题上的独特性，体现了太平洋岛国独特而急迫的共同切身利益，也体现既有地区机制在提供这些地区公共产品上的不足乃至缺失。《太平洋岛国发展论坛宪章》明确表示，太平洋岛国发展论坛的目标是通过国家、地区和国际框架驱动转型，聚焦太平洋岛屿的可持续与包容性发展，包括：

> 1) 宣传气候变化对太平洋岛屿和人民生命与生计的非常真实而紧迫的重要性；
>
> 2) 实施应对气候变化和应对全球化挑战的可持续发展政策，尤其是消灭贫困；
>
> 3) 加速"可持续发展三大支柱"即环境、社会与经济的整合，将经济增长追求与社会与环境可持续的需求结合；
>
> 4) 促进工具、方法和创新，例如用绿色/蓝色太平洋经济、领导力和真诚伙伴关系以激励强劲的辩论，同时促进包容性转型议程。[2]

---

[1] 吕桂霞对这个问题有论述，参见吕桂霞："全球化、区域化与太平洋岛国发展论坛"，《历史教学问题》，2018 年第 4 期，第 110—111 页。本书在此基础上进行了增删和修改调整。

[2] Pacific Islands Development Forum, Charter of the Pacific Islands Development Forum, Suva, 2013, p. 9.

正如塔特所言："太平洋岛国发展论坛已成为动员外交资源支持全球议程、尤其是气候谈判和可持续发展的重要新兴平台。"[1] 本书第七章还将重点讨论太平洋岛国发展论坛在应对气候变化方面的工作。

第三，功能的有限性。太平洋岛国发展论坛的建立被一些人视为对既有地区秩序的挑战，尤其是对既有的核心地区机制——太平洋岛国论坛的挑战，因而不仅遭到了澳新或明或暗的抵制，也曾引发包括萨摩亚总理图伊拉埃帕在内的一些岛国人士的担忧甚至批评。在这个问题上，岛国并没有形成完全的共识。在此背景下，发展论坛强调自身并非政治性组织，而只是"服务于联合国机制下的太平洋小岛屿发展中国家集团的平台"。[2] 当然，太平洋小岛屿发展中国家集团是只代表岛国并不包含澳新的机制，因此仍然体现了岛国的主体性。正如发展论坛首任秘书长马特尔所说，发展论坛提供了一个"只有太平洋人的声音"，使其发声不被发达国家干涉，并为南南对话提供一个平台。[3] 这种有限的功能定位是为了极力避免太平洋岛国发展论坛被视作太平洋岛国论坛的竞争者、乃至南太平洋地区秩序的挑战者。

当然，正因为保持较为有限的功能，太平洋岛国发展论坛一直聚焦在气候变化、海洋治理和可持续发展等少数与"绿色/蓝色经济"有关的议题上，使得这个地区组织的发展在形成自身特色的同时也面临着局限。

第四，参与的包容性。太平洋岛国发展论坛强调"以太平洋人民为中心"，对所有"太平洋人"开放，不仅是主权独立的岛国，还包括未独立的岛屿领地。它是一个多层级、多部门和多方参与的组织，参与者不

---

[1] Sandra Tarte, "A New Pacific Regional Voice? The Pacific Islands Development Forum", in Greg Fry and Sandra Tarte (eds.), *The New Pacific Diplomacy*, Canberra: Australian National University Press, 2015, pp. 87 – 88.

[2] 参见斯蒂芬妮·劳森对太平洋岛国发展论坛首任临时秘书长费莱蒂·特奥（Feleti Teo）的采访, as cited in Stephanie Lawson, "Australia, New Zealand and the Pacific Islands Forum: A Critical Review", *Commonwealth & Comparative Politics*, Vol. 55, No. 2, 2017, p. 227.

[3] Stephanie Lawson, "Australia, New Zealand and the Pacific Islands Forum: A Critical Review", *Commonwealth & Comparative Politics*, Vol. 55, No. 2, 2017, p. 227.

限于国家政府,还包括非国家行为体(包括非政府组织、宗教团体、企业、教育与学术机构等)。政府代表和非国家行为体代表同台论坛,私营部门和民间团体广泛参与,这种组织形式在这个地区广受称道,尤其是受到了非政府组织的欢迎。[1] 发展论坛还建立了域内外的伙伴关系,包括吸纳域外国家的"发展合作伙伴"和吸纳域内外组织与实体的"技术伙伴"。这是对既有地区机制缺乏足够包容性和代表性的一种修正。[2]

表5-2 2013年太平洋岛国发展论坛创始成员

基本成员(19)	太平洋岛国和岛屿领地(17)	斐济、巴布亚新几内亚、所罗门群岛、汤加、图瓦卢、瓦努阿图、库克群岛、密克罗尼西亚联邦、基里巴斯、马绍尔群岛、瑙鲁、东帝汶、法属波利尼西亚、新喀里多尼亚、关岛、托克劳、瓦利斯和富图纳群岛
	地区组织(2)	太平洋岛屿非政府组织协会、太平洋岛屿私营部门组织(PIPSO)
基本发展伙伴(5)		中国、土耳其、科威特、卡塔尔和阿联酋
技术伙伴(5)		国际自然保护联盟、美拉尼西亚先锋集团、太平洋共同体、南太平洋大学、世界自然基金会

资料来源:太平洋岛国发展论坛宪章(2013年版)[3]

制表:吕桂霞[4](本书调整了其原始数据)

---

[1] Nic Maclellan, "Transforming the Regional Architecture: New Players and Challenges for the Pacific Islands", *Asia-Pacific Issues*, No. 118, East-West Center, August 2015, p. 6.

[2] 参见 Greg Fry and Sandra Tarte, "The 'New Pacific Diplomacy': An Introduction", in Greg Fry and Sandra Tarte (eds.), *The New Pacific Diplomacy*, Canberra: Australian National University Press, 2015, pp. 8-9;吕桂霞:"全球化、区域化与太平洋岛国发展论坛",《历史教学问题》,2018年第4期,第110—111页。

[3] Pacific Islands Development Forum, Charter of the Pacific Islands Development Forum, Suva, 2013, pp. 21-23.

[4] 吕桂霞:"全球化、区域化与太平洋岛国发展论坛",《历史教学问题》,2018年第4期,第110页。本书参考了这篇文章的制表形式,但使用了其他数据来源。

正因为如此，太平洋岛国发展论坛从一开始就带有浓厚的"草根"特性，强调"自下而上"的参与，强调社区、妇女、青年与弱势群体的角色，重视传统文化与传统知识的作用，重视媒体影响力与宣传效果，重视与非国家行为体的合作。这种"草根"特性逐渐塑造了太平洋岛国发展论坛在南太平洋地区机制网络中的定位。

第五，运营的灵活性。太平洋岛国发展论坛继承了南太平洋地区主义历史上的本土化地区机制（例如太平洋岛屿种植业协会）那种"小管理团队、低成本运营"的传统。太平洋岛屿种植业协会在预算极少、人员与行政架构极为精简的情况下在南太平洋地区主义早期发展中起到了重要作用。太平洋岛国发展论坛借鉴了这种模式；而且，在新的全球治理时代，还增加了网络化管理的方式，吸纳各方面专家，呈现出"小团队、大平台、宽网络"的特点。例如马伊阿瓦、卡米和特维三人都是其他国际与地区组织的负责人，却在发展论坛的筹建上起到重要作用。正如阿阔柔针对发展论坛的组织方式所说，如果能从非政府组织和学术机构得到智力资源，就"不必在头顶上（顶层）再建个秘书处"了。[①] 这种低成本运营、没有大规模官僚机构的特点也得到了斯蒂芬妮·劳森的认可，当然她更强调这种方式使其很难实现雄心。[②]

不过，随着太平洋岛国发展论坛的发展、承担事务的增多，经费不足、人力不足、能力不足等运营方面的缺陷开始显现。在这种情况下，太平洋岛国发展论坛发挥包容性、"草根性"的特点，广泛与企业、非政府组织和其他地区与国际组织合作，解决经费和人力资源问题。例如，太平洋岛国发展论坛与太平洋岛国私营部门组织（PIPSO）合作，发起了"太平洋绿色商业中心"（PGBC）项目，共同建设网站，获得来自私营部门对运营与能力建设的支持。反过来，太平洋岛国发展论坛

[①] Transform Aqorau, "State of the Pacific: Slippery Slopes and Rough Rides in Regional Cooperative Endeavours in the Islands", *SSGM Discussion Paper*, 2016/8, Australian National University, 2016, p. 5.

[②] Stephanie Lawson, "Australia, New Zealand and the Pacific Islands Forum: A Critical Review", *Commonwealth & Comparative Politics*, Vol. 55, No. 2, 2017, p. 228.

也积极为太平洋岛国和岛屿领地的企业提供与绿色/蓝色经济主题密切相关的咨询服务、培训项目与商业展示平台，形成地区组织与商界之间的互利合作。①

三、成果与影响

太平洋岛国发展论坛并没有像一些人预期的那样因为斐济于2014年举行大选、重新回归地区政治"主流"而消失。在举办首届论坛后，太平洋岛国发展论坛仍然在不断发展，持续获得反响，影响了太平洋地区主义的走向，加强了太平洋岛国对地区主义的主导权。这也从侧面佐证了发展论坛的创立与持续并非斐济一国之力可以解释。

1. 融入了地区机制合作网络

从南太平洋地区最老牌的地区组织——南太平洋委员会演变而来的太平洋共同体对太平洋岛国发展论坛这个新生的地区组织予以了大力支持。时任太平洋共同体秘书长阿梅纳·亚乌诺利（Amena Yaunoli）参加了首届太平洋岛国发展论坛领导人会议，做了题为《太平洋小岛屿发展中国家集团和美拉尼西亚先锋集团绿色增长框架》的报告，聚焦在太平洋岛国发展论坛设定的绿色发展主题上，并提出太平洋共同体秘书处可以在技术上支持包括太平洋岛国发展论坛在内的新地区机制的活动。② 2014年6月，在第二届太平洋岛国发展论坛领导人会议期间，来访的太平洋共同体总干事科林·图库伊汤加（Colin Tukuitonga）与太平洋岛国发展论坛时任临时秘书长费莱蒂·特奥（Feleti Teo）签订了《谅解备忘录》，提出要建立两个组织之间"真诚的伙伴关系"，"互相

---

① 例如 "Partnering to Meet Fiji's 2030 Renewable Energy Goal"．http：//greenbusiness. solutions/vision_energy/；"Report for Talanoa on Plastic Bag Phase – out"，http：//pacificidf. org/wp – content/uploads/2013/07/Full – Report – Plastics – Talanoa. pdf.

② Amena Yaunoli，"Pacific SIDS Meeting and MSG Green Growth Framework"，presentation at Session 1，Pacific Islands Development Forum，5 August 2013，http：//pacificidf. org/wp – content/uploads/2013/08/PIDF_Session – 1_AYaunoli. pdf.

承认并尊重彼此的授权"、"共享信息",在绿色发展等问题上展开有效合作。① 当年11月,太平洋岛国发展论坛应邀参加了太平洋共同体第54次政府代表委员会(CRGA)会议。获得太平洋共同体的承认与支持并与其展开合作,是太平洋岛国发展论坛融入地区机制合作网络的重要一步。

与此同时,太平洋岛国发展论坛还和美拉尼西亚先锋集团、南太平洋大学两个地区组织和国际自然保护联盟、世界自然基金会两个知名国际非政府组织签订了《谅解备忘录》。②

随着太平洋岛国论坛于2014年正式开启了改革,与太平洋岛国发展论坛同样强调"倾听地区的声音",两个论坛之间的关系也随之改善。2015年,太平洋岛国论坛秘书长泰勒与太平洋岛国发展论坛的官员举行会谈,认为"每个机构都有自身的作用,只要具有建设性"。③ 2017年,两个论坛联合开展了"太平洋海洋年"宣传活动,例如面向所有太平洋岛国广泛征集图片,分享自己认为"最美的海洋时刻"。

2. 获得了国际社会认可支持

除了在南太平洋地区内建立合作网络外,太平洋岛国发展论坛还有意识地打造与亚洲进行地区间交流与合作的平台。第二届太平洋岛国发展论坛领导人会议邀请了时任印尼总统苏西洛作为特邀嘉宾;第三届发展论坛邀请了泰国总理巴育(Prayut Chan-o-cha)作为特邀嘉宾。

有统计表明,自太平洋岛国发展论坛成立以来,来自五大洲多个国

---

① Pacific Islands Development Forum, Memorandum of Understanding Between the Secretariat of the Pacific Community and Pacific Islands Development Forum, Suva, Fiji, 20 June 2014, pp. 3–4.

② Pacific Islands Development Forum, Memorandum of Understanding of Cooperation.

③ Dame Meg Taylor, "The Future of the Pacific Islands Forum and the New Framework for Pacific Regionalism", speech at University of the South Pacific, 27 May 2015, as cited in Nic Maclellan, "Transforming the Regional Architecture: New Players and Challenges for the Pacific Islands", *Asia-Pacific Issues*, No. 118, East-West Center, August 2015, p. 6.

家和重要国际组织的代表参访论坛秘书处,包括时任中国—太平洋岛国论坛对话会特使杜起文、全国政协副主席、中国大洋洲友好协会副会长马培华、伊朗驻斐济大使贾拉拉丁·米安吉(Jalaladdin Mianji)、葡萄牙驻斐济大使保罗·阿尔维斯(Paulo Alves)、瑞典驻太平洋岛国大使帕尔·阿尔贝里(Par Ahlberger,中文名艾傅晔)和法国、韩国、日本等多国政府代表。①

太平洋岛国发展论坛秘书处也积极行动,与域外国家与国际组织开展交流合作,提升太平洋岛国发展论坛的国际地位。例如,2014年10月,太平洋岛国发展论坛临时秘书长特奥与联合国农业发展国际基金会(IFAD)亚太区经济学家法布里齐奥·布雷西安(Fabrizio Brescian)在发展论坛秘书处举行会晤,就太平洋岛国地区农业与渔业的可持续发展和保障粮食安全等进行磋商。② 2017年2月,太平洋岛国发展论坛秘书处成员能力组负责人阿尔帕娜·普拉塔普(Arpana Pratap)代表该组织参加联合国大会筹备会议,呼吁各方行动起来,帮助太平洋岛国实现可持续发展目标–14。③ 2018年8月,太平洋岛国发展论坛与联合国人权事务高级专员署(OHCHR)签订谅解备忘录,将太平洋岛国的可持续发展与人权密切联系起来。④ 这些都有助于这个新生的地区组织发出"太平洋声音"、提高其在国际社会上的知名度,也有助于弥补其在能力建设方面的先天不足。⑤

2016年底,太平洋岛国发展论坛获得了联合国观察员地位,这是

---

① 吕桂霞:"全球化、区域化与太平洋岛国发展论坛",《历史教学问题》,2018年第4期,第108页。

② "PIDF and UN Funding Agency Discuss Assistance to the Pacific", 24 October 2014, http://pacificidf.org/pidf-and-un-funding-agency-discuss-assistance-to-the-pacific/.

③ "UN Preparatory Meeting for the UN Conference on SDG 14", 22 February 2017, http://pacificidf.org/un-preparatory-meeting-for-the-un-conference-on-sdg-14/.

④ "OHCHR MoU with Pacific Islands Development Forum", 1 September 2018, https://www.scoop.co.nz/stories/WO1809/S00006/ohchr-mou-with-pacific-islands-development-forum.htm.

⑤ 吕桂霞对此已有研究,参见吕桂霞:"全球化、区域化与太平洋岛国发展论坛",《历史教学问题》,2018年第4期,第108—110页。

发展论坛获得国际社会认可的关键一步。① 到 2018 年，联合国安理会五大常任理事国及 G20 成员国中的中国、美国、俄罗斯、英国、法国、德国、日本、印度、印尼、韩国等都已经以基本发展伙伴、观察员等不同形式参与了发展论坛。② 这些都标志着太平洋岛国发展论坛在国际社会上建立了影响力，有利于发展论坛利用域外影响提升域内地位。

表 5-3　参访太平洋岛国发展论坛秘书处的国家一览表

大洋洲	斐济、汤加、密克罗尼西亚、瓦努阿图、图瓦卢、所罗门群岛、法属波利尼西亚、新喀里多尼亚
亚洲	中国、日本、韩国、印度、伊朗、土耳其、巴基斯坦、印尼、东帝汶、阿曼
美洲	古巴、哥伦比亚
欧洲	俄罗斯、葡萄牙、瑞典、法国、荷兰、波兰、塞尔维亚、比利时、挪威
非洲	南非、几内亚

资料来源：太平洋岛国发展论坛网站
制表：吕桂霞③

3. 引领了地区议程

太平洋岛国发展论坛的观念和议程对南太平洋地区议程产生了引领作用。其中一个例子是发展论坛所倡导的绿色增长、蓝色经济等理念逐渐被本地区接受，也包括被太平洋岛国论坛接受。2017 年以前，太平洋岛国论坛一直不愿意接受"绿色增长""蓝色经济"等概念，而是更多使用"低碳发展道路""可复原性发展"等较为专业的名词。但显

---

① Arti Chand, "UN Admits PIDF as Official Observer to the UN General Assembly", Pacific Islands Development Forum, 23 December 2016, http://pacificidf.org/un-admits-pidf-as-official-observer-to-the-un-general-assembly/.

② Ethan Meick, Michelle Ker and Han May Chan, *China's Engagement in the Pacific Islands: Implications for the United States*, Staff Research Report, U.S.-China Economic and Security Review Commission, 2018, p.15.

③ 吕桂霞："全球化、区域化与太平洋岛国发展论坛"，《历史教学问题》，2018 年第 4 期，第 108 页。

然，太平洋岛国发展论坛使用的绿色增长、蓝色经济等概念更形象、通俗易懂、"接地气"，与太平洋岛国和人民的思维更有兼容性，因而也得到了岛国人民的广泛理解与支持。①

2017年，太平洋岛国论坛也开始越来越多地使用"绿色/蓝色经济"概念，两个论坛共同倡导"太平洋海洋年"和"蓝色太平洋"。虽然太平洋岛国论坛的官方文件并未明确指出这些概念与太平洋岛国发展论坛的关系，但这种关联是明显的。这体现出太平洋岛国发展论坛的议题设置能力。

4. 促进了地区主义与地区秩序变革

首届太平洋岛国发展论坛领导人会议的时间正好赶上太平洋岛国论坛秘书处举办会议研究对《太平洋计划》的审查以及太平洋岛国论坛秘书处自身的改革，这可能是巧合而非有意为之。但即便只是巧合，这种同时进行"旧机制"的"改革"与"新机制"的"创新"的地区主义转向模式也具有研究价值。

前文已讨论了《太平洋计划审查（2013）》和《太平洋地区主义框架》的全过程。太平洋岛国论坛的改革方向与发展论坛的运作模式有很大相通之处，例如两者都强调太平洋岛国尤其是小岛国的利益；都强调成员国对秘书处的领导以及秘书处本身的"瘦身"；都强调领导人对议题的决定作用，这自然导致了议题更加容易聚焦在太平洋岛国关心的气候变化、渔业、可持续发展等方面；都强调非政府组织和学者的广泛参与和这种参与的机制化等。桑德拉·塔特据此认为，太平洋岛国发展论坛对太平洋岛国论坛的组织程序改革产生了影响。② 太平洋共同体秘书长科林·图库伊汤加2017年将太平洋岛国发展论坛定性为"地区秩序

---

① Matthew Dornan et al., "What's in a Term? 'Green Growth' and the 'Blue – green Economy' in the Pacific Islands", *Asia & The Pacific Policy Studies*, Vol. 5, Special Issue, 2018, p. 8.

② Sandra Tarte, "The Changing Paradigm of Pacific Regional Politics", *The Round Table*, Vol. 106, No. 2, 2017, p. 5.

变革的最重要例证",还称发展论坛"毫无疑问在域内外得势"。①

当然,太平洋岛国发展论坛的发展还面临着一系列困难,包括经费紧张且来源不稳定、"斐济色彩"过强、大国尤其是澳大利亚打压、与其他地区组织尤其是太平洋岛国论坛关系一直复杂等。② 这使得太平洋岛国发展论坛本身的机制化常态化建设尚不完善,组织的未来发展仍然要受到全球进程、域外地缘政治、地区机制之间的关系、斐济自身的外交优先排序,以及经费来源等问题的持续影响。例如,2017 年由于斐济涉入的外交议程过多,太平洋岛国发展论坛面临严重的经费和日程紧张问题,甚至难以如期召开第五届峰会。③ 在可预见的时间里,太平洋岛国论坛在南太平洋地区组织中的核心地位还难以受到根本性挑战。或者如阿阔柔所说,太平洋岛国发展论坛可能吊诡地成为其成功的"受害者"——恰恰因为它成功推动了太平洋岛国论坛的改革,包括《太平洋地区主义框架》、"蓝色太平洋"倡议,以及 2021 年前澳新将预算贡献降到 49% 以下的决策权改革,太平洋岛国发展论坛才在机制竞争中没有取代太平洋岛国论坛——在他看来,这反而说明太平洋岛国发展论坛取得了成功。④ 不过,无论未来前景如何,太平洋岛国发展论坛的筹建与运行已经促进了 21 世纪 10 年代南太平洋地区秩序的变革,在太平洋岛国地区主义实践中留下了印迹。⑤

总之,作为一群小国、岛国自行组织的新地区机制,太平洋岛国发展论坛已经取得了很大成效,值得对其进行深入评估,将其作为一个重要案例推动太平洋岛国地区主义研究的深入。太平洋岛国发展论坛的缘

---

① Colin Tukuitonga, "The Future of Pacific Regionalism: Challenges and Prospects", *Pacific Dynamics*, Vol. 1, No. 2, 2017, p. 343.

② "Bainimarama Accuses Canberra of Undermining PIDF", *Radio New Zealand*, 2:37 p. m., 2 September, 2015.

③ Nic Maclellan, "The Region in Review: International Issues and Events, 2017", *The Contemporary Pacific*, Vol. 30, No. 2, 2018, p. 466.

④ Transform Aqorau and James Batley, "The Pacific Islands Development Forum: A Shaky Future?" *In Brief*, 2019/8, Department of Pacific Affairs, Australian National University.

⑤ 参见 Xiaochen Chen, "China, the United States and Changing South Pacific Regional Order in the 2010s", *China International Strategy Review*, Vol. 1, No. 2, 2019, pp. 330–343.

起和发展过程体现了全球治理下的国际观念（例如"绿色经济""蓝色经济"和应对气候变化与可持续发展议程等）如何通过一系列机制和个人，在太平洋岛国在气候变化等特定发展议题上的共同利益与对既有地区机制不满的作用下，助推了一个新地区组织的产生与发展。太平洋岛国发展论坛取得的成果与产生的影响又产生正反馈效应，通过建立地区与国际合作网络、引领地区议程等方式作用于地区秩序，提升了太平洋岛国的地区主义主导权。

第二节 太平洋小岛屿发展中国家集团

本节重点研究太平洋小岛屿发展中国家集团。最初，太平洋小岛屿发展中国家指的是，太平洋岛国驻纽约联合国外交官之间的一种联络与协调机制，后来成为联合国机制下的一个非正式集团，是太平洋岛国地区主义新发展在全球多边外交领域的重要一环，也是地区集体外交公共产品的重点体现。①

一、缘起与原因分析

直到 2009 年，太平洋岛国在国际多边舞台上仍然被描述为"处在边缘地位"。② 不过，自那时以来，太平洋小岛屿发展中国家作为一个机制开始活跃，逐渐获得了联合国与国际社会的承认，并逐渐取代此前的太平洋岛国论坛集团（包含澳新），成为太平洋岛国在联合国开展集体外交的"关键外交工具"（key diplomatic vehicle）。③ 根据一位太平洋

---

① 本节部分内容已在学术期刊上发表，参见陈晓晨："全球治理与太平洋岛国地区主义的发展"，《国际论坛》，2020 年第 6 期，第 119—136 页。

② Karen McNamara, "Voices from the Margins: Pacific Ambassadors and the Geopolitics of Marginality at the United Nations", *Asia Pacific Viewpoint*, Vol. 50, No. 1, 2009, p. 1.

③ Joanne Wallis, *Pacific Power? Australia's Strategy in the Pacific Islands*, Melbourne: Melbourne University Publishing Limited, 2017, p. 277.

岛国驻纽约外交官的描述，"太平洋岛国论坛集团（小组）仍然碰面，但不像以前那样定期并且发表联合声明了。作为一个集团，太平洋小岛屿发展中国家集团现在发表更多声明。"① 格雷格·弗莱的研究认为，2012年是一个关键年份，太平洋小岛屿发展中国家集团在那一年得到了显著的承认，发挥了相当于一个中等规模代表团的作用，最终取代了太平洋岛国论坛集团成为太平洋岛国在联合国的主要外交工具。②

各个新地区机制之间的集中互动推动了这些机制共同发展。其中，特别是2010年"接触太平洋领导人会议"的召开，对太平洋小岛屿发展中国家集团的形成起到推动作用。会后发表的《纳塔多拉宣言》直接支持了巴新提出的关于太平洋小岛屿发展中国家加强合作的动议，明确提出"太平洋小岛屿发展中国家需要对影响太平洋岛国生存的议题采取更强的、联合的立场"。③ 此后，"接触太平洋领导人会议"以及取而代之的太平洋岛国发展论坛对太平洋小岛屿发展中国家集团的发展起到了助推作用，两个机制之间呈现出相互促进的关系。

2012年的第三届"接触太平洋领导人会议"以"一个团结而独特的太平洋小岛屿发展中国家声音"为主题。与会领导人在会议期间和会后发布的《楠迪宣言》中支持了太平洋小岛屿发展中国家集团机制，表示"注意到太平洋小岛屿发展中国家在通过既有地区与国际集团解决他们共同利益方面因为竞争性的利益和差异性的发展水平而面临挑战"，并"认识到太平洋小岛屿发展中国家在联合国成员国建立关于优先事务的一个团结立场的需要"。④ 虽然这段宣言未明确提到澳新，但"竞争

---

① As cited in: Fulori Manoa, "The New Pacific Diplomacy at the United Nations: The Rise of the PSIDS", in Greg Fry and Sandra Tarte (eds.), *The New Pacific Diplomacy*, Canberra: Australian National University Press, 2015, pp. 90–91.

② Greg Fry, *Framing the Islands: Power and Diplomatic Agency in Pacific Regionalism*, Canberra: ANU Press, 2019, p. 288.

③ "The Natadola Communiqué", 23 June, 2010, http://www.fiji.gov.fj/Media-Center/Press-Releases/The-Natadola-Communiqu%C3%A9.aspx.

④ The Fijian Government, Engaging with the Pacific Leaders Meeting: Nadi Communiqué, Denarau, Nadi, Fiji, 23–24 August 2012.

性的利益和差异性的发展水平"显然明确表达了太平洋岛国与澳新的差异是形成太平洋小岛屿发展中国家集团机制之源。

目前，太平洋小岛屿发展中国家集团包括所有14个具有主权的太平洋岛国。值得一提的是，尽管库克群岛和纽埃尚未成为联合国成员国，但这两个国家也是集团的两个成员，其国旗也出现在集团的LOGO上面。太平洋小岛屿发展中国家集团实际上帮助这两个国家间接"加入"了联合国。这些国家驻纽约的使团团长每个月至少会面一次，并且保持通讯联络畅通。他们还组建了一个包括所有太平洋岛国驻纽约使团的联合工作组，发挥类似"联合参谋部"的角色。①

岛国的主权是太平洋小岛屿发展中国家集团形成的根本资源。太平洋岛国发展论坛首任秘书长马特尔对此直言不讳："太平洋岛国虽然小，但放在一起就发出很强的声音。""大多数联合国成员国清楚这一点……它们需要'一国一票'下的这12张票。"②

太平洋小岛屿发展中国家集团的形成也是太平洋岛国共同利益驱动的结果。不少学者和观察者都发现，太平洋岛国在气候变化威胁下的生存问题的紧迫性，以及与澳新在气候谈判立场上的广泛差异促使太平洋岛国不得不单独组建它们自己的集团。③ 而哥本哈根气候大会是一个重要的时间节点，催化了集团的形成。一个证据是，就在2009年哥本哈根气候大会前夕，太平洋岛国第一次以太平洋小岛屿发展中国家集团名

---

① The Fijian Government, Engaging with the Pacific Leaders Meeting: Nadi Communiqué, Denarau, Nadi, Fiji, 23 – 24 August 2012.

② Len Garae, "Exclusive Interview with PIDF Secretary General", *Vanuatu Daily Post*, 2 April 2016, https: //dailypost.vu/news/exclusive – interview – with – pidf – secretary – general/article _a65aafb3 – 7e3e – 53f1 – 82e6 – cfa79f05ad64.html.

③ Greg Fry, *Framing the Islands: Power and Diplomatic Agency in Pacific Regionalism*, Canberra: ANU Press, 2019, p. 288; George Carter, "Establishing a Pacific Voice in the Climate Change Negotiations", in Greg Fry and Sandra Tarte (eds.), *The New Pacific Diplomacy*, Canberra: Australian National University Press, 2015, p. 218.

义向《联合国气候变化框架公约》附属机构（SB）提交了联合意见书。①

然而，要想在这些问题上发声并取得成效，首先要克服迈克尔·波尔斯在2002年准确提出的太平洋岛国在联合国面临的"边缘化"问题。② 在2009年左右以前，太平洋岛国在联合国中主要以太平洋岛国论坛为集团进行活动。因此，太平洋岛国面临的其实是"双重边缘化"，即太平洋岛国论坛在联合国被边缘化，同时岛国在太平洋岛国论坛中被澳新边缘化。访谈研究表明，大多数岛国大使和外交官都认为，与澳新一起发声当然意味着他们的声音更大，但这在实践中意味着岛国的利益被澳新捆绑带偏；一些外交官认为，澳新是利用太平洋岛国论坛在联合国推行自己的国家利益，而在一些重要问题例如气候变化问题上，澳新和岛国的利益是有冲突的。这促使岛国驻纽约外交官萌生了"为什么不自己组建一个集团"的想法。③

集中外交资源尤其是外交官人力资源是太平洋小岛屿发展中国家集团形成的重要现实动因。除了斐济以外，大多数太平洋岛国在联合国纽约总部的常驻人员不超过3名（包括大使在内）。这与澳新的外交官数量形成巨大反差。而且，斐济驻联合国的外交官主要是在与维和相关的部门工作，因为斐济军队大量参与联合国维和任务。联合国大会下设六大委员会，每天都有大量会议要参加，大量文件要处理。况且，由于人手极为有限，这些驻纽约的岛国外交官还经常兼任驻纽约领事官，处理大量与美国的双边外交、领事服务、法务等工作。这让大部分岛国都面

---

① George Carter, "Establishing a Pacific Voice in the Climate Change Negotiations", in Greg Fry and Sandra Tarte（eds.）, *The New Pacific Diplomacy*, Canberra: Australian National University Press, 2015, p. 213.

② 参见 Michael Powles, "Making Waves in the Big Lagoon: The Influence of Pacific Island Forum Countries in the United Nations", *Revue Juridique Polynesienne*, Vol. 1, No. 2, 2002, pp. 59 – 76.

③ Fulori Manoa, "The New Pacific Diplomacy at the United Nations: The Rise of the PSIDS", in Greg Fry and Sandra Tarte（eds.）, *The New Pacific Diplomacy*, Canberra: Australian National University Press, 2015, pp. 91 – 92.

临外交官人力资源严重不足的问题。因此，共享资源，集体投票，互相帮助参加不同会议，乃至共享被选举权，是岛国形成集团的非常现实的、技术性的原因。①

此外，由于太平洋岛国都是发展中国家，而澳新是发达国家，因此单独组建集团有利于太平洋岛国集体参加只有发展中国家才有准入资格的机制，例如七十七国集团、不结盟运动（NAM）等，这是岛国形成集团的程序性原因之一。这种"第三世界身份"是岛国的利益所在。发展中国家的外交网络，尤其是气候变化网络，帮助像太平洋岛国这样的小国提高了与其规模不相匹配的国际话语权，乃至如一些学者所说"建构"了某种"气候话语霸权"，提升了太平洋岛国的议价权力，也推动了太平洋小岛屿发展中国家集团的形成与发展。②

在另一个维度上，小岛屿国家联盟在气候谈判上的内部分歧也促成了太平洋小岛屿发展中国家集团。例如，当时已成为图瓦卢气候与环境大使并为整个太平洋小岛屿发展中国家集团服务的伊恩·弗莱说，在小岛屿国家联盟内部，新加坡等国在气候谈判上的立场与太平洋岛国存在明显差异，促使联盟内部的"小集团化"，使得包括太平洋小岛屿发展中国家集团在内的次一级集团成立。③ 这正是前文所述基欧汉、维克托所说的气候谈判联盟"裂解"趋势的具体体现。④

与对太平洋岛国发展论坛的原因解释相似，不少文献将太平洋小岛

---

① Fulori Manoa, "The New Pacific Diplomacy at the United Nations: The Rise of the PSIDS", in Greg Fry and Sandra Tarte (eds.), *The New Pacific Diplomacy*, Canberra: Australian National University Press, 2015, p. 92.

② 参见 Marc Williams and Duncan McDuie-Ra, *Combatting Climate Change in the Pacific: The Role of Regional Organizations*, Cham: Palgrave Macmillan, Springer International Publishing, 2018, pp. 39-62; Ashlie Denton, "Voices for Environmental Action? Analyzing Narrative in Environmental Governance Networks in the Pacific Islands", *Global Environmental Change*, Vol. 43, March, 2017, pp. 62-71.

③ Ian Fry, "The Paris Agreement: An Insider's Perspective – The Role of Small Island Developing States", *Environmental Policy and Law*, Vol. 46, No. 2, 2016, pp. 106-107.

④ 参见 Robert Keohane and David Victor, "The Regime Complex for Climate Change", *Discussion Paper*, 10-33, The Harvard Project on International Climate Agreements, January 2011, https://www.belfercenter.org/sites/default/files/legacy/files/Keohane_Victor_Final_2.pdf.

屿发展中国家集团的形成归因于斐济国内政治的变化和被太平洋岛国论坛暂停成员资格。确实，这解释了斐济这个国家的部分动机，而斐济的推动对集团的形成确实起到了催化作用。而且，斐济在联合国的人力资源相对充沛，具备提供"人力资源公共产品"的能力。不过，正如一些研究注意到的，集团开始形成早于太平洋岛国论坛暂停斐济成员资格，因此前者不会是后者的结果。而且，最关键的因素还是集团的形成得到了岛国的集体支持。[1]

《我们的近邻：澳大利亚和太平洋岛国地区主义》报告站在澳大利亚的角度对太平洋小岛屿发展中国家集团的形成做了反思，认为"在某种程度上，这个集团显示了（太平洋岛国论坛）岛国成员疏远了我们（澳大利亚）"，认为集团的形成是被岛国倾向排除澳新的国际交往驱动的。报告还特别提出，为太平洋岛国和阿拉伯联盟（Arab League）特别是和阿联酋发展合作搭建桥梁是太平洋小岛屿发展中国家集团形成的另一支催化剂。[2]

太平洋小岛屿发展中国家集团2013年设置的该机制的四大目标也反映了其成立与发展的动力。这四大目标为：1）评估《巴巴多斯行动计划》与《毛里求斯落实战略》的进展与不足；2）寻求重获所有国家解决小岛屿发展中国家特殊需求与脆弱性的政治承诺；3）确认小岛屿发展中国家可持续发展面临的新挑战与机遇，包括加强与国际社会的合作伙伴关系；4）在联合国后2015可持续发展目标的细化阶段确认小岛屿发展中国家可持续发展的优先性。可以看出，这四大目标全都与全球可持续发展治理进程密切相关，获得外部对太平洋岛国可持续发展的外交支持是该集团的目标与动力。[3]

---

[1] Greg Fry, "Recapturing the Spirit of 1971: Towards a New Regional Political Settlement in the Pacific", *SSGM Discussion Paper*, 2015/3, Australian National University, March 2015, p. 7.

[2] Richard Herr and Anthony Bergin, *Our Near Abroad: Australia and Pacific Islands Regionalism*, Barton: The Australian Strategic Policy Institute Limited, 2011, pp. 21–22.

[3] Amena Yauvoli, "Pacific SIDS Meeting and MSG Green Growth Framework", http://pacificidf.org/wp-content/uploads/2013/08/PS-Amena-Yauvoli-s-Presentation-PIDF-Session-1.pdf.

二、过程

太平洋小岛屿发展中国家集团组建以来,外交官人手不足的问题得到了一定缓解。虽然岛国驻联合国外交官总量没有发生很大变化,但是由于共享了外交资源,取得了不少成绩,进一步推动了太平洋岛国寻求集体外交。

太平洋小岛屿发展中国家集团的一项重大工作,也是其正式成立的标志,是推动了联合国机制中的亚洲集团于2011年更名为"亚洲与太平洋小岛屿发展中国家集团",简称"亚太集团"——但与亚太经合组织涵盖的那个亚太地区不同,这个"亚太集团"并不包括美国或任何美洲国家,也不包括澳新。此前,澳新曾试图推动与太平洋岛国一起形成一个联合国认可的"太平洋岛国论坛集团"。而亚洲集团的更名和亚太集团的成立标志着澳新的计划流产。[1]

这个事件的重要性并不在于仅仅更改了名称,而且在于推动了太平洋岛国在更名后的亚太集团中获得更多被选举权,从而产生更大的影响力。"亚太集团"的名称至少在形式上表明亚洲与太平洋岛国是两个平等的地区,而且采用了"太平洋小岛屿发展中国家"作为全称。太平洋岛国在新的亚太集团中有获得席位的程序保障。由此,在2014年,太平洋岛国在联合国各项机制下出现了席位"全面开花"的现象:斐济在联合国国际贸易法委员会(UNCITRAL)、联合国环境署占有席位,还是联合国开发计划署、联合国人口基金(UNFPA)和联合国项目事务署(又译联合国项目事务厅,UNOPS)的执行局成员;斐济还和汤加同时是国际海底管理局(ISA)理事会成员——太平洋岛国占有的国际海底资源是南太平洋地区的重要现实价值与未来潜力所在,也是岛国

---

[1] Sandra Tarte, "A New Pacific Regional Voice? An Observer's Perspective on the Pacific Islands Development Forum (PIDF), Inaugural Summit, Denarau, Fiji, 5 – 7 August 2013", *Pacific Islands Brief*, No. 4, Pacific Islands Development Program (PIDP), Hawai'i, 28 August 2013, p. 2.

拥有的权力资源；巴新是联合国儿童基金会（UNICEF）和联合国教科文组织执行局成员；所罗门群岛是联合国妇女署（UN Women）执行局成员；萨摩亚在儿童权利委员会（CRC）有一名专家。2015年，当斐济卸任联合国开发计划署、人口基金和项目事务署执行局成员时，萨摩亚又在太平洋小岛屿发展中国家集团的支持下继任。这种（以太平洋岛国为单位）连任的情况此前对太平洋岛国来说非常少见，但在共享外交资源的新机制作用下时有发生。特别是从2011年起，出现了（以太平洋岛国为单位）连任联合国大会副主席的情况。①

在太平洋小岛屿发展中国家集团的助力下，太平洋岛国在国际舞台上的声望日隆，取得了若干重要职位。2016年，斐济驻联合国大使彼得·汤姆森（Peter Tompson）当选第71届联合国大会主席，这更是太平洋岛国在联合国历史上"零的突破"。他当选后的致辞重点感谢了太平洋小岛屿发展中国家，也表达了当选后将以气候变化与海洋问题为优先工作方向：

> 在此，我要感谢来自太平洋小岛屿发展中国家的兄弟姐妹。这个提名不仅是斐济的，也是太平洋小岛屿发展中国家的。太平洋小岛屿发展中国家提名的候选人成功当选大会主席，有史以来尚属首次。对太平洋各岛屿来说，这是一个重大时刻，谢谢诸位的支持！太平洋小岛屿发展中国家在气候变化和海洋问题上提出了独特的见解。在第71届联大会议上，你们一定会听到我谈论这些问题。②

2017年，斐济成为《联合国气候变化框架公约》第23次缔约国会议（COP23）、《京都议定书》第13次缔约方会议（CMP13）、《巴黎协

---

① Fulori Manoa, "The New Pacific Diplomacy at the United Nations: The Rise of the PSIDS", in Greg Fry and Sandra Tarte (eds.), *The New Pacific Diplomacy*, Canberra: Australian National University Press, 2015, pp. 94–95.

② "当选主席时的致辞：彼得·汤姆森先生阁下"，联合国，https://www.un.org/pga/71/zh/president/acceptance-speech/.

定》首次缔约方大会第二阶段会议（CMA2）主席国，斐济总理姆拜尼马拉马担任主席，并出任首届联合国全球海洋大会联合主席，彼得·汤姆森获任联合国秘书长海洋事务特使。这是受到气候变化严重影响的小岛屿发展中国家首次担任联合国气候大会主席国，成为太平洋岛国尤其是斐济的"高光时刻"。斐济的工作也因此得到了太平洋岛国地区组织与机制的集体支持。太平洋小岛屿发展中国家集团主要承担在联合国内部寻求协调支持、发出声音与组织活动的角色。

表 5-4 太平洋岛国通过地区合作取得的部分国际机制
重要职位、角色或成绩

年份	国家	关键人物	组织/机制/倡议	职位/角色
2012	瑙鲁		小岛屿国家联盟	主席国
2013	斐济	彼得·汤姆森	七十七国集团+中国	主席国
2014	萨摩亚	图伊拉埃帕·萨伊莱莱	第三届小岛屿国家会议	东道主
2015	马绍尔群岛	托尼·德·布鲁姆	"高雄心联盟"	发起人之一
2016	斐济	彼得·汤姆森	联合国大会	主席
2017	斐济	彼得·汤姆森	首届联合国海洋大会（全球海洋峰会）	联合主席国
2017	斐济	彼得·汤姆森	联合国秘书长海洋事务特使	特使
2017	斐济	姆拜尼马拉马	《联合国气候变化框架公约》第23次缔约国会议	主席国

资料来源：笔者整理

三、成果与影响

当然，仅仅是更多获得席位、当选重要职位，还是远远不够的，更关键的是要把这些职位和席位转化为实际效果。在这方面，这一机制最重要的成绩就是在制定联合国可持续发展目标时，将海洋治理单列为一个目标。有评论认为，这是"独特而持续的'海洋外交'（ocean diplomacy）品牌"[1]。在可持续发展目标开放工作组（OWG）的30个席位中，有7个席位分配给了新的亚太集团，其中瑙鲁、帕劳和巴新共享一个席位。他们在开放工作组中表现极为活跃，克服了困难，取得了将"保护和可持续利用海洋和水生资源"单独列为第14个可持续发展目标（可持续发展目标-14，SDG-14）的成果。[2]

2017年11月，由斐济担任主席国的COP23正式会议在德国波恩开幕。姆拜尼马拉马在大会开幕式上表示，气候变化导致飓风、野火、干旱、洪水和粮食安全等方面的威胁不断增多，在应对气候变化上没有时间可以浪费。他呼吁各方坚持国际共识，按照《巴黎协定》采取果断行动。斐济首席谈判代表、太平洋小岛屿发展中国家集团临时召集人纳兹哈特·汗（Nazhat Khan）说："作为太平洋岛国，我们深知极端天气变化对人们造成的破坏性影响。这次大会的一个主要任务就是凝聚共识、增强紧迫感，围绕如何大力推进落实《巴黎协定》进行谈判，我们将寻求就如何衡量进展达成共识。我们将为明年的谈判奠定一个基础，并在这次大会上开展对话，为2018年政府与非政府行为者之间开展合作、进行建设性对话、进一步提高目标而做出努力。"[3]

公允地评价，虽然斐济在COP23的领导力受到《联合国气候变化框架公约》官方文件和各方的广泛赞誉，COP23也确实取得了一定进展，但是，各种复杂因素导致了联合国气候谈判本身进展缓慢，加之COP23本身的定位就是落实《巴黎协定》的细节，姆拜尼马拉马担任

---

[1] Genevieve Quirk and Quentin Hanich, "Ocean Diplomacy: The Pacific Island Countries' Campaign to the UN for an Ocean Sustainable Development Goal", *Asia-Pacific Journal of Ocean Law and Policy*, Vol. 1, No. 1, 2016, p. 70.

[2] Fulori Manoa, "The New Pacific Diplomacy at the United Nations: The Rise of the PSIDS", in Greg Fry and Sandra Tarte (eds.), *The New Pacific Diplomacy*, Canberra: Australian National University Press, 2015, pp. 96-97. 这篇文章作者采访的所有太平洋岛国驻联合国大使都将此作为该机制的重要成绩。

[3] 张毅荣、田颖："联合国波恩气候变化大会开幕"，新华网，2017年11月6日，http://www.xinhuanet.com/2017-11/06/c_1121914720.htm；"实施减缓气候变化行动任重道远新一轮联合国气候变化会议在波恩开幕"，联合国，2017年11月6日，https://news.un.org/zh/story/2017/11/285252.

COP23 主席期间在推动场内的全球气候谈判上的真实成绩只能评价为"中规中矩"。① 不过，斐济主席年在为太平洋岛国争取权益与扩大影响力方面取得了很大成效。例如，COP23 第 1 号决议第 10 - 11 段采用了斐济的倡议，宣布于 2018 年 1 月启动"塔拉诺阿对话"——"塔拉诺阿"是斐济和其他太平洋岛国的一种传统议事方式，强调包容性、参与性和透明性，也强调坦诚直率的精神，重点在于分享故事、建立同情心与信任。"塔拉诺阿对话"旨在为落实《巴黎协定》提供便利化的探讨，具体包括盘点缔约方在争取实现《巴黎协定》在长期目标方面的集体努力的进展情况，并为各国准备国家自主贡献（NDCs）提供信息。② 这是全球气候治理的一份"太平洋岛国方案"，有利于太平洋岛国在国际上传播"太平洋声音"。2018 年 5 月，"塔拉诺阿对话"正式启动。③ 在会场内外，在太平洋小岛屿发展中国家集团的支持下，斐济和其他太平洋岛国在各种边会活动上大放异彩，其具有太平洋岛国风情的活动吸引了谈判代表与媒体的注意力。④

COP23 还给太平洋岛国带来了在气候融资上更实在的优先便利。COP23 第 6 号决议第 10 段提请《联合国气候变化框架公约》秘书处与资金经营实体（FM）等机构协作，"探讨各种方法和手段，以协助发展中国家缔约方以国家驱动的方式评估需要和优先事项，包括技术和能力建设需要，并协助它们将气候资金需要转化为行动"。⑤ "近水楼台"的

---

① 此为笔者本人和一些气候界人士的评价。对斐济在 COP23 的领导力进行高度评价的声音很多，例如 Melanesian Spearhead Group Secretariat, Annual Report 2017, Port Vila, Vanuatu, 2018, pp. 17 - 18.

② 《〈公约〉缔约方会议第二十三届会议报告，2017 年 11 月 6 日至 18 日在波恩举行》（增编），联合国 FCCC/CP/2017/11/Add., 1/CP. 23, 2018 年 2 月 18 日，第 3 页。

③ 张倩："2018 气候谈判 开启'塔拉诺阿对话'"，《中国环境报》，2018 年 5 月 4 日，https: //www. cenews. com. cn/newpos_jk/hjyjk/201805/t20180504_872833. html.

④ 参见 "The Blue Pacific at the United Nations Ocean Conference", https://www.forumsec. org/blue - pacific - united - nations - ocean - conference/; "SPREP at the United Nations Ocean Conference", https: //www. sprep. org/attachments/pacvoyage_un_oceans/SPREP_at_UNOC. pdf; "Calendar", https: //oceanconference. un. org/calendar.

⑤ 《〈公约〉缔约方会议第二十三届会议报告，2017 年 11 月 6 日至 18 日在波恩举行》（增编），联合国 FCCC/CP/2017/11/Add., 2018 年 2 月 18 日，6/CP. 23, 第 24 页。

太平洋岛国利用了这个机会，美拉尼西亚先锋集团成为全球第一个完成"基于需求的气候融资"（NBF）具体方案制定的地区组织。①

此外，在斐济主席年期间，太平洋小岛屿发展中国家集团机制下还建立了"太平洋气候行动伙伴关系"（CAPP）平台网络，试图动员整个太平洋岛国地区政府、社会和企业相关方力量形成一个气候行动联盟，作为对全球气候行动马拉喀什伙伴关系（MPGCA）的贡献，在农业、林业和土地利用，海洋，水资源，健康，性别与气候公正，气候融资，低碳发展，整合减灾、适应气候变化和可持续发展，以及体面工作与公平转型九大重点领域动员平台网络上的各种组织和部门贡献经验、技能、知识和其他资源。②

需要指出的是，太平洋小岛屿发展中集团作为一个地区机制并非孤立存在，而是和太平洋岛国主导的其他新地区机制紧密联动，互相促进。特别是太平洋小岛屿发展中集团和太平洋岛国发展论坛两个机制联系紧密。前者拥有"第三世界身份"使得后者在气候变化等议题上有了更多活动空间。反过来，后者建立的气候变化网络也为前者所用。有研究表明，由于有了"第三世界身份"，太平洋岛国发展论坛在气候变化国际网络中很快建立了比太平洋岛国论坛更广的联系（见图5-1）。

乔安妮·沃莉丝坦言，虽然澳大利亚官方措辞一直称"欢迎太平洋岛国的独立外交政策"，但是以太平洋小岛屿发展中国家集团为代表的太平洋岛国外交活跃度的增加已经削弱了澳大利亚对岛国的影响力，特别是在地区与国际机构中的影响力，澳大利亚特别关切太平洋小岛屿发展中国家集团的兴起替代太平洋岛国论坛、将澳新排除在谈判之外的趋势。沃莉丝认为，这构成了"拥挤、复杂而变化的地缘政治"的一部分，已经对南太平洋地区秩序产生"转变方向"的作用，可能对澳大

---

① "MSG Climate Finance Strategy Declared First in the World to Implement COP23 Mandate", https：//www.msgsec.info/msg-climate-finance-strategy-declared-first-in-the-world-to-implement-cop23-mandate/.

② "What is the Climate Action Pacific Partnership?", https：//cop23.com.fj/climate-action-pacific-partnership-capp/capp-ii-overview/.

利亚在南太平洋地区的战略利益产生影响。①

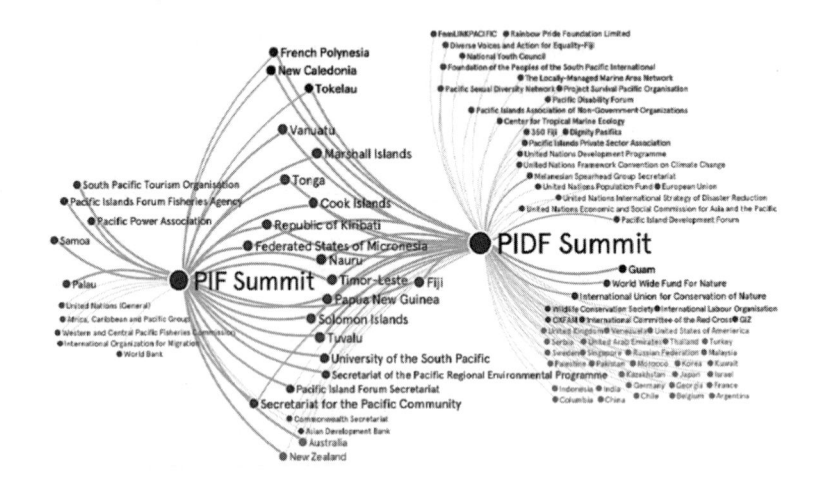

图 5-1　太平洋岛国论坛与太平洋岛国发展论坛应对气候变化机制网络示意图

资料来源：阿什莉·登顿（Ashlie Denton）②

第三节　《瑙鲁协定》缔约国的机制化

本节重点研究《瑙鲁协定》缔约国的机制化，这指的是《瑙鲁协定》缔约国从一个较为松散的谈判集团转型为机制化程度较高、组织较为紧密的地区组织的进程，包括"作业天数计划"的实施、《瑙鲁协定》缔约国办公室的建立、CEO 的就职与施政、正式独立为政府间地区组织、修订《瑙鲁协定》文本以适应这些变化、克服阻力坚持自创

---

① Joanne Wallis, *Crowded and Complex: The Changing Geopolitics of the South Pacific*, Barton: The Australian Strategic Policy Institute Limited, 2017, pp. 16-17.

② Ashlie Denée Denton, *Building Climate Empire: Power, Authority, and Knowledge within Pacific Islands Climate Change Diplomacy and Governance Networks*, Ph. D. Dissertation, Portland State University, 2018, p. 73.

机制的有效运作并与域外大国成功谈判等一系列过程。

机制化（又译为"制度化""建制"等）是国际关系研究中的常用概念，以至于不少学者都直接使用这个概念而没有加以定义。基欧汉将机制化定义为"许多行为被参与者认为是反映了既定规则、规范和习惯，行为的意义也就是按照这样的理解被解释的。"① 罗德·黑格（Rod Hague）和马丁·哈罗普（Martin Harrop）认为，机制化的手段包括创设明确规定的角色、标准化的操作程序、共享的文化以及控制行为的各种规则。② 在地区主义研究中，阿米塔夫·阿查亚和江忆恩（Alastair Iain Johnston）重点研究了与机制化密切相关的机制设计（institutional design），将其定义为"正式和非正式的建立机制本身的规则和关系"③。在国内学者中，陈玉刚、佟家栋、张云等也专门讨论了机制化的内涵与外延。④ 一般认为，地区主义范畴下的机制化包括设置秘书处、委员会等常设的地区组织机构，有统一的组织章程或协议规定权利与义务，成员方遵守相关规则与纪律约束。⑤ 不同的地区组织与机制的机制化程度不同，例如一般认为欧盟的机制化程度较高，而其他一些地区组织依然比较松散。这也在一定程度上导致了同样是讨论机制化，一些学者倾向将其视为组织程度不断提高的动态过程，而另一些学者更倾向将其视为

---

① Robert O. Keohane, *International Institutions and State Power: Essays in International Relations Theory*, Boulder: Westview Press, 1989, p. 1.
② ［英］罗德·黑格、马丁·哈罗普:《比较政府与政治导论（第五版）》，张小劲、丁韶彬、李姿姿译，北京：中国人民大学出版社，2007 年，第 101 页。
③ Amitav Acharya and Alastair Iain Johnston, "Comparing Regional Institutions: An Introduction", in Amitav Acharya and Alastair Iain Johnston (eds.), *Crafting Cooperation: Regional International Institutions in Comparative Perspective*, Cambridge: Cambridge University Press, 2007, p. 21.
④ 参见陈玉刚:《国家与超国家：欧洲一体化理论比较研究》，上海：上海人民出版社，2001 年，第 54—57 页。
⑤ 佟家栋:"亚太地区经济合作一体化模式探讨：从非机制化转向机制化研究"，《亚太经济》，2020 年第 2 期，第 31 页。

相对稳定的组织形式或状态。① 笔者更倾向将机制化视为一个过程而非一种状态。这也符合本书研究对象的动态性。

作为一群小国自组的地区机制,《瑙鲁协定》缔约国为什么进行机制化,其内部与外部的动力何在?在域外大国的夹缝之间甚至阻力之下,这些实力完全处于下风的岛国如何维持并扩大自创的地区公共产品,特别是坚持"作业天数计划"?《瑙鲁协定》缔约国的机制化特别是《瑙鲁协定》缔约国办公室取得了哪些成果?造成了哪些影响?如何进行自我维持?本节对这些问题进行回答,对渔业这个对太平洋岛国来说至关重要的问题进行特定领域案例研究,以此支持本书的逻辑与论证。②

一、缘起与原因分析

2009 年 11 月的一天,时任太平洋岛国论坛渔业局副秘书长阿阔柔正在向主要援助国做工作汇报。这是年度例行的工作,目的是向援助国确保其资金使用到位,方便援助国掌握工作进度。当时正值哥本哈根气候大会前夕,整个太平洋岛国地区组织都动员起来,阿阔柔也多少有些忙碌。他当面抱怨了一句,说他并不介意监督检查,拿了援助就不得不做,但这确实转移了他们的工作注意力。然而,这句抱怨激起了一位援助大国代表的愤怒。她用手指着阿阔柔说:"我告诉你,你别无选择!"在南太传统中,一位男性高级官员被一位低职衔女士用手指着骂显然不是件光彩的事,哪怕后者来自大国。两个月后,阿阔柔离职,"跳槽"

---

① 这种分野可能与研究对象有一定关联。例如,在研究中国在"一带一路"倡议下经略周边的机制化问题时,高程和王震研究的是正在发生乃至尚未发生的机制化过程。参见高程、王震:"中国经略周边的机制化路径探析:以中经济走廊为例",《东南亚研究》,2020年第 1 期,第 1—19 页。而张云通过对欧洲、北美和东亚的地区机制化的研究认为,"经过多年的建制化实践,部分地区已经形成了稳定的区域组织机构,译为'区域建制'更能准确表达区域治理的状态"。参见张云:"国际关系中的区域治理:理论建构与比较分析",《中国社会科学》,2019 年第 7 期,第 193—194 页。

② 本节部分内容已在学术期刊上发表,参见陈晓晨:"南太平洋地区公共产品机制化研究:以'限额交易'规则为中心",《亚太安全与海洋研究》,2020 年第 4 期,第 82—99 页。

去了当时刚刚成立的《瑙鲁协定》缔约国办公室出任 CEO。[①]

在这则故事里,《瑙鲁协定》缔约国的机制化、办公室的建立尤其是 CEO 人选的产生有一定的偶然性。然而,这种偶然性背后体现的是一对深层次矛盾:一方面,是援助国尤其是援助大国对地区组织的权力,这种权力意识渗透到哪怕是低职衔官员的行为和言语中;另一方面,是全球背景下太平洋岛国渔业领域议价权的增长,至少让被责骂的一方有立即"跳槽"的去处。

《瑙鲁协定》是 1982 年由中西太平洋盛产金枪鱼的国家签订的渔业协定,缔约国包括密联邦、基里巴斯、马绍尔群岛、瑙鲁、帕劳、巴新、所罗门群岛和图瓦卢。此外,尚未成为主权国家的托克劳与这 8 个国家联合行动。这些国家和岛屿领地位于中西太平洋南、北赤道暖流和赤道逆流所组成的海洋环流范围内,生态系统复杂而独特,富含金枪鱼生存繁衍所需的养分和食物,渔业资源丰富,盛产金枪鱼尤其是其中的鲣鱼(skipjack,学名 Katsuwonus Pelamis)。而且,这些国家和岛屿领地的专属经济区海域面积广阔,彼此相邻。由于这种自然地理和生物分布特性,这 8 个国家加上托克劳又被称为"自然联盟"(natural alliance)。[②]

1982 年正是《海洋法公约》正式颁布的年份。然而,同年签订的《瑙鲁协定》并没有使这些国家从渔获中获得较大利益。长期以来,中西太平洋渔业很大程度上由远洋渔业国(DWFN)主导,大部分渔业资源被境外捕鱼船所控制。[③] 太平洋岛国出卖入场捕鱼权的收益一般仅占域外渔船渔获额的 4%—5%,"无法将国际法授予它们的海洋生物权益

---

① 这段描述是根据阿阔柔本人的回忆。参见 Transform Aqorau, "State of the Pacific: Slippery Slopes and Rough Rides in Regional Cooperative Endeavours in the Islands", *SSGM Discussion Paper*, 2016/8, Australian National University, 2016, p. 2. 当然,不能排除离职背后有更多因素。不过,这一事件仍然至少起到"导火索"作用。

② Sandra Tarte, "Regionalism and Changing Regional Order in the Pacific Islands", *Asia & The Pacific Policy Studies*, Vol. 1, No. 2, 2014, p. 316.

③ Rögnvaldur Hannesson, "The Exclusive Economic Zone and Economic Development in the Pacific Island Countries", *Marine Policy*, Vol. 32, No. 6, 2008, pp. 886–897.

转化为真正实在的经济利益"。① 直到 2009 年，仍然有学者在质疑："太平洋岛国是否正在失去金枪鱼权益？"②

表 5-5　南太平洋地区金枪鱼主要鱼种、分布、作业方式和机制安排等基本情况

鱼种常用名	英文名称	林奈命名法学名	主要分布地理范围	主要分布国家和地区	主要捕捞作业方式	主要机制安排
鲣鱼	Skipjack	Katsuwonus Pelamis	中西太平洋	密联邦、基里巴斯、马绍尔群岛、瑙鲁、帕劳、巴新、所罗门群岛、图瓦卢、菲律宾、印尼等	围网	中西太平洋渔业委员会《瑙鲁协定》缔约国
长鳍金枪鱼	Albacore	Thunnus Alalunga	南太平洋南部	新西兰、萨摩亚、汤加、库克群岛、纽埃、图瓦卢、瓦努阿图、斐济、法波、新喀等	围网	《托克劳安排》缔约方
黄鳍金枪鱼	Yellowfin	Thunnus Albacares	整个南太平洋海域，主要在中西太平洋，其次在南太平洋南部	除所有南太平洋地区国家外，在"东部公海"有较多分布	延绳钓；围网（作为副渔获）	《瑙鲁协定》缔约国
大眼金枪鱼（大眼鲷）	Bigeye	Thunnus Obsesus				尚无有效机制

资料来源：笔者根据太平洋岛国论坛渔业局、太平洋共同体电子图书馆、《瑙鲁协定》缔约国网站等资料整理

---

① Sandra Tarte, "Regionalism and Changing Regional Order in the Pacific Islands", *Asia & The Pacific Policy Studies*, Vol. 1, No. 2, 2014, pp. 315–316.
② 参见 Elizabeth Havice and Liam Campling, "Are Pacific Island States Losing Their Rights to Tuna Resources?", Center for Development Policy and Research, School of Oriental and African Studies, No. 43, December 2009, https：//www.soas.ac.uk/cdpr/publications/dv/file55529.pdf.

之所以出现渔业资源管理困境,其中一个原因是金枪鱼的生物学特性。金枪鱼属于高度洄游性鱼类(highly migratory fish stocks)[①],这类生物由于物种自身的生物特性,其生长、追觅、越季、产卵等生物活动具有跨越国界、海域、所属权等人为设定界限的性质,具有较强的跨国公共资源属性,也因而存在产权界定上的困难,导致了渔业资源管理存在难度——在一国专属经济区内乃至公海的捕鱼作业可能造成其他国家的资源损失。对高度洄游性渔业(highly migratory fisheries,主要以高度洄游性鱼类为捕捞作业对象的渔业)的管理和治理也因此成为国际关系领域的研究对象。

与此相关联的是,《瑙鲁协定》缔约国长期以来并未形成单独的组织或机制,而是一直作为1979年成立的论坛渔业局内部的一个松散的谈判集团存在。《瑙鲁协定》缔约国是论坛渔业局的"风向标",而论坛渔业局为《瑙鲁协定》缔约国提供行政和技术支持。

2007年,出于对2004年达成的《中西太平洋高度洄游鱼类种群养护和管理公约》进程,尤其是中西太平洋渔业委员会(WCPFC)角色的不满,为了加强对金枪鱼资源的保护、提升太平洋岛国从渔获中的收益、增加本地区就业和其他各种原因,《瑙鲁协定》缔约国决定在其专属经济区内正式实施"作业天数计划"。这是《瑙鲁协定》缔约国机制化的开端。

"作业天数计划"的核心是由《瑙鲁协定》的8个缔约国联合对进入这些国家专属经济区进行捕鱼作业的双边协定下的外籍围网渔船("密克安排"渔船和美国籍渔船除外,见表5-6)规定作业天数的最高限额,将这个限额分配给8个缔约国,由这些缔约国在一个设定好的基准价基础上以公开拍卖(一级市场)和自由交易(二级市场)的形

---

① 又作"高度洄游鱼类""高度回游鱼类"等。本书统一按照2019年联合国粮农组织《关于预防、制止和消除非法、不报告、不管制捕鱼的港口国措施协定》缔约方第二次会议报告中文版,写作"高度洄游性鱼类"。参见联合国粮食及农业组织:《〈关于预防、制止和消除非法、不报告、不管制捕鱼的港口国措施协定〉缔约方第二次会议报告》,2019年6月3—6日,智利圣地亚哥,FIAO/R1272(Zh),第29页。

式开放给船东竞价、购买,对船东按每船、每日并考虑到船的因素(例如,船长小于50米的渔船作业一天折算成0.5个作业天、船长超过80米的渔船作业一天折算成1.5个作业天)征收"入场作业费"。这些缔约国之间也可以对作业天数进行交易。2020年的总许可努力量(TAE,即作业天数总量限额)为44 033船/天。① 当然,实际上的作业天数一般都超过TAE量,处于事实上的"超发"状态,但"超发"并不严重。

表5-6 实施"作业天数计划"初期的中西太平洋围网渔船船队类型

船队类型	主要国籍或来源地区	说明	2011—2012年前后每船每天入场费
"密克安排"渔船	《瑙鲁协定》缔约国	具有在《瑙鲁协定》缔约国签署的《密克罗尼西亚联邦区域入渔安排》(FSMA)框架下颁发的入场许可证的"本土化"渔船,可免入场费作业	0
论坛渔业国渔船	论坛渔业国	具有太平洋岛国论坛渔业国国籍的渔船,但不一定获颁"密克安排"框架下的入场许可证	视情况而定
多边协定渔船	美国	具有特定太平洋岛国政府与域外国家签署的多边渔业条约下颁发的入场许可证的渔船,目前仅指美国渔船	300—400美元左右
双边协定渔船	中国、日本、韩国、菲律宾等国家;欧盟成员国等	具有《瑙鲁协定》缔约国与远洋渔业国或地区(下同)签署的双边入渔协定框架下颁发的入场许可证且不属于上述类型的渔船	3500—5000美元不等

资料来源:笔者参考部分研究资料②整理

---

① 参见"The PNA Vessel Day Scheme",https://www.pnatuna.com/VDS。此外,《瑙鲁协定》缔约国给托克劳分配了972船/天的限额。

② 其中包括:Kate Barclay, *Capturing Wealth from Tuna*, Canberra: ANU E Press and Asia Pacific Press, 2007, pp.1-21; Dale Squires, "Rights-Based Management in International Tuna Fisheries", Food and Agriculture Organization of the United Nations (FAO), http://www.fao.org/docrep/018/i2742e/i2742e.pdf;王晓晴、吴锦仁:"瑙鲁协议成员国VDS入渔模式及其对中西太平洋金枪鱼围网渔业的影响",《渔业信息与战略》,2014年第4期,第295页。

笔者认为，"作业天数计划"的本质是"限额交易"规则（Cap-and-trade Rule，又译"总量限制与交易"）。这是对具有公共性质的资源以在设定供给上限计划基础上的市场交易为主要手段进行治理、避免"公地悲剧"的一种形式。目前这类市场的一个典型例子是欧盟的碳排放权交易市场（欧洲碳排放交易体系，EU-ETS）。"作业天数计划"虽然规模远远小于EU-ETS，但与EU-ETS在性质上类似，可以被视为一种地区公共产品，"生产者"是《瑙鲁协定》缔约国，"生产过程"是缔约国事先拟定计划，投放到市场的交易标的为作业天数。从这个角度看，"作业天数计划"最贴切地译出了这一机制的内涵。

如果将广义的金融定性为"大规模的资金融通"和"跨时间空间的资源（价值）转移"，那么"作业天数计划"和EU-ETS一样，都可以被视为广义的金融市场。"这套规则实质上是建立一个有利于卖方（太平洋岛国）的市场，让买方（船东）互相竞价，从制度设计上有利于制造稀缺，推动价格上涨，太平洋岛国从中获益。"[1]

不过，在"作业天数计划"宣布后，《瑙鲁协定》缔约国与论坛渔业局其他成员和渔业局本身的矛盾有增无减，主要矛盾涉及美国渔船，也涉及其他域外远洋渔业国。[2] 此外，《瑙鲁协定》缔约国对渔业局的低效和利益分化不满，认为渔业局无法有效落实《瑙鲁协定》。[3] 在太平洋岛国内部，因渔业资源分布不均和不同质等原因，萨摩亚、纽埃和库克群岛等富含长鳍金枪鱼但远离鲣鱼富集区、未加入《瑙鲁协定》且与澳新尤其是新西兰关系相对较好的国家并不支持"作业天数

---

[1] 陈晓晨："小国研究视域下太平洋岛国的外交策略"，《国际关系研究》，2020年第2期，第124—125页。

[2] Transform Aqorau, "How Tuna is Shaping Regional Diplomacy", in Greg Fry and Sandra Tarte (eds.), *The New Pacific Diplomacy*, Canberra: Australian National University Press, 2015, p. 229.

[3] Joanne Wallis, *Pacific Power? Australia's Strategy in the Pacific Islands*, Melbourne: Melbourne University Publishing Limited, 2017, pp. 297-298.

计划"。① 这些都阻碍了《瑙鲁协定》的运作特别是"作业天数计划"的实施,也促使《瑙鲁协定》缔约国决定进一步与论坛渔业局脱钩,自行推进机制化工作。建立独立的办公室(此前都是依靠论坛渔业局提供行政、技术和智力支持)是推进《瑙鲁协定》缔约国机制化的标志性一步,而一个富有论坛渔业局工作经验的高管——阿阔柔的及时加入加速了这个过程。

当然,本书绝不是将地区主义的发展归因于某个个体或某个偶然事件,而是认为全球与地区层面的结构性因素通过这些个体和事件发生作用。理查德·赫尔认为,《瑙鲁协定》缔约国设立办公室是出于对中西太平洋渔业委员会的受挫感,也是澳新控制论坛渔业局的结果。② 格雷格·弗莱则认为,这既是因为金枪鱼资源富集国想拥有对它们共享资源的更大控制权,也是因为《瑙鲁协定》缔约国办公室以很少的雇员采用创新方法高效工作,成功将资源转化为利益。他还提醒,鉴于斐济并没有加入这个进程,因此这个案例显示太平洋岛国对地区主义的控制主张拥有更广泛的地区层面的支持。③

阿阔柔自己则认为,地缘政治是《瑙鲁协定》强化地区金枪鱼管理的大背景,美、欧、中、日等主要大国都介入了该地区的渔业,尤其是近年来中国崛起成为这一地区最主要的远洋围网渔业国之一,金枪鱼成为大国在这一地区博弈的一个"棋眼"。④ 另有学者明确认为,是中国在南太平洋地区的崛起给太平洋岛国提供了"外部杠杆",提升了岛

---

① 阿阔柔甚至称其为"纽埃因素",即一个人口只有1000多人的国家"绑架"了其他岛国。Transform Aqorau, "State of the Pacific: Slippery Slopes and Rough Rides in Regional Cooperative Endeavours in the Islands", *SSGM Discussion Paper*, 2016/8, Australian National University, 2016, p. 4.

② Richard Herr and Anthony Bergin, *Our Near Abroad: Australia and Pacific Islands Regionalism*, Barton: The Australian Strategic Policy Institute Limited, 2011, p. 55.

③ Greg Fry, "Recapturing the Spirit of 1971: Towards a New Regional Political Settlement in the Pacific", *SSGM Discussion Paper*, 2015/3, Australian National University, March 2015, p. 9.

④ Transform Aqorau, "How Tuna is Shaping Regionial Diplomacy", in Greg Fry and Sandra Tarte (eds.), *The New Pacific Diplomacy*, Canberra: Australian National University Press, 2015, pp. 223 – 224.

国的议价权力，使得岛国可以迫使美国这个关键的远洋渔业国事实上承认"作业天数计划"，并且直接或间接使得岛国对美国援助的依赖下降，美国以援助作为"胡萝卜"进行谈判的议价能力下降。①

此外，全球气候变化与海洋治理议程也起了重要作用。太平洋岛国占有全球金枪鱼资源的58%，而这大部分在《瑙鲁协定》缔约国专属经济区内。此外，中西太平洋的海洋环流也对全球气候模式产生重要影响，使得这一地区越来越受关注。②

二、过程

在《瑙鲁协定》缔约国机制化过程中，缔约国办公室采取了若干创新方法，降低了机制运作和交易监管成本，有条件清晰界定捕鱼状态与权界，使得这个由一群实力非常弱小、总体上较为贫穷的太平洋岛国组成的新机制在不利条件下能够生存下来并得到发展，持续提供地区公共服务。

2009年，为了加强《瑙鲁协定》，特别是"作业天数计划"的实施，《瑙鲁协定》缔约国决定设立办公室并于次年正式运行。最大的岛国、同时也是最富集鲣鱼资源的巴新为设立办公室提供了资金支持。2010年，《瑙鲁协定》缔约国正式成为一个政府间地区组织。这是《瑙鲁协定》缔约国机制化的一个高潮。③

然而，据阿阔柔本人回忆，到任后，他发现这个新机构最大的三个

---

① Jope Tarai, "The New Pacific Diplomacy and the South Pacific Tuna Treaty", in Greg Fry and Sandra Tarte (eds.), *The New Pacific Diplomacy*, Canberra: Australian National University Press, 2015, pp. 243–244.

② Transform Aqorau, "State of the Pacific: Slippery Slopes and Rough Rides in Regional Cooperative Endeavours in the Islands", *SSGM Discussion Paper*, 2016/8, Australian National University, 2016, p. 7.

③ Sandra Tarte, "Regionalism and Changing Regional Order in the Pacific Islands", *Asia & The Pacific Policy Studies*, Vol. 1, No. 2, 2014, p. 316.

挑战就是"没钱、没钱、没钱"①。此外,他还是一个"光杆司令",后来才有一个很小的团队,就像 40 多年前的太平洋岛屿种植业协会一样,就靠几个工作人员支撑起新机构初期的工作。

在这种情况下,《瑙鲁协定》缔约国创新了渔业管理与运作机制,笔者暂且称之为"以渔养渔"和"以市养渔"机制。"以渔养渔"指的是靠"作业天数计划"带来的额外收入用作办公室渔业监管特别是数据中心的建设与维护费用,而行政和数据能力建设的加强又反过来强化了"作业天数计划"的执行。"以市养渔"指的是《瑙鲁协定》缔约国直接参与市场运作,创立"太平洋"(Pacifical)金枪鱼品牌,并与欧洲品牌策划公司合作,在后者的公关策划下推动《瑙鲁协定》缔约国渔场的鲣鱼于 2011 年获得海洋管理委员会(MSC)可持续认证并打入欧洲超市,其中获得的额外收入的一部分用来支持办公室的行政开支和数据中心的建设。2016 年,《瑙鲁协定》缔约国渔场的黄鳍金枪鱼(Yellowfin,学名 Thunnus Albacares)也获得了 MSC 认证。② 这种国家或地区组织直接参与市场的方式不符合西方国家的传统以及渔业局的规则,但却行之有效。③

"以渔养渔"和"以市养渔"使得《瑙鲁协定》缔约国办公室在经费上实现了自给自足,并形成了"经费自足—执行'作业天数计划'—更多经费—强化执行'作业天数计划'"的正向循环。阿阔柔在卸任总结他当 CEO 这 6 年多的工作时,表达的最核心的内容就是经费上实现"自给自足",认为这是地区合作成功、提高域内国家议价权、

---

① 他的原话是"没有资金、没有资金来源、肯定也没有援助支持",参见 Transform Aqorau, "State of the Pacific: Slippery Slopes and Rough Rides in Regional Cooperative Endeavours in the Islands", *SSGM Discussion Paper*, 2016/8, Australian National University, 2016, p. 2.

② 王茜,"PNA 围网黄鳍金枪鱼捕捞业获得 MSC 认证",《渔业信息与战略》,2016 年第 3 期,第 240 页。

③ "Pacifical", http://www.pacifical.com/pacifical.html.

摆脱对援助依赖的最为必要的条件。①

"作业天数计划"付诸执行，是《瑙鲁协定》缔约国将其相邻的专属经济区联合起来克服"邻避运动"的"公地悲剧"、提供地区公共产品的尝试。不过，在巴新、所罗门群岛、密联邦、瑙鲁和图瓦卢之间有一块面积约 320 万平方千米的公海，被称为"东部公海"（Eastern High Sea），不属于任何国家的专属经济区，这构成了"作业天数计划"机制的漏洞。也就是说，渔船可以在这块公海进行作业而不受机制的监管。金枪鱼是高度洄游性鱼类，东部公海又恰恰处在金枪鱼洄游的关键路线上，也就是说，在这片海域的捕鱼作业会影响到周边国家专属经济区的鱼类资源。长期以来，不少远洋渔船在这片海域捕鱼作业，造成了金枪鱼尤其是繁殖速度较慢的黄鳍金枪鱼数量持续下降。捕鱼作业还造成附带的生态损害，例如鲨鱼等掠食性鱼类和信天翁等海鸟被误杀或捕杀，冲击了海洋生态系统。2009 年，缔约国决定，如果远洋渔船在东部公海捕鱼，那么将不得进入缔约国专属经济区进行作业。这个决定具有经济收入和生态保护双重考虑。2011 年，这一决定正式付诸实施。

然而，这个决定带来了一个问题：如何准确而实时地得知某艘船在哪里及是否在捕鱼呢？事实上，"作业天数计划"具体实施最基本的先决条件就是要掌握渔船的位置和状态，最基本的两个问题就是"在哪里、在做什么"。不解决这两个问题，这个机制就是无法实施的空谈。

在缔约国办公室建立前，从 2008 年起，巴新就已经单独试行"作业天数计划"了。然而，巴新在实践中面临的最大问题就是无法有效区分"作业"与"非作业"状态、确定"非作业报告"（Not Engaged in Fishing Activities）。比如，一天当中到底有多长时间、多少渔获的作业才算是作业天，一直较为混乱。这给"作业天数计划"的执行带来了困难。

---

① Transform Aqorau, "State of the Pacific: Slippery Slopes and Rough Rides in Regional Cooperative Endeavours in the Islands", *SSGM Discussion Paper*, 2016/8, Australian National University, 2016, p. 9.

阿阔柔上任后，首先就致力于解决这个问题。缔约国办公室统一规定，从 2012 年起，任何渔船只要在一天里哪怕作业一分钟，这一天就算作业天。此外还额外规定，如果一艘船在一天内进入 x 个国家的专属经济区，那么这一天将按 x 倍于其船长所对应的作业天计算。例如，某艘 90 米长的围网渔船某天进入了三个国家的专属经济区展开作业，计 4.5 个作业天。另外，缔约国办公室还对渔船在非作业天的航行姿态进行了规定，即非作业天必须走直线"无公害通过"，才能计入非作业天。①

这些具体规定给渔业管理的信息与通信技术（ICT）提出了很高要求。此时，互联网的大规模应用和移动互联网的出现给问题的解决带来了契机。2011 年，《瑙鲁协定》缔约国建立了观察员机构，由缔约国办公室负责运行，用来在船上和在网上对渔船进行监管，并在巴新设立了数据中心，搭建了《瑙鲁协定》缔约国渔业信息管理系统（FIMS）以准确对渔船的位置和作业情况进行登记。

根据《瑙鲁协定》2010 年更新版，进入缔约国专属经济区作业的渔船必须通过《瑙鲁协定》缔约国官网主页链接的网上船只登记（OVR）系统进行注册，并同意向缔约国办公室网上汇报作业地点、渔获量和副渔获。副渔获一般指的是鲣鱼和黄鳍金枪鱼以外的渔获副产品，其中主要是大眼金枪鱼（Bigeye，学名 Thunnus Obsesus）。通过全球定位系统（GPS）提供的定位，FIMS 信息系统可以实时掌握该渔船的方位。老式渔船也可以通过发送传真或电子邮件的方式进行书面汇报。

太平洋共同体秘书处（SPC）对数据中心的建立提供了技术支持，还开发了 FIMS 信息系统的手机应用程序（APP）。渔船可以使用移动客户端登录，进一步减少了登船监管的人力物力，节约了开支。②"尽管

---

① 参见王晓晴、吴锦仁："瑙鲁协议成员国 VDS 入渔模式及其对中西太平洋金枪鱼围网渔业的影响"，《渔业信息与战略》，2014 年第 4 期，第 293—299 页。
② "Mobile Phone Data Collection App for Artisanal Fisheries Makes Its Debut in Funafuti, Tuvalu", *SPC Fisheries Newsletter*, #149, January – April 2016.

FIMS 信息系统需要高额投资和持续投入，但投资回报是非常可观的。"①

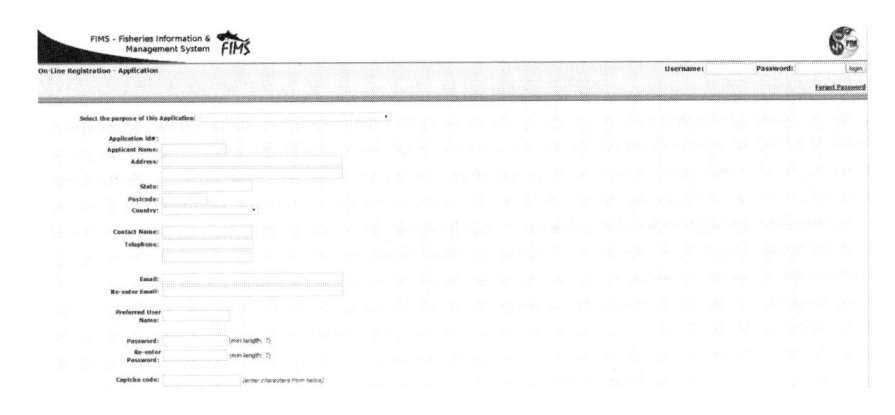

图 5-2 FIMS 信息系统网页版截图

资料来源：《瑙鲁协定》缔约国网站②

三、成果与影响

1. 经济收入不断提高

《瑙鲁协定》缔约国机制化取得了若干成果，维持和扩大了以"作业天数计划"为代表的地区公共产品的提供，使得这个由太平洋岛国主导的地区机制能够持续运作，形成了正反馈效应。

具体成果首先体现在经济收入上。在"作业天数计划"的拉动下，缔约国的渔业收入大幅度上升。

在绝对收入上，在 2008 年实施"作业天数计划"之前，每艘外籍

---

① Transform Aqorau et al., "The Contribution of E-Government to Primary Industries and Rural Development in Pacific Island States", in Rowena Cullen and Graham Hassall (eds.), *Achieving Sustainable E-Government in Pacific Island States*, Cham: Springer Nature, Springer International Publishing, 2017, pp. 258–263.

② PNA, "FIMS - Fisheries Information Management System", https://pna.fimsportal.com/sub/index.php.

渔船每天平均入场费不到 1500 美元。到 2015—2016 年，作业天基准价就已经上升到 8000 美元/船/天，平均实际成交价更是在 10 000 美元/船/天以上，有时候达到 16 000 美元/船/天。基准价与实际成交价之间的价差和在时间和空间上的转移与增值，使作业天事实上具有了金融产品的属性。在《瑙鲁协定》缔约国从渔获中获得的整体收入方面，"作业天数计划"实施之前的 2008 年仅为 6000 万美元，在"作业天数计划"开始大规模实施的 2010 年也仅略增到 6400 万美元，但到了 2013 年就增长到 2.5 亿美元，短短 3 年内就飙升 3 倍，2015 年更是超过 4 亿美元。[1]

在相对收入或收入占比上，"作业天数计划"实施前，《瑙鲁协定》缔约国办公室曾预计该计划将使缔约国从渔获中获取的收入份额从现有的 4% 左右提升到 6%—8%，亚洲开发银行曾认为这是不可能达到的。[2] 但事实是，到 2016 年，缔约国渔获收入份额超过 15%，甚至大大超出了《瑙鲁协定》缔约国办公室的预计。[3]

另一方面，由于入场费的飙升，金枪鱼捕获量从 2012 年起明显下降（见图 5-3），这有利于金枪鱼种群整体保护。此外，由于"密克安排"船队无须缴纳入场费，巨大的价差促使更多外籍渔船"本土化"，加入"密克安排"船队，或增加对本土渔船的投资，使得该地区的本土渔船数量及带来的就业显著增加（见图 5-3），实现了"作业天数计划"的设立初衷之一。可以说，"作业天数计划"的引入与办公室的运行对生态环境效益与就业等社会效益起到了立竿见影的提升作用。

---

[1] Transform Aqorau, "State of the Pacific: Slippery Slopes and Rough Rides in Regional Cooperative Endeavours in the Islands", *SSGM Discussion Paper*, 2016/8, Australian National University, 2016, p. 7; Francisco Blaha, "Capturing Economic Benefits from the Pacific's Tuna Resources", 8 August 2016, http://www.franciscoblaha.info/blog/2016/8/8/capturing-economic-benefits-from-the-pacifics-tuna-resources.

[2] Asian Development Bank, Pacific Economic Monitor (2010), Mandaluyong City, 2010, p. 34.

[3] "ADB Economic Report Misses Point in Data Presentation", 26 July 2016, https://www.pnatuna.com/node/358.

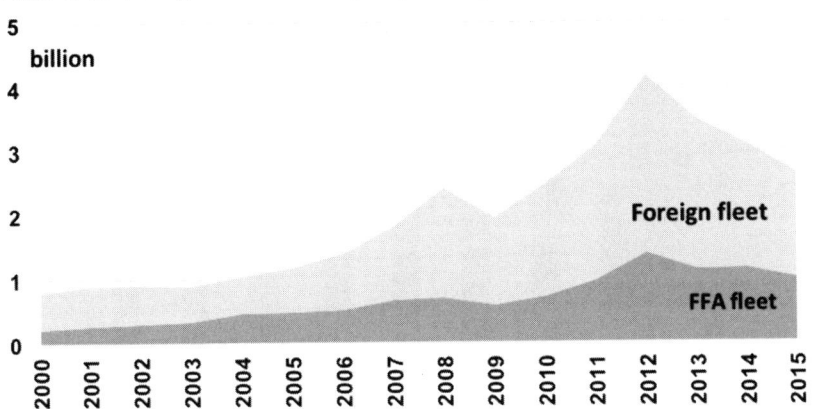

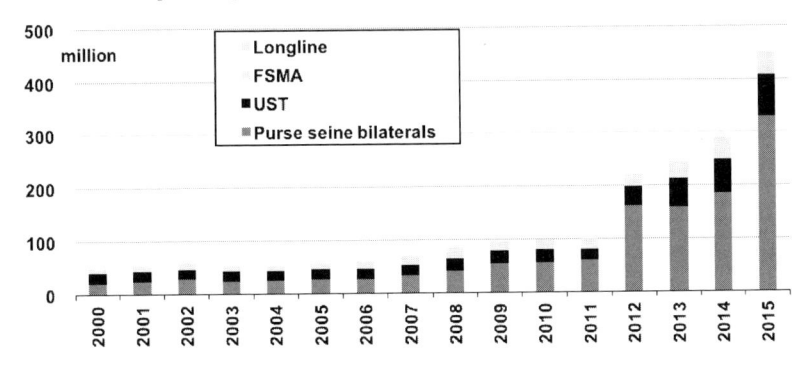

图 5-3 金枪鱼渔获额（上）和入场作业费总额（下）

资料来源：太平洋岛国论坛渔业局①

说明：上图黄色/浅色部分（上）为域外国家渔船渔获，蓝色/深色部分（下）为论坛渔业局国家渔船渔获；下图从上至下分别为延绳钓渔船、"密克安排"船队、美国船队和双边拖网渔船的入场费

---

① Pacific Islands Forum Fisheries Agency, "Tuna Development Indicators 2016", https://www.ffa.int/system/files/FFA%20Tuna%20Development%20Indicators%20Brochure.pdf.

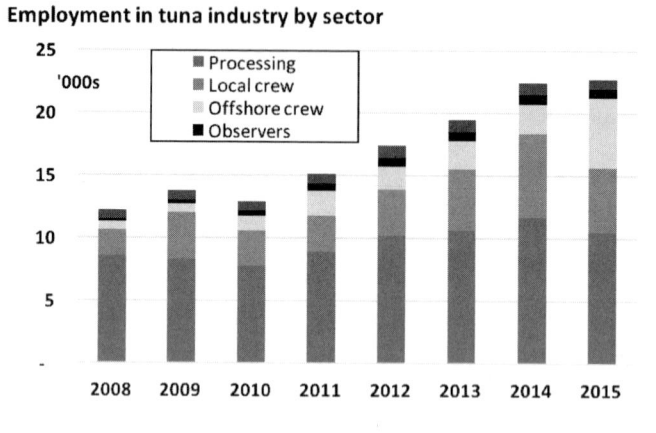

图 5-4　论坛渔业国金枪鱼相关就业

资料来源：太平洋岛国论坛渔业局①

2. 克服域内外阻力

《瑙鲁协定》缔约国机制化的成果不仅体现在渔业管理收入的增加、种群保护的加强和带动就业，还体现在它们成功抵抗了域外大国的反对，克服阻力，塑造了地区渔业治理规则。

由于"作业天数计划"大幅度提高了外籍渔船在太平洋岛国专属经济区海域进行捕捞作业的准入门槛，因此遭到了澳大利亚、新西兰、美国、欧盟等大国和集团的联合反对。欧盟在西班牙渔业利益集团的压力下，试图以当时正在进行的欧盟—太平洋岛国《经济伙伴关系协定》谈判为"杠杆"令《瑙鲁协定》缔约国放弃"作业天数计划"。2013年，欧洲议会通过了《为了一个综合性的欧盟在太平洋地区渔业战略》报告，直接批评"作业天数计划""欠缺透明度"，"计划执行度差"——指的是实际上的作业天数总量一直超过 TAE 量，并推动欧洲

---

① Pacific Islands Forum Fisheries Agency, "Tuna Development Indicators 2016", https://www.ffa.int/system/files/FFA%20Tuna%20Development%20Indicators%20Brochure.pdf.

议会作出决议,表示"进入太平洋岛国专属经济区获取(渔业)资源(的作业)必须被保护",作为此前在2000年《科托努协定》(Cotonou Agreement)中向太平洋岛国实施让步的一种补偿。[1] 2014年,欧太双方的《经济伙伴关系协定》谈判进入僵局,欧方向太方施加了巨大压力,要求保证欧方渔船在太平洋岛国专属经济区内获得5%以上份额的渔业资源——这显然与"作业天数计划"这种基于限额与规则的市场交易方式格格不入。[2] 与此同时,新西兰也试图用"吨位配额"机制取代"作业天数计划"以维护该国的渔业利益。[3]

在这种背景下,论坛渔业局和太平洋岛国论坛秘书处分别牵头于2014年与2016年两次对《瑙鲁协定》缔约国和"作业天数计划"进行审查评估。不过,两次独立审查的结论都是"作业天数计划"取得了成功。这是克服了来自域内外大国和既有地区机制的一定阻力的结果。

2014年,论坛渔业局委托一家总部位于冰岛(具有悠久远洋渔业传统)的咨询公司Hagrannsoknir SF专门对"作业天数计划"进行了独立审查。论坛渔业局(甲方)为这次独立审查设定的职权范围明确表示:"'作业天数计划'目前的治理体系未能提供合理的决策或有效管理的基础"。[4] 显然,这句话表明,委托方(甲方)并非完全中立,而是带有明显倾向。

不过,虽然乙方Hagrannsoknir SF提供的长达157页的审查报告对

---

[1] European Parliament Committee on Fisheries, Report for a Comprehensive EU Fishery Strategy in the Pacific Region, 2012/2235 (INI) A7 - 0297/2013, 24 September 2013, pp. 12 - 16.

[2] Geert Laporte and Gemma Piñol Puig, "Reinventing Pacific - EU Relations: with or without the ACP?" *Briefing Note*, No. 56, European Centre for Development Policy Management (ECDPM), October 2013, p. 9, https://ecdpm.org/wp - content/uploads/2013/11/BN - 56 - Future - of - Pacific - EU - Relations - With - or - Without - ACP - 2013.pdf.

[3] Transform Aqorau, "How Tuna is Shaping Regional Diplomacy", in Greg Fry and Sandra Tarte (eds.), *The New Pacific Diplomacy*, Canberra: Australian National University Press, 2015, pp. 231 - 234.

[4] Pacific Islands Forum Fisheries Agency, "FFA Short - term Consultancy - Terms of Reference: Independent Review of the Purse Seine Vessel Day Scheme", FFA, https://www.ffa.int/system/files/TOR%20for%20VDS%20Review.pdf.

《瑙鲁协定》缔约国及其办公室提出了若干改进建议，但是，报告首先对"作业天数计划"的成效予以了肯定，认为"有大量证据显示'作业天数计划'取得了高度成功"。报告从生态保护、经济收入、全球渔业经济及可持续发展三个角度评估，认为"作业天数计划"保护了鲣鱼和黄鳍金枪鱼这两种最主要的金枪鱼的种群健康；认为"作业天数计划"经济收入上的成功更令人瞩目；认为"作业天数计划"是一种以市场价格对渔业活动进行征税的方式，"可能是目前世界上最具雄心的这类尝试"，有助于可持续发展，并断定作业天的"交易价格越高、对世界经济的净贡献越大"。此外，报告还事实上否定了论坛渔业局的职权范围界定，认为《瑙鲁协定》缔约国的治理结构总体合理有效，在此基础上提出了"扩大治理"的改进建议。[1]

尽管如此，在 2015 年太平洋岛国论坛第 46 届领导人会议（莫尔兹比港峰会）上，澳新仍然公开反对"作业天数计划"，要求再次对其进行独立的第三方审查，尽管上述报告已经是论坛渔业局委托的独立审查。[2] 时任新西兰总理约翰·基（John Key）称，要在 2025 年前建立基于渔获的地区渔业管理系统，作为实现《太平洋可持续渔业路线图》的途径。[3] 在这种情况下，太平洋岛国论坛委托一家新西兰的战略咨询公司 Toroa Strategy 再次对"作业天数计划"以及《瑙鲁协定》缔约国办公室本身进行独立审查。在这种情况下，委托方（甲方）对研究结论的倾向性已经很明显了。

不过，经过长达半年多的研究，Toroa Strategy 却得出了与冰岛咨询公司相似的结论，否定了甲方的结论倾向，认为"在即期或近期将'作业天数计划'变更为按渔获量管理没有发现明显收益"，并将"作

---

[1] Ragnar Arnason (for Hagrannsoknir Sf), *Review of the PNA Purse Seine Vessel Day Scheme*, Final Report, Parties to the Nauru Agreement Office, Majuro, Marshall Islands, 2014, pp. 11 – 16.

[2] Pacific Islands Forum Secretariat, Forty – sixth Pacific Islands Forum, Port Moresby, Papua New Guinea, 8 – 10 September 2015: Forum Communiqué, PIFS (15) 7, Port Moresby, Papua New Guinea: Pacific Islands Forum Secretariat, 2015, p. 3.

[3] As cited in "PNA Members Confirm: Vessel Day Scheme Is Here to Stay", 10 April 2016, https://www.pnatuna.com/node/340.

业天数计划"称为"目前在渔业领域独一无二的行之有效的管理体制。"① 在这份独立审查报告的基础上，2016年出席太平洋岛国论坛第47届领导人会议的成员国领导人一致同意："在可预见的未来不需要改变'作业天数计划'的管理机制。"② 这标志着《瑙鲁协定》缔约国机制化特别是"作业天数计划"在南太平洋地区渔业治理的博弈中取得了阶段性胜利。③

这次成功的背后有很多原因，最直接的原因当然是上述两家咨询公司确实保持了研究独立性，没有过于受到甲方倾向的影响。但是，根本原因之一还是由于"作业天数计划"是基于《海洋法公约》的创新设计，属于"基于规则"（rule-based）的地区渔业治理机制，占据道义优势，令经常标榜"基于规则的国际秩序"的反对者陷入道义困境。

直到阿阔柔即将离任时，他还在反对其他替代性方案，坚持"作业天数计划"。④ 此时的他说话可以更加直率了。他在离任前针对亚洲开发银行对"作业天数计划"的改革建议的表态具有代表性。

2016年7月，亚洲开发银行发布了年度《太平洋经济监测》报告，在肯定了"作业天数计划"带来大量收益的同时，提出了改革"作业天数计划"的若干意见，尤其是提出建议将国别总配额制度引入"作业天数计划"，实质上是对"作业天数计划"市场价格机制进行大幅度修正，代表了部分主要捐助者和远洋渔业国的立场。⑤ 阿阔柔对亚洲开

---

① Thomas McClurg (for Toroa Strategy Ltd.), *Independent Review of the PNA Purse Seine VDS*, Final Report, Parties to the Nauru Agreement Office, Majuro, Marshall Islands, 2016, pp. 2 -3.

② Pacific Islands Forum Secretariat, Forty-seventh Pacific Islands Forum, Pohnpei, Federal States of Micronesia, 8-10 September, 2016: Forum Communiqué, PIFS (16) 7, Pohnpei, Federal States of Micronesia: Pacific Islands Forum Secretariat, 2016, p. 2.

③ "PNA Members Confirm: Vessel Day Scheme Is Here to Stay", https://www.pnatuna.com/node/340.

④ "瑙鲁协定成员国在基里巴斯召开年会"，中国驻密克罗尼西亚联邦大使馆经济商务参赞处，2016年4月6日，http://fm.mofcom.gov.cn/article/jmxw/201604/20160401290051.shtml.

⑤ Asian Development Bank, Pacific Economic Monitor (2016), Mandaluyong City, 2016, pp. 33-35.

发银行对"作业天数计划"的肯定和亚行在发展合作上做出的贡献表达了赞赏,但针对这份报告中的改革建议部分做了极不客气的回应:"对亚洲开发银行和其他主要地区捐助者来说刺耳的事实是,'作业天数计划'——可能是这个地区最成功的发展机制——成功的部分原因恰恰是捐助者和它们资助的主要地区组织被排除在外,没有直接参与。"①

如前文所述,理查德·赫尔与安东尼·伯金的研究认为,《瑙鲁协定》缔约国设立办公室是出于对中西太平洋渔业委员会的受挫感,也是澳新控制论坛渔业局的结果。② 取得成功后的《瑙鲁协定》缔约国反过来开始对中西太平洋渔业委员会施加影响。2016年底,在中西太平洋渔业委员会会议上,在当时刚上任的缔约国办公室CEO路德维希·库莫鲁(Ludwig Kumoru)的组织协调下,《瑙鲁协定》缔约国集体不仅抵制了废除"作业天数计划"的动议,反而建议委员会其他成员国支持甚至加入"作业天数计划"。不仅如此,《瑙鲁协定》缔约国办公室与其他利益相关方一道,促使当月的联合国大会决议将每年的5月2日定为"世界金枪鱼日"。

自行设置规则并抵抗大国的联合施压,使得大国和其他国际组织与机构认可太平洋岛国的规则,这本身就是新时期太平洋岛国地区渔业合作的一项重大成就。③

3. 对美渔业集体谈判成功案例

与《瑙鲁协定》缔约国机制化取得的其他成果相比,太平洋岛国对美国渔业集体谈判的成功最显著,也最有说服力,值得单独作为案例研究。

---

① "ADB Economic Report Misses Point in Data Presentation", 26 July 2016, https://www.pnatuna.com/node/358.
② Richard Herr and Anthony Bergin, *Our Near Abroad: Australia and Pacific Islands Regionalism*, Barton: The Australian Strategic Policy Institute Limited, 2011, p. 55.
③ "PNA Members Confirm: Vessel Day Scheme Is Here to Stay", https://www.pnatuna.com/node/340.

太平洋岛国对海洋权利的主张，在法理上基于《海洋法公约》；而由于美国一直拒不加入《海洋法公约》，在美国看来，该公约、相关条约和机制对美国渔船没有法律约束力。美国金枪鱼协会（American Tuna Association，ATA）坚持认为，金枪鱼是高度洄游鱼类（highly migratory fish），因而不属于任何国家，并以此为由继续在太平洋岛国的专属经济区内进行捕捞作业，游离于太平洋岛国地区渔业规则之外。渔业集体谈判成为太平洋岛国试图将美国在某种程度上纳入规则、维护海洋权利的主要策略。依托《瑙鲁协定》缔约国尤其是其"作业天数计划"是太平洋岛国的主要谈判方式，在谈判过程中经常利用第三方是提高太平洋岛国议价权的常用策略。

谈判的背景是：随着作业天的价格飙升，由1987年《南太平洋金枪鱼协议》长期协议价"锁定"的美国渔船支付的低价入场费与其他国籍渔船支付的高价入场费形成强烈的价格差，极大扭曲了中西太平洋渔业市场，一方面刺激了美国渔船（其中不少是与美方合资的中国台湾地区船东的渔船）加紧在中西太平洋海域作业以赚取这个价格利差，另一方面促使《瑙鲁协定》缔约国，以及部分其他远洋渔业国要求对美国围网渔船也参照"作业天数计划"实施管理。然而，由于实力差距过于明显，岛国与美国的谈判结果充满不确定性，谈出的结果可能还不如维持现状或直接接受美国开出的条件。萨摩亚等一些非《瑙鲁协定》缔约国一时持观望态度。

鉴于《南太平洋金枪鱼协议》在续约两次后将于2013年到期，从2009年开始，美国与太平洋岛国再次展开了多边渔业协议谈判。在谈判之初，美国只同意在2100万美元入渔费的基础上翻倍到4200万美元，仍然保留原有的长期协议价方式。后来，在多方压力下，包括中国接受"作业天数计划"、渔业资源最富集的巴新威胁若美国再不让步就退出协议等因素影响下，美国于2012年初开始将每年的入渔费提高到6300万美元，并从2012年4月起开始以作业天为机制进行谈判。

一开始，太平洋岛国开出的价码是以6000万美元的价格出卖7000作业天，美国的还价是以5800万美元购买9000作业天。由于协议迟迟没有达成,太平洋岛国的要价随着作业天价格的飙升而"水涨船高",到了 2014 年底,美国不得不同意达成一个临时性协议,在 2015 年以 9000 万美元的价格购买 8300 作业天,并将美太渔业协定延期 18 个月——这已经高于太平洋岛国的最初要价。①

根据双方 2015 年再次达成的临时性协议,美国须在 2016 年向太平洋岛国支付 8000 万美元入渔费和 900 万美元财政援助,并于 2016 年 1 月 1 日前向太平洋岛国支付 2016 年第一季度 1700 万美元入渔费。但一些美国渔船以入渔费过高为理由,拒缴这笔费用,使得美国渔业管理部门无法收缴这笔费用支付给太平洋岛国。在这种情况下,太平洋岛国宣布拒绝向 37 艘美国渔船发放捕捞许可证,并要求美国渔船立即无限期驶离太平洋岛国专属经济区海域,直到按照协议缴纳入渔费为止。作为反击,美国国务院海洋保护办公室主任威廉·吉本斯—弗莱(William Gibbons - Fly)称,"鉴于目前的状况,太平洋渔业协议对美国捕捞渔船已经没有实际意义了",威胁退出美太渔业谈判。② 双方谈判陷入了僵局。

不过,到了 2016 年 6 月,双方的谈判峰回路转,就签订新协定达成了原则性一致。有关媒体报道主要聚焦在美国国内因素,认为美太渔业谈判僵局造成美国金枪鱼渔业,特别是圣迭戈等重点港口城市经济受损,金枪鱼利益团体和圣迭戈地方政府及代表它们的议员向美国国务院施压,最终推动美国政府重回谈判桌。不过,也有分析认为,除了美国国内压力外,2015 年以来,全球与南太平洋地区海洋治理的大势,以及欧盟等域外国家和组织与太平洋岛国加强渔业和海洋治理合作也是重

---

① Jope Tarai, "The New Pacific Diplomacy and the South Pacific Tuna Treaty", in Greg Fry and Sandra Tarte (eds.), *The New Pacific Diplomacy*, Canberra: Australian National University Press, 2015, pp. 242 - 243.

② Giff Johnson, "US Pulls out of Pacific Fisheries Treaty", *Radio NZ*, 19 January 2016, https: //www.rnz.co.nz/international/pacific - news/294458/us - pulls - out - of - pacific - fisheries - treaty.

要的外部推力。①

2016年12月，在经过漫长而充满曲折的谈判后，太平洋岛国与美国签订新协定，进一步将平均每船每天入场费提高到12 600美元，被称之为"世界上最赚钱的渔业入场协定"②。而且，美国通过协定事实上承认了"作业天数计划"机制本身的合法性——这可能比价格高低更重要。③

可以看出，美太渔业谈判进程与作业天的价格走势密切相关，呈现出"水涨船高"态势，即作业天价格的上升促使美国不断作出让步，最后的成交价大大高于太平洋岛国的最初要价。

在这个过程中，萨摩亚等非《瑙鲁协定》缔约国扮演了"搭便车"角色，在没有参与《瑙鲁协定》的情况下，也享受到了协议价大幅度上升带来的收益。此后，萨摩亚等国对地区海洋治理机制的态度更加积极，例如萨摩亚总理图伊拉埃帕提出的"蓝色太平洋"倡议更加注重对不同太平洋岛国的包容性。从这个角度来看，《瑙鲁协定》缔约国机制化的收益为整个太平洋岛国地区所共享，尽管这并不意味着内部矛盾自此消失。

与美欧澳新等西方发达国家或集团相比，中国在《瑙鲁协定》缔约国机制化过程中发挥了积极作用，体现了大国担当。中国于2008年开始从巴新手中购买试行作业天，2011年起从其他国家手中购买作业天。2009年，时任中国国务院副总理李克强访问巴新，双方签署框架协议，在巴新的马当省（Madang）建设太平洋渔业工业园（PMIZ），由中国进出口银行提供优惠贷款、沈阳国际经济技术合作公司总承包承

---

① 相关媒体报道参见李励年编译："美国金枪鱼捕捞渔船撤出中西太平洋海域"，《渔业信息与战略》，2016年第2期，第159—162页；"美国与太平洋岛国谈判修改'南太平洋渔业协议'"，《渔业信息与战略》，2016年第3期，第237—238页。

② Jemima Garrett, "Pacific Island Nations Secure $90m Tuna Deal with United States", *ABC News*, 8 October 2014, https://www.abc.net.au/news/2014-10-08/pacific-island-nations-secure-$90m-tuna-deal-with-us/5799494.

③ "PNA: 2016 U.S. Treaty Deal Underlines Value of Pacific Fishery", https://www.pnatuna.com/node/278.

建，作为支持《瑙鲁协定》关于发展自身渔业加工业条款的一个举措。2012年，中国政府代表参加了第七届《瑙鲁协定》缔约国会议。①

中国在《瑙鲁协定》缔约国机制化中的作用对美国产生了影响。例如，2011年，时任美国国务卿希拉里·克林顿对中国在巴新加大投入的举措表达了担忧。② 有研究认为，从《南太平洋金枪鱼协议》更新谈判过程看，太平洋岛国的议价权力明显不断增加，而中国是太平洋岛国的最大的外部"杠杆"，最终促使美国于2012年起同意按照购买作业天的方式进行谈判。③

4. 综合影响

《瑙鲁协定》缔约国的机制化已经改变了南太平洋地区金枪鱼的管理模式，形成了新的格局，使其从"买方市场"转型为"卖方市场"。太平洋岛国对它们的资源有了更强的控制。而且，《瑙鲁协定》缔约国的机制化还产生了外溢效应，与其他新地区机制互动，例如促使了美拉尼西亚先锋集团进一步加深内部的次地区合作进程。④

《瑙鲁协定》缔约国的机制化也获得了国际认可。2014年，亚洲开发银行将《瑙鲁协定》缔约国称为"比太平洋岛国论坛渔业局更成功的组织"，尤其是在推动经济回报最大化和可持续发展上。⑤ 2016年，

---

① "李克强副总理率团访问巴新"，中国驻巴新大使馆经济商务参赞处，2009年11月11日，http://pg.mofcom.gov.cn/article/zxhz/tzwl/200911/20091106606341.shtml.

② "Clinton: China Seeks to Outflank ExxonMobil", *The National*, 4 March 2011.

③ Jope Tarai, "The New Pacific Diplomacy and the South Pacific Tuna Treaty", in Greg Fry and Sandra Tarte (eds.), *The New Pacific Diplomacy*, Canberra: Australian National University Press, 2015, p. 243.

④ Sandra Tarte, "Regionalism and Changing Regional Order in the Pacific Islands", *Asia & The Pacific Policy Studies*, Vol. 1, No. 2, 2014, p. 318; Jope Tarai, "The New Pacific Diplomacy and the South Pacific Tuna Treaty", in Greg Fry and Sandra Tarte (eds.), *The New Pacific Diplomacy*, Canberra: Australian National University Press, 2015, p. 244.

⑤ Asian Development Bank, *Pacific Economic Monitor* (2014), Mandaluyong City, 2014, as cited in Tess Newton Cain, "The Renaissance of the Melanesian Spearhead Group", in Greg Fry and Sandra Tarte (eds.), *The New Pacific Diplomacy*, Canberra: Australian National University Press, 2015, p. 153.

亚洲开发银行总体上对"作业天数计划"取得的成绩表示了肯定，认为决定成败的关键条件在于是否将资源富集海域尽可能纳入机制范围内——显然，《瑙鲁协定》缔约国更符合这个条件。[1]

有学者还将《瑙鲁协定》缔约国的机制化与整个南太平洋地区海洋治理进程联系起来。例如，奥兰·杨等学者撰写的报告认为，这种多样化、多层次的机制运行，使得西南太平洋（即《瑙鲁协定》缔约国所在海域）具有不同机制之间高水平一致性与一体性的显著特征。[2] 带动与美国渔业谈判的成功、为整个地区而非仅仅《瑙鲁协定》缔约国带来地区集体收益就是奥兰·杨等所说"一致性与一体性"的一个例证。

此外，《瑙鲁协定》缔约国的机制化还有无形的影响，即对太平洋岛国信心的提升作用。阿阔柔在离任前夕谈到《瑙鲁协定》缔约国机制化的成就时说："我们可以告诉全世界，一群小岛屿发展中国家可以不依靠援助自行做一些事。"他还提到了"太平洋可能性"（Pacific Possible），指的是小岛国团结起来甚至能比援助机构做得更好。[3]

2018年底，《瑙鲁协定》缔约国办公室CEO库莫鲁在中西太平洋渔业委员会会议上继续维护"作业天数计划"，强调维护渔业资源的重要性，并试图将"作业天数计划"纳入"蓝色太平洋"框架中。[4] 2019年4月，他在总结《瑙鲁协定》缔约国近十年来的成绩时表示，创新

---

[1] Asian Development Bank, *Pacific Economic Monitor* (2016), Mandaluyong City, 2016, p. 18.

[2] Intergovernmental Oceanographical Commission (IOC), UNESCO, *Transboundary Waters Assessment Programme: Assessment of Governance Arrangements for the Ocean* (Volume 2: Areas beyond National Jurisdiction), IOC/2015/TS/119, Paris, 2015, p. 43.

[3] "Dr. Transform: Why PNA is Succeeding, and the Look of Future Fisheries Management", http://www.pnatuna.com/node/362.

[4] PACNEWS, "'Tuna Diplomacy' Is One of the Game-changers for the Pacific", *Nukualofa Times*, 9 December 2018.

的治理机制给岛国带来利益，提升了自然资源的可持续性。① 截至 2020 年，"作业天数计划"仍在有效运行，而且正在酝酿进一步扩大应用范围，将延绳钓渔船纳入。②

综上所述，通过对《瑙鲁协定》缔约国机制化的案例研究，本节得出如下结论：对获取金枪鱼权益的共同利益是《瑙鲁协定》缔约国机制化的主要动力，对金枪鱼资源的垄断是"作业天数计划"得以实施的主要条件之一，域外大国竞相介入该地区是来自全球层次的主要外部推力；在《瑙鲁协定》缔约国机制化过程中，缔约国办公室采取了"以渔养渔""以市养渔"等若干创新方法，降低了机制运作和交易监管成本，清晰界定了捕鱼状态与权界，使得这个由实力弱小、总体上较为贫穷的太平洋岛国构成的新地区机制在不利条件下能够生存下来并得到发展，持续提供有效的地区公共服务。

第四节　首席贸易顾问办公室

本节涉及新时期太平洋岛国地区主义的另一个重要议题——经济贸易与经济一体化问题，特别是重点研究首席贸易顾问办公室在"后危机时代"的全球贸易大环境下的缘起，以及如何在地区经济一体化尤其是《太平洋更紧密经济关系协定》谈判中发挥作用。

首席贸易顾问办公室也是由太平洋岛国构成并运行的地区机制，旨在为支持太平洋岛国参加《太平洋更紧密经济关系协定》谈判提供独立的咨询建议。不过，与前文讨论的 3 个由太平洋岛国主动发起的地区

---

① "PNA's Outside – the – box Thinking Benefits Islands, Improves Resource Sustainability", 26 April 2019, https：//www.pnatuna.com/content/pna%E2%80%99s – outside – box – thinking – benefits – islands – improves – resource – sustainability.

② "PNAO Gears for VDS Expansion, Business Plan Development in 2019", 29 January 2019, https：//www.pnatuna.com/content/pnao – gears – vds – expansion – business – plan – development – 2019.

组织与机制不同，首席贸易顾问办公室是太平洋岛国在经济一体化谈判总体上处于被动态势的情况下建立起来的。由于全球贸易治理陷入停滞，域外大国或大国集团在贸易领域没有形成足够的相对澳新的替代效应，太平洋岛国难以"借力"，太平洋岛国内部的分歧使得形成共同利益存在困难，因而在《太平洋更紧密经济关系协定》谈判中总体上处于弱势地位。由澳新全额资助的首席贸易顾问办公室难以真正做到独立，《太平洋更紧密经济关系协定》的谈判结果没有完全实现太平洋岛国的利益。可以说，这个案例提供了一个在全球层次推力不足情况下太平洋岛国地区机制的"对照组"。尽管如此，首席贸易顾问办公室仍然为太平洋岛国改善贸易条件发挥了一定作用，体现了全球治理与地缘政治带来的一定影响。

一、背景

1. 历史背景

根据彼得·林德特（Peter Lindert）、查尔斯·金德尔伯格（Charles Kindleberger）的定义，经济一体化指的是"宏观经济政策的一体化和生产要素的自由移动以及成员国之间的自由贸易"，通常可以分为自由贸易区、关税同盟、共同市场和完全的经济同盟，"通过共同商品市场、共同生产要素市场，或两者的结合，达到生产要素价格的均等"[①]。仅仅从经济学的传统分析视角看，地区主义指的主要就是地区经济一体化，推动地区贸易的自由化是地区经济一体化的基本内容。这是地区主义理论在"旧地区主义"阶段的基本假定。当然，本书以比较地区主义和发展地区主义的视角，将地区主义视为超越地区经济一体化的以发展为导向的建立和维持地区机制与组织的过程，注重各个地区的独特性与案例的丰富性。因此，本书对地区主义的研究也远远超出了地区经济

---

① ［美］彼得·林德特、查尔斯·金德尔伯格：《国际经济学》，谢树森等译，上海：上海译文出版社，1985年，第191—192、204页。

一体化的范畴，后者甚至并非本书的主要研究对象。不过，地区经济一体化特别是地区贸易自由化也是新时期太平洋岛国地区主义的组成部分，尽管实际情况较为复杂，进展也不尽如人意。

早在1971年的首届南太平洋论坛上，地区贸易与经济一体化就已经成为南太平洋地区主义的重要议题，但过程充满争议曲折。1980年，南太平洋论坛成员国签订了《南太平洋地区贸易与经济合作协定》（South Pacific Regional Trade and Economic Cooperation Agreement，SPRTECA），通过特惠制贸易逐步实现岛国免关税向澳新市场出口货物。南太平洋论坛成立了地区贸易委员会负责执行协定并监督落实。协定推动了岛国发展面向澳新的出口导向型产业，尤其是斐济的纺织业、服装业和制鞋业的发展正好赶上了澳新逐步淘汰这些产业的转型红利。协定在原产地规则上较为宽松的政策，以及对澳新在岛国投资的支持政策鼓励了澳新投资者建立从亚洲国家进口原材料，运输到斐济等岛国进行加工，再向澳新出口成品（尤其是成衣和鞋）的跨国产业链。实际上，协定帮助了澳新在产业升级阶段向岛国转移了劳动密集型产业。岛国尤其是斐济和萨摩亚等国也在GDP、税收和就业等方面获益。当然，地区贸易协定到底对岛国的出口产业带来多大影响，为岛国经济带来多大发展，尚存在不同意见。①

冷战结束后，随着世界贸易组织的建立，以及亚太经合组织、欧盟、北美自由贸易区等地区和跨地区一体化的推进，特惠制贸易逐渐被互惠制贸易所取代，基于特惠制贸易的《南太平洋地区贸易与经济合作协定》面临与新的互惠制贸易规则不相适应的问题。在这种情况下，一些人认为南太平洋地区需要建立新的地区贸易自由化和经济一体化架

---

① 从1987年到1990年，斐济服装产业出口额从500万斐济元激增到1.13亿斐济元，吸纳就业增长了2倍左右。到20世纪末，有1.8万斐济人受雇于服装制造业，免税服装加工厂的数量从1988年的27家增长到110家。日本汽车零部件生产商矢崎总业株式会社抓住了澳新汽车制造产业链转型和《南太平洋地区贸易与经济合作协定》带来的机遇，1991年起在萨摩亚设立工厂生产面向澳新市场的汽车零部件，在高峰期曾雇佣超过3000名雇员。参见 Wesley Morgan，"Trade Negotiations and Regional Economic Integration in the Pacific Islands Forum"，*Asia & The Pacific Policy Studies*，Vol. 1，No. 2，2014，pp. 327 - 328.

构,以符合新的规则。澳大利亚出于亚太经合组织"开放地区主义"的模式希望建立覆盖整个南太平洋论坛成员国(包含澳新和岛国)的地区贸易协定,但岛国更倾向先签订岛国之间的自贸协定作为融入国际经济体系的"垫脚石"。最后,各方达成了妥协,在2001年8月的太平洋岛国论坛第32届领导人会议(瑙鲁峰会)暨论坛创建三十周年大会上,由太平洋岛国单独签订《太平洋岛国贸易协定》(Pacific Island Countries Trade Agreement, PICTA),另由太平洋岛国和澳新签订《太平洋紧密经济关系协定》(Pacific Agreement on Closer Economic Relations, PACER)。[1]

《太平洋紧密经济关系协定》并非一个自贸协定,而是关于地区经济一体化的框架性协定。但是,这个框架性协定为澳新与岛国之间的自贸谈判"埋"下了"引信"。协定第6条第3—4款规定,若所有太平洋岛国集体与其他国家开启自贸谈判,岛国方面应与澳新开始以启动自贸谈判为目标的磋商,并在第10款将此定义为"义务"(obligation)。[2]

2004年9月起,欧盟开始与非加太集团中的太平洋岛国建立联合技术性工作组,开始商讨贸易谈判问题。这被澳新方面解读为"欧盟与太平洋岛国之间开启正式谈判","触发了《太平洋紧密经济关系协定》第6条",要求开始启动澳新与岛国之间的自贸谈判。尽管代表太平洋岛国的首任首席贸易顾问(Chief Trade Advisor, CTA)克里斯·努南(Chris Noonan)事后认为,当时太平洋岛国方面完全可以将与欧盟的商讨解释为"技术性工作"而非"开启正式谈判",从而避免触发《太平洋紧密经济关系协定》第6条;韦斯利·摩根(Wesley Morgan)事后也认为,澳新方面是使用了"准法律论证"解读岛国方面的义务,并不完全具有法律约束力;但是,当时岛国方面确实接受了澳新方面的说法,遂按照《太平洋紧密经济关系协定》第6条于2007年开始就自贸

---

[1] Robert Scollay, *South – South and North – South Trade Agreements: The Pacific Islands Case*, United Nations University – Comparative Regional Integration Studies (UNU – CRIS) Working Papers, W – 2010/7, United Nations University, Brugge, Belgium, 2010, p. 11.

[2] Pacific Agreement on Closer Economic Relations (PACER), pp. 5 – 6.

谈判问题进行磋商，并于 2009 年决定启动谈判。①

2. "非传统协定"与"额外收益"

如前文所述，南太平洋地区的"基本区情"可以概括为"小岛国、大海洋"。陆地面积小、人口少、地理上分散、基础设施不健全等因素都使得太平洋岛国开展国际贸易的交易成本极高。此外，太平洋岛国并非全然相似，而是在共同的特性之下拥有极为复杂的多样性。虽然它们都可以被笼统归为小国，但其中有相对较大的岛国（如巴新、所罗门群岛、斐济）、相对较小的岛国（如萨摩亚、汤加）和极为微型的岛国（如瑙鲁、纽埃）；虽然都是发展中国家，但它们的经济社会发展水平差别很大，有依靠旅游收入相对较为富裕的岛国（如帕劳、库克群岛），也有普通水平的发展中国家（如斐济、萨摩亚），还有极为贫困的最不发达国家（如基里巴斯、所罗门群岛）。但是，这些岛国的资源禀赋与出口结构又总体上较为相似，在货物出口上主要依赖原材料（木材、糖、椰子、咖啡等）和水产（主要是鱼类），在服务贸易出口上主要依赖旅游，在国际贸易中相互之间的竞争性大于互补性。可以说，虽然获得政治上的独立或完全自治多年，但太平洋岛国仍然没有从根本上摆脱"殖民地经济"的旧格局。② 这些因素都推高了交易成本，给太平洋岛国的经济一体化带来了巨大障碍。③

因此，在 2007—2009 年的磋商阶段，关于《太平洋更紧密经济关系协定》对太平洋岛国的利弊分析就已经引起了争论。时任阿德莱德大

---

① Chris Noonan, "Trade Negotiations with the Pacific Islands: Promise, Process and Prognosis", *New Zealand Yearbook of International Law*, Vol. 9, 2011, pp. 252 – 253; Wesley Morgan, "Much Lost, Little Gained? Contemporary Trade Agreements in the Pacific Islands", *The Journal of Pacific History*, Vol. 53, No. 3, 2018, pp. 279 – 280.

② 韦斯利·摩根持类似观点。参见 Wesley Morgan, "Much Lost, Little Gained? Contemporary Trade Agreements in the Pacific Islands", *The Journal of Pacific History*, Vol. 53, No. 3, 2018, p. 269.

③ 参见 Robert Scollay, *South – South and North – South Trade Agreements: The Pacific Islands Case*, United Nations University – Comparative Regional Integration Studies (UNU – CRIS) Working Papers, W – 2010/7, United Nations University, Brugge, Belgium, 2010, pp. 5 – 11.

学国际贸易研究所（澳大利亚政府为岛国指定的研究咨询提供方）讲师乌韦·考夫曼（Uwe Kaufmann）认为，协定将给太平洋岛国带来整体福利增长，特别是通过减让关税而降低太平洋岛国从澳新进口的消费品价格。[1] 不过，奥克兰大学商学院副教授罗伯特·斯科莱（Robert Scollay）在为联合国大学比较地区一体化研究所（UNU-CRIS）撰写的报告中则比较了澳新与岛国双方的收益，认为1980年《南太平洋地区贸易与经济合作协定》就已经给予了岛国免关税向澳新出口货物的待遇，因此新协定对促进岛国出口没有价值，但非常有助于促进澳新对岛国的出口，尤其考虑到澳新占岛国总进口的份额远大于澳新占岛国总出口的份额。[2] 克里斯·努南认为，尽管从长期看协定将会为岛国带来整体收益，但在短期内岛国面临着现实的调整和执行成本，包括澳新廉价商品对本土产业的冲击、关税减少带来的政府财政压力、改革调整所需的经费等。[3] 世界银行太平洋地区高级经济学家曼朱拉·卢特里亚（Manjula Luthria）也承认，考虑到关税收入占大多数岛国政府财政收入的10%以上，关税减让将可能给财政预算带来很大的窟窿。[4] 根据牛津饥荒救济委员会的一份报告，实施《太平洋紧密经济关系协定》给基里巴斯、瓦努阿图和汤加带来的财政收入损失分别达到15%、18%和19%。[5] 而实施增值税替代关税对行政能力孱弱的岛国来说成本很高，

---

[1] Uwe Kaufmann, "Pacific Trade Liberalisation and Tariff Revenues", *Pacific Economic Bulletin*, Vol. 24, No. 3, 2010, pp. 173–182.

[2] Robert Scollay, *South-South and North-South Trade Agreements: The Pacific Islands Case*, United Nations University – Comparative Regional Integration Studies (UNU-CRIS) Working Papers, W-2010/7, United Nations University, Brugge, Belgium, 2010, pp. 26–27.

[3] Chris Noonan, "Trade Negotiations with the Pacific Islands: Promise, Process and Prognosis", *New Zealand Yearbook of International Law*, Vol. 9, 2011, pp. 274–275.

[4] As cited in Maureen Penjueli and Wesley Morgan, "Putting Development First: Concerns about a Pacific Free Trade Agreement", *Pacific Economic Bulletin*, Vol. 25, No. 1, 2010, p. 213.

[5] Oxfam Australia and Oxfam New Zealand, *PACER Plus and Its Alternatives: Which Way forward for Trade and Development in the Pacific?* Oxfam Australia, Melbourne, and Oxfam New Zealand, Auckland, 2009, p. 14.

乃至加剧其债务问题。①

因此，在磋商过程中岛国方面认为，考虑到小岛国的特殊性，传统的贸易协定不能给岛国带来利益；要想使岛国获益，并弥补澳新进口商品关税减让给岛国财政收入、就业和社会需求等各方面带来的冲击，必须签订一个"非传统贸易协定"，在贸易之外给岛国带来"额外收益"。②

"额外收益"尤其聚焦在劳动力流动和发展援助两方面。在纯粹的经济学视角下，劳动力也可以被视作为一种商品，跨国的劳动力流动是生产要素的国际流动，也可以被笼统归为国际贸易范畴。对不少太平洋岛国来说，大量未就业、失业和不充分就业的年轻人口既是岛国的一种比较优势，也是社会不稳定的潜在源头。因此，岛国希望借与澳新的自贸谈判之机促使澳新开放劳动力市场，推动本国劳动力特别是中低技能的劳动力在澳新找到工作机会，在解决岛国就业问题的同时增加侨汇收入。针对自贸协定可能给岛国带来的损失，岛国希望澳新增加对岛国的发展援助，并且将这些援助以法律文本的形式固定下来，使其具有多边意义上的法律约束力。"发展援助构成了'PACER +'中的'+'。"③

在自贸谈判正式开启后，这两个议题尤其是劳动力流动议题成为岛国方面推动自贸协定成为"非传统"协定的重点。

3. 国际环境

尽管近年来的全球治理与地缘政治趋势在整体上有利于太平洋岛国"借力"，但在不同的具体领域程度不同。在贸易领域，《太平洋更紧密经济关系协定》谈判期间的国际贸易治理存在若干不利于太平洋岛国

---

① Maureen Penjueli and Wesley Morgan, "Putting Development First: Concerns about a Pacific Free Trade Agreement", *Pacific Economic Bulletin*, Vol. 25, No. 1, 2010, p. 214.

② Alisi Kautoke‐Holani, "Labour Mobility in the PACER Plus", *Asia & The Pacific Policy Studies*, Vol. 5, No. 1, 2018, p. 91.

③ Chris Noonan, "Trade Negotiations with the Pacific Islands: Promise, Process and Prognosis", *New Zealand Yearbook of International Law*, Vol. 9, 2011, p. 280.

"借力"的方面:

第一,全球多边贸易治理整体上进展缓慢,在诸多具体问题上也不利于太平洋岛国。在整体进展方面,2001年启动的WTO多哈回合谈判陷入了多年的僵局。尽管2013年12月WTO第九次部长级会议在印尼巴厘岛通过了多哈回合早期收获《巴厘一揽子协议》,其中包含《贸易便利化协定》,但此后多哈回合谈判再次陷入停滞。美国和其他西方发达国家看淡WTO多边进程,将重点转移到《跨太平洋伙伴关系协定》(TPP)、《跨大西洋贸易与投资伙伴协定》(TTIP)和《诸边服务业协定》(PSA)等谈判上。[1] 其中,《诸边服务业协定》在劳动力流动方面的谈判走向逐渐不利于太平洋岛国。2007年,罗曼·格林贝格和他的同僚维尼亚娜·卡罗(Veniana Qalo)试图将太平洋岛国劳工赴澳新从事采摘水果等季节性工作解读为"供应水果和采摘服务"和"劳动密集型服务",以试图将季节性打工归入世界贸易组织《服务贸易总协定》(General Agreement on Trade in Service, GATS)下的第四种模式(Mode 4)即"自然人流动"(Movement of Natural Persons, MNP)——"一成员方的服务提供者通过在另一成员方境内以自然人存在的形式提供服务"。[2] 但是,世界贸易组织的谈判实践和观念越来越将这种服务贸易限定在高技能技术人员的流动,而将中低技能劳动力流动排除在多边贸易体系之外。这个趋势给澳大利亚强化其在劳动力流动问题上的立场提供了佐证,不利于岛国的主张。[3]

第二,欧盟与太平洋岛国的《经济伙伴关系协定》谈判几经波折后陷入停滞,使得欧盟并没有对澳新构成替代或竞争效应,岛国无法在贸易问题上向欧盟"借力"。"2007年到2015年间的地区间《经济伙伴

---

[1] 参见何力:"多哈回合早期收获与《贸易便利化协定》",《上海对外经贸大学学报》,2014年第2期,第24—32页。

[2] Roman Grynberg and Veniana Qalo, "Migration and the World Trade Organization", *Journal of World Trade*, Vol. 41, No. 4, 2007, pp. 751–781.

[3] Wesley Morgan, "Much Lost, Little Gained? Contemporary Trade Agreements in the Pacific Islands", *The Journal of Pacific History*, Vol. 53, No. 3, 2018, p. 282.

关系协定》谈判言辞激烈刻薄。欧盟被视为正在分裂太平洋岛国阵营，被批评为不改变其推进正统地区自贸协定的立场。"① 2007年，时任欧盟贸易高级专员彼得·曼德尔森（Peter Mandelson）甚至对巴新贸易部长说"他需要看地图，因为不知道巴新在哪里"，这种傲慢态度激怒了整个太平洋岛国阵营。② 此后的谈判一直没有打开局面。特别是如前文所述，欧盟以《经济伙伴关系协定》谈判为"杠杆"令太平洋岛国放弃渔业领域的"作业天数计划"，遭到了后者的拒绝，欧太双方谈判彻底陷入僵局。2015年5月，欧方提议谈判"暂停"3年，随后巴新宣布退出谈判。失去了"杠杆"的太平洋岛国更加将希望寄托在与澳新的谈判上，这实际上给了澳新更大的议价权。

第三，亚太贸易网络不断加强，其中尤其是中国与太平洋岛国之间的贸易联系不断加强，但尚未对澳新在太平洋岛国地区的贸易地位构成严重挑战。如克里斯·努南当时就已经注意到的，"太平洋岛国地区贸易与投资格局最显著的特征之一就是论坛岛国与亚洲的贸易投资联系不断增长"③。2014年国际货币基金组织的一份研究报告更是建议太平洋岛国利用好全球经济重心与贸易重心向亚洲特别是中国转移的机会，加快发展旅游业与农业对华出口。④ 不过，根据笔者与池颖的研究，中国从太平洋岛国的进口存在"小、少、不平衡"三个特点：虽然增速快但规模尚小，国别、行业和项目分布不均衡，集中在极少的产业、产品、国家或项目，其中货物贸易主要体现为原材料且集中在巴新和斐济两个国家，服务贸易主要体现为旅游业且集中在斐济和帕劳两个国家，

---

① Greg Fry, *Framing the Islands: Power and Diplomatic Agency in Pacific Regionalism*, Canberra: ANU Press, 2019, p. 244.

② Samisoni Pareti, "Fiji, PNG 'Turncoat' Spells Doom for Region", *AFTINET Bulletin*, No. 142, 2007, https://www.aftinet.org.au/bulletins/2007/AFTINETBulletin143.html.

③ Chris Noonan, "Trade Negotiations with the Pacific Islands: Promise, Process and Prognosis", *New Zealand Yearbook of International Law*, Vol. 9, 2011, p. 247.

④ Hong Chen et al., *Pacific Islands Countries: In Search of a Trade Strategy*, IMF Working Paper, WP/14/158, 2014, pp. 20–24.

与多数太平洋岛国在多数部门的贸易规模非常小。① 因此，尽管中太贸易发展很快，但尚未产生对澳新的替代效应。对澳大利亚来说，随着澳大利亚在亚太范围内推动双边自贸协定并参与《跨太平洋伙伴关系协定》和《区域全面经济伙伴关系协定》（RCEP）谈判，澳方一方面不希望太平洋岛国与其他贸易伙伴先行签订自贸协定，另一方面也不希望在谈判中对太平洋岛国做更多让步，尤其是担心若将劳动力流动纳入法律文本将构成"先例"，引发其他国家效仿。这使得澳方不肯按照岛国的要求将劳动力流动写入具有法律约束力的协定中。此外，韦斯利·摩根还认为澳大利亚对《太平洋更紧密经济关系协定》谈判具有地缘政治考虑。②

总之，在贸易议题上，全球贸易治理进程和域外大国的存在虽然也对太平洋岛国谈判起到作用，但并不十分有利于后者利用全球层次的因素为"杠杆"进行"借力"，太平洋岛国在《太平洋更紧密经济关系协定》谈判全程总体上一直处于被动态势。不过，在这种被动态势下，太平洋岛国仍然成功建立了自己的地区机制——首席贸易顾问办公室。

二、缘起与建立

1. 缘起

首席贸易顾问办公室建立的一个合理化主张是，从太平洋岛国与欧盟进行贸易谈判的既往经验上看，太平洋岛国面临人手、能力与时间准备不足的问题。因此，在2007年澳新与太平洋岛国就启动《太平洋更紧密经济关系协定》谈判进行磋商时，太平洋岛国提出，谈判的启动须以设立一个独立的咨询机构直接服务于岛国参加谈判为前提。时任论坛

---

① 陈晓晨、池颖：《中国自太平洋岛国的进口：现状概述与建议》，见喻常森主编：《大洋洲发展报告（2017—2018）："印太战略"构想与澳大利亚》，北京：社会科学文献出版社，2018年，第133—151页。

② Wesley Morgan, "Trade Negotiations and Regional Economic Integration in the Pacific Islands Forum", *Asia & The Pacific Policy Studies*, Vol. 1, No. 2, 2014, pp. 330–331.

岛国《太平洋更紧密经济关系协定》谈判首席发言人的所罗门群岛贸易部长威廉·豪梅（William Haomae）就设立这个独立咨询机构的必要性做了如下阐述：

> 论坛岛国已经强调，它们将要求额外的援助，以克服许多论坛岛国经济体和政府规模小及缺乏能力对有意义地介入《太平洋更紧密经济关系协定》进程并同时参与其他谈判（例如与欧盟的《经济伙伴关系协定》）带来的能力限制。
>
> 由于被纳入议题的广泛性，论坛岛国参与《太平洋更紧密经济关系协定》将需要大大超越其他谈判的特定知识和协调。此外，太平洋岛国政府之间贸易政策的协调与其谈判对手相比极度薄弱。这些短板阻碍了贸易政策的发展和论坛岛国参与贸易谈判，因而需要可观的资源来充分解决这些问题，以允许论坛岛国有意义地参与《太平洋更紧密经济关系协定》进程。[①]

克里斯·努南是这样具体解释太平洋岛国面临的能力不足的："许多论坛岛国贸易部门非常小，在贸易谈判的很多具体领域少有乃至没有专家。官员们在参加《经济伙伴关系协定》和《太平洋岛国贸易协定》谈判的同时还要努力分身有效参与《太平洋更紧密经济关系协定》谈判。即使是协调了会议时间，仅仅是举办会议、在整个地区出差就消耗了准备时间。许多论坛岛国的预算不允许向这些会议派遣相关政府部门的专家。谈判议题越宽泛，对论坛岛国就越不利。"[②]

在太平洋岛国与欧盟的贸易谈判中，太平洋岛国论坛秘书处发挥了太平洋岛国咨询顾问的角色，这个经验告诉了太平洋岛国需要在贸易谈

---

① As cited in Maureen Penjueli and Wesley Morgan, *Speaking Truth to Power: Australian and New Zealand Use of Power Politics to Launch Pacific Free Trade Negotiations*, Suva: Pacific Network on Globalisation, 2009, pp. 23 – 24.

② Chris Noonan, "Trade Negotiations with the Pacific Islands: Promise, Process and Prognosis", *New Zealand Yearbook of International Law*, Vol. 9, 2011, p. 266.

判中寻求咨询顾问的支持。不过，在澳新与岛国同为谈判方的《太平洋更紧密经济关系协定》谈判中，太平洋岛国论坛秘书处就无法成为咨询顾问了，因为秘书处无法保持中立性。在这种情况下，时任太平洋岛国论坛秘书长内罗尼·斯拉德（Neroni Slade）表示，由于秘书处无法支持某些成员国与另一些成员国谈判，他提议设立一个首席贸易顾问。后来，这个概念与岛国方面提出的"独立咨询机构"相结合，发展为首席贸易顾问办公室。① 太平洋岛国论坛秘书处无法胜任岛国咨询顾问角色的另一个原因是，2009 年前的太平洋岛国论坛被很多人认为是尚在澳新尤其是澳大利亚的控制之下。因此，不少太平洋岛国人士并不希望太平洋岛国论坛充当与澳新进行谈判的智囊。非政府组织澳大利亚公平贸易与投资网络（Australian Fair Trade and Investment Network，AFTINET）贸易公平运动领导者哈维·珀斯（Harvey Purse）表示，"建立首席贸易顾问办公室是对一个非常真实的看法作出的反应：太平洋岛国论坛秘书处被澳新主导，将不会（为岛国）在贸易谈判中提供独立的建议。"②

总的来说，首席贸易顾问办公室设立的背后体现了太平洋岛国作为小国在外交上的劣势。另一方面，这也体现了岛国并不十分情愿与澳新开展《太平洋更紧密经济关系协定》谈判，只是在整体尚处于被动的态势下将设立首席贸易顾问办公室并由澳新为其提供资金作为谈判启动的先决条件。③

---

① As cited in Maureen Penjueli and Wesley Morgan, *Speaking Truth to Power: Australian and New Zealand Use of Power Politics to Launch Pacific Free Trade Negotiations*, Suva: Pacific Network on Globalisation, 2009, p. 24.

② Sherita Sharma, "Pacific Trade Office Faces up to Debate over Funding Independence", *Pacific Scoop*, 21 September 2011, http://pacific.scoop.co.nz/2011/09/pacific-trade-office-faces-up-to-debate-over-funding-independence/.

③ Chris Noonan, "PACER Plus Progress and Promise: Regional Integration Challenges and Opportunities in the Pacific", *Trade Negotiations Insights*, Vol. 10, No. 9, 2011, p. 7.

2. 建立

不过，澳大利亚一开始反对岛国建立独立的首席贸易顾问办公室并为其提供资金，认为这是不必要的。在 2008 年的论坛贸易部长会议上，澳大利亚还反过来将首席贸易顾问办公室的设立与尽快启动《太平洋更紧密经济关系协定》谈判挂钩，认为这次会议没有承诺启动谈判，而启动谈判才会使得澳大利亚为首席贸易顾问办公室提供资金。作为备选计划，澳大利亚在 2009 年 2 月的第三次非正式磋商会上表示将为每个太平洋岛国提供 6.5 万澳元用于研究，并指定澳大利亚阿德莱德大学国际贸易研究所为太平洋岛国参与谈判提供培训和咨询服务。[1]

不过，在太平洋岛国看来，这项服务并没有多少价值，因为阿德莱德大学提供的只是泛泛的收益—成本研究，可以作为研究的第一步，但并不足以具体支持谈判。而且，由澳大利亚的大学提供的以澳大利亚政府为谈判对手的研究也无法保证独立性。威廉·豪梅表示，"论坛岛国表示，首席贸易顾问办公室不应当被视为一个'标准的'援助项目而适用于通常的援助国的介入和监督，这个事情上需要（援助国和项目之间）'保持一臂距离'的方式"。这明白无误地表达了岛国在建立独立的首席贸易顾问办公室问题上的关切。[2]

澳新尤其是澳大利亚在认识到岛国在这个问题上的坚决立场后决定退后一步，在转而支持建立首席贸易顾问办公室的同时，试图影响该办公室的治理结构，包括：该办公室的理事会应由论坛贸易部长组成；该办公室的职权仅限于《太平洋更紧密经济关系协定》谈判，不得介入培训和能力建设等任务，这些任务应由既有机构（例如太平洋岛国论坛秘书处）承担；除了澳新提供资金外，该办公室不得寻求其他资金来

---

[1] Wesley Morgan, "Much Lost, Little Gained? Contemporary Trade Agreements in the Pacific Islands", *The Journal of Pacific History*, Vol. 53, No. 3, 2018, p. 280.

[2] As cited in Maureen Penjueli and Wesley Morgan, *Speaking Truth to Power: Australian and New Zealand Use of Power Politics to Launch Pacific Free Trade Negotiations*, Suva: Pacific Network on Globalisation, 2009, p. 25.

源；提议由 WTO 秘书处借调人员组织办公室的筹建（实际上澳大利亚已经一度圈定了首席贸易顾问人选）；在筹建和过渡期间办公室设在太平洋岛国论坛秘书处等。不过，岛国拒绝了上述提议。①

2009 年 6 月，太平洋岛国论坛贸易部长会议在议程之外临时增加的一场闭门午餐会上通过了启动《太平洋更紧密经济关系协定》谈判的决定，而这个决定并未以首席贸易顾问办公室的设立为先决条件。这促使太平洋岛国方面推动尽快成立首席贸易顾问办公室。针对澳新提出的在筹建和过渡期间办公室设在太平洋岛国论坛秘书处的动议，时任瓦努阿图贸易部长詹姆斯·布勒（James Bule）向时任太平洋岛国论坛秘书长内罗尼·斯拉德去信，表示瓦努阿图将成为办公室的东道主，因此没有必要将办公室设在太平洋岛国论坛秘书处。如若首席贸易顾问办公室设在太平洋岛国论坛秘书处，则意味着前者的独立性无法得到保证。而在异地设立首席贸易顾问办公室则强化了办公室的独立性。当时，中国援建的美拉尼西亚先锋集团秘书处办公楼（在瓦努阿图首都维拉港）已经具备了办公条件，瓦方得以在办公楼内为首席贸易顾问办公室提供办公场所。②

2009 年 10 月，有关首席贸易顾问办公室的治理结构尚在讨论时，论坛岛国《太平洋更紧密经济关系协定》谈判首席发言人威廉·豪梅宣布任命时任奥克兰大学商学院商法系系主任克里斯·努南为候任首席贸易顾问，负责筹建首席贸易顾问办公室。这打破了澳大利亚当时已经圈定的人选。从候任阶段起，克里斯·努南的一项中心工作就是维护办公室的独立性。当时，首席贸易顾问办公室是成为独立的机构还是先设在太平洋岛国论坛秘书处的问题尚未决定。2010 年 1 月，克里斯·努南对太平洋岛国媒体表示，在他的办公室建立之前，《太平洋更紧密经

---

① Wesley Morgan, "Much Lost, Little Gained? Contemporary Trade Agreements in the Pacific Islands", *The Journal of Pacific History*, Vol. 53, No. 3, 2018, p. 280.

② Maureen Penjueli and Wesley Morgan, *Speaking Truth to Power: Australian and New Zealand Use of Power Politics to Launch Pacific Free Trade Negotiations*, Suva: Pacific Network on Globalisation, 2009, pp. 20–21.

济关系协定》谈判都将暂停。他表示，首席贸易顾问办公室的治理结构必须清晰化，他和他的办公室只对论坛岛国负责，应对只由岛国组成的理事会汇报，而不是向澳新都为成员国的太平洋岛国论坛汇报。他还说，即使只是过渡阶段向太平洋岛国论坛秘书处汇报，这也会导致法律风险，并再次强调独立的首席贸易顾问办公室是开展《太平洋更紧密经济关系协定》谈判的前提条件。①

2010年3月，首席贸易顾问办公室正式建立。这是一个完全由太平洋岛国构成的地区机制，成员国包括除斐济外的13个参与《太平洋更紧密经济关系协定》谈判的岛国——斐济当时尚在澳新引领的制裁下，没有参加谈判。办公室总部正式设在位于瓦努阿图维拉港的美拉尼西亚先锋集团秘书处办公楼内。理事会主席由论坛岛国首席发言人担任，成员包括其他2位发言人和来自其他岛国的4位代表。这个治理结构在一定程度上依照了岛国的意愿，但也对澳方做了妥协，即理事会主席和其他两位理事会成员须为论坛岛国贸易部长，理事会须向论坛岛国贸易部长会议汇报。办公室预算为每年100万澳元，完全由澳新负担，两国各承担一半。这给了澳新影响办公室运行的"杠杆"。

三、成果与影响

1. 初期运行

首席贸易顾问办公室从设立伊始就一直强调，在贸易自由化问题上，岛国存在特殊性，因此需要的是一个不同于传统贸易协定的"创造性安排"。将"非传统性"和"创造性"落实到文本上是首席贸易顾问办公室运行初期的主要工作。

在首席贸易顾问办公室正式建立的第一年内，《太平洋更紧密经济

---

① "Pacific Trade Adviser Concerned about Independence", *Pacific Islands News Association* (*PINA*), 27 January 2010, http://www.pina.com.fj/index.php?p=pacnews&m=read&o=14332641644b5f8d56014e4401dcda.

关系协定》谈判进行了三轮贸易官员会议和一次工作坊。三轮贸易官员会议分别于 2010 年 4 月、10 月和 2011 年 3 月在瓦努阿图首都维拉港、所罗门群岛首都霍尼亚拉和帕劳首都科罗尔举行，第一次工作坊于 2010 年 9 月在汤加首都努库阿洛法举办。首席贸易顾问办公室在这一年里的主要工作之一是为太平洋岛国提供议程设置参考、起草会议所需文件并撰写相关法律文本。尤其是在第一次工作坊上，首席贸易顾问克里斯·努南提出了劳动力流动章节、检验检疫章节和技术壁垒章节的较为具体的提案。其中，最关键的是将劳动力流动列为正式法律文本中的一个单独章节，这意味着劳动力流动的安排将具有法律约束力。此外，发展援助、基础设施、贸易发展与促进、贸易基金等也被列为岛国重点关注的优先事项。① 他还为岛国代表起草了关于原产地和海关程序的法律文本，"关于原产地和海关程序的法律文本在内容和结构两个方面都离开了澳新偏爱的那种传统的自贸协定模式。"②

　　克里斯·努南一再提醒，贸易协议不应让岛国"削足适履"："对许多岛国来说，从传统贸易协议中获得的收益相对有限，特别是在没有很好解决劳动力流动时；而执行和调整成本将可能更为紧迫而可观。坚持要求发展中国家让步以适应贸易协议，而不是让贸易协议让步以适应发展中国家，这不会有助于让谈判按时完结。"他还提醒岛国方面当心发达国家"口惠而实不至"，认为发达国家在贸易谈判中一向过度许诺贸易自由化带来的好处，但正如欧盟与非加太集团的贸易谈判，以及世界贸易组织多哈回合谈判中显示的那样，发达国家经常在谈判开始前许诺若干支持发展的举措，但很难兑现为实质性的法律文本。他明确认为，虽然澳新已经说过《太平洋更紧密经济关系协定》将不是一个传

---

① Chris Noonan, "PACER Plus Progress and Promise: Regional Integration Challenges and Opportunities in the Pacific", *Trade Negotiations Insights*, Vol. 10, No. 9, 2011, p. 7.
② Chris Noonan, "Trade Negotiations with the Pacific Islands: Promise, Process and Prognosis", *New Zealand Yearbook of International Law*, Vol. 9, 2011, p. 260.

统的贸易谈判，但目前还没有在谈判的过程和成果中完全显现。①

在首席贸易顾问办公室的支持下，太平洋岛国的贸易部长们起初非常坚持澳新必须在正式法律文本中列明符合岛国特殊需要的额外措施，尤其是在劳动力流动和发展援助等方面。2011年5月，由首席贸易顾问办公室协助起草的论坛岛国贸易部长会议成果文件标志着太平洋岛国形成了对谈判的基本立场，其中尤其强调，货物与服务贸易的市场准入问题将以澳新承诺讨论劳动力市场准入和更广泛的准入问题为前提，将岛国向澳新开放市场与澳新向岛国劳工开放劳动力市场两个问题联系起来谈判。②

此外，克里斯·努南还启动了第一届与太平洋岛国非国家行为体对话会，建立与非政府组织合作的机制。在谈判期间，首席贸易顾问办公室总共与非政府组织举行了6届对话会。

总之，在运行的第一年里，首席贸易顾问办公室帮助太平洋岛国完善了谈判架构，明确了重点议题，并为岛国提供了观点、逻辑和法律文本支撑。

2. 围绕独立性的分歧

不过，首席贸易顾问办公室的运行初期也充满分歧，包括除澳新外的其他资金来源、授权范围及其与太平洋岛国论坛秘书处的关系等。首席贸易顾问办公室特别是克里斯·努南希望寻求澳新以外的其他资助来源，希望除了直接支持谈判外还要开展为岛国培训人才与能力建设等工作，希望将职权扩展到其他贸易谈判，并希望与太平洋岛国论坛秘书处保持对等的机构关系。不过，澳新尤其是澳大利亚坚持澳新的资金是首

---

① Chris Noonan, "PACER Plus Progress and Promise: Regional Integration Challenges and Opportunities in the Pacific", *Trade Negotiations Insights*, Vol. 10, No. 9, 2011, p. 7.

② Office of the Chief Trade Advisor, Forum Island Country Trade Ministers' Meeting – Outcomes Document (FIC Eyes Only), Vava'u, Tonga, 17 May 2011, as cited in Greg Fry, *Framing the Islands: Power and Diplomatic Agency in Pacific Regionalism*, Canberra: ANU Press, 2019, p. 257.

席贸易顾问办公室预算的唯一来源，办公室必须聚焦谈判本身，并一直试图将办公室纳入太平洋岛国论坛秘书处。

最根本的问题还是机构的独立性与澳新全额资助之间存在矛盾。据尼克·麦克莱伦2011年9月在《岛国事务》(Islands Business)杂志刊发的报道，尽管克里斯·努南一直努力试图寻找新的资金来源，并且将首席贸易顾问办公室的职权扩展到《经济伙伴关系协定》，但澳大利亚联邦议员李·里安农（Lee Rhiannon）在2011年8月的一次国会发言中声明，"澳方坚持认为，首席贸易顾问办公室的宪章须将其职权限定在《太平洋更紧密经济关系协定》议题，澳方有能力通过太平洋岛国论坛领导人和贸易部长会议影响宪章的修正。这被岛国拒绝了。于是，澳大利亚向首席贸易顾问办公室提供了一个被称为'难以运转'的资助安排。这主要是因为澳大利亚的条件就是首席贸易顾问办公室只能限定在《太平洋更紧密经济关系协定》，并且办公室需要接受（澳方的）季度审查，而季度审查可能使（澳方的）资助停止"[1]。这个证词直接说明了澳大利亚通过控制首席贸易顾问办公室的预算对其施加影响。非政府组织太平洋全球化网络贸易活动领导者亚当·伍尔芬登（Adam Woolfenden）2011年在接受澳洲广播电台（Radio Australia）[2]采访时也表示，太平洋全球化网络欢迎澳大利亚为首席贸易顾问办公室提供资金，但现在的问题是澳大利亚试图让这个机构受澳方管理并听从澳方要求。[3]

2011年3月，在正式运行一年后，澳新的首批100万澳元资助到

---

[1] As cited in "Trade Negotiations in the Pacific: Is There a Plus?", 6 September 2011, https://lrdeconomics.wordpress.com/2011/09/06/trade-negotiations-in-the-pacific-%E2%80%93-where%E2%80%99s-the-plus/.

[2] "澳洲广播电台"采用该电台的官方译法。参见 Michael Vincent 和 Michael Walsh: "来自澳洲的声音：澳洲广播电台和ABC国际广播80年回顾", 2019年12月16日, https://www.abc.net.au/chinese/2019-12-16/radio-australia-calling-80-years-abc-international-broadcasting/11796600.

[3] As cited in "Trade Negotiations in the Pacific: Is There a Plus?", 6 September 2011, https://lrdeconomics.wordpress.com/2011/09/06/trade-negotiations-in-the-pacific-%E2%80%93-where%E2%80%99s-the-plus/.

期。据尼克·麦克莱伦的报道,尽管首席贸易顾问办公室尽可能使用有限的经费继续维持运转,然而寻找其他资金来源的努力没有成功。2011年7月,新西兰同意向办公室提供为期两年共130万新西兰元的资助,但澳大利亚表示它的资助必须以加强对首席贸易顾问办公室的审计和后者向其汇报为前提,这遭到了大部分岛国和一些非政府组织的反对。① 在缺乏稳定的经费来源的情况下,首席贸易顾问办公室无法继续运作下去。此外,首席贸易顾问办公室与太平洋岛国论坛秘书处也已经产生了公开化的紧张关系。② 根据媒体报道,在各方压力下,首席贸易顾问办公室内部部分倾向澳大利亚的岛国籍人士也与克里斯·努南本人产生了对立,使得后者无法继续在这个职位上工作下去。③

2011年9月,就在太平洋岛国论坛奥克兰会议前夕,克里斯·努南宣布"因个人原因"辞去首席贸易代表一职。不过,坊间普遍认为,这是由于他与澳大利亚关于首席贸易顾问办公室独立性、经费来源及相关一系列问题上的分歧。④ 在随后举行的太平洋岛国论坛奥克兰会议上,澳大利亚宣布将继续为首席贸易顾问办公室提供资助。2012年3月,澳大利亚对首席贸易顾问办公室的资助谈判完成。

3. 中后期运行

2012年3月,拥有加纳和澳大利亚双重国籍的世界贸易组织专家埃德维尼·凯西(Edwini Kessie)出任首席贸易顾问。在他正式就任

---

① Sherita Sharma, "Pacific Trade Office Faces up to Debate over Funding Independence", *Pacific Scoop*, 21 September 2011, http: //pacific. scoop. co. nz/2011/09/pacific – trade – office – faces – up – to – debate – over – funding – independence/.

② Nic Maclellan, "Hot Potatoes for Pacific Trade Policy", *The Interpreter*, 16 May 2011, https: //archive. lowyinstitute. org/the – interpreter/hot – potatoes – pacific – trade – policy.

③ Laisa Taga, "Ghana's Dr Kessie Gets Nod for CTA Job", *Islands Business*, 2 November 2012, https: //islandsbusiness. com/about – us/item/268 – ghanas – dr – kessie – gets – nod – for – cta – job. html.

④ Sherita Sharma, "Pacific Trade Office Faces up to Debate over Funding Independence", *Pacific Scoop*, 21 September 2011, http: //pacific. scoop. co. nz/2011/09/pacific – trade – office – faces – up – to – debate – over – funding – independence/.

前,《岛国事务》杂志就刊文表示他是一个澳大利亚能够认可的人选。[1]当时甚至有较为激进的声音认为,太平洋岛国没有对首席贸易顾问及办公室的权力,就好比"乞讨者没有选择权"一样。[2]

韦斯利·摩根认为,在首席贸易顾问更迭后,《太平洋更紧密经济关系协定》谈判开始恢复。埃德维尼·凯西上任后致力于推动各方在最关键的劳动力流动问题上寻求"创造性妥协"。这种"创造性妥协"后来被证明为指的是澳新尤其是澳大利亚增加劳动力流动指标、放宽限制,而岛国放弃将劳动力流动写入法律文本,而是单独制定一个不具有法律约束力的劳动力流动安排。[3]

一方面,首席贸易顾问办公室始终将劳动力流动作为太平洋岛国的关键优先议题,继续呼吁澳新增加劳动力流动指标,放宽劳动力流动限制。埃德维尼·凯西在 2014 年的第四届与非国家行为体对话会上表示,"由于成员国的经济差异和论坛岛国将从贸易投资自由化承诺中获益非常少,《太平洋更紧密经济关系协定》必须包含关于劳动力流动和发展援助的实质性承诺"[4]。

另一方面,首席贸易顾问办公室在谈判中后期尤其是尾声阶段呼吁岛国进行妥协,同意将劳动力流动在法律文本之外单独达成不具有法律约束力的协议,这种对澳新的妥协态度也受到了一些岛国和一些亲岛国非政府组织的批评。例如,斐济 2015 年 12 月在正式加入《太平洋更紧密经济关系协定》谈判后,抨击首席贸易顾问办公室在没有咨询太平洋

---

[1] Laisa Taga, "Ghana's Dr Kessie Gets Nod for CTA Job", *Islands Business*, 2 November 2012, https://islandsbusiness.com/about-us/item/268-ghanas-dr-kessie-gets-nod-for-cta-job.html.

[2] Wadan Narsey, "PACER Plus Negotiations: 'Beggars Can't Be Choosers'", *Pacific Scoop*, 30 April 2012, http://pacific.scoop.co.nz/2012/04/pacer-plus-negotiations-beggars-cant-be-choosers/.

[3] Wesley Morgan, "Much Lost, Little Gained? Contemporary Trade Agreements in the Pacific Islands", *The Journal of Pacific History*, Vol. 53, No. 3, 2018, p. 283.

[4] As cited in Elisa Fornalé, "Labour Mobility Options as Adaptation Strategies to Environmental Changes", in Dimitra Manou et al. (eds.), *Climate Change, Migration and Human Rights: Law and Policy Perspectives*, Abingdon and New York: Routledge, 2017, p. 8.

岛国政府的情况下就决定太平洋岛国的谈判立场。太平洋全球化网络一直批评埃德维尼·凯西作为本该充分代表太平洋岛国的首席贸易顾问却参与了与澳新的"秘密谈判",要求将谈判内容公开。甚至有人指责埃德维尼·凯西是"听从澳新命令的人"。① 埃德维尼·凯西本人在谈判进入尾声时的咨询会议上为自己辩白,坚决否认他听从澳新指示,并极力否认澳新试图影响首席贸易顾问办公室。②

2016年,首席贸易顾问办公室委托前美国贸易谈判高级代表、美国国际开发署项目官员艾丽西亚·格林尼奇(Alicia Greenidge)和英国曼彻斯特大学法学院教授延孔·霍都(Yenkong Hodu)组成的咨询团队承担了《太平洋更紧密经济关系协定》的社会影响评估课题,总体上认为协定将对太平洋岛国的社会发展带来机遇,但也使其短期内面临挑战。不过,太平洋全球化网络等一些非政府组织和社会活动者抨击这份委托研究存在课题上过于匆忙、乙方遴选程序不透明、选出的作者尤其是第一作者艾丽西亚·格林尼奇具有折中主义特质乃至倾向发达国家的利益、研究方法不适当、咨询调研不充分等各种问题,质疑社会影响评估的权威性与独立性。③

4. 重点议题：劳动力流动

劳动力流动是《太平洋更紧密经济关系协定》谈判对岛国来说的出发点、谈判的主要焦点和首席贸易顾问办公室的工作重点。

从2009年到2013年,《太平洋更紧密经济关系协定》谈判进展缓慢,主要原因就是在劳动力流动和发展援助两个问题上没有达成一致。澳新方面坚持在具有法律约束力的协定之外另行签署劳动力流动协议,

---

① Eberhard Weber, "Trade Agreements, Labour Mobility and Climate Change in the Pacific Islands", *Regional Environmental Change*, Vol. 17, 2017, p. 1097.

② Len Garae, "Chief Trade Advisor for Pacific Defends Independence during Vanuatu Consultations", *Vanuatu Daily Post*, 22 September 2016, http：//www.pireport.org/articles/2016/09/22/chief-trade-advisor-pacific-defends-independence-during-vanuatu-consultations.

③ The Pacific Network on Globalisation, *Defending Pacific Ways of Life: A Peoples Social Impact Assessment of PACER – Plus*, Suva：PANG, June 2016, pp. 1 – 20.

至少是将低技能和无技能劳动力流动排除在协定之外。澳新方面担心的主要是为其与其他国家签订的自贸协定开先例。而岛国方面坚持必须将包括低技能、无技能在内的劳动力流动纳入具有法律约束力的协定。由此，双方的谈判形成僵局。①

但与此同时，部分出于加快谈判的目的，澳新尤其是澳大利亚的双边劳动力流动安排不断升级。2012年，澳大利亚启动了季节性工人项目（Seasonal Worker Programme，SWP），替代了2008—2012年间的太平洋岛屿季节性工人实验计划（Pacific Island Seasonal Workers Pilot Scheme，PISWPS），向巴新、基里巴斯、瓦努阿图、汤加、萨摩亚、所罗门群岛、图瓦卢和东帝汶的无技能临时工开放每年3250个签证赴澳从事种植业，每年开放签证数量比2008—2012年间年均发放签证数量翻倍。② 2015年，澳大利亚联邦政府发布了《我们的北部，我们的未来：发展澳大利亚北部构想》白皮书，正式启动了"北部大开发"，表示将对既有的季节性劳动力流动计划实施改革。③ 2015年7月，澳方取消了对季节性工人的来源国限制，将该项目扩展到所有太平洋岛国，包括了此前未包括在内的斐济、北太平洋三国和两个新西兰自由联系国。此外，澳方还启动了"五年期试验计划"，每年雇佣来自基里巴斯、瑙鲁和图瓦卢的50名工人，向他们签发五年期工作签证，允许他们在澳大利亚北部从事非季节性的工作。④ 新西兰早在2007年就已经启动了类似的季节性用工计划——认证季节性雇主计划（Recognised Seasonal Employer Scheme，RSES）。随着谈判的进程和新西兰国内用工需求的不

---

① Wesley Morgan, "Trade Negotiations and Regional Economic Integration in the Pacific Islands Forum", *Asia & The Pacific Policy Studies*, Vol. 1, No. 2, 2014, p. 332.
② Eberhard Weber, "Trade Agreements, Labour Mobility and Climate Change in the Pacific Islands", *Regional Environmental Change*, Vol. 17, 2017, p. 1095.
③ Commonwealth of Australia, Our North, Our Future: White Paper on Developing Northern Australia, 2015.
④ Elisa Fornalé, "Labour Mobility Options as Adaptation Strategies to Environmental Changes", in Dimitra Manou et al. (eds.), *Climate Change, Migration and Human Rights: Law and Policy Perspectives*, Abingdon and New York: Routledge, 2017, pp. 6–7.

断增长，新西兰也逐渐提高该计划的名额，2014年11月从此前的每年8000人提高到每年9000人，2015年底提高到每年9500人，2016年底再次提高到10 500人。2019年10月，该计划人数上限提高到14 400人，当时有138家雇主参加该计划。① 新西兰移民局表示，这些名额是专门给予与新西兰共同进行《太平洋更紧密经济关系协定》谈判的国家。② 一份澳大利亚国立大学与世界银行的研究报告表明，截至2015年，年均有近1.2万名太平洋岛国工人通过上述的季节性劳工安排赴澳新工作。③

尽管如此，上述这些双边劳动力流动安排并不具有地区层次上的法律效力。澳新仍然反对将低技能和无技能劳动力流动纳入自贸协定正式法律文本。在这种情况下，首席贸易顾问办公室在谈判尾声阶段的主要工作就是推动"创造性妥协"，呼吁各方都作出让步。埃德维尼·凯西本人在2016年6月的第六届与非国家行为体对话会中做了一个情况介绍，呼吁各方采纳"新形式的"劳动力流动条款，实际上就是呼吁岛国放弃它们一直坚持的将劳动力流动纳入法律文本的立场。④

最终，除了巴新和斐济这两个最大的岛国退出谈判外，其余各方于2016年年中基本完成了由15章和若干附件组成的长达600多页的《太平洋更紧密经济关系协定》，其中"自然人流动"章节仅针对高技能人才；另行签订了仅8页的不具有法律约束力的《劳动力流动安排》（Agreement on Labour Mobility），处理低技能和无技能劳动力流动问题。这

---

① "Recognised Seasonal Employer (RSE) Scheme Research", https://www.immigration.govt.nz/about-us/research-and-statistics/research-reports/recognised-seasonal-employer-rse-scheme.

② Philp Cass, "New Zealand Increases Number of Seasonal Migrant Workers to 10, 500", 3 December 2016, http://www.kanivatonga.nz/2016/12/new-zealand-increases-number-seasonal-migrant-workers-10500/?select9=/IPSiO/sp/3510sf/support/supply.html.

③ Richard Curtain et al., *Pacific Possible – Labour Mobility: The 10 Billion Dollar Prize*, Australian National University and the World Bank, July 2016, p.12.

④ Elisa Fornalé, "Labour Mobility Options as Adaptation Strategies to Environmental Changes", in Dimitra Manou et al. (eds.), *Climate Change, Migration and Human Rights: Law and Policy Perspectives*, Abingdon and New York: Routledge, 2017, p.8.

就是埃德维尼·凯西所说的"创造性妥协"和"新形式的"劳动力流动条款的最终成果。

虽然《劳动力流动安排》与澳新两国各自已经做出的双边劳动力流动安排相比并没有过多的新增实质性内容，也不具有法律约束力，具体条款中精心使用的措辞与太平洋岛国此前的要求相比弱化了很多；不过至少在形式上，这份安排将澳大利亚的季节性工人项目和新西兰的认证季节性雇主计划纳入到地区协议框架中，虽然这两个计划与《太平洋更紧密经济关系协定》的关联并不清晰。① 而且，《劳动力流动安排》建立了一个地区机制——太平洋劳动力流动年会（Pacific Labour Mobility Annual Meeting，PLMAM），给各方提供了一个讨论劳动力流动问题的地区论坛。当然，这个地区论坛的讨论范围仅限于《劳动力流动安排》的条款。② 韦斯利·摩根认为，"这个附带的劳动力流动'安排'已经足以吸引太平洋岛国政府完成谈判了"——也就是说，最终促使大部分太平洋岛国签订《太平洋更紧密经济关系协定》的根本动力并非长达 600 多页的法律文本，而是仅 8 页的《劳动力流动安排》。③

5.《太平洋更紧密经济关系协定》的签订

2017 年 4 月，《太平洋更紧密经济关系协定》谈判在布里斯班宣告完成。当年 6 月，澳新两国与库克群岛、基里巴斯、瑙鲁、纽埃、萨摩亚、所罗门群岛、汤加和图瓦卢 8 个太平洋岛国政府代表签署了协定。当年 9 月，瓦努阿图宣布加入协定。巴新和斐济退出了谈判，至今未加入协定；北太平洋三国鉴于其与美国的自由联系关系，表示尚须向美国咨询，至今未加入协定。

与对《劳动力流动安排》的评价类似，对《太平洋更紧密经济关系协定》法律文本主体部分的评价也众说纷纭且两极化。

---

① Alisi Kautoke – Holani, "Labour Mobility in the PACER Plus", *Asia & The Pacific Policy Studies*, Vol. 5, No. 1, 2018, p. 100.
② Arrangement on Labour Mobility, 2017.
③ Wesley Morgan, "Much Lost, Little Gained? Contemporary Trade Agreements in the Pacific Islands", *The Journal of Pacific History*, Vol. 53, No. 3, 2018, p. 284.

澳大利亚政府高度评价该协定，将其定位为聚焦发展的、带来商业机遇的、该地区首次关于服务贸易与投资的自贸协定，很好解决了劳动力流动与发展援助两个议题，并坚定强调透明度与责任。[1] 埃德维尼·凯西对媒体表示，太平洋岛国将从协定中获得巨大收益，将促进岛国对澳新的出口并吸引澳新对岛国的投资，说"《太平洋更紧密经济关系协定》给太平洋岛国提供了一个独特机遇，加深它们与澳新的贸易与经济联系，提升它们对国际贸易的参与，以获得强劲的经济增长与可持续发展"[2]。

与此相反，一些非政府组织社会活动者对协定持非常负面的评价，尤其是太平洋全球化网络、牛津饥荒救济委员会、澳大利亚公平贸易与投资网络等非政府组织的贸易活动领导者。他们将澳新尤其是澳大利亚称作"坏邻居"，将《太平洋更紧密经济关系协定》称为"反发展的贸易议程"，认为岛国与澳新之间的贸易自由化会带来岛国主权受损、政府财政收入下降、"幼稚产业"遭到打击、社会负面影响加剧等，还特别着力抨击在劳动力流动这个关键问题上的安排不具有法律约束力。[3]

马修·多南则认为，《太平洋更紧密经济关系协定》的利弊分别被支持者和反对者夸大了。他认为，这份协定既不会给岛国带来多少负面冲击，也不会带来多少机遇，既不会带来问题也不会解决问题，是一份效果非常有限的协定。[4]

无论是支持、反对还是认为这份协定效果非常有限，各方普遍认为，一份没有将太平洋岛国中的最大的两个经济体巴新和斐济包含在内

---

[1] "PACER Plus at a Glance", Department of Foreign Affairs and Trade, Australian Government, https://www.dfat.gov.au/trade/agreements/not-yet-in-force/pacer/fact-sheets/Pages/pacer-plus-at-a-glance.

[2] Loop Pacific, "Big Gains for Pacific Countries in PACER Plus – Kessie", 28 April 2017, http://www.loopsamoa.com/business/big-gains-pacific-countries-pacer-plus-kessie-57703.

[3] Adam Wolfenden and Katie Hepworth, "Bad Neighbours: Australia and New Zealand's Anti-Development Trade Agenda", *Alternative Law Journal*, Vol. 41, No. 3, 2016, pp. 204–206.

[4] Matthew Dornan, "PACER Plus is Not Much to Celebrate", 5 June 2017, https://devpolicy.org/pacer-plus-not-much-celebrate-20170605/.

的自贸协定是不完整的。前太平洋岛国论坛秘书长诺埃尔·列维（Noel Levi）激烈地批评巴新和斐济，称它们"背叛了太平洋岛国地区合作的预期"①。巴新和斐济官方则认为，协定不利于它们发展本土产业及与其他发展中国家谈判贸易协定。②

格雷格·弗莱认为，贸易谈判的结果不能清楚地定性为"新自由主义的胜利"。③ 韦斯利·摩根总结认为，"最终，在多年讨论后，地区贸易谈判没什么实质收益。也许全部损失中最大的就20年政治和外交精力浪费在经常是激烈的争吵中，得到了一个很多问题尚未解决的协议"④。

随着2017年6月《太平洋更紧密经济关系协定》达成，首席贸易顾问办公室完成了授权，宣告解散。总的来说，作为太平洋岛国的地区机构，首席贸易顾问办公室为维护太平洋岛国的贸易利益和推动谈判发挥了一定作用。不过，这家地区机构的独立性受到了较大质疑，一些人认为澳新通过各种方式对它施加了影响，使其没有完全代表太平洋岛国的利益。英国国际开发署和其他政府部门的一份委托研究总结认为，"首席贸易顾问办公室提供了低成本（的咨询）并允许太平洋岛国协调贸易谈判立场。但是，办公室过于依赖发达国家贸易伙伴的经费，这束缚了它的成就"⑤。

笔者认为，首席贸易顾问办公室的建立运行过程与《太平洋更紧密经济关系协定》谈判进程案例能够为解释新时期的太平洋岛国地区主义

---

① Noel Levi, "Trade Agreement No Closer to a Plus in Economic Cooperation Relations for the Pacific", 9 July 2017, https：//devpolicy.org/trade-agreement-no-closer-plus-economic-cooperation-relations-pacific-20170709/.

② Peter O'Neill, "The 47th Pacific Islands Forum Opening Ceremony Speech by Hon. Peter O'Neill", 8 September 2016, http：//www.pm.gov.pg/speech-by-hon-peteroneill-cmg-mp-prime-minister-of-papua-new-guinea-at-the-47th-pacific-islands-for.

③ Greg Fry, *Framing the Islands：Power and Diplomatic Agency in Pacific Regionalism*, Canberra：ANU Press, 2019, p. 245.

④ Wesley Morgan, "Much Lost, Little Gained? Contemporary Trade Agreements in the Pacific Islands", *The Journal of Pacific History*, Vol. 53, No. 3, 2018, p. 286.

⑤ Zenobia Ismail, *Public Sector Reform and Capacity Building in Small Island Developing States*, Helpdesk Report, K4D, 2019, p. 14.

提供一个"对照组"。这个案例说明了在特定领域（例如贸易与经济一体化），在全球层次的域外动力不足以使岛国"借力"的情况下，太平洋岛国与澳新进行议价是非常困难的，澳新能够在这个领域发挥固有的实力优势，特别是通过控制"钱袋子"对地区机制施加影响力。由此，这个案例进一步佐证了全球治理与地缘政治对新时期太平洋岛国地区主义的重要性。

不过，无论如何，太平洋岛国克服了澳新阻力建立了首席贸易顾问办公室并发挥了一定作用。因此，笔者仍然将该机构视为新时期太平洋岛国地区主义的一个组成部分。

小　　结

太平洋岛国地区主义新发展的本质，是太平洋岛国自行组织地区主义，发出"太平洋声音"（Pacific Voice）、获得"太平洋所有权"（Pacific Ownership）。与原有的以《太平洋计划》为纲领性文件的强调地区一体化的地区主义不同，新的太平洋岛国地区主义更多关注地区集体外交和联合参与地区与全球治理的问题。这突破了传统的以欧洲为中心、以地区一体化为主要研究对象的旧地区主义框架，也突破了《太平洋计划》于2005年设定的地区主义走向。

本章讨论的新地区机制的一个共同特点是都不包含澳新和域外大国。这在南太平洋地区主义发展史上还是第一次成批出现。从这个角度看，这确实是"前所未有之变局"[1]。通过建立以岛国为主体的地区制度网络——有些学者称之为"新外交体系"[2]，原有的地区秩序得到了

---

[1] 参见 Tim Bryar and Anna Naupa, "The Shifting Tides of Pacific Regionalism", *The Round Table*, Vol. 106, No. 2, 2017, pp. 155–164.

[2] Greg Fry and Sandra Tarte, "The 'New Pacific Diplomacy': An Introduction", in Greg Fry and Sandra Tarte (eds.), *The New Pacific Diplomacy*, Canberra: Australian National University Press, 2015, p. 6.

改变。

新地区机制的建立与运行是为了从根本上应对太平洋岛国面临的可持续发展挑战。可持续发展、环境与气候变化、渔业与海洋治理是其中最重要的几个发展问题。全球治理与域外地缘政治是它们兴起与发展共有的外部推动力。

当然,新的地区机制并未取代原有的地区组织网络,特别是没有取代太平洋岛国论坛的地位。从根本上颠覆原有地区秩序非常困难,这是由太平洋岛国相对于澳新的实力劣势和其他因素决定的。澳新特别是澳大利亚对这些新地区机制仍然有影响力,这尤其体现在首席贸易顾问办公室的运行和《太平洋更紧密经济关系协定》谈判中。其结果是南太平洋地区目前建立了愈发复杂而多元化的地区机制网络,以太平洋岛国为主体的地区机制在其中发挥了重要作用。

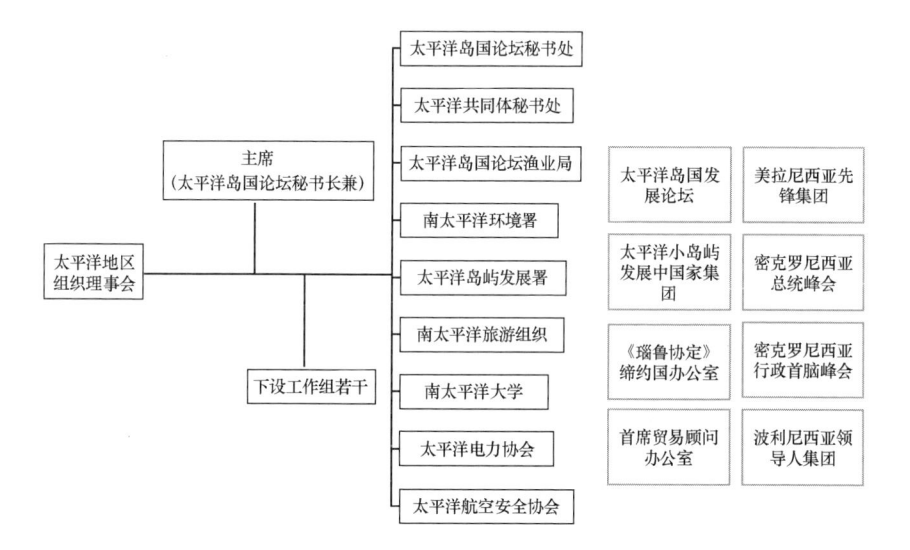

图 5-5 21 世纪 10 年代的南太平洋地区主要地区机制

资料:笔者整理

第六章　多层次机制下的次地区合作

本章重点研究南太平洋地区内部的三大文化圈各自的次地区机制建设，尤其是美拉尼西亚先锋集团的组织化。与本书其他部分不同，本章聚焦在次地区层次上，深入南太平洋地区内部，进一步考察多层次结构下的次地区合作，更加还原这个过程的复杂性、多元性与动态性。

本章还是一个在南太平洋地区内部的比较研究，试图解释为什么美拉尼西亚先锋集团的组织化与机制建设蓬勃开展，密克罗尼西亚次之，而波利尼西亚最为滞后，说明权力结构因素特别是域外大国的作用、是否具有领导者这两个变量在其中的作用。但与此同时，笔者仍然试图证明，全球治理背景下太平洋岛国在气候变化等问题上的共同利益是推动南太平洋三大文化圈次地区机制建设的共同因素，符合全书的基本逻辑。

第一节　美拉尼西亚先锋集团的组织化

本节研究的重点是美拉尼西亚先锋集团的组织化。"组织化"在社会科学中有多重含义。在社会学中，组织化指的是"合作互助关系的稳定化和结构化"。[①] 在政治学中，组织化可以指团体式利益表达，例如

[①] 刘太刚：《人类组织化生存：动因、途径与未来——需求溢出理论的广义社会组织论》，《求索》，2017年第1期，第13页。

公民组成社团或者利益集团来表达自己的利益。① 美拉尼西亚先锋集团从一个较为松散的压力集团演变成一个独立的国际组织，而且克服了诸多困难，组织化程度不断提升的过程，其关键时间节点是2008年美拉尼西亚先锋集团被联合国认可为国际组织并建立秘书处，但整个过程包括2008年前后的一系列发展。②

一、缘起与原因分析

1. 美拉尼西亚的重要性

如前文所述，太平洋岛国和岛屿领地可以笼统地划分为美拉尼西亚、密克罗尼西亚和波利尼西亚三大文化圈。在三大文化圈中，美拉尼西亚被称为"太平洋地区的政治经济主导力量"。

笔者对太平洋岛国（仅限于主权国家）的基本国情表按照人口数量从多到寡进行了重新排序。美拉尼西亚国家在人口、陆地面积和GDP三项均"垄断"了前四名。下面3张图可以更直观地表现出美拉尼西亚次地区在整个南太平洋地区的地位：

因此，虽然南太平洋三大次地区的国家数量大致相等，但陆地面积、人口和GDP的分布结构是非常不均衡的。美拉尼西亚次地区是整个太平洋岛国的陆地领土重心、人口重心和经济重心所在。因此，研究太平洋岛国地区主义，不可能绕开对美拉尼西亚次地区合作的考察。

美拉尼西亚次地区的重要性不仅体现在陆地面积、人口和经济上，它还具有地缘上的价值。美拉尼西亚次地区是连接亚洲与大洋洲的桥梁，是南美洲至亚洲的海上运输通道之一，也是澳新与东亚海上与空中航线的必经之地。其中，巴新与印尼陆地接壤，距澳大利亚最北部最近

---

① 黄冬娅："组织化利益表达：理论假设与经验争论"，《中山大学学报（社会科学版）》，2013年第1期，第177页。

② 本节部分内容已在学术期刊上发表，参见陈晓晨："美拉尼西亚先锋集团：一个次区域组织的发展探析"，《区域与全球发展》，2020年第5期，第51—67页。

处仅 3.1 千米，被澳大利亚视作北部屏障。① 所罗门群岛在历史上曾经是太平洋战争中盟军反攻的首要战场，瓜达尔卡纳尔岛战役成为"二战"的重要里程碑，如今作为"第二岛链"的一部分，与美军关岛军事基地成掎角之势。② 斐济则长期以来是南太平洋地区的交通中心，在地区经济、政治与社会交往中发挥着重要角色。地缘上的价值也解释了近年来大国对美拉尼西亚国家的关注度不断提升。澳大利亚学者休·怀特（Hugh White）认为，从巴布亚新几内亚到所罗门群岛延伸到瓦努阿图和斐济的弧形地带构成了"我们最近的邻居"，因而是防卫"我们的大陆"的关键。③

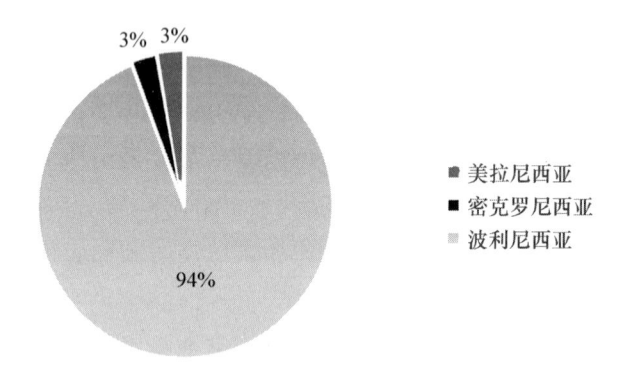

图 6-1　三大次地区人口占南太平洋地区比重

资料来源：太平洋共同体网站

制图：笔者自制

---

① 沈予加："巴布亚新几内亚的战略重要性"，《现代国际关系》，2019 年第 5 期，第 54—61 页。

② 韩冰："所罗门群岛与台湾'断交'，触动多方敏感神经"，《世界知识》，2019 年第 20 期，第 61 页。

③ Hugh White, "In Denial: Defending Australia as China Looks South", *Australian Foreign Affairs*, Vol. 3, No. 6, 2019, pp. 5-7.

■ 美拉尼西亚　■ 密克罗尼西亚　□ 波利尼西亚

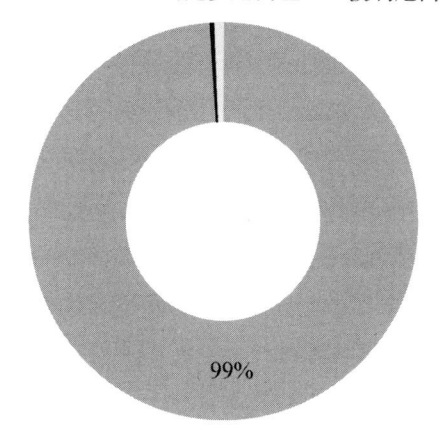

99%

图 6-2　三大次地区陆地面积占南太平洋地区比重

资料来源：太平洋共同体网站

制图：笔者自制

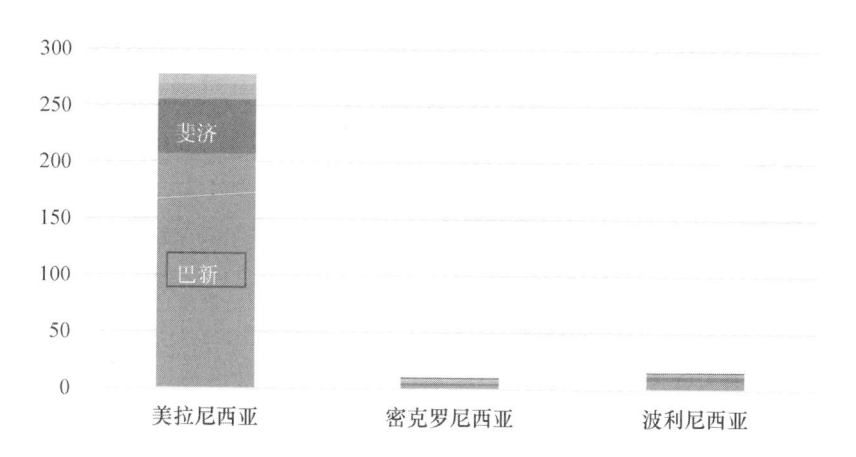

图 6-3　三大次地区 GDP 占南太平洋地区比重

资料来源：国际货币基金组织（IMF）

制图：笔者自制

但是，澳大利亚对美拉尼西亚国家的关注并没有从根本上体现出对后者的重视。休·怀特直言不讳地提出，"我们并没有发现它们特别的令人感兴趣、重要或有价值"，"除了少数例外情况外，澳大利亚人一直对我们最近的邻居们的巨大变化、它们丰富而多样的文化，以及他们的社会福利漠不关心，我们也没看到很多贸易机会"。① "9·11"事件和 2002 年巴厘岛恐怖袭击事件之后，一些澳大利亚人将美拉尼西亚国家形容为围绕澳大拉亚本土的"不稳定弧"（arc of instability）或"失败国家"（failed states）。② 部分是出于维护国内安全的需要，澳大利亚加强了与美拉尼西亚国家的安全合作，甚至对美拉尼西亚国家进行了干涉，包括武装干涉。最有代表性的武装干涉就是澳大利亚领导、由本地区多个国家参与的地区援所团。起初，这种恢复安全秩序的行动受到了普遍欢迎。但是，随着时间推移，美拉尼西亚国家对澳大利亚的干涉主义的态度发生了微妙的变化，对澳大利亚的家长作风产生了一定的反感情绪，时任所罗门群岛总理梅纳西·索加瓦雷（Manasseh Sogavare）甚至多次公开批评澳大利亚和地区援所团。③ 与此同时，澳大利亚对美拉尼西亚贸易与经济发展、应对气候变化、渔业与海洋治理等方面的合作需求重视不够。这些都推动了美拉尼西亚国家寻求独立自主的内部合作。

2. "美拉尼西亚方式"与共同身份认同

"美拉尼西亚"本身是欧洲殖民者的语汇，表面意为"黑色的岛屿"，用以形容岛上的居民肤色较黑，以此进行人种和地理划分，起初带有强烈的殖民主义和种族主义色彩。但是，在漫长的历史过程中，当地居民逐渐接受了这个词汇，但赋予了这个词汇新的价值色彩，如最简

---

① Hugh White, "In Denial: Defending Australia as China Looks South", *Australian Foreign Affairs*, Vol. 3, No. 6, 2019, p. 5.

② Roland May, *"Arc of Instability"? Melanesia in the Early 2000s*, Canterbury: Macmillan Brown Centre for Pacific Studies and SSGM Project, 2003.

③ George Carter and Stewart Firth, "The Mood in Melanesia after the Regional Assistance Mission to Solomon Islands", *Asia & the Pacific Policy Studies*, Vol. 3, No. 1, 2015, pp. 16 – 25.

单的"黑色代表美";也赋予了新的内涵,如"美拉尼西亚方式"（Melanesian Way）。①

与"太平洋方式"类似,"美拉尼西亚方式"是一个内涵非常模糊的措辞,但已经成为某种自我认同。从文化传统角度看,"美拉尼西亚方式"尤其包含两种习俗：*kastom*,一种用来为部落之间划界、化解纷争的美拉尼西亚传统仪式；*wantok*,字面意为"同一种语言",可引申为"同乡"。但是,与"太平洋方式"一样,"美拉尼西亚方式"不仅仅是被理想化了的远古神话,而是政治现实的一种折射。在美拉尼西亚国家纷纷走向独立后,美拉尼西亚的知识分子和政治精英将这两个概念升华到了一定的政治高度,引申为"团结一致"、"自我认同"与"独立自主",成为对外共同反对殖民主义、对内互助合作的一种政治符号。② 在政治实践上,"美拉尼西亚"被用来区分"自我"和"他者",指的是"不是亚洲人、也不是欧洲人"的状态,以与"欧洲人"乃至"白人殖民者"（包括澳新）区分,也与临近的印尼等亚洲国家区分。③ 在次要的方面,"美拉尼西亚"也与"波利尼西亚"区分,但区分的理由并非人种差异,而更多指的是政治立场上激进与保守的分野——率先自治独立的波利尼西亚岛国在对待殖民主义方面总体倾向采取较为平和乃至保守（在一些美拉尼西亚人看来）的政治立场,更加倾向于与包括澳新在内的西方国家合作；而后独立的美拉尼西亚岛国在反对殖民主义上的立场更加坚决乃至激进（在一些波利尼西亚人看来）,也更加主张团结与独立自主。④

---

① Stephanie Lawson, "'Melanesia': The History and Politics of an Idea", *Journal of Pacific History*, Vol. 48, No. 1, pp. 1 – 22.

② Roger M. Keesing, "Kastom in Melanesia: An Overview", *The Australian Journal of Anthropology*, Vol. 13, No. 4, 1982, p. 297.

③ Bernard Narokobi, *The Melanesian Way*, Boroko, Papua New Guinea: Institute of Pacific Studies, University of the South Pacific, 1980, p. 4.

④ Tarcisius Kabutaulaka, "Re – Presenting Melanesia: Ignoble Savages and Melanesian Alter – Natives", *The Contemporary Pacific*, Vol. 27, No. 1, 2015, pp. 110 – 145; Stephanie Lawson, "'Melanesia': The History and Politics of an Idea", *Journal of Pacific History*, Vol. 48, No. 1, pp. 12 – 18.

斐济的国家身份认同从"波利尼西亚"转为"美拉尼西亚"的过程最能代表"美拉尼西亚"的概念是超越族群、具有高度政治性的。历史上，斐济是美拉尼西亚和波利尼西亚两大文化圈与族群的交汇交融之地，但自从17世纪汤加人多次侵入斐济后，斐济土著居民更多带有波利尼西亚特性。而英国殖民者带来的南亚劳工又使得印度裔占了斐济总人口中相当大的一部分。因此，在独立之初，斐济从族群属性上更多自视为波利尼西亚的一部分，又有多元特性，但美拉尼西亚属性较少。不过，由于在去殖民化、地区合作等诸多问题上斐济的立场较为坚定，与相对保守的萨摩亚、汤加、库克群岛等波利尼西亚国家拉开距离，斐济的国家身份也逐渐发生了变迁。如今，斐济更多被视作一个美拉尼西亚国家，这主要是由政治立场而非族群属性影响的。

"美拉尼西亚方式"关于地区团结与合作的一个现实注解，就是美拉尼西亚先锋集团；或者说，美拉尼西亚先锋集团就是"美拉尼西亚方式"的政治实体。所罗门群岛学者塔西休斯·卡布陶拉卡（Tarcisius Kabutaulaka）认为，美拉尼西亚先锋组织是美拉尼西亚理念和"美拉尼西亚主义"（Melanesianism）的实体表征，让美拉尼西亚这个"想象的共同体"成真。[①] 斯蒂芬妮·劳森认为，美拉尼西亚先锋集团的建立是基于共同的文化认同——"美拉尼西亚方式"——和政治认同——民族独立与地区联合的"先锋"。[②] 美拉尼西亚先锋集团在建立之时确立了六条一致原则：美拉尼西亚传统及独特的文化、习俗和价值观；彼此和与其他国际组织例如南太平洋论坛和联合国的友好关系；对美拉尼西亚国家之间"（社交）网络"和自由互动的需求；尊重每个国家的主权；促进经济和技术合作；保持和平与地区内和谐。这是对"美拉尼西亚方式"的具体表述。[③]

[①] Tarcisius Kabutaulaka, "Re‑Presenting Melanesia: Ignoble Savages and Melanesian Alter‑Natives", *The Contemporary Pacific*, Vol. 27, No. 1, 2015, pp. 130–131.

[②] Stephanie Lawson, "'Melanesia': The History and Politics of an Idea", *Journal of Pacific History*, Vol. 48, No. 1, pp. 1–22.

[③] 2015年加入了第7条一致原则——环境与气候变化原则。

美拉尼西亚先锋集团名称中的"先锋"一词很好地诠释了美拉尼西亚次地区与整个南太平洋地区之间的关系。早在1982年，格雷格·弗莱就断言，"美拉尼西亚方式"的兴起是因为南太平洋地区政治的考虑。美拉尼西亚国家试图首先在它们中间达成共识，然后引领和推动整个南太平洋地区的议程。因此，美拉尼西亚次地区主义与太平洋岛国地区主义并非相互割裂的关系，而是前者对后者试图起到引领或补充作用。①

近年来，"先锋"的含义进一步扩展。2015年，美拉尼西亚先锋集团自身对"先锋"一词做了重新解释："穿透即便是最复杂的事务，刺破各层冗余的措辞，直抵事务的核心，给予它们清晰与团结。"② 这是对"美拉尼西亚方式"共有价值观的最新的、较为宽泛的阐述。

与其他地区机制主要专注地区经济合作（包括各个功能领域的合作）与就发展议题进行地区集体外交（包括渔业、气候变化、可持续发展等）不同，美拉尼西亚先锋集团的一个鲜明特点是关注地区政治发展，在一些敏感的政治问题上进行讨论乃至采取集体行动。这尤其表现在美拉尼西亚先锋集团在去殖民化问题上的积极（甚至在一些人看来较为激进的）立场，其中的两个突出议题是新喀里多尼亚问题和西巴布亚问题。卡纳克社民解阵成为代表新喀里多尼亚参加美拉尼西亚先锋集团的一个特殊成员就是明证。事实上，支持卡纳克人建立独立的新喀里多尼亚或"卡纳基"（Kanaky）是美拉尼西亚先锋集团成立的重要目的。美拉尼西亚先锋集团也关注美拉尼西亚以外的去殖民化与自治进程，尤其是法属波利尼西亚。能够共享共同的政治利益与价值观，在21世纪仍然试图引领尚未自治独立的太平洋岛屿领地追求民族解放与去殖民

---

① G. E. Fry, "Melanesia and South Pacific Regional Politics", in Ron May and Hank Nelson（eds.）, *Melanesia: Beyond Diversity*, Vol. 2, Canberra: Australian National University, pp. 651 – 674.

② "MSG 2038 Prosperity for All Plan", 26 June 2015, p. 35, https://www.msgsec.info/wp-content/uploads/publications/26-June-2015-MSG-2038-Prosperity-for-All-Plan-and-Implementation-Framework.pdf.

化,这是美拉尼西亚先锋集团持续存在和加强组织化的政治动力,也是"先锋"一词的另一重政治含义。①

3. "小集团"与共同利益的凝聚

美拉尼西亚国家具有很多相似的特性,包括陆地面积相对较大、人口较多等。一方面,这给美拉尼西亚国家带来了经济发展潜力。美拉尼西亚自然资源丰富,包括矿产资源、林业资源与海洋资源。另一方面,面积大、人口多也带来了治理难题。在美拉尼西亚国家中,除斐济经济发展程度相对高一些外,巴新、所罗门群岛和瓦努阿图都还较为落后,贫困人口比例高,都面临着在发展经济、减贫的同时应对气候变化、保护环境、促进社会安全与治理等多重任务,对促进贸易、投融资特别是气候融资的需求都比其他次地区更多。同时,也正因为它们是太平洋岛国中的"老大哥",它们比其他次地区更多将推动去殖民化视为己任。这些都是美拉尼西亚国家的共性。②

从2005年起到2010年间的一系列事件最终促成了美拉尼西亚先锋集团成为正式的国际组织。其中,不无吊诡的是,美拉尼西亚先锋集团内部的危机反而在其中发挥了积极作用。2005年,斐济、瓦努阿图、巴新三国之间爆发了"饼干战争"(Biscuit War),即以饼干为主要标的货物的"贸易战"。2006年,巴新与斐济之间又爆发了"牛肉战争"(Beef War),斐济以检验检疫考虑禁止从巴新进口牛肉,巴新则对斐济出口巴新的牛肉罐头加征关税作为报复。③那个时期是美拉尼西亚先锋

---

① Joanne Wallis, *Pacific Power? Australia's Strategy in the Pacific Islands*, Melbourne: Melbourne University Publishing Limited, 2017, p. 299.

② Gordon Leua Nanau, "The Melanesian Spearhead Group and Pacific Regional Cooperation", *Pacific Studies*, Vol. 39, No. 3, 2016, pp. 283 – 284.

③ Greg Fry, "'Pooled Regional Governance' in the Island Pacific: Lessons from History", in Satish Chand (ed.), *Pacific Islands Regional Integration and Governance*, Canberra: ANU E Press and Asia Pacific Press, The Australian National University, 2005, p. 96.

集团的"最低点"。①

不过，恰恰是内部危机激发了合作动机。正是为了解决美拉尼西亚先锋集团内部存在的诸多矛盾，三个国家开始探讨相互之间的贸易合作与一体化。"饼干战争"和"牛肉战争"的根源是美拉尼西亚国家经济结构单一，而建立共同市场有助于形成差异化分工，间接促进各国经济结构走向多元化。按照后来的美拉尼西亚先锋集团秘书长阿梅纳·尧沃利（Amena Yauvoli）所说，这是一个"鸡生蛋、蛋生鸡"的问题，而问题的关键在于如何启动这个共同市场。可以说，解决共同的冲突，消除"贸易战"这个"负地区公共产品"，或者说"地区公共负债"，成为美拉尼西亚国家的共同利益。

此外，美拉尼西亚国家的共同特点是森林蓄积量较大，海岸线绵长，海岸植物面积大、种类多，生物多样性极为丰富。对森林与海岸植物的利用与保护，以及利用这些植物进行"绿色碳汇"（green carbon sink）与"蓝色碳汇"（blue carbon sink）开发，也是美拉尼西亚国家的共同利益。

从学理上看，美拉尼西亚先锋集团是一个"小集团"，符合前文所述的全球治理时代"小多边主义"的规律。"小多边主义"有利于在降低谈判成本的同时促进成员国尤其是小国的利益表达。② 这也与曼瑟尔·奥尔森在《集体行动的逻辑》中的发现相似："在一个很小的集团中，由于成员数目很小，每个成员都可以得到总收益的相当大的一部分。这样，集体物品就常常可以通过集团成员自发、自利的行为提供。"③ 美拉尼西亚先锋集团高管言论和学者研究分别从不同角度印证这一点。时任美拉尼西亚先锋集团秘书长彼得·福罗（Peter Forau）曾

---

① Ronald May, *The Melanesian Spearhead Group: Testing Pacific Island Solidarity*, Barton: The Australian Strategic Policy Institute, 2011, p. 3.

② Moises Naim, "Minilateralism", *Foreign Policy*, 21 June 2009, https://foreignpolicy.com/2009/06/21/minilateralism/.

③ [美] 曼瑟尔·奥尔森著：《集体行动的逻辑》，陈郁、郭宇峰、李崇新译，上海：格致出版社、上海三联书店、上海人民出版社，2014年，第24页。

表示，次地区组织是能做事的地方，美拉尼西亚先锋集团是个小组织，管理起来较为容易。他还特别直言不讳地说，澳新没有介入也对集团的成功起到了作用，因为它们有能力对工作议程施加影响。正因为如此，以及本身的规模小，集团比其他地区组织工作效率更高。[1] 马修·多南和特丝·牛顿－凯恩对南太平洋地区机制进行的实证研究也发现，在整个地区层面提供公共服务往往具有更大挑战，更容易陷入失败，而有迹象表明，在次地区层次上这些挑战更容易被克服。而当国家发现在地区层次上无法获得有效公共服务时，它们倾向于转向次地区寻找替代的服务提供者。美拉尼西亚先锋集团就是这样的"替代者"之一。[2]

4. 巴新的崛起与领导者的形成

巴新的崛起及其对地区权力格局的改变是美拉尼西亚先锋集团组织化的一个重要的原因。这对太平洋岛国地区主义的新发展产生了全面影响，不过在美拉尼西亚次地区产生的影响相对更大，是美拉尼西亚先锋集团在南太平洋地区诸多非正式机制中脱颖而出、最终成为正式的国际组织、完成组织化的重要原因。

长期以来，虽然考虑到巴新（在太平洋岛国中）巨大的国土面积和人口规模、连接大洋洲与亚洲的战略重要性，但巴新在南太平洋地区事务中却一直没有发挥应有的作用。[3] 其中，很多来自巴新内部的原因起了阻碍作用，包括巴新热带雨林气候带来的封闭性、一直以来面临的内部冲突与国家建设障碍、农业乃至部落社会的现代化困境、失业严重、暴力犯罪猖獗、经济发展水平与人类发展指数低下等。笔者团队曾

---

[1] Tess Newton Cain, "Peter Forau on Why the Melanesian Spearhead Group Is a Success", 5 March 2013, https://devpolicy.org/peter-forau-on-why-the-melanesian-spearhead-group-is-a-success-20130305/.

[2] Matthew Dornan and Tess Newton Cain, "Regional Service Delivery among Pacific Island Countries: An Assessment", *Asia & the Pacific Policy Studies*, Vol.1, No.3, p.555.

[3] Jenny Hayward-Jones and Tess Newton Cain, "Pacific Island Leadership: PNG steps up", *The Interpreter*, 28 August 2014, https://www.lowyinstitute.org/the-interpreter/pacific-island-leadership-png-steps.

在2014年为某客户出具了一份关于巴新投资机遇与风险的咨询报告，经协商现将其中引言的一部分内容摘编引用如下：

资料：巴布亚新几内亚，冒险者的乐园

巴布亚新几内亚（下称"巴新"），这是一个对绝大多数中国人陌生的名字。可以用五个关键词描述：战略重地、封闭落后、犯罪天堂、油气之盆、冒险乐园。

巴新位于从东南亚到南太平洋的通路上，历史上曾发挥了重要的军事战略价值。第二次世界大战期间，日本将巴新的腊包尔打造成了日本在整个西南太平洋的战略中心。从1942年末开始，盟军开始攻击腊包尔，然而直到战争结束，日军还牢牢控制着这里。

巴新为热带雨林覆盖——直到今天，全国仍然有60%以上的部落居民过着自给自足的生活。农业仍然是这个落后国家的支柱。去过热带雨林的人都知道，人无法离开主干道30米开外，因为那里已经是动物的地盘了。过去，巴新让美军寸步难行。而直到今天，巴新的基础设施状况都极差。这进一步固化了巴新的部落制。封闭落后，使得这个国家难以建立一套现代的财政体系和组织体系，而这又进一步加剧了巴新的封闭。

然而，封闭却并非世外桃源，而是"化外之地"的危险地方。由于缺乏现代的治理能力，巴新国内矛盾丛生。巴新就业率极低——据估计只有5%——驱使无所事事的、又已经涌入城市的青年人走上犯罪道路。巴新首都莫尔兹比港已经被联合国列为最不适合人类居住的城市之一。首都之外的情况好不到哪去，有的还更加恶劣。恶性犯罪时有发生。何况，新几内亚岛上还有传说中的"食人族"——今天已经不再吃人了，但是这说明传统上暴力被认为是具有正当性的行为。总之，这是一个安全风险极高的国家。

那么，为什么不少中国人还要去他们口中的"鬼地方"呢？原因是与风险共舞的机遇，其中最突出的就是油气和矿产资源。在漫长的地质时期，由于地处热带盆地，巴新积累了丰富的油气资源，但开采还很有限，这吸引了石油巨头的目光。埃克森美孚正在建设的巴新液化天然气 PNG - LNG 项目，是距离中国最近的 LNG 项目。中海油从 2011 年开始进军巴新油气勘探市场，目前持有该国的 4 个油气勘探区块，中海油服、中国石油东方地球物理勘探公司和中国石油川庆公司等已在该国开展油田工程技术服务。

　　油气和矿产资源丰富，"钱好赚"，但安全风险极高，容易被抢被骗，这让巴新成为一个冒险者的乐园。请注意本报告中第六部分法律风险中的"退出成本"——巴新的退出成本奇高，具体表现为办理破产平均需要三年，平均为此花费标的 23%，平均回收标的 24%——也就是说，想破产清算要忙三年，结果拿回的钱和为此花费的差不多。因此，在巴新投资，若投资失败，不要奢望通过破产清算拿回资产，而是直接回国——这是本报告的具体建议之一。胜者通吃，败者全无，这是这个国家的最大风险，也是最大机遇。

　　资料来源：笔者团队

　　然而，时过境迁，近年来巴新已经发生了很大变化。2007—2008 年的油价冲高、2010—2012 年的持续高企，以及全球油气投资周期的综合作用带动了对巴新能源领域的投资，其效应在 2009 年以后持续显现。亚洲市场对能源与矿产资源的需求给巴新经济注入了活力。而随着亚太地区形势的变化和地缘政治活动的加剧，巴新逐渐意识到自身地缘战略价值正在提升，因而抓住机遇，不断调整发展思路和战略，以期充分利用本国条件和优势，促进国家发展。

　　在巴新经济增长过程中，中国起了重要作用，包括直接作用和间接作用。第一，中国市场的需求与中国投资与援助的增加对巴新经济产生了直接推力。例如，2015 年由中国进出口银行提供优惠贷款、沈阳国际经济技术合作公司总承包承建的巴新马当省太平洋渔业工业园开工，促使巴新向成为地区渔业加工和转运中心迈进了一步。①如巴新前总理奥尼尔所说,"全世界都在和中国做生意,巴新也不应该落后"②。沈予加通过在巴新的实地调研了解到,巴新的咖啡商人正在积极寻求打开中国市场的门路,还有许多商人对中国的电子商务兴趣浓厚,已经多次参加中国的电商博览会。更有巴新官员表示,"如果能拿到中国咖啡市场的1%,对于巴新的咖啡产业就是巨大的帮助"③。此前,巴新的战略一直是"向南看",也就是将其国家战略定位在与澳新的交往上。但是,随着亚洲经济尤其是中国经济的蓬勃发展,巴新各界精英意识到,背面的亚洲地区是其经济发展的新机遇。④

第二,中国对巴新的影响不仅体现在有形的贸易投资等方面,还体现在无形方面——中国的发展方式与合作模式给了巴新重新调整经济发展新的思路。沈予加对巴新的实地调研可以证明这一点。巴新曾长期依赖澳大利亚,依靠澳大利亚为其提供大量经济援助乃至照搬澳大利亚的国家治理模式。在发展思路方面,巴新此前一直遵循西方国家对后发国家开出的"药方":要发展首先要治理,经济落后是国家治理及其制度的落后所致。西方发达国家对巴新的援助也一直集中在公务员培训、教育、国家治理和医疗等方面,对基础设施的投入较少。巴新遵循这一发展模式多年,但发展极其缓慢甚至长期停滞。巴新政府越来越意识到,单纯依靠传统伙伴及其援助并不能实现巴新的发展目标,因而希望将传统的、依赖西方援助的发展模式,转变为独立、开放、多元的发展模式。而中国改革开放四十多年来的发展给巴新政商精英很大触动。在

---

① "巴新举办太平洋渔业工业园项目开工仪式",中国驻巴新大使馆经济商务参赞处, 2015年11月27日,http://pg.mofcom.gov.cn/article/jmxw/201511/20151101195876.shtml.

② "PNG Set to Join China's Belt and Road", *PNG Report*, 25 June 2018, https://www.pngreport.com/international-relations/news/1340915/png-set-to-join-chinas-belt-and-road.

③ 沈予加:"中国合作给巴新人民带去实实在在的'获得感'",海外网,2018年11月15日,http://opinion.haiwainet.cn/n/2018/1115/c353596-31438069.html.

④ 沈予加:"巴布亚新几内亚:'南太平洋蓝色经济通道'的支点",《世界知识》,2018年第22期,第67页。

发展成就方面，中国的基础设施建设与经济特区建设尤其受到巴新的推崇。在发展方式方面，中国通过发展带动治理的方式也促使巴新政商精英反思自身的发展战略。巴新逐渐认识到，基础设施建设对国家经济发展十分重要，而中国的发展方式和举措符合巴新的国情和需求。因此，巴新积极谋求与中国进行以基础设施建设为主要内容的合作。公路、港口和机场建设因此迅速推进，显著带动了当地的经济社会建设和民众生活，为巴新的发展注入新的活力。如沈予加所说，"巴新此前将美国、欧洲和澳新看作重要的发展伙伴，如今认为背面毗邻的亚洲地区是自身经济发展的新机遇，故而积极拓展与亚洲尤其是中国的经贸关系。中国经济高速发展让巴新既看到了自身预期之间的巨大差距，也从中预知到巴新这样的发展中国家走向振兴的可能性希望。"①

第三，中国加大在巴新的存在刺激了一些西方国家尤其是视巴新为传统势力范围的澳大利亚，促使澳大利亚等西方国家增加对巴新的投入，反过来又增强了巴新的发展能力。近年来，巴新在澳大利亚的对外战略中的地位有所上升，澳大利亚对巴新的援助额从 2016 年开始增长。在接受澳大利亚援助增长的同时，巴新不断强调两国关系是平等的。多年常驻巴新的澳大利亚资深媒体人肖恩·多尼（Sean Dorney）将巴新近年来的经济社会发展和政治外交活跃称为"觉醒"，并明确认为中国发挥了直接和间接（通过引发澳大利亚的行动）作用。② 2018 年 11 月，多家澳大利亚矿业企业宣布将投资巴新，例如澳大利亚矿业巨头纽克雷斯特（Newcrest Mining）准备合作开发巴新的瓦非—戈尔普（Wafi - Golpu）铜金矿。③

经济上的改善带动了政治上的强势与外交上的活跃。尤其是 2012

---

① 沈予加："巴布亚新几内亚的战略重要性"，《现代国际关系》，2019 年第 5 期，第 56—57 页。

② Sean Dorney, "The Papua New Guinea Awakening: Inside the Forgotten Colony", *Australian Foreign Affairs*, Vol. 3, No. 6, 2019, pp. 71 - 87.

③ "MOU Signed for Wafi - Golpu Copper - gold Mine in Papua New Guinea", 1 December 2018, https://www.businessadvantagepng.com/mou - signed - for - wafi - golpu - copper - gold - mine - in - papua - new - guinea/.

年奥尼尔再次当选巴新总理后,凭借着依靠石油天然气与矿产资源积累起来的资本,巴新对内大力改善基础设施建设与民生,着手解决长期以来的治安痼疾,并试图妥善解决布干维尔等敏感问题;对外大力开展南太平洋地区外交、对外投资与对外援助,巴新的规模和体量优势开始显现出来,作为"地区老大哥"的形象开始深入人心。①

巴新的对外投资主要集中在美拉尼西亚集团内部,尤其是所罗门群岛与斐济,但也远达其他太平洋岛国。其中,巴新的主权财富基金国家退休基金(NASFUND)与巴新南太平洋银行(BSP)是两个重要的得到国家支持的投资主体,后者的商业活动不仅覆盖了所有美拉尼西亚国家,而且已超出美拉尼西亚范围,在库克群岛、汤加、萨摩亚等国开展了一系列业务乃至并购活动。笔者在库克群岛和萨摩亚的实地调研也证明了巴新南太平洋银行已经深入这两个波利尼西亚岛国的金融体系和社会经济生活。②

虽然仍然是最不发达国家中的一员,但巴新已经开始大力开展对外援助,例如向所罗门群岛提供奖学金、协助斐济举行选举等。③ 这些举动都提升了巴新在本地区的影响力。

与此同时,巴新政府也注重维护与澳大利亚的传统关系,2013年曾支持澳大利亚在巴新的马努斯岛继续维持难民收容中心——被称为"太平洋的关塔那摩"——以换取澳方对巴新提供4亿澳元援助。不过,鉴于澳大利亚的难民政策和这个难民收容中心引发了广泛争议,2016年,巴新最高法院判决这个收容中心对难民的拘禁措施违宪、违法、广泛地侵犯人权,责令巴新、澳大利亚两国政府中止不法行为。当时奥尼尔曾表示将执行最高法院的判决,关闭收容中心,但事后通过转

---

① Jenny Hayward-Jones and Tess Newton Cain, "Pacific Island Leadership: PNG steps up", *The Interpreter*, 28 August 2014, https://www.lowyinstitute.org/the-interpreter/pacific-island-leadership-png-steps.

② "History", BSP, http://www.bsp.com.pg/About-Us/History.aspx.

③ "PNG to Sponsor 800 Solomon Islands Students by 2022", https://edu.pngfacts.com/education-news/png-to-sponsor-800-solomon-islands-students-by-2022.

圜，一直没有执行这个判决，并以此为筹码换取了澳大利亚的更多援助与支持。①

巴新的崛起改变了南太平洋地区尤其是美拉尼西亚次地区的权力格局。以往斐济长期被视为南太平洋地区第一大岛国（无论是从经济实力、军事实力还是地区影响力衡量），但斐济直到近年来才加强了对美拉尼西亚先锋集团的参与。而巴新的崛起，形成了某种类似"南太版法德轴心"的"巴新—斐济轴心"。

斐济和巴新具有较多财政与行政资源，尤其是巴新的财政与行政能力建设与日俱增，推动这两个国家起到更多带动作用，这使得美拉尼西亚先锋集团虽然得到的资金不及太平洋岛国论坛等传统地区组织，但将政治意愿转化为实际行动与措施的能力却高于太平洋岛国发展论坛等新地区组织，总体来说介于二者之间。

如同"原版"的法德轴心与法德竞争并存一般，巴新与斐济之间也充满了对地区事务领导权的竞争。② 两国在经济合作愈发紧密的同时，也伴随着贸易摩擦等不睦，例如斐济方抱怨巴新方在达成自贸协定后仍存在执行不力和高关税的问题，而巴新方抱怨斐济方对其"倾销"。巴新（作为地区内的后起国家）近年来兴起的对斐投资在支持斐济经济发展的同时也引发了斐济国内对巴新的一些疑虑。巴新在地区事务中活跃度不断增加，冲击了斐济长期以来在地区政治中发挥的影响力。在两国领导人个人层面，姆拜尼马拉马和奥尼尔之间关系微妙，时

---

① Rory Callinan and Daniel Flitton, "O'Neill Brags of Closer Grip on Aid after Refugee Deal", *Sydney Morning Herald*, 23 July 2013, https://www.smh.com.au/politics/federal/oneill-brags-of-closer-grip-on-aid-after-refugee-deal-20130722-2qevs.html；鲍捷、刘皓然："巴布亚新几内亚总理宣布将关闭'澳版关塔那摩'"，环球网，2016 年 4 月 28 日，https://world.huanqiu.com/article/9CaKrnJV2Nc；白旭："对待难民不善 澳大利亚遭联合国批评"，新华社客户端，2018 年 10 月 15 日，https://baijiahao.baidu.com/s? id = 1614382149602861635&wfr = spider&for = pc.

② 关于战后欧洲一体化过程中的德法竞争，可参见 [美] 兹比格纽·布热津斯基著：《大棋局：美国的首要地位及其地缘战略》，中国国际问题研究所译，上海：上海人民出版社，2007 年，第 50 页；Patrick McCarthy (ed.), *France – Germany, 1983 – 1993: The Struggle to Cooperate*, London: The Macmillan Press, 1993.

有握手拥抱，也时有龃龉乃至互相指责。①

尽管如此，巴斐两国在推动美拉尼西亚以及整个太平洋岛国团结合作的问题上立场一致，互相配合也较为紧密，前文对此已经做了叙述分析。这更说明在这个问题上结构主义视角下的共同利益和权力结构比还原主义视角下的"政权性质"或个人好恶更有解释力。无论巴斐两国合作还是竞争，都导致了或共同、或竞相推动以岛国为中心的地区主义的"双轴驱动"格局。

这种双轴驱动的格局在整个太平洋岛国地区主义的新发展中都有具体体现。例如，太平洋岛国论坛的改革过程中，两个巴新人活跃在前台——《太平洋计划审查（2013）》的第一执笔人、巴新前总理莫劳塔和太平洋岛国论坛新任秘书长、巴新资深外交官泰勒，而他们的身后是时任巴新总理奥尼尔的支持。在斐济主办的"接触太平洋领导人会议"中，正是巴新提议将两大新地区机制——太平洋岛国发展论坛和太平洋小岛屿发展中国家集团联系起来。而在《瑙鲁协定》缔约国机制化中，由于斐济并非该机制成员，巴新一定程度上扮演了这个过程的领导者角色。巴新的崛起作为地区内国家权力上升的一个因素，对太平洋岛国地区主义起到了推动作用。

不过，"巴新—斐济轴心"发挥的作用最为明显、最为典型的还是美拉尼西亚先锋集团的组织化。横向比较南太平洋地区内部三大文化圈的次地区机制建设，可以明显看出，由于缺少类似巴新、斐济这样的"引擎"，密克罗尼西亚和波利尼西亚的次地区机制建设明显滞后。下文将简要介绍这两个文化圈的次地区机制建设。

需要说明的是，巴新崛起与"巴新—斐济轴心"只是美拉尼西亚先锋集团组织化最为突出且独特的原因。诸多因素共同推动了美拉尼西亚先锋集团走向组织化的过程和此后的发展。例如，绿色发展、蓝色经

---

① Jenny Hayward–Jones and Tess Newton Cain, "Pacific Island Leadership: PNG steps up", *The Interpreter*, 28 August 2014, https://www.lowyinstitute.org/the–interpreter/pacific–island–leadership–png–steps.

济等共同利益、"泛太平洋"的参与等推动其他新地区机制的因素同样在美拉尼西亚先锋集团的发展中起了重要作用。这使得对美拉尼西亚次地区机制的研究并未脱离本书的分析框架，而是在这个框架下的丰富与补充。

5. 外部支持

在美拉尼西亚先锋集团的组织化过程中，外部的支持起到了非常重要的推动作用。其中，印尼、欧盟与中国的支持较为突出。

印尼是支持美拉尼西亚先锋集团走向组织化的重要域外国家。2011年，印尼成为美拉尼西亚先锋集团观察员。2013年，在印尼作为主席国的邀请下，美拉尼西亚先锋集团秘书处首次以一个国际组织代表的身份参加了亚太经合组织领导人会议及系列会议。这是美拉尼西亚先锋集团在更大范围的亚太被认可的重要一步。2015年，印尼成为美拉尼西亚先锋集团准成员。此后，在帮助美拉尼西亚先锋集团度过财务危机方面，印尼也起了积极作用。[1]

印尼对美拉尼西亚先锋集团的参与支持部分源自西巴布亚问题。印尼与美拉尼西亚的联系至少可以追溯到数千年前，巴布亚岛一直是东南亚文化圈与美拉尼西亚文化圈交流的重要中转站。但是，自巴布亚岛被荷兰、英国与德国殖民者分别占领后，被荷兰殖民的西巴布亚成了矛盾的焦点。印尼自1962年占领西巴布亚后，西巴布亚的分离主义活动一直没有停止过，另一些西巴布亚人则争取更大的自治权与人权。这些西巴布亚人的诉求得到了太平洋岛国尤其是与与西巴布亚人文化上相近的美拉尼西亚人的广泛同情乃至支持。印尼出于维护国家统一、减少西巴布亚分离主义运动外部支持的考虑，近年来加强了与美拉尼西亚国家的联系，而加强与美拉尼西亚先锋集团的关系是维护双方联系的重要一环。一方面，西巴布亚是印尼与美拉尼西亚文化圈之间的纽带，印尼希

---

[1] M. Syaprin Zahidi and Musfiroh, "The Melanesian Spearhead Group in terms of Indonesia's Interest", *Przeglad Politologiczny*, Vol. 23, No. 2, 2018, pp. 165 – 172.

望通过加强与美拉尼西亚国家的文化联系，例如举办美拉尼西亚文化节等，开展对美拉尼西亚的公共外交；另一方面，印尼也希望通过与美拉尼西亚先锋集团的联系对西巴布亚问题施加影响力，对西巴布亚问题起到"去政治化"的作用。①

当然，对美拉尼西亚先锋集团来说，与印尼的合作具有复杂性。一方面，印尼作为一个崛起中的亚洲邻国，给美拉尼西亚次地区的经济发展与国际合作带来机遇。另一方面，美拉尼西亚岛国特别是民众层面对西巴布亚独立运动的普遍支持给美拉尼西亚先锋集团加强与印尼的合作带来了两难。②

近年来，欧盟和欧洲各国也加强了与美拉尼西亚国家的关系。例如，欧盟为美拉尼西亚先锋集团秘书处的建立提供了资助。德国表现得尤为突出。德国在历史上曾经在如今的南太平洋地区有大量殖民地，包括新几内亚。"一战"后，德国丧失了全部殖民地。但是，近年来，德国出于争取"入常"、推进全球治理与气候外交等目的，又加强了在南太平洋地区的存在。德国经济合作公司（GIZ）在美拉尼西亚国家开展了一系列与气候变化相关的项目，是德国联邦经济合作与发展部领导的全球气候外交战略的一部分。在这个过程中，尤其是南太平洋地区森林保护项目（REDD+II）中，森林蓄积量较多的美拉尼西亚国家成为重点，美拉尼西亚先锋集团成为其重要的发展合作伙伴。③

中国与美拉尼西亚国家之间的交往源远流长。美拉尼西亚国家总体上与中国保持着友好关系，其中斐济是第一批与新中国建交的南太平洋

---

① Bambang Dwi Waluyo, "2015 Melanesian Festival as a Form of Indonesian Public Diplomacy in Asia–Pacific", in Fadhila Inas Pratiwi et al. (eds.), *The Role of Identity in Politics and Policy Making*, Surabaya, Indonesia: CV. Revka Prima Media, 2019, pp. 27–34.

② 关于美拉尼西亚先锋集团在与印尼关系和西巴布亚问题之间的两难，参见 Stephanie Lawson, "West Papua, Indonesia and the Melanesian Spearhead Group: Competing Logics in Regional and International Politics", *Australian Journal of International Affairs*, Vol. 70, No. 5, 2016, pp. 506–524.

③ 梁甲瑞："德国对太平洋岛国政策的新动向、原因及影响"，《德国研究》，2017年第1期，第41—54页。

岛国。中国与美拉尼西亚国家开展了多个层次的南南合作，其中包括多边合作。中国为美拉尼西亚先锋集团常设秘书处的设立提供了援助，中国公司通过公开招投标建设了一幢二层办公楼供秘书处工作使用——这在南太平洋地区的组织机构中已经属于较为良好的办公条件了。① 此外，中国政府还为美拉尼西亚先锋集团的组织化提供了力所能及的援助，例如据媒体报道，中国驻瓦努阿图大使馆于 2011 年向美拉尼西亚先锋集团秘书处赠予 100 万瓦图（约合人民币 6 万元）专款用于支持美拉尼西亚先锋集团地区警务工作组会议。②

同为发展中国家，美拉尼西亚国家也对中国提供了力所能及的支持。例如，瓦努阿图和斐济参加了抗战胜利七十周年阅兵式；瓦努阿图和巴新在所谓"南海仲裁案"期间做出了与中国立场相符的声明；2019 年 9 月，所罗门群岛与中国建交，令美拉尼西亚成为南太平洋地区中第一个全部与中国建交的次地区；截至 2020 年，美拉尼西亚先锋集团所有成员国均与中国签订"一带一路"合作备忘录，卡纳克社民解阵也以适当方式表达了对"一带一路"的支持与适当形式的参与；2020 年初，美拉尼西亚各国均表达了对中国抗击"新冠"疫情的支持，也都参加了 2020 年 3 月举行的中国—太平洋岛国应对新冠肺炎疫情卫生专家视频会议，就共同防治疫情进行交流探讨。③

---

① "驻瓦努阿图大使谢波华出席美拉尼西亚先锋集团银禧庆典活动"，北方网，2013 年 1 月 31 日，http：//news. enorth. com. cn/system/2013/01/31/010596070. shtml；"2006 年签订的中瓦双边协议"，中华人民共和国商务部，2006 年 12 月 14 日，http：//vu. mofcom. gov. cn/article/zxhz/sbmy/200612/20061204028992. shtml.

② "驻瓦努阿图大使程树平向美拉尼西亚先锋集团秘书处赠送 100 万瓦图"，和讯网，2011 年 6 月 9 日，http：//news. hexun. com/2011 - 06 - 09/130383101. html.

③ "抗战胜利 70 周年阅兵：斐济代表队接受检阅"，中国新闻网，2015 年 9 月 3 日，http：//www. chinanews. com/tp/hd2011/2015/09 - 03/559497. shtml；中国人民大学重阳金融研究院南海问题课题组："RDCY 研究专报：到底有多少个国家支持中国的南海立场？"，人大重阳网，2016 年 7 月 22 日，http：//rdcy. org/Index/news_cont/id/23115. html；"中华人民共和国和所罗门群岛建立外交关系"，中国政府网，2019 年 9 月 21 日，http：//www. gov. cn/xinwen/2019 - 09/21/content_5432018. htm；"2020 年 3 月 10 日外交部发言人耿爽主持例行记者会"，中华人民共和国外交部，2020 年 3 月 10 日，https：//www. fmprc. gov. cn/web/wjdt_674879/fyrbt_674889/t1754036. shtml.

美拉尼西亚先锋集团的组织化过程也得到了诸多非国家行为体与个人的支持。例如，前文所述在太平洋岛国发展论坛的筹备过程中起重要作用的时任太平洋基督教会大会秘书长费伊洛阿基塔乌·特维，后来因其妻埃莱妮·特维（Eleni Tevi）在美拉尼西亚先锋集团获得了能力建设（人力资源）顾问职位，2016 年他从苏瓦搬到了美拉尼西亚先锋集团总部所在地维拉港，以咨询顾问身份为瓦努阿图政府和美拉尼西亚先锋集团秘书处出谋划策。

二、过程

1. 成为国际组织

美拉尼西亚先锋集团于 1988 年成立，成员包括四个美拉尼西亚岛国，还包括一个特殊成员——代表新喀里多尼亚支持走向独立的卡纳克（Kanak，新喀里多尼亚土著人的称呼——笔者注）政治势力卡纳克社会主义民族解放阵线（FLNKS，简称"社民解阵"）。与《瑙鲁协定》缔约国一样，最初这只是南太平洋论坛中的一个谈判集团，并非独立的地区组织。后来，这个谈判集团一步步走向组织化。

2008 年，美拉尼西亚先锋集团正式成为一个由联合国认可的正式的国际组织。领导人峰会是集团的最高决策机制，根据一致原则做出决策。同年，美拉尼西亚先锋集团在瓦努阿图首都维拉港设立了常设秘书处，发布了组织架构，并任命巴新贸易顾问利马·拉乌西罗（Rima Ravusiro）为首任秘书长。由领导人峰会作为决策机制，由外长会议、贸易与经济部长会议、其他部长会议和高级别官员会议作为咨询与上传下达机制，由秘书处作为执行机构的一整套运行架构建立起来。2009 年，秘书处正式运行，在领导人峰会的领导下负责日常工作，并开始发布年度报告。这是美拉尼西亚先锋集团组织化的重要一步。

美拉尼西亚先锋集团组织化过程中的最大的"拦路虎"是当时一度尚在军政府统治下的、受到澳新与英联邦制裁的斐济，与作为独立运动的卡纳克社民解阵相继接任主席国/主席方的问题。这关乎美拉尼西亚先锋集团的组织化与机制化。但由于地区内外的各种原因，尤其是澳、法等殖民大国的阻碍乃至反对态度，以及由此引发的内外矛盾而成为两个复杂的政治敏感问题。

2010年7月，斐济本来应按轮值顺序准备接任美拉尼西亚先锋集团主席国，但在若干因素影响下，包括据称是在澳大利亚对当时的主席国瓦努阿图的干预下，时任瓦努阿图总理爱德华·纳塔佩（Edward Natapei）以斐济未能如期举行大选为由叫停了即将召开的领导人峰会，使得斐济一开始未能如期接任。① 这一举动得到了澳新的支持，但巴新和所罗门群岛坚决反对，多次提出指责。作为回应，斐济总理姆拜尼马拉马停止斐济参加所有美拉尼西亚先锋集团的会议。

不过，美拉尼西亚先锋集团内部的外交努力一直在进行。2010年10月，新当选所罗门群岛总理的丹尼·菲利普斯（Danny Phillips）提议按照美拉尼西亚传统 kastom 举行一个和解仪式，化解斐济和瓦努阿图领导人之间的矛盾。当年12月，瓦努阿图新任总理萨托·基尔曼（Sato Kilman）在瓦努阿图传统酋长的陪同下前往所罗门群岛首都霍尼亚拉参加了这个"和解仪式"，象征着各方以"美拉尼西亚方式"经过友好包容地磋商最终解决了困难。这样的仪式在美拉尼西亚先锋集团乃至整个南太平洋地区组织的历史上还是第一次。② 斯蒂芬妮·劳森认为，到2010年，美拉尼西亚先锋集团已经成为一个巩固了的地区组织。③

不过，美拉尼西亚先锋集团的组织化是一个过程，在2010年后仍

---

① Sandra Tarte, "A New Pacific Regional Voice? An Observer's Perspective on the Pacific Islands Development Forum (PIDF), Inaugural Summit, Denarau, Fiji, 5–7 August 2013", *Pacific Islands Brief*, No. 4, Pacific Islands Development Program (PIDP), Hawai'i, 28 August 2013, p. 1.

② MSG Secretariat, Special Leaders' Summit, Honiara, Solomon Islands, 15 December 2010: Communiqué, Honiara, Solomon Islands, 15 December 2010.

③ Stephanie Lawson, "Australia, New Zealand and the Pacific Islands Forum: A Critical Review", *Commonwealth & Comparative Politics*, Vol. 55, No. 2, 2017, p. 226.

然在动态发展。

2013年，按轮值顺序应由卡纳克社民解阵接任美拉尼西亚先锋集团主席，但这引发了地区内外的疑虑，一些人顾虑法国和希望留在法国、反对独立的新喀里多尼亚政治势力的反应。美拉尼西亚先锋集团克服政治阻碍，使社民解阵领导人最终按程序接任主席职位，这是美拉尼西亚先锋集团组织化、机制化的又一个标志。

2013年是美拉尼西亚先锋集团成立25周年，集团召开第19次领导人峰会，作为庆祝仪式。会上，特邀嘉宾、对美拉尼西亚先锋集团初创起到重要作用的巴新前总理迈克尔·索马雷（Michael Somare）说，"当年建立这个集团的人也没有想到，它有一天会从一个简单的政治压力集团成长为活跃而成功的组织，并成为太平洋论坛成员范围里唯一拥有正式秘书处和总部的组织。"[1]

这次峰会宣布将制定一个着眼"下一个25年"的发展路线图——《美拉尼西亚先锋集团2038年为了所有人的繁荣计划》。这个计划提出了"提升美拉尼西亚先锋集团次地区主义"（EMSGSR）战略，确立了四大目标：提升社区对美拉尼西亚先锋集团是什么和给人民带来什么利益的意识；加强美拉尼西亚先锋集团秘书处及所有机构以有效管理、监督和评估此战略；秘书长应获得授权与预算，向所有领导人每年至少当面汇报一次；在地区和全球范围内推广美拉尼西亚先锋集团。[2] 峰会还决定，将美拉尼西亚先锋集团旗帜与各国国旗并排悬挂在各国首都和各国驻外使团，就像欧盟成员国悬挂欧盟旗帜一样。这标志着集团的组织化达到了政治认同的新高度。[3]

---

[1] Sir Michael Somare, "Melanesian Spearhead Group: The Last 25 Years", in Greg Fry and Sandra Tarte (eds.), *The New Pacific Diplomacy*, Canberra: Australian National University Press, 2015, pp. 291–298. 当时，太平洋岛国发展论坛尚未正式成立。

[2] "MSG 2038 Prosperity for All Plan", 26 June 2015, p. 6, https://www.msgsec.info/wp-content/uploads/publications/26-June-2015-MSG-2038-Prosperity-for-All-Plan-and-Implementation-Framework.pdf.

[3] MSG Secretariat, 19th MSG Leaders' Summit, Noumea, New Caledonia, 20 June 2013: Communiqué, Noumea, New Caledonia, 20 June 2013.

2. 克服财务危机

不过，美拉尼西亚先锋集团的组织化进程曾经受了一场财务危机的考验。不断增加的工作量和不断扩大的秘书处，使得秘书处支出不断扩大。2012年，秘书处开支为约2.51亿瓦图，2013年增长到约3.41亿瓦图，2014年达到约4.26亿瓦图，两年内增长约70%。其中，人员工资与开支增长到2.22亿瓦图，超过秘书处总开支的一半。差旅支出达7030万瓦图，约占秘书处总开支的六分之一。此外，2014年瓦图的贬值也增加了秘书处购买国外产品与服务的成本。

与此同时，秘书处的收入大体分为三部分：成员上缴会费、外部捐款和其他收入（如利息、土地租赁、固定资产出售和经营性收入等）。成员会费的多寡及分配是由各成员闭门讨论决定。以2011年度为例，巴新、斐济、所罗门群岛和瓦努阿图各上缴约2800万瓦图的会费，卡纳克社民解阵上缴约5600万瓦图，印尼捐赠约7000万瓦图，欧盟捐赠约1070万瓦图，构成秘书处收入的主体部分。利息、固定资产出售等其他收入约1060万瓦图。可以看出，四个成员国的会费等额分配；资金实力较为雄厚的卡纳克社民解阵会费高于其他成员国；而外部捐赠也对预算收入有直接影响。

2012—2014年间，秘书处收入的上升赶不上支出的上升，造成赤字增加、现金流匮乏。2012年，秘书处财务报表由盈余转为赤字，赤字在2013年升至2330万瓦图。而2014年，卡纳克社民解阵因为各种"可被理解的原因"未能上缴当年的6000万瓦图会费，此后的会费上缴也一直没有进入正常状态。这使得2014年度秘书处严重入不敷出，赤字飙升到9270万瓦图，2015年甚至一度陷入"在其（秘书处）短暂的历史上最麻烦的时刻"。财务报表本身也有混乱状况，笔者在研究当时的财务报表时也遇到了困惑，发现了诸多数字对不上的问题。整个秘书处的正常运转受到了严重的负面影响，乃至面临停摆的威胁。①

2015年11月，时任秘书长福罗辞职。按照阿梅纳·尧沃利后来的描述，秘书处当时面临着四大困境：史无前例的财务困境；制度性不足阻碍了秘书处执行工作计划；内部管理薄弱导致的有缺陷的内部程序；不平衡的项目阻碍了有效的优先度排序。此后，一系列"开源"和"节流"措施启动，以"挽救这艘下沉中的船"。②

在"开源"方面，2015年12月，各成员召开主管机关会议，商讨对秘书处的紧急救助方案，决定由四个成员国平摊总额为1.15亿瓦图的救助资金。2016年，巴新紧急提供的2886万瓦图先行到账，支持了秘书处的运转。到年底，其他三国也提供了相应的救助资金。在2017年，巴新和斐济承担了更多和更高比例的会费，各自上缴约5984万瓦图会费。所罗门群岛和瓦努阿图各自上缴约3808万会费。另外，此时已成为美拉尼西亚先锋集团准成员的印尼上缴约2176万瓦图会费，使秘书处的会费收入达到了财务危机前的水平，初步缓解了收入不足的问题。欧盟则加大了对美拉尼西亚先锋集团的援助支持力度。③

在"节流"方面，时任美拉尼西亚先锋集团主席、所罗门群岛总理梅纳西·索加瓦雷召集了外长会议商讨秘书处的改革问题，并批准由斐济外交官阿梅纳·尧沃利接任秘书长一职。④ 上任后，尧沃利开展了一系列改革措施，包括解雇不必要的人员，削减工资和差旅开支，重新调整部门设置、工作计划和流程，合并项目，审查资产管理，关闭"美拉尼西亚解决方案"（Melanesian Solution）实体等，并宣布2017年为秘

---

① Melanesian Spearhead Group Secretariat, Annual Report 2017, Port Vila, Vanuatu, 2018, pp. 8 – 9.
② Amena Yauvoli, "From the Director General's Desk", *Melanesian Tok*, No. 9, June – August 2019, p. 1.
③ Melanesian Spearhead Group Secretariat, Annual Report 2017, Port Vila, Vanuatu, 2018, pp. 7 – 8.
④ MSG Secretariat, MSG Special Leaders' Summit, Honiara, Solomon Islands, 14 July 2016: Communiqué, Honiara, Solomon Islands: Melanesian Spearhead Group Secretariat, 2016, p. 2.

书处的"改革年"。此外,秘书处开始将更多项目拿出来与其他南太平洋地区组织合作开展,减少单独由美拉尼西亚先锋集团承担开支的项目。①

通过一年多的改革与调整,到 2017 年底,秘书处各项工作似乎重新走上了正轨,不仅消除了赤字,还结余了 4900 万瓦图,为整个秘书处历史上现金流最充裕的时刻。《美拉尼西亚先锋集团 2038 年为了所有人的繁荣计划》和"提升美拉尼西亚先锋集团次地区主义"战略也进一步得到了落实,特别是在气候变化方面表现非常活跃。2017—2019 年,虽然财务困难问题仍然存在,但美拉尼西亚先锋集团继续保持了活跃度。

三、成果与影响

美拉尼西亚先锋集团被认为是南太平洋地区最组织化和最活跃的次地区合作组织。② 尤其是在其正式成为国际组织之后,取得了诸多成果。美拉尼西亚先锋集团在环境与气候变化上取得的成绩很大,本书将在第六章予以单独讨论。此处先讨论其他方面。

1. 经贸领域

美拉尼西亚先锋集团最成功的成果体现在经济领域,尤其是自由贸易区建设。总体来说,美拉尼西亚国家经济结构较为相近,相互之间的贸易额并不大,而且基础设施较为落后,互联互通水平较为低下,这似乎并不利于推进自贸区。但是,一定范围内的经济互补性、次地区内外形势的发展和政治意愿推动着自贸区建设。其中,区外形势包括 2008 年肇始的国际金融和经济危机给包括美拉尼西亚国家在内的太平洋岛国

---

① "MSG Undergoes Structural Re-organisation", *Solomon Star*, 13 July 2016, https://www.solomonstarnews.com/index.php/news/regional/item/11016-msg-undergoes-structural-re-organisation.

② Tess Newton Cain, "Rebuild or Reform: Regional and Subregional Architecture in the Pacific Island Region", *Le Journal de la Société des Océanistes* [*En ligne*], Vol. 140, No. 6, 2015, p. 55.

带来了负面冲击，但同时也促使美拉尼西亚国家更加抱团。区内形势包括各国产业和经济结构的新变化，例如服务业的增长，以及人才流动和对外投资的需求增加等。

美拉尼西亚自贸区建设采取的是分步骤推进的方式。早在1993年，《美拉尼西亚先锋集团贸易协定》（Melanesian Spearhead Group Trade Agreement，MSGTA）第一期就已经达成。这在全球范围内都属于较早的发展中国家之间的贸易协定。2005年，协定进入第二期。第一期和第二期协定都只是货物贸易的关税减让协定，距离全面的自由贸易协定还很远。2012年，为了达成第三期协定，对第二期协定的开始审查，是为美拉尼西亚自贸区建设的起始。与此同时，在第二期协定下的项目仍在进行，第二期和第三期二者并行不悖。2012年3月，美拉尼西亚技术人才流动计划（Skilled Movement Scheme，SMS）达成，每个成员国可以有400名具备技能的劳工在美拉尼西亚自由贸易区内自由流动。斐济作为太平洋岛国中的教育中心与旅游中心，其培养的职业人才可以为巴新、所罗门群岛和瓦努阿图三国所用，而这三个国家的大量富余劳动力又可以在斐济找到工作。此外，原产地规则（ROO）顺利达成，也超出了不少观察者的意料。[①]

表6-1 美拉尼西亚各国稀缺岗位

国家	稀缺岗位
斐济	高级专业人士和低技能劳动力
巴新	企业管理、旅游、医疗、教育、贸易、科学与工程、建筑、冷藏等
所罗门群岛	工程师、金融、矿业、IT、航空、旅游、法律、安保、建筑等
瓦努阿图	医疗、教育、商业、法律、工程师与机修师、社工等

资料来源：美拉尼西亚先锋集团秘书处2012年年报[②]

[①] MSG Secretariat, *Melanesian Spearhead Group Trade Agreement（MSGTA）Rules of Origin Handbook*, Port Vila: MSG Secretariat, 2012.

[②] Melanesian Spearhead Group Secretariat, Annual Report 2012, Port Vila, Vanuatu, 2013, pp. 39-40.

美拉尼西亚在自贸区建设中采取的是"边做边谈"的渐进策略。各方首先采用正面清单的方式开始实施关税减让，根据已有的协定推进负面清单谈判，并不断扩大正面清单、缩小负面清单。起初，各方提出的正面清单只有3种商品。这引起了一些外界观察者的嘲讽，将其称为"只有3种商品的自贸区"[①]。但是，正面清单在实践中逐步扩大，而负面清单的谈判也在进行并且负面清单不断缩小。到了谈判结束时，斐济和瓦努阿图的负面清单几乎已经清空，关税完全按照原产地规则标准。巴新从负面清单里移除了约400种商品，仅余3种——马鲛鱼罐头、糖和盐。所罗门群岛作为最不发达国家得到了特殊豁免，但到2015年也已经完成了80%的关税减让。[②]

2013年1月起，巴新、瓦努阿图和斐济开始逐步落实贸易协定，三国之间的贸易开始大幅度增长。[③] 同年11月，成员国召开会议，明确2015年底前达成第三期协议的时间表，并制定了谈判路线图，包括增加发展章节等。此外，秘书处还召集非政府组织和私营部门围绕第三期协议开展对话，广泛探讨了原产地规则、海关程序与合作、检验检疫措施、投资、临时劳动力流动和制度条款等。[④]

根据美拉尼西亚国家领导人的决定，第三期协定包含以下方面：

> 1）货物贸易进一步自由化、便利化，将美拉尼西亚区域价值成分（RVC）达30%的制成品计入原产地，为巴新和斐济制定了为期5年的国内产业保护期，所罗门群岛和瓦努阿图保护期为10年。

[①] Sir Michael Somare, "Melanesian Spearhead Group: The Last 25 Years", in Greg Fry and Sandra Tarte (eds.), *The New Pacific Diplomacy*, Canberra: Australian National University Press, 2015, p. 296.

[②] Sovaia Marawa, "Negotiating the Melanesia Free Trade Area", in Greg Fry and Sandra Tarte (eds.), *The New Pacific Diplomacy*, Canberra: Australian National University Press, 2015, p. 162.

[③] Dionisia Tabureguci, "Intra - MSG Trade Grows", *Islands Business*, November 2012, http://www.islandsbusiness.com/archives/item/537-intra-msg-trade-grows.html.

[④] Melanesian Spearhead Group Secretariat, Annual Report 2013, Port Vila, Vanuatu, 2014, p. 34.

2）通过在服务贸易、劳动力流动与跨国投资及其他领域的承诺扩大和深化美拉尼西亚先锋集团经济一体化。

3）确保美拉尼西亚先锋集团内部贸易在公平竞争的条件下进行。

4）贸易发展合作，对最不发达的美拉尼西亚国家（目前为所罗门群岛和瓦努阿图）提供技术和资金援助。

5）第三期协定执行的制度安排。

6）在协定下的贸易争端解决。

美拉尼西亚先锋集团并非一帆风顺，而是在不断克服困难的过程中取得成果的。美拉尼西亚先锋集团成立之后，也经历并仍在经历着内外矛盾的考验。2012年技术人才流动计划与原产地规则生效后，仍然存在执行方面的问题，特别是巴新和瓦努阿图都存在执行不力的项目。各国都普遍存在的官僚主义与行动滞后是加剧问题的重要因素，宣传不力也使得不少人并没有意识到这种人才流动机会的存在。执行中的困难还来自不同方面，其中一条就是自贸区建设需要各国都实施国内改革，例如海关制度改革，而一些国家的改革进程相对滞后，电子化和自动化办公的条件和能力均不强。这给后续谈判留下了阴影。[1]

不过，成员国最终克服了这些困难，将自贸谈判推进下去。各国尤其是最大的经济体巴新在奥尼尔总理任上加大了改革力度，推动海关等部门与自由贸易的要求更加匹配——当然，巴新国内的改革是一个相当长期、反复且不断产生新问题的过程，在此不再赘述。2014年3月，美拉尼西亚先锋集团秘书处召开座谈会研究协定法律文本草案。[2] 秘书处还于2014年8月召开了专门关于自贸协定中投资部分的座谈会。有

---

[1] Sovaia Marawa, "Negotiating the Melanesia Free Trade Area", in Greg Fry and Sandra Tarte (eds.), *The New Pacific Diplomacy*, Canberra: Australian National University Press, 2015, p. 168.

[2] "MSG Workshop on the Draft MSG Trade Agreement and other Trade & Economic Integration Initiatives", https://www.msgsec.info/wp-content/uploads/PR_archives/2014/2014-Mar-26-MSG-Workshop-on-the-Draft-MSG-Trade-Agreement-Trade-Eco-Integration-Initiatives.pdf.

趣的是，首席贸易顾问办公室和前任首席贸易顾问克里斯·努南（当时已成为美拉尼西亚自贸区谈判咨询顾问）为这次座谈会分别提交了观点不同的报告，以作为比较。① 2015 年，美拉尼西亚先锋集团第 20 届领导人峰会召开，明确表示要在当年见到第三期协议的法律文本，为推动谈判进行了政治动员，还正式启动了"美拉尼西亚旅行卡"，促进跨国旅行便利化。

2016 年，美拉尼西亚先锋集团第五次贸易部长会议完成了《美拉尼西亚自由贸易协定》（Melanesian Free Trade Agreement，MFTA）谈判，增加了服务贸易、劳工流动、投资等方面的内容，并通过了私营部门发展战略，将美拉尼西亚自贸区推向了更高水平。② 2017 年，在欧盟的援助下，美拉尼西亚先锋集团秘书处将工作重点放在如何落实协定的能力建设上。到 2018 年，由卡纳克社民解阵代表的新喀里多尼亚也获准以适当方式参与该协议。③

除了自贸协议与自贸区建设外，美拉尼西亚先锋集团还积极促进贸易。例如，2013 年 8 月，美拉尼西亚先锋集团投资路演与贸易展销会在首届太平洋岛国发展论坛上启动。2014 年 11 月，第二次路演在莫尔兹比港举行，由卡纳克社民解阵代表的新喀里多尼亚担任东道主。秘书处还设立了私营部门发展咨询顾问职位，以促进美拉尼西亚企业尤其是小微企业发展。④

贸易领域取得的成绩提高了美拉尼西亚人的自信。如 2013 年巴新贸易部长理查德·马罗（Richard Maro）表达的那样："和澳新谈贸易

---

① "MSG Meets to Boost Trade", *Solomon Star*, 20 August 2014, http://www.solomonstarnews.com/index.php/component/content/article/147 - news1/regional/3555 - msg - meets - to - boost - trade.

② "美拉尼西亚先锋集团完成新的自由贸易协定谈判"，中华人民共和国商务部，2016 年 5 月 1 日，http://www.mofcom.gov.cn/article/i/jyjl/l/201605/20160501329471.shtml

③ MSG Secretariat, 21st MSG Leaders' Summit, Port Moresby, Papua New Guinea, 14 February 2018: Communiqué, Port Moresby, Papua New Guinea, 2018, p. 3.

④ Melanesian Spearhead Group Secretariat, Annual Report 2014, Port Vila, Vanuatu, 2015, p. 23.

协定有什么意义呢？我们不能得到任何好处，所以与其浪费时间，不如集中精力在对我们重要的事情上——美拉尼西亚贸易集团。"①

在这些成绩的基础上，美拉尼西亚先锋集团寻求更多的次地区合作和经济一体化，例如"美拉尼西亚投资银行"（MSGIB）、关税同盟、共同发展基金、共同财政乃至单一货币。值得注意的是，当澳大利亚试图推动这些一体化措施时，美拉尼西亚国家是岛国中反对态度最为激烈的。但是，当它们自行推进几乎同样的但局限于美拉尼西亚次地区的一体化措施时，就表现出积极和热心的态度。当然，这些一体化设想还较为长远，实现可能性还较低，更为现实的是药品、燃料和海运合作。②

表6–2　美拉尼西亚先锋集团自贸区建设时间表

2011年3月	美拉尼西亚领导人一致同意授权秘书处开始更新《美拉尼西亚先锋集团贸易协定》
2012年1月	开始对第二期贸易协定进行审查评估
2012年3月	美拉尼西亚技术人才流动计划达成、原产地规则达成
	美拉尼西亚先锋集团第18次领导人峰会决定秘书处重新起草新版贸易协定
2013年1月	巴新、瓦努阿图和斐济三国开始按照协定逐步落实贸易协定
2013年6月	美拉尼西亚先锋集团第19次领导人峰会批准《美拉尼西亚先锋集团贸易协定》第三期谈判文本基础，明确第三期谈判与第二期进展并行不悖
2013年8月	首次美拉尼西亚先锋集团投资路演与贸易展销会在首届太平洋岛国发展论坛上启动
2013年11月	成员国召开会议，明确2015年底前达成第三期协议的时间表，并进行了协议草案路线图谈判

---

① Joyti Pratibha, "Trade Boost", *Fiji Sun*, 21 May, 2013, https://fijisun.com.fj/2013/05/21/trade-boost/.
② Tess Newton Cain, "The Renaissance of the Melanesian Spearhead Group", in Greg Fry and Sandra Tarte (eds.), *The New Pacific Diplomacy*, Canberra: Australian National University Press, 2015, p.156.

续表

2014 年	美拉尼西亚先锋集团秘书处组织《美拉尼西亚先锋集团贸易协定》第三期暨《美拉尼西亚自由贸易协定》文本起草与谈判
2015 年 6 月	美拉尼西亚先锋集团第 20 次领导人峰会要求谈判于年底前结束
2016 年 5 月	美拉尼西亚先锋集团第五次贸易部长会议采纳《美拉尼西亚自由贸易协定》
2016 年 7 月	美拉尼西亚先锋集团特别领导人峰会同意贸易部长会议关于《美拉尼西亚自由贸易协定》的汇报，进入各国签字批准阶段
2017 年	美拉尼西亚先锋集团秘书处在欧盟援助下组织落实协定的能力建设培训
2018 年 2 月	美拉尼西亚先锋集团第 20 次领导人峰会批准由卡纳克社民解阵代表的新喀里多尼亚以适当方式参与协议

表格来源：笔者自制。

2. 政治领域

与美拉尼西亚先锋集团在经济合作上的成绩单相比，在政治领域的情况更为复杂。然而，牛顿—凯恩认为，这本身就体现了组织化的美拉尼西亚先锋集团是一个在一些政治敏感问题上也能有所作为的次地区组织，而这些政治敏感问题是其他的地区组织——例如太平洋岛国论坛——所难以讨论的。[1]

新喀里多尼亚问题是美拉尼西亚先锋集团着重关注的议题，其中的核心围绕关于新喀里多尼亚自治进程的《努美阿协定》。[2] 集团在这个

---

[1] Tess Newton Cain, "The Renaissance of the Melanesian Spearhead Group", in Greg Fry and Sandra Tarte（eds.）, *The New Pacific Diplomacy*, Canberra: Australian National University Press, 2015, p. 154.

[2] 《努美阿协定》是 1998 年法国政府和新喀里多尼亚两大主要政治势力——支持独立的卡纳克社民解阵和反对独立、主张留在法国的保卫喀里多尼亚留在共和国内同盟（保喀同盟，PRCR）三方签订的关于新喀里多尼亚自治进程与未来命运的协议。协议规定，在今后的 15—20 年内，该群岛将就独立举行全民投票，如 3/5 的人选择独立，法国则交出其余权力，如独立被否决，可在随后 4 年中再举行两次投票，如果独立在第二次投票又被否决，将重新商议该群岛前途。

问题上的具体举措包括：

宣示政治支持——历次领导人峰会宣言都涉及了新喀里多尼亚问题，领导人集体表态支持卡纳克社民解阵，支持《努美阿协定》进程，并支持美拉尼西亚先锋集团在《努美阿协定》的具体实施中发挥积极角色作用。

建立专门机构——2012 年，美拉尼西亚先锋集团秘书处下设了一个专门负责监督《努美阿协定》的实施与促进卡纳克自治的机构。数年来，这个团队一直在《努美阿协定》进程的各项具体环节中保持着高活跃度。例如，2017 年，这个团队帮助卡纳克社民解阵规划了社会活动，提高了后者在新喀里多尼亚的曝光度与支持率。[1]

提高能力建设——美拉尼西亚先锋集团秘书处还积极准备新喀里多尼亚独立后的能力建设问题，例如组织卡纳克社民解阵的青年领袖赴东帝汶考察，以期培训人员，提高卡纳克人在（预期）获得独立后的国家建设能力。[2] 2017 年，秘书处帮助卡纳克社民解阵参与了一系列地区与国际会议，在国际舞台上表达了政治诉求。[3]

2018 年 11 月，新喀里多尼亚举行第一次公投，反对独立的票数超过 56%。根据《努美阿协定》，接下来的 4 年内还可以举行公投。目前，这仍然是个动态中的政治进程。

西巴布亚问题是另一个棘手的政治敏感议题。2013 年，西巴布亚民族解放联盟（WPNCL）在美拉尼西亚先锋集团领导人会议期间递交加入美拉尼西亚先锋集团的申请书，而此时恰逢同样身为独立运动的卡纳克社民解阵接任美拉尼西亚先锋集团主席国。这个申请在这个时间节点成为了美拉尼西亚先锋集团的一个棘手问题，尤其是考虑到近年来印

---

[1] Melanesian Spearhead Group Secretariat, Annual Report 2017, Port Vila, Vanuatu, 2018, pp. 20 – 21.

[2] Forau and Tess Newton Cain, "Peter Forau on Why the Melanesian Spearhead Group Is a Success", 5 March 2013, http：//www.devpolicy.org/peter – forau – on – why – the – melanesian – spearhead – group – is – a – success – 20130305/.

[3] Melanesian Spearhead Group Secretariat, Annual Report 2017, Port Vila, Vanuatu, 2018, pp. 20 – 21.

尼与美拉尼西亚之间的联系不断加深，集团不愿意过分刺激印尼。另一个考虑是西巴布亚有若干团体，WPNCL 的代表性成问题。2015 年，美拉尼西亚先锋集团领导人决定给予由 WPNCL 重组后的西巴布亚联合解放运动（ULMWP）美拉尼西亚先锋集团观察员地位，这被西巴布亚独立运动视为一个巨大的胜利。①

至本书截稿时，ULMWP 申请成为美拉尼西亚先锋集团正式成员问题尚未得到最终解决。不过，在这个过程中，美拉尼西亚先锋集团内部各方做了大量沟通，以在组织内部团结、对西巴布亚自治和独立运动进行支持和与印尼保持良好关系三者之间保持微妙的动态平衡，还要在一些西巴布亚自治与独立运动事件被国际社交媒体广泛传播的情况下考验美拉尼西亚先锋集团的政治智慧。②

组织化的美拉尼西亚先锋集团在被认为困难较多、分歧较大的安全合作上也取得了进展。前述 2011 年美拉尼西亚地区警务工作组会议是一个铺垫。2013 年，在一系列前期工作的基础上，美拉尼西亚先锋集团领导人会议同意建立美拉尼西亚人道主义与应急反应协作中心（HERCC）③。数年来尽管能力建设尤其是安全合作领域仍然属于美拉尼西亚次地区的不足之处，但在自然灾害应对、跨国犯罪信息共享等安全领域还是开展了合作。

安全合作的最终指向是自我提供地区安全。2013 年，美拉尼西亚先锋集团第 19 次领导人峰会公开呼吁澳大利亚领导的地区援所团尽快撤离，尽快结束地区援所团。此后，在集团的努力下，加上多方面原因

---

① Duncan Roden, "West Papua Wins MSG Breakthrough", *Greenleft*, 7 July 2015, p. 13.
② Johnny Blades, "Melanesia's Test: The Political Quandary of West Papua", *Pacific Journalism Review*, Vol. 20, No. 2, 2014, pp. 23 – 39.
③ "Honiara MSG Leaders' Summit Ends with Approval of Key Resolutions", Ministry of Foreign Affairs and External Trade of Solomon Islands Government, 15 July 2016, http：// www.mfaet.gov.sb/index.php? option = com_content&view = article&id = 72：honiara – msg – leaders%E2%80%99 – summit – ends – with – approval – of – key – resolutions&catid = 52：foreign – affairs.

推动，地区援所团于2017年正式结束。①

3. 地区影响

美拉尼西亚先锋集团的组织化与活跃度提升，对这个次地区乃至整个南太平洋地区产生了广泛影响。首先，澳大利亚在美拉尼西亚次地区的传统影响力出现了相对下降。斯图尔特·弗思认为，一个"从来没有得到过澳大利亚支持"的次地区组织影响力增加，推动美拉尼西亚成为这样一个次地区：有更多发展伙伴、外交选项扩展和萌生"独立于澳大利亚"的新意识。②

牛顿—凯恩认为，美拉尼西亚先锋集团组织在正在进行中的太平洋岛国地区主义的新发展中扮演着重要角色，包括但不限于在《太平洋地区主义框架》的制定过程中。③ 泰勒作为太平洋岛国论坛秘书长上任伊始就访问了美拉尼西亚先锋集团秘书处，称美拉尼西亚先锋集团取得的成绩令人印象深刻，尤其是在交通、航空、贸易、旅行签证等方面，认为地区组织应当持开放状态，一些事情次地区主义可以做并且做得很好。④

若美拉尼西亚次地区走向构建单独的共同体，那么则对地区认同产生内部撕裂效应；但事实上，美拉尼西亚将自身的次地区合作视为整个地区的一部分。《美拉尼西亚先锋集团2038年为了所有人的繁荣计划》反复强调，这个集团是一个次地区组织，这是在联合国条约数据库保存的；美拉尼西亚次地区是（南）太平洋地区中的一部分，集团则是太

---

① James Batley, "RAMSI Chapter Ends in Australia's Pacific Story", 16 June 2017, https://devpolicy.org/ramsi-chapter-ends-australias-pacific-story-20170616/.

② Stewart Firth, "The Pacific's State of Independence", 1 February 2016, https://devpolicy.org/the-pacifics-state-of-independence-20160201/.

③ Tess Newton Cain, "The Renaissance of the Melanesian Spearhead Group", in Greg Fry and Sandra Tarte (eds.), *The New Pacific Diplomacy*, Canberra: Australian National University Press, 2015, p. 157.

④ "Transcript: Regionalism, Sub-regionalism and Women's Empowerment: An Interview with Dame Meg Taylor", http://devpolicy.org/pacific-conversations/Pacific-conversations-transcript-dame-meg-taylor.pdf.

平洋地区主义的一个子集。《计划》表示，集团承认太平洋地区主义的更大图景，并认为美拉尼西亚可能成为地区进程的首要获益者。①

另一方面，《计划》提出，"强劲的美拉尼西亚次地区主义将有效地对同样强大的太平洋地区主义作出贡献"，认为可以通过在地区层面的倡议担当领导力和将美拉尼西亚次地区主义延伸到其他国家与岛屿领地两种途径做出这种贡献。②

美拉尼西亚次地区合作甚至在一定程度上成为整个南太平洋地区合作新发展的"引擎"。事实上，这也正反映了美拉尼西亚先锋集团自身的野心——立足美拉尼西亚，但不限于次地区，而是着眼整个南太平洋地区，将美拉尼西亚次地区建设成为整个太平洋岛国地区主义的"先锋"。正如时任巴新总理奥尼尔所说："美拉尼西亚国家是（南）太平洋地区最大的，一旦我们在一起能更活跃，其他的太平洋（岛国）就能跟着我们。"③

美拉尼西亚先锋集团在次地区合作中产生了整个南太平洋地区范围内的"外溢效应"，例如前文所述美拉尼西亚先锋集团与太平洋岛国发展论坛的联动，前者对后者的初创大力支持。美拉尼西亚先锋集团还激发其他两个文化圈组织自己的次地区合作机制并向美拉尼西亚学习，产生了跨文化圈的"外溢效应"。例如，2014 年，密克罗尼西亚次地区向美拉尼西亚先锋集团"取经"，探讨建立密克罗尼西亚贸易与经济共同体的问题。④

---

① "MSG 2038 Prosperity for All Plan", 26 June 2015, pp. 10 – 11, https：//www.msgsec.info/wp – content/uploads/publications/26 – June – 2015 – MSG – 2038 – Prosperity – for – All – Plan – and – Implementation – Framework.pdf.

② "MSG 2038 Prosperity for All Plan", 26 June 2015, pp. 50 – 51, https：//www.msgsec.info/wp – content/uploads/publications/26 – June – 2015 – MSG – 2038 – Prosperity – for – All – Plan – and – Implementation – Framework.pdf.

③ "Peter O'Neill's Pacific Plan", *Islands Business*, November 2012, https：//www.islandsbusiness.com/on – the – web/item/538 – peter – oneills – pacific – plan/.

④ Pacific Islands News Association (PINA), "MSG Helps Micronesian States on Endeavour towards Closer Economic Integration", 30 September 2014, *Pacific Islands News Association* (PINA), http：//www.pina.com.fj/? p = pacnews&m = read&o = 1602344024542b5789295d578f36e3.

4. 制约因素

作为一个近年来才得以组织化、发挥较大作用的次地区组织，美拉尼西亚先锋集团的发展还面临着不少制约因素。

首先，和其他新地区组织与机制一样，与澳大利亚的关系是最大的考验之一。美拉尼西亚先锋组织的前进动力之一是这些岛国希望通过合作更加独立地决定本国和美拉尼西亚次地区的事务，在一定程度上缓解澳大利亚的干涉主义。但是，即便如此，澳大利亚对这个次地区的影响还是无处不在。而澳大利亚在美拉尼西亚先锋集团秘书处建立时就宣称不会为该组织提供支持，至今也还未与该组织建立直接联系。因此，怎样一方面发展美拉尼西亚次地区合作，另一方面也维持好与澳大利亚的关系，是摆在这个次地区组织面前最大的课题。

财务问题仍然是制约这个组织发展的因素。由于澳新尤其是澳大利亚没有为该组织提供资金支持，缺乏足够的外部资金来源，秘书处一直面临着财务压力。这揭示了太平洋岛国在参与地区组织上的两难困境：若追求独立决策权，不依靠澳新，那么财务就会面临压力，典型的是太平洋岛国发展论坛；若追求财务充裕，就必须依赖澳新等大国，独立决策权又会受到影响，典型的是首席贸易顾问办公室。直到本书截稿前，有关各方仍然没有结束对2020年度预算问题的讨论。从目前的新闻稿可以看出，讨论过程似乎还较为激烈。印尼作为准成员以及西巴布亚作为观察员的加入显然给这个讨论过程带来了更多的政治因素。[1]

西巴布亚问题也是阻碍美拉尼西亚先锋集团团结与发展的问题之一，令这个次地区组织面临着多重矛盾：第一，在独立运动中的"先锋"作用，促使美拉尼西亚国家在价值观上倾向西巴布亚分离主义运动与重视西巴布亚人的人权问题，但这与发展贸易与经济合作之间产生了

---

[1] "MSG Meeting in Suva Targets Members' Commitment", *Radio NZ*, 11 February 2020, https://www.rnz.co.nz/international/pacific-news/409308/msg-meeting-in-suva-targets-members-commitment.

矛盾，包括与财力雄厚的印尼开展经济与技术合作的现实矛盾；第二，美拉尼西亚民众对西巴布亚独立运动的普遍支持与美拉尼西亚先锋集团作为一个国际组织难以采取激进措施之间存在矛盾；[1] 第三，有限的财力如何分配到西巴布亚问题上存在矛盾，特别是印尼作为组织的重要财源。

尽管面临种种制约因素，美拉尼西亚先锋集团仍然成为了由太平洋岛国建立的最成功的次地区机制。展望未来，如果美拉尼西亚次地区国家在发展经贸关系、应对气候变化上的共同利益不断凝聚和扩展，巴新国力进一步增强和"巴新—斐济轴心"更加稳固，"美拉尼西亚方式"在合作中不断深化，那么先锋集团的发展将获得更大的内部动力。与此同时，随着大国围绕太平洋岛国乃至整个亚太地区的博弈持续，美拉尼西亚次地区的战略价值还将进一步显现、提升，先锋集团有望持续得到多元化的外部支持。这些都有助于先锋集团进一步发展。

第二节　其他次地区机制

本节是南太平洋地区内部次地区层次上的比较研究，是对波利尼西亚、密克罗尼西亚和"更小岛屿国家"次地区机制的建立与发展进行梗概研究。一方面，这些次地区机制的发展均体现了全球治理的推动力，尤其是体现在气候变化议题上；另一方面，与美拉尼西亚次地区主义相比，由于缺乏足够的外部支持、缺乏能力、缺乏明确的次地区合作领导者，这些次地区机制组织化发展程度较低。但是，这并不妨碍次地区主义以各自不同的方式发展。

---

[1] 2011年，太平洋公共政策研究所（PIPP）曾对美拉尼西亚各国民众做了问卷调查，显示在被访者中56.2%的斐济人、89.3%的巴新人、70.2%的所罗门群岛人和88.2%的瓦努阿图人支持西巴布亚独立。参见"Melanesian Spearhead Group Invites Indonesia as Observer, Continues to Bar Papuan Participation", *West Papua Report*, April 2011, https://www.etan.org/issues/wpapua/2011/1104wpap.htm.

一、波利尼西亚次地区机制建设

1. 机制发展

波利尼西亚次地区合作最有代表性的机制是波利尼西亚领导人集团（Polynesian Leaders Group，PLG）。波利尼西亚领导人集团最初作为太平洋岛国论坛的一个边会（side event）在新西兰奥克兰——"世界上最大的波利尼西亚城市"[1]召开。2011年11月，集团在萨摩亚首都阿皮亚正式成立并签订谅解备忘录，创始成员为库克群岛、纽埃、萨摩亚和汤加，成员很快扩大到图瓦卢、托克劳、美属萨摩亚和法属波利尼西亚。萨摩亚总理图伊拉埃帕称，集团的目的是"发展、促进和保护成员的共同利益与目标"，以及"提供一个波利尼西亚国家之间的系统化的合作方式"。[2]

自建立伊始到2018年，波利尼西亚领导人集团每年召开一次峰会作为最高决策机制，包括接受重要事项汇报、讨论行动和审查成员等。[3] 2012年，第二届波利尼西亚领导人集团峰会在库克群岛首都阿瓦鲁阿召开，与会领导人将交通和基础设施、教育、贸易、环保和气候变化投资等列为集团的优先事项。

2018年，在图瓦卢举行的第8届波利尼西亚领导人集团峰会上，集团成员范围进一步扩大到法国的太平洋岛屿领地瓦利斯与富图纳群

---

[1] 笔者的实地调研表明，奥克兰至今都生活着许多原住民毛利人，有自己的土地和受到特殊法律保护的地产，甚至有名义上的"王国"和"国王"——虽然更多是象征和礼遇意义上的。奥克兰还生活着很多（且越来越多）从太平洋岛国和岛屿领地尤其是波利尼西亚来的移民，使得生活在奥克兰的波利尼西亚裔总人口甚至大于不少岛国人口。在政治、经济、社会和学术研究等各方面，奥克兰与波利尼西亚岛国和岛屿领地联系都极为密切，"世界上最大的波利尼西亚城市"故而得名。另参见 Nicholas Tarling, *New Zealand: The Making of an Asia-Pacific Society*, Auckland: Confucius Institute of New Zealand, 2011.

[2] Marieta Heidi Ilalio, "Polynesian Leaders Group Formed in Samoa", 21 November 2011, *Samoa Observer*, http://www.pireport.org/articles/2011/11/21/polynesian-leaders-group-formed-samoa.

[3] 2019年和2020年，波利尼西亚领导人集团峰会因荨麻疹疫情和"新冠"疫情推迟。

岛、新西兰"毛利王国"（Māori Iwi）①、美国夏威夷群岛和智利复活节岛"拉帕努伊"（Rapa Nui），其成员范围超出了南太平洋地区（夏威夷和复活节岛一般不被认为是南太平洋地区的一部分）和政治实体范畴。② 例如，虽然新西兰毛利人有自己的"王国"和国王，但象征性的成份更大，除了拥有较高的政治待遇（例如以"国家元首"身份会见外国领导人）和特殊的法律地位（例如拥有一些在所有权、经营权与转让租赁等方面均特殊的土地、房产与商业项目）外，一般不被认为是政治实体，一般也不被认为具有自治权遑论主权。③

表6-3 历届波利尼西亚领导人集团峰会概览

届次	时间	地点	主席国/主席方	主题、亮点或备注
1	2011年11月	阿皮亚	萨摩亚	集团成立并签订谅解备忘录
2	2012年8月	拉罗汤加	库克群岛	优先事项为交通和基础设施、教育、贸易、环保和气候变化投资等
3	2013年8月	奥克兰	法属波利尼西亚	"季节性劳工"、旅游促进、次地区航空公司等 对独立持反对立场的法属波利尼西亚主席加斯东·弗洛斯（Gaston Flosse）接任集团主席
4	2014年7月	奥克兰	纽埃	为联合国小岛屿发展中国家会议做准备
5	2015年9月	塔希提	塔希提	通过关于气候变化的《塔普塔普阿特阿宣言》

---

① Iwi 毛利语意为"部落"，中文已习惯译为"毛利王国"，本书采用习惯译法。
② "Polynesian Leaders Group Grows", *Samoa Observer*, 4 July 2018, https://www.samoaobserver.ws/category/samoa/21955.
③ 笔者与"毛利国王"（Māori King）图黑提亚·帕基七世（Tūheitia Paki VII）2017年11月27日以及与具有一半毛利血统的奥克兰大学退休副教授马努卡·赫纳雷（Manuka Henare）2019年4月12日的访谈交流。

续表

届次	时间	地点	主席国/主席方	主题、亮点或备注
6	2016年6月	托克劳	托克劳	主题为"连接波利尼西亚：为了经济发展与气候复原力"
7	2017年9月	阿皮亚	汤加	主题为"可持续的波利尼西亚：通过地区创新、基础设施合作与复原力让波利尼西亚自强"
8	2018年6月	富纳富提	图瓦卢	通过关于气候变化与海洋的《阿玛图库宣言》 同意由萨摩亚提供为期两年的过渡秘书处
9	因疫情推迟召开	帕果帕果（预计）	美属萨摩亚（预计）	

资料来源：Olita Tupou, *Digital Diplomacy as a Foreign Policy Statecraft to Achieving Regional Cooperation and Integration in the Polynesian Leaders Group*, Dissertation, the University of Malta, 2018, p. 90.

到目前为止，波利尼西亚领导人集团尚未建立常设秘书处，由轮值主席方提供临时秘书处。一些秘书处职能有时由其他地区组织提供，尤其是总部在阿皮亚的太平洋地区环境规划署秘书处。[①] 不过，2018年第八届峰会同意了由萨摩亚负责提供为期两年的过渡秘书处。这是集团为设立常设秘书处所做的准备。

2. 主要成绩

气候变化是波利尼西亚领导人集团关注的关键议题。与其他太平洋岛国相比，波利尼西亚岛屿众多，但普遍海拔极低，大部分为珊瑚岛礁，受海平面上升的威胁最为直接。波利尼西亚领导人集团也尤其反映

---

① "Circular 12/59: Polynesian Leaders Group Draft Statement On Climate Change And Coral Reefs," https://www.sprep.org/node/12787.

了这一特殊关切。如波利尼西亚领导人在 2012 年第二届峰会上表示，"要与波利尼西亚当地科学家、社区成员、教育工作者、领导人和决策者合作，把气候变化摆在珊瑚礁管理的最前沿问题，开展降低温室气体排放、立法与行政、改善污染治理、评估和检测珊瑚礁以及建设有韧性的生态系统和社区。"① 2015 年 7 月，在巴黎气候大会前，波利尼西亚领导人集团通过了《塔普塔普阿特阿宣言》（Taputapuatea Declaration），表示"强烈支持 1.5℃ 控温目标"，为当时即将召开的太平洋岛国论坛就气候变化问题造势。② 2016 年，波利尼西亚领导人集团在全境最高海拔仅为 1 米的托克劳举行特别峰会，总结了巴黎气候大会，展望了 2016 年马拉喀什气候大会，并着重讨论了海洋与气候变化问题，为 2017 年的联合国海洋大会做准备。③

2018 年 7 月，波利尼西亚领导人集团在图瓦卢召开第八届峰会，正值 IPCC 草拟《关于全球升温 1.5℃ 的 IPCC 特别报告》（简称"1.5℃ 报告"），其中特别分析了升温 1.5℃ 与 2℃ 对小岛屿国家和岛屿领地带来的风险，包括海洋生态系统冲击、海平面上升与极端天气事件等。④ 在这个背景下，波利尼西亚领导人发布了《阿玛图库宣言》（Amatuku Declaration），特别关注了气候变化与海洋问题，重申了升温 1.5℃ 对岛屿社区，尤其是珊瑚岛礁居民的生存造成的威胁。针对海平面上升带来的领土面积缩小问题，波利尼西亚领导人提出，在《海洋法公约》框架下，即使在海平面上升的情况下，这些岛国的领土边界应当保持不变。这对岛屿众多但海拔普遍极低的波利尼西亚次地区来说尤为重要。

---

① As cited in Iati Iati, "Pacific Regionalism and the Polynesian Leaders Group", *The Round Table*, Vol. 106, No. 2, 2017, p. 177.
② Polynesian Leaders Group Taputapuatea Declaration, Papeete, 16 July 2015.
③ PMC Editor, "Polynesian Leaders Group Gathers in Tahiti for Climate Change Update", 29 June 2016, http://asiapacificreport.nz/2016/06/29/polynesian–leaders–group–gather–in–tahiti–for–climate–change–update/.
④ Catherine Benson Wahlén, "Polynesian Leaders Issue Declaration on Climate Change and Oceans", 5 July 2018, https://sdg.iisd.org/news/polynesian–leaders–issue–declaration–on–climate–change–and–oceans/.

这份宣言还关注了气候移民搬迁问题，支持东道国图瓦卢向联合国大会呼吁通过一个决议来保护气候移民，并呼吁联合国秘书长任命一个气候变化与安全特别顾问和一个驻联合国安理会特别报告员就气候变化带来的安全威胁做报告。此外，宣言还特别对气候融资、海洋环境和金枪鱼资源保护提出了关切。①

波利尼西亚次地区经济合作机制最主要的是，主要规范长鳍金枪鱼作业的《托克劳安排》。理查德·赫尔提出，主要标的为鲣鱼、主要在美拉尼西亚和密克罗尼西亚次地区的《瑙鲁协定》缔约国与主要标的为长鳍金枪鱼、主要在波利尼西亚次地区的《托克劳安排》之间有可能存在紧张乃至对立。②

3. 驱动因素

共有的波利尼西亚认同是波利尼西亚领导人集团建立的根基之一。早在19世纪80年代，夏威夷国王卡美哈梅哈、塔希提国王波马雷、萨摩亚国王拉乌佩帕和汤加国王图普二世等波利尼西亚土著统治者就已经构想了一个"波利尼西亚邦联"，这是波利尼西亚次地区主义的滥觞。这个想法并没有得以实现，西方殖民者此后不久就将这些王国占据为殖民地乃至本国领土。不过，2011年，萨摩亚总理图伊拉埃帕回顾了这则旧事，将其作为波利尼西亚次地区合作久已有之的证明。

根据创始时领导人达成的一致意见，波利尼西亚领导人集团的成员不仅限于主权国家或岛屿领地，而且包括"波利尼西亚群体或社区"。这在一定程度上带来了模糊性，特别是关于如何划定"波利尼西亚"外部边界的问题。美拉尼西亚和密克罗尼西亚次地区中同样生活着很多波利尼西亚人。萨摩亚总理图伊拉埃帕公开表示，考虑到斐济具有波利尼西亚传统，斐济可以加入——而斐济已经是美拉尼西亚先锋集团成员

---

① Amatuku Declaration on Climate Change and Oceans: by the Polynesian Leaders Group, Tuvalu, 29 June 2018.

② Richard Herr and Anthony Bergin, *Our Near Abroad: Australia and Pacific Islands Regionalism*, Barton: The Australian Strategic Policy Institute Limited, 2011, p. 56.

国。这种认同政治的复杂性造成了集团成员资格与主权国家之间的复杂关系。新西兰"毛利王国"代表团参加2012年波利尼西亚领导人集团峰会并提交加入申请，智利复活节岛的波利尼西亚族群"拉帕努伊"于2013年申请加入，都是这种认同政治复杂性的体现。①

除了共有认同外，波利尼西亚领导人集团的建立发展受到大环境和其他两个次地区机制蓬勃发展的影响。萨摩亚/新西兰双重国籍学者伊阿提·伊阿提（Iati Iati）认为，图伊拉埃帕对波利尼西亚次地区合作史的回顾实际上是将历史有剪裁地政治化；实际上，当时太平洋岛国论坛内部澳新不成比例的影响力，以及秘书处自身日渐陷入麻烦，才是波利尼西亚领导人集团成立的重要背景原因，集团的建立也是对美拉尼西亚先锋集团组织化与日益活跃的某种平衡。②

本书第四章已经讨论了太平洋岛国论坛及其秘书处于2009年后逐渐陷入危机并改革。伊阿提·伊阿提通过排除干扰变量分析认为，与历史上相比，2011年并非"波利尼西亚地区主义"（Polynesian regionalism）在认同与支持度方面势头很高的时期。因此，可以较为肯定地假设，萨摩亚总理图伊拉埃帕在那个时机推动波利尼西亚领导人集团与当时太平洋岛国论坛及其秘书处正面临的危机有关。他在2019年5月与笔者交流时进一步认为，岛国对澳新的失望和澳新对岛国影响力的下降是波利尼西亚领导人集团形成的首要原因。

有迹象表明，全球治理与地缘政治对波利尼西亚次地区合作同样起到了推动作用。例如，波利尼西亚领导人集团发布气候变化声明与全球气候治理的高潮具有时间上的相关性。在第二届波利尼西亚领导人集团峰会上，与会领导人一致同意"探索与域外伙伴更多有意义的交流方

---

① "Indigenous Groups Seeking Polynesian Leaders' Membership", *Radio Australia*, 27 August 2012, http：//www.radioaustralia.net.au/international/radio/program/pacific-beat/indigenous-groups-seeking-polynesian-leaders-membership/1006088.

② 参见 Iati Iati, "Pacific Regionalism and the Polynesian Leaders Group", *The Round Table*, Vol. 106, No. 2, 2017, pp. 175-185.

式，包括与中国、美国和世界银行等国际组织"。① 斯蒂芬妮·劳森认为，这显示了波利尼西亚领导人集团正在寻求建立它们自己的、独立于其他太平洋岛国论坛成员国的外部关系。②

4. 局限性及原因

不过，到目前为止，波利尼西亚次地区组织机制相对松散，凝聚力相对较弱，政治重要性较低，更多强调的是文化交流合作。特丝·牛顿—凯恩认为，波利尼西亚是三大次地区机制中最不活跃的那个。③ 与美拉尼西亚次地区合作取得了成功、加强了太平洋岛国主导地位不同，波利尼西亚次地区合作的影响还有待进一步观察。伊阿提·伊阿提认为，波利尼西亚领导人集团可能加深太平洋岛国论坛内部的分歧，加剧地区内部和国家内部的分裂，特别是波利尼西亚领导人集团成员资格向美拉尼西亚次地区内部的波利尼西亚社区开放这一点可能产生矛盾。此外，考虑到波利尼西亚传统上较为保守的立场（尤其是在去殖民化等问题上）和与澳新的良好关系，波利尼西亚领导人集团还可能成为澳新制衡愈发活跃的美拉尼西亚先锋集团的一个盟友。④

在最为关键的气候变化领域，伊阿提·伊阿提观察到，波利尼西亚国家对全球气候政策，尤其是大国的气候政策几乎没有什么影响力。在本地区，也已经有改革后的太平洋岛国论坛等其他地区组织将气候变化议题置于优先地位，尚未看到波利尼西亚领导人集团在切实应对气候变化方面做得比太平洋岛国论坛更多更好的地方。与付诸切实行动相比，波利尼西亚次地区在气候议题上的工作更多表现为诉诸道德语言和争取

---

① Polynesian Leaders Group, Cir 12 59 Polynesian Leaders, Draft 2: A Resolution of the 2nd Polynesian Leaders Group Summit, 25 August 2012.
② Stephanie Lawson, "Regionalism, Sub-regionalism and the Politics of Identity in Oceania", *The Pacific Review*, Vol. 29, No. 3, 2016, p. 402.
③ Tess Newton Cain, "Rebuild or Reform: Regional and Subregional Architecture in the Pacific Island Region", *Le Journal de la Société des Océanistes [En ligne]*, Vol. 140, No. 6, 2015, p. 54.
④ Iati Iati, "Pacific Regionalism and the Polynesian Leaders Group", *The Round Table*, Vol. 106, No. 2, 2017, pp. 181-182.

道义支持。①

波利尼西亚次地区的去殖民化问题，主要牵涉法国殖民地法属波利尼西亚。与美拉尼西亚先锋集团鼎力支持同为法国殖民地的新喀里多尼亚的独立运动形成反差的是，波利尼西亚领导人集团与法属波利尼西亚内部支持独立与反对独立的两派都保持了合作关系。2012年，萨摩亚总理图伊拉埃帕公开表示，"殖民主义已经成为过去时。"② 2013年，就在卡纳克社民解阵接任美拉尼西亚先锋集团主席方的同一年，反对独立的法属波利尼西亚主席加斯东·弗洛斯（Gaston Flosse）按轮值顺序正常接任波利尼西亚领导人集团主席。③ 总体来说，波利尼西亚领导人集团在去殖民化与自决独立问题上的政策并不明晰。

造成这个结果的原因有很多方面。多个成员并非主权国家是一个因素，其他因素包括缺乏类似巴新或斐济那样在美拉尼西亚次地区主义中发挥作用的领导者。当然，萨摩亚和汤加可以被视作波利尼西亚次地区合作的潜在领导者。20世纪60年代，这两个较早独立的国家也曾经扮演过南太平洋地区主义驱动者的角色。但是，如今的萨摩亚和汤加，无论是在国家实力还是领导力方面，都无法与巴新或斐济相提并论。目前，集团缺乏一个常设秘书处既是这个机制缺乏合作领导者的原因，也是结果。当然，奥利塔·图普（Olita Tupou）考察了波利尼西亚领导人集团的"数字化外交"（digital diplomacy），认为可以通过网上办公和远程外交等手段在一定程度上代替一个常设秘书处。④

---

① Iati Iati, "Pacific Regionalism and the Polynesian Leaders Group", *The Round Table*, Vol. 106, No. 2, 2017, pp. 177 – 178.

② Tupuola Terry Tavita, "PLG Supports Tahiti Nui Freedom", 5 September 2012, https://overseasreview.blogspot.com/2012/09/polynesia-leaders-group-endorses-tahiti.html.

③ "Gaston Flosse Elu Président du Polynesian Leaders Group", 29 August 2013, https://www.tahiti-infos.com/Gaston-Flosse-elu-president-du-Polynesian-Leaders-Group_a82198.html.

④ Olita Tupou, *Digital Diplomacy as a Foreign Policy Statecraft to Achieving Regional Cooperation and Integration in the Polynesian Leaders Group*, Dissertation, the University of Malta, 2018.

二、密克罗尼西亚次地区机制建设

与其他次地区不同，密克罗尼西亚次地区主要是美国自由联系国或属地，他们共同的历史和文化联系之一就是美国。因此，密克罗尼西亚次地区机制的一个重要议题就是处理与美国的关系或由此衍生出来的问题。此外，由于该次地区都是小岛屿国家或领地，应对气候变化与海洋治理成为了突出议题。

表6-4 "密克罗尼西亚挑战"的基本数字、含义及单位

670万	陆海总面积（平方千米）
66	濒危生物（种）
1300	鱼类（种）
483	珊瑚礁（种）
1400	植物（种）
85	鸟类（种）

资料来源："密克罗尼西亚挑战"网站[①]

密克罗尼西亚次地区机制建设从21世纪初开始出现，主要机制为2001年建立的密克罗尼西亚总统峰会和2003年建立的西密克罗尼西亚行政首脑峰会（2008年更名为"密克罗尼西亚行政首脑峰会"）。前者成员限于主权国家，后者则包括关岛等岛屿领地和波纳佩等次国家政治实体。2006年，两个峰会共同定义了由时任帕劳总统"小汤米"·雷门格绍（Tommy Remengesau Jr.）倡议的"密克罗尼西亚挑战"，界定了一系列该次地区的共同利益，重点是应对气候变化、环境与海洋资源保护等。"密克罗尼西亚挑战"由密联邦、马绍尔群岛、帕劳、关岛、北马里亚纳群岛共同体组成，承诺保护对太平洋传统、文化和生命至关

[①] "About the Challenge", "Micronesia Challenge", http://themicronesiachallenge.blogspot.com/p/about.html.

重要的自然资源，整体目标是在2020年前将至少30%近岸水生生物资源和20%陆生生物资源纳入有效的自然保护。此后，"密克罗尼西亚挑战"不断得到更新。① 2020年9月，密联邦总统戴维·帕努埃洛（David Panuelo）宣布，经过努力，"密克罗尼西亚挑战"已经成功得以实现。

2009年起，密克罗尼西亚总统峰会通过了正式决议，并表示追求更大范围内的太平洋地区合作。其中，气候变化与海洋资源保护成为最突出的议题，也是密克罗尼西亚次地区合作取得的最大成果所在。2015年4月，密克罗尼西亚自然保护信托基金（Micronesian Conservation Trust）成为《联合国气候变化框架公约》下的适应基金授权的首个国家执行实体，前者可以向后者申请最高1亿美元的项目资金，支持密克罗尼西亚次地区的气候适应工作。2015年7月，在巴黎气候大会前，第15届密克罗尼西亚总统峰会召开，重点讨论了巴黎气候大会前在气候变化问题上的协调立场与联合举行活动等问题，其中包括共同在巴黎气候大会会场组织"密克罗尼西亚馆"活动，展示这个次地区在气候变化威胁下的脆弱性和应对气候变化的领导力。②

在贸易领域，2014年9月，帕劳、马绍尔群岛和密联邦三国签订《美拉尼西亚贸易与经济条约》（Micronesia Trade and Economic Treaty，MTET），授权建立美拉尼西亚贸易委员会，公开主动地动员资金和其他资源。时任密联邦总统伊曼纽尔·莫里（Emmanuel Mori）将这个条约形容为"密克罗尼西亚协作精神的真正体现"。他表示，这个条约将为三个签约国的小生产者提供制度性工具，以便他们建立社交网络，满足国内外需求，尤其是在农业、水产业和旅游业。他还表示，条约为基里巴斯、瑙鲁、关岛和北马里亚纳联邦的加入做了预留。时任马绍尔群岛总统克里斯托弗·洛亚克（Christopher J. Loeak）表示，条约如《太平洋地区主义框架》拟想的那样，是这三国在太平洋地区、亚洲和全球经

---

① "Declaration of Commitment: 'The Micronesia Challenge'", "Micronesia Challenge", https://tnc.app.box.com/s/h3280v80fc2547kanz7mybkpi86g2tqj.

② Boknake Haus Communiqué, 15th Micronesian Presidents' Summit, Majuro, Marshall Islands, July 14 – 15 2015.

济中更大整合的有机组成部分。条约显示，这三个国家将"通过促进次地区贸易与经济合作与一体化，为建成密克罗尼西亚贸易与经济共同体（MTEC）努力"——当然，这距离真正意义上的自由贸易区还有很大一段距离。①

当然，在实施过程中，美拉尼西亚次地区合作主要依靠太平洋岛国论坛秘书处，以及"更小岛屿国家"和《瑙鲁协定》缔约国等新地区机制的支持。美拉尼西亚先锋集团对密克罗尼西亚次地区合作进行过知识分享。

与美拉尼西亚次地区相比，密克罗尼西亚次地区的机制建设还相对滞后，活跃程度也相对较低。一个显而易见的原因是这些国家都是太平洋岛国中的小岛国，实力弱小。另外，总体来说，密克罗尼西亚次地区各国都非常依赖与美国之间的关系，尤其是美国的三个自由联系国帕劳、密联邦和马绍尔群岛，这影响了它们外交政策的独立性，继而影响了它们掌控地区与次地区事务的决心。2017—2020 年特朗普担任美国总统期间，在气候变化问题上持极为消极的立场，并大幅度削减了对外援助，尤其是与气候变化、环保相关的援外经费。这给密克罗尼西亚次地区机制带来了新的挑战，但也刺激了该次地区国家进一步加强内部联系与协调的需求。②

三、"更小岛屿国家"

2015 年 8 月，在太平洋岛国论坛第 46 届领导人会议（莫尔兹比港峰会）期间，基里巴斯、马绍尔群岛、帕劳、图瓦卢、库克群岛、瑙鲁

---

① "The Federated States of Micronesia, the Republic of the Marshall Islands, and the Republic of Palau Sign a Landmark Establishing the Micronesian Trade and Economic Community (MTEC)", Government of the Federated States of Micronesia, 3 September 2014, http://www.fsmrd.fm/the-federated-states-of-micronesia-the-republic-of-the-marshall-islands-and-the-republic-of-palau-sign-a-landmark-establishing-the-micronesian-trade-and-economic-community-mtec/.

② 参见 Suzanne Lowe Gallen, "Micronesian Sub-regional Diplomacy", in Greg Fry and Sandra Tarte, *New Pacific Diplomacy*, pp. 175 – 188.

等组成的"更小岛屿国家"（Smaller Island States，SIS）领导人首次举行边会，宣告了"更小岛屿国家"次地区机制的建立。

"更小岛屿国家"是由太平洋岛国中陆地面积不足1000平方千米的小岛屿国家组成的。与巴新、斐济等陆地面积较大的岛国相比，这些"微型国家"在各种问题的威胁面前更加脆弱，其中，首当其冲的是气候变化。正因为如此，这些国家首次组成机制发表领导人声明就是在巴黎气候大会前，体现了议题与机制之间的关联。与其他岛国相比，"更小岛屿国家"在气候变化上的立场和表达更为激进。例如，它们强调长期减排目标为迅速从化石能源使用转向低碳发展，走向"零排放"。[1]

2016年7月，"更小岛屿国家"在帕劳单独举行领导人峰会，通过了该机制首份纲领性文件《更小岛屿国家地区战略（2016—2020）》。根据这份文件，气候变化、劳工、卫生、海洋和交通被列为五大关键问题，列出的拟采取的行动主要集中在气候变化和海洋两个领域。[2]

不过，与其他机制相比，这个新机制是由最为弱小、最缺乏能力的国家组成的。在工作方式上，这个机制也主要依赖其他地区组织与机制，特别是太平洋岛国论坛。其中，关键工具是太平洋岛国论坛改革后的地区主义专家小组委员会。目前，"更小岛屿国家"委派的委员是来自库克群岛的特雷莎·马纳朗基—特洛特，她曾在国际金融机构工作，专长是可持续发展政策制定与咨询，2018年底起担任库克群岛基础设施部项目协调员。[3] 此外，委员会中的私营业主代表斯蒂芬·莱昂也来自库克群岛。"更小岛屿国家"领导人表示，他们将通过由"更小岛屿国家"委派的代表，更加积极地介入地区主义专家小组委员会，清晰界定"更小岛屿国家"在地区行动中的利益。[4]

---

[1] "Smaller Island States Leaders' Port Moresby Declaration on Climate Change", https://www.forumsec.org/smaller-island-states-leaders-port-moresby-declaration-on-climate-change/.

[2] Special Smaller Island States Leaders Meeting, Koror, Republic of Palau, 24 June 2016.

[3] "Cook Islands Secures Funding to Help Front-foot Climate Change", 27 May 2019, https://www.primeconsultants.net/blog/id/186.

[4] Special Smaller Island States Leaders Meeting, Koror, Republic of Palau, 24 June 2016.

小　　结

全球治理背景下，太平洋岛国在气候变化等问题上的共同利益，是南太平洋地区三大次地区机制建设的共同推动力。不过，在比较研究维度下，各个次地区机制呈现出不同特点，组织化程度有高有低。与地区层次上的机制相比，次地区机制中认同因素发挥的作用更大。与此同时，受到外部支持的强弱和是否具有强有力的领导者，是决定三大次地区机制组织化程度高低的重要影响因素。由于受到的外部支持较大、具有巴新和斐济两个领导者，美拉尼西亚先锋集团成为组织化程度最高的次地区机制。而由于缺乏能力、缺乏明确的次地区合作领导者，密克罗尼西亚、波利尼西亚和"更小岛屿国家"次地区机制组织化程度较低，较为依赖太平洋岛国论坛等其他地区组织与机制。

次地区机制之间、次地区机制与太平洋岛国地区主义整体之间并不一定是相互割裂的关系，而是互相嵌套、互相促进。作为一个次地区组织，美拉尼西亚先锋集团"从未试图分裂太平洋岛国论坛或削弱它"[1]，割裂南太平洋地区，而是联系起地区与次地区，"应视为（地区主义的）一种补充或发展"[2]。美拉尼西亚先锋集团协助密克罗尼西亚次地区机制建设，并与其他地区组织与机制在气候变化等问题上相互配合即是例证。总体上，它们都是新时期太平洋岛国地区主义的组成部分。

---

[1] Ian Frazer and Jenny Bryant‑Tokalau, "Introduction: The Uncertain Future of Pacific Regionalism", in Jenny Bryant‑Tokalau and Ian Frazer (eds.), *Redefining the Pacific? Regionalism Past, Present and Future*, Aldershot: Ashgate Publishing Limited, 2006, p. 12.

[2] 汪诗明："开放的区域主义与中澳在南太平洋岛屿地区的合作"，《国际问题研究》，2019年第1期，第57页。

第七章 地区重点议题：应对气候变化

与其他地区不同，南太平洋地区最大的发展问题就是应对气候变化。这主要源于南太平洋地区的特殊"区情"，特别是气候变化对太平洋岛国可持续发展造成的巨大危害，但应对气候变化的治理却严重不足。因此，本章深入探讨新时期太平洋岛国地区主义在气候变化这个重点领域的具体表现。

尽管气候变化毫无疑问是新时期太平洋岛国地区主义的核心议题之一，但大部分已有的研究新时期太平洋岛国地区主义的文献并没有将气候变化作为单独的议题加以探讨。另一方面，探讨南太平洋地区应对气候变化的文献很多，但很少将地区主义作为考察视角。

因此，本章旨在将太平洋岛国地区主义与应对气候变化予以结合，考察气候变化是怎样成为太平洋岛国地区主义的重点领域，以及新时期的各个地区机制都是如何应对气候变化的，它们之间的异同与关系如何。本章考察全球气候治理在其中起到的推动作用，是全书关于全球治理对太平洋岛国地区主义影响的研究在气候变化领域的具体案例。

第一节 气候变化议题：从全球到南太平洋地区

气候变化，是太平洋岛国人民面临的重大威胁，应对气候变化是南太平洋地区最大的发展问题。全球气候治理进程为南太平洋地区气候议程提供了演进动力。通过"借力"、议程设置、叙事建构、提高合法性等路径，全球气候治理影响了南太平洋地区气候议程的方方面面。

一、气候变化：太平洋岛国的核心发展议题

1. 气候变化对太平洋岛国的危害

气候变化是当下全人类面临的共同挑战。但是，不同地区受气候变化的影响不同。南太平洋地区在某种程度上可以说是受气候变化威胁的"前线"[①]。"南太平洋地区是世界上受气候变化影响最为严重的地区，它们的国民正在奋力保持在水平面以上，忍受着越来越频繁而剧烈的自然灾害，并奋力维持他们的粮食安全。"[②] 气候变化及其相关的海平面上升、岛屿国家城市被淹没、淡水资源减少、热带风暴等自然灾害增加、风暴潮和大潮、海水侵蚀、海洋环境恶化、资源退化与枯竭、热带传染病增加、人类健康状况下降等是太平洋岛国普遍面临的、真实存在的切身问题，是悬在太平洋岛国头上的"安全利刃"，甚至是不少低海拔小岛屿国家首要的国家生存与安全威胁问题。气候变化对太平洋岛国的具体威胁体现在：

——海平面上升。气候变化对太平洋岛国最直接、最显而易见且广为人知的影响就是，海平面上升导致海岸线退后、国土资源流失、海水淹没岛礁乃至全国沉入水下。"受气候变化影响，太平洋岛国面临世界范围的减排效果滞后、自身守土无力、购土移民无望的三重困境，是全球气候变化的最大受害者。如对图瓦卢而言，按照1993—2012年间海平面上升速度，至2062年其60%的国土将沉入海中，其他国家如瑙鲁、

[①] Pacific Islands Forum Secretariat, "The Role of PIFS in Climate Change", http://www.forumsec.org/pages.cfm/strategic-partnerships-coordination/climate-change/.

[②] Rebecca Hingley, "'Climate Refugees': An Oceanic Perspective", *Asia & The Pacific Policy Studies*, Vol.4, No.1, 2017, p.158.

基里巴斯、瓦努阿图等岛国也面临类似问题。"① 如果说整个国家沉入海中还并不是迫在眉睫，那么不少有人居住的岛礁沉没就是已经或正在发生的事实了。例如，有澳大利亚研究人员通过对所罗门群岛 33 个珊瑚岛的研究表明，1947 年到 2014 年间已有 5 个岛屿因海平面上升被淹没，另有 6 个岛屿海岸线严重退后，其中两个岛屿的居民因丧失居住条件而被迫整体搬迁。② 根据澳大利亚国家气象局的数据，1993 年以来，

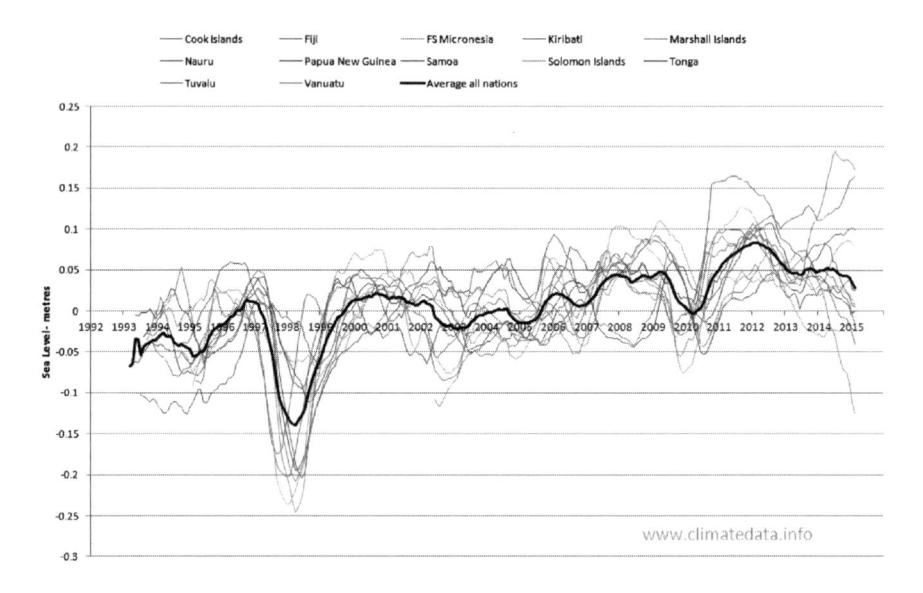

图 7-1　12 个太平洋岛国监测点海平面变化走势

数据来源：澳大利亚国家气象局③

图片来源："Sea Level – Pacific Islands"，*Climate Data Information*，http：//www.climatedata.info/impacts/sea-levels/pacific-islands/

---

① 胡振宇、周余义："'一带一路'区域研究之南太：太平洋岛国，掀起你的盖头来"，中国网，2017 年 5 月 15 日，http：//opinion.china.com.cn/opinion_30_165230.html。

② Simon Albert et al., "Interactions between Sea-level Rise and Wave Exposure on Reef Island Dynamics in the Solomon Islands", *Environmental Research Letters*, No. 11, 2016, doi：10.1088/1748-9326/11/5/054011.

③ "Pacific Sea Level and Geodetic Monitoring Project Monthly Sea Level and Meteorological Statistics", Bureau of Meteorology, Australian Government, http：//www.bom.gov.au/oceanography/projects/spslcmp/data/monthly.shtml.

除了1998年前后受到"拉尼娜"现象影响外，12个太平洋岛国的监测点的海平面都呈现出整体上升态势；而且，各监测点变化幅度普遍较大，有的（如密克罗尼西亚联邦、瓦努阿图等）变化幅度较为剧烈——对岛国尤其是沿岸居民来说，海平面的变化幅度比平均水平对实际生活影响更为直接。

——自然灾害频发。海洋气候变化加剧了南太平洋地区的热带飓风与海啸。有研究表明，气候变化与太平洋上形成热带飓风等极端气象有联系：海洋温度升高导致湿度增加，从而导致风暴能从海面获得更大能量，造成更大损失。超过一半的太平洋岛国人口居住在距离海岸线1.5千米的范围内——如果不计巴新这个太平洋岛国中的陆地大国和人口大国，这个数字将上升到90%左右。这说明太平洋岛国居民在飓风、海啸等自然灾害面前极具脆弱性。这项研究还显示，海面变暖、变湿在造成飓风强度加大的同时，也会导致干旱的可能性大幅增加，尤其是从巴新到斐济之间的广大地域——在这项研究成果发布5—6个月后，巴新就发生了严重旱灾。[1]

——经济社会与生态影响。如果说海平面上升造成的整国沉没并不是迫在眉睫，飓风海啸等自然灾害也并不是每时每刻都会发生，那么气候变化给太平洋岛国的经济、社会与生态带来的广泛影响就是日常性的、正在发生的影响。气候变化带来的风向与洋流模式的改变给海洋生物的活动带来新因素，使渔业发展受到影响，传统的渔业作业习惯与知识有时不能对变化后的鱼群行为做出解释。珊瑚礁对海洋气候变化异常敏感，太平洋岛国特别是珊瑚礁小岛屿国家的生态环境和生存威胁日益严峻。例如，波利尼西亚次地区内许多岛屿都是珊瑚礁，但随着全球气候变暖，珊瑚大规模死亡加剧国土资源流失，引发粮食与其他食品供应危机。由于蒸发效应加剧，一些小型岛屿内部河流干涸，海水倒灌，土地盐碱化。淡水资源减少直接影响农业和林业发展，又引发严重的粮食

---

[1] Johnny Blades, "Climate Change Impacts Increasing Severity of Extreme Weather", *Radio NZ*, 19 March 2015, https://www.rnz.co.nz/audio/player? audio_id=20171588.

安全与健康问题。传染病暴发的可能性因为气候模式与光热水土等因素的变化而增加。瑙鲁已经开始承受这些后果：由于耕地严重减少，加之淡水短缺，岛上缺乏新鲜蔬菜水果供应，瑙鲁人糖尿病与肥胖症发病率位居全球前列，目前全国肥胖人口高达99%，连带造成了严重的社会问题与人类发展问题。①

——引发安全关切。气候变化还越来越被视为南太平洋地区面临的安全问题。太平洋岛国论坛秘书处的声明认为，"气候变化是一个对许多太平洋岛国可持续发展和消除贫困紧急而严重的威胁，对一些岛国来说，威胁的是它们的生存。由于地理状况和地处大洋中央区位，它们在（气候变化威胁的）'前线'。但这些国家是最没有能力适应和应对的；因此，它们面对并已经在承受着与它们忽略不计的碳排放完全不相称的全球碳排放带来的影响。"② 更重要的是，这些威胁在太平洋岛国被视为重大的安全问题，形成了非传统议题的"安全化"，也导致了太平洋岛国安全问题的"非传统化"。美国学者斯科特·豪格（Scott Hauger）认为，太平洋岛国与气候相关的主要安全关切包括：获取淡水（由于雨季模式的变化和海水入侵）；当地食物供应（对珊瑚礁的损害、渔获下降和对农业的影响）以及基础设施损害（海平面上升、洪水、风暴所致）。潜在的间接后果包括经济损失、旅游业收入下降、向外逃离的移民，特别是从即将被海平面上升淹没的珊瑚岛礁向外移民。"对一些完全由低海拔珊瑚岛礁组成的岛国，包括基里巴斯、图瓦卢和马绍尔群岛来说，海平面上升构成了国家生存威胁。"③ 这些都是传统上不被认为是安全问题的议题，但被"安全化"，成为南太平洋地区安全问题。一

---

① 参见 John Connell, "Vulnerable Islands: Climate Change, Tectonic Change, and Changing Livelihoods in the Western Pacific", *The Contemporary Pacific*, Vol. 27, No. 1, 2015, pp. 1 – 36.

② Pacific Islands Forum Secretariat, "The Role of PIFS in Climate Change", http://www.forumsec.org/pages.cfm/strategic – partnerships – coordination/climate – change/.

③ Scott Hauger, "Climate Change Challenges to Security in the Pacific Islands Region and Opportunities for Cooperation to Manage the Threat", in Rouben Azizian and Carleton Cramer (eds.), *Regionalism, Security & Cooperation in Oceania*, Honolulu: The Daniel K. Inouye Asia – Pacific Center for Security Studies, 2015, pp. 148 – 149.

些域外大国也越来越将气候变化视作地区安全问题。如美国国防部2014年《四年防务评估报告》(QDR)认为,"气候变化带来的压力将影响到资源竞争,而这将给经济、社会和治理机制施加额外的负担。这些效应将叠加在已有压力之上,加剧贫困、环境退化、政治不稳定和社会紧张局势——这些条件可以引发恐怖主义活动和其他形式的暴力。"[1]

如果说以上这些只是气候变化带给太平洋岛国损失与损害基本情况的理性分析,那么极端气象灾害则给这个地区的人们带来了具象和感性认识。就在本书研究的时间范围内,自然灾害一个接一个袭击太平洋岛国,造成巨大伤害,一次次促使地区气候变化议题的热度升高。这些活生生的事例造成的心理冲击感甚至在某种程度上大于科学研究的数据,并在某些特定的时间节点上爆发,凝聚了太平洋岛国在气候变化议题上的共同利益。

例如,2015年不仅是"巴黎气候年",也是太平洋岛国的"气象灾害年"。2015年3月,飓风"帕姆"(Pam)侵袭图瓦卢、斐济、基里巴斯、所罗门群岛、瓦努阿图多国和新喀里多尼亚,其中造成瓦努阿图首都维拉港90%的房屋毁坏或不同程度受损,多个村中心毁坏,上万人无家可归,农田受损严重,经济损失据亚洲开发银行估算为4.5亿美元,相当于该国GDP的64%。[2] 当年3月和5月,密克罗尼西亚次地区两次遭受超强台风袭击,损失惨重,密联邦丘克州和雅浦州外岛90%的粮食作物及大量房屋被毁,波纳佩州与科斯雷州也遭受严重水灾,马绍尔群岛也受到了波及。[3] 当年还发生了厄尔尼诺现象,密克罗尼西亚次地区本应较为干旱的6、7月份出现了完全反季节的暴风雨,导致洪

---

[1] "Quadrennial Defense Review 2014", U. S. Department of Defense, 4 March 2014, https://dod.defense.gov/Portals/1/features/defenseReviews/QDR/2014_Quadrennial_Defense_Review.pdf, p. 8.

[2] Koro Vaka'uta, "Climate Change Tension at Pacific Islands Forum", 10 September 2015, https://www.rnz.co.nz/audio/player?audio_id=201770059.

[3] 王作成:《2015—2016年度太平洋岛国发展状况回顾与评估》,见喻常森主编:《大洋洲发展报告(2015—2016):全球治理框架下的大洋洲区域合作》,北京:社会科学文献出版社,2016年,第130页。

涝灾害；美拉尼西亚次地区则先是发生了严重且长时间的旱灾，接着又出现了在热带地区极为罕见的严寒天气，导致了粮食歉收和饥荒；其中巴新有77万人在粮食非常短缺乃至极度短缺状态，8月后半月的两周内就有数十人死于饥饿，可能还有更多死于饥饿的人未被统计。当地落后的基础设施则阻碍了运粮到缺粮地区，进一步加剧了巴新的人道主义灾难。① 瓦努阿图在遭受飓风"帕姆"袭击后接连遭遇了旱灾、粮食歉收和3次里氏6级以上地震等多重打击。瓦努阿图总理乔·纳图曼（Joe Natuman）称，"瓦努阿图多年的发展成就毁之殆尽。"② 他本人也很快因随之而来的政治局势不稳而下台。

气象灾害的爆发与全球气候治理的进程叠加，共同导致气候议题在2015年下半年成为南太平洋地区最"热"的议题。

由于上述这些气候变化的威胁不断加剧，应对气候变化越来越成为整个南太平洋地区的优先而紧迫的共同利益。③

2. 太平洋岛国气候治理的缺失

与气候变化给太平洋岛国带来的危害相比，太平洋岛国的气候治理严重不足，在全球、地区、国家和社会诸多层次上都有体现。本节聚焦于地区层次上的气候治理不足与困境，重点包括应对能力有限、国际支持不够、掌控能力不足、融资供需错位和顶层规划缺失5个方面，但实际困难不止于此。

——应对能力有限。太平洋岛国均为发展中国家，其中有些还是最不发达国家，科技水平低下，高质量人才匮乏，经济发展水平较低、发展滞缓，经济脆弱且敏感。科学是应对气候变化的动力，技术是实现减

---

① "Dozens of deaths from drought in PNG's Chimbu", 2 September 2015, https://www.rnz.co.nz/international/pacific-news/283139/dozens-of-deaths-from-drought-in-png's-chimbu.

② Nic Maclellan, "The Region in Review: International Issues and Events, 2015", *The Contemporary Pacific*, Vol. 28, No. 2, 2016, p. 438.

③ 参见中国人民大学重阳金融研究院：《扬帆向南：中国与太平洋岛国共建"一带一路"的机遇与挑战》，人大重阳研究报告第61期，2019年11月14日。

缓和适应气候变化的手段，太平洋岛国在科学和技术方面都极为欠缺。人才是应对气候变化能力的主体，但太平洋岛国人口仅1000多万，人才匮乏，整体教育能力难以支持本地区应对气候变化的需要。太平洋岛国的经济难以抵挡气候变化及其带来的灾害的冲击。应对整个国家沉入海中这样极端情境的最后手段就是"购土移民"、整体搬迁，但这需要国家财政、金融与组织能力的支撑，而这是太平洋岛国极为欠缺的。例如，瑙鲁曾在澳大利亚购买"瑙鲁大厦"以备国民整体搬迁，但因国家财政破产而失去了对大厦的所有权，使这个方案陷入失败。因此，地区主义与全球治理就是通过加强地区与全球合作提升太平洋岛国应对气候变化能力的两个主要渠道。[①]

——国际支持不足。总体来看，气候变化在全球治理中很难获得优先地位。当前的世界政治仍然以民族国家为主要行为体，民族国家之间的竞争与合作构成了全球治理的主要矛盾，其中大国政治仍然扮演着重要角色。大国在全球治理中仍然发挥着关键作用，其中最有代表性的包括联合国安理会（UNSG）、七国集团（G7）、G20等。作为一个"低政治"议题，气候变化虽然在某些特定的时间节点（例如哥本哈根气候大会）能够获得国际社会的关注，但总体来说，很难在议题纷扰的国际舞台上受到足够关注。太平洋岛国仍处于国际社会的边缘，它们在国际社会的影响力和能够获得的支持仍然较为有限，话语权严重不足，相关诉求并不能得到特别的重视，在全球气候治理中的话语权还有待进一步提升。正因为如此，"注意力"成为了稀缺资源，话语权成为提升这种稀缺资源的重要权力。

——融资供需错位。长期以来，太平洋岛国一直存在气候融资难的问题。首先，气候融资总量还远远不能满足太平洋岛国应对气候变化的实际需求。而且，这些融资的供给与需求之间也有结构性矛盾，具体包括：援助方提供的资金用途和方式与太平洋岛国的实际需要之间不匹

---

① 参见余姣："太平洋岛国参与全球气候治理问题探析"，《战略决策研究》，2018年第3期，第69—70页。

配；资金的性质大部分是贷款而非无偿援助，这可能加剧太平洋岛国的债务负担；此外，太平洋岛国普遍认为申请气候融资难度大，申请程序复杂——有太平洋岛国领导人甚至抱怨称，哪怕是申请一个类似村民疏散中心这样的小项目，准备证明文件的纸张也基本上够砍掉一棵树了。[①] 斯德哥尔摩环境研究所（SEI）的研究报告《太平洋地区的气候融资：本地区小岛屿发展中国家的资金流动概述》对2010—2014年间的南太平洋地区气候融资有五点重大发现：第一，资金来源不足且不平衡，在南太平洋地区接受的136亿美元官方发展援助中，气候资金仅17.6亿美元，仅占约13%；这其中，有10.1亿美元并非以应对气候变化为首要目的，应对气候变化仅仅是其副产品，也就是说只有7.5亿美元以应对气候变化为首要目的；在这7.5亿美元中，有5.4亿美元是双边援助，只有2.1亿美元来自多边机构——一般认为，多边援助比双边援助更有利于东道国决定资金的用途。第二，资金用途不平衡，这些气候援助有86%是用于具体项目的，而且大多数是投向小项目，欠缺着眼长期的、脱离具体项目、能够促进地区合作的统筹资金，这使得东道国在使用这些资金时欠缺长期规划、地区合作和议事权。第三，地域分布不平衡，人口越少，人均接受融资越高，波利尼西亚次地区人均接受融资最高，密克罗尼西亚次之，而巴新、斐济、所罗门群岛等美拉尼西亚次地区的人口大国接受的气候融资并不多。第四，本地区组织与机制在接受气候援助方面并不占主导地位，主要还是通过双边、域外国际组织、NGO等进行气候融资，这使得地区组织在气候融资中的议事权受限。第五，主要援助方与受援方在气候变化谈判中的立场差异极大。澳大利亚是南太平洋地区最大的气候变化援助方，不仅超过任何其他国家，而且超过任何地区组织（如欧盟）、国际组织和全球治理机制（如绿色气候基金），但大多数澳大利亚的资金没有经过多边渠道，而是通过双边援助的方式，这有利于澳大利亚掌握议事权。而澳大利亚是"伞

[①] 参见岳小颖："南太平洋岛国应对气候变化融资的困境与启示"，《时代金融》，2014年第4期（下旬刊），第174页。

形国家集团"（Umbrella Group）[1]的一员，在气候变化上持非常消极的立场，多次被NGO"颁发""化石奖"。日本是第二大援助方，但日本也是"伞形国家集团"的一员，在气候立场上与美国和澳大利亚相似。新西兰是第三大援助国，气候立场与美澳日有一定差异，但也属于"伞形国家集团"一员。气候资金的最大来源国与太平洋岛国的气候政策存在很大差异，且澳大利亚掌握议事权，这是2010年—2014年间太平洋岛国气候融资问题的一大突出矛盾。[2] 不过，马克·威廉姆斯（Marc Williams）和邓肯·麦克杜伊－拉（Duncan McDuie-Ra）认为，融资供给不足且与需求存在结构性错位导致的外部资源不足恰恰激励了本地区合作的兴起。[3] 笔者也认为，解决融资不足问题正是太平洋岛国地区主义在气候议题上的主要诉求之一，推动了地区气候治理的加强。但到目前为止，融资供给不足的问题仍然没有得到解决。

——掌控能力弱小。在全球层面上，发展伙伴是否与太平洋岛国进行气候合作，如何同太平洋岛国进行气候合作，在很大程度上无法由太平洋岛国本身掌控。在地区层面上，澳新尤其是澳大利亚是太平洋岛国最重要的外援来源地，同澳新的贸易（包括旅游业等服务贸易）也是太平洋岛国倚仗的重要收入来源，太平洋岛国在政治上也高度依赖澳

---

[1] 一般认为，"伞形国家集团"因这些国家在地图上连成一把伞的形状而得名，通行的中文译名也体现这种说法。但笔者认为，Umbrella有"框架性"和"保护性"的双重涵义，更体现了该集团的主要立场，是该集团得名的历史渊源。参见"Party Groupings"，UNFCCC，https：//unfccc. int/process - and - meetings/parties - non - party - stakeholders/parties/party - groupings；"伞形国家"，中华人民共和国商务部，2010年5月25日，http：//training. mofcom. gov. cn/jsp/sites/site? action = show2&name = % BB% B7% BE% B3% B1% A3% BB% A4&id =69224.

[2] Aaron Atteridge and Nella Canales, "Climate Finance in the Pacific: An Overview of Flows to the Region's Small Island Developing States", *Working Paper*, No. 2017 - 04, Stockholm Environment Institute, March 2017, https：//mediamanager. sei. org/documents/Publications/Climate/SEI - WP - 2017 - 04 - Pacific - climate - finance - flows. pdf.

[3] Marc Williams and Duncan McDuie - Ra, *Combatting Climate Change in the Pacific: The Role of Regional Organizations*, Cham：Palgrave Macmillan, Springer International Publishing, 2018, p. 33. 关于巴黎气候大会后太平洋岛国的气候融资问题，还参见Nic Maclellan and Sarah Meads, *After Paris：Climate Finance in the Pacific Islands*, OXFAM Research Report, September 2016.

新。但是，作为发达国家的澳新同太平洋岛国在气候问题上的立场存在差异，由此导致了南太平洋地区气候合作的困境。如前文所述，作为"伞形国家"，澳新尤其是澳大利亚在气候问题上的立场处于对立状态，有时、有些问题上甚至尖锐对立。为此，如格雷格·弗莱研究的那样，澳大利亚经常在南太平洋地区组织中"浇灭"太平洋岛国的气候变化热情，包括在 2009 年太平洋岛国论坛凯恩斯峰会上动用否决权坚持澳新立场。[1]"归根到底，太平洋岛国在国际气候合作中面临的困境都是由岛国孱弱的国力决定的，是由这些小岛屿国家的对外强依附性决定的。"[2] 因此，如何在政治经济依赖澳新的同时，在南太平洋地区组织中掌握气候议程的议事权，就成为太平洋岛国在地区气候议程上面临的主要矛盾。

——顶层规划缺失。长期以来，南太平洋地区应对气候变化一直欠缺一个顶层规划。这一方面表现为不同议题之间的冲突：气候变化作为一个综合性的议题，涉及各个领域的方方面面，这些领域方面之间缺乏整合，甚至存在相互冲突的现象。应对气候变化、经济增长与可持续发展之间的关系也面临着协调与注意力资源分配问题，尤其是经济需求往往将有限的注意力从气候变化领域转移。另一方面表现为不同机制之间的复杂竞合关系：太平洋岛国论坛、太平洋共同体、太平洋地区环境规划署和原南太平洋应用地球科学委员会共同合作应对气候变化，但它们之间围绕事权问题存在机构竞争。欠缺顶层规划的一个集中表现是，防灾减灾和气候变化被当作两个独立的议题，分别有各自的地区战略，由不同地区组织负责。太平洋地区环境规划署负责《太平洋岛国气候变化行动框架（2006—2015）》（PIFACC），而原南太平洋应用地球科学委员会负责《太平洋减少灾害风险和灾害管理行动框架（2005—2016）》（RFA）。2011 年，原南太平洋应用地球科学委员会停止活动，主要机

---

[1] Greg Fry, *Framing the Islands: Power and Diplomatic Agency in Pacific Regionalism*, Canberra: ANU Press, 2019, pp. 282 – 283.
[2] 李冰岩：《太平洋岛国气候合作机制研究》，华东师范大学国际关系与地区发展研究院硕士学位论文，2018 年，第 48 页。

构并入太平洋共同体,并由太平洋共同体负责对两个战略进行综合评估并发布报告。但上述问题并未从根本上得到解决。太平洋岛国发展论坛、美拉尼西亚先锋集团等新地区组织的崛起则将机制竞合问题更加复杂化。太平洋共同体和太平洋地区环境规划署2015年的总结评价报告也分别指出了上述问题,均呼吁地区层面上更好的协调合作。①

上述这些问题共同构成了南太平洋地区气候议程的推力。治理缺失之处,即共同利益所在,也是通过地区合作弥补这些缺失的重点方向。

二、全球气候治理与太平洋岛国

1. 全球气候谈判的阶段进程

2009年哥本哈根气候大会以后的全球气候治理,尤其是气候谈判可以笼统分为三个阶段:"后哥本哈根时代"(2010—2014)、"巴黎气候年"(2015年)和"后巴黎时代"(2016年至今)。

哥本哈根气候大会"以失败告终"②给全球气候治理带来了巨大的信心赤字与信任赤字,将全球气候谈判推向"后哥本哈根时代"的低谷期。"哥本哈根之后的(数次)会议基本是在修补该会议对多边机制带来的打击和创伤,挽回国际社会对联合国谈判的信心,力求有所成果

---

① Secretariat of the Pacific Regional Environment Programme (SPREP), Pacific Islands Framework for Action on Climate Change 2006 – 15 (Final Evaluation), Apia, Samoa, 2015, pp. 23, 29; Pacific Community (SPC), Regional Synthesis Report On the Implementation of the Pacific Disaster Risk Reduction and Disaster Management Framework for Action 2005 – 2015 (RFA) and the Pacific Islands Framework for Action on Climate Change 2006 – 2015 (PIFACC), Noumea, New Caledonia, 2015, p. 2.

② 对于哥本哈根气候大会的成败,会后有很多争议和反思。一些人后来认为,在哥本哈根达成的协议内容还是有成果的,一年后的坎昆气候大会几乎全盘接受了哥本哈根气候大会"注意到"的协议内容就是明证。哥本哈根气候大会的失败之处主要在于不合规的程序、不合理的进程、对信心的打击和由此造成的分裂。参见陈晓晨:"哥本哈根大会失败了吗?",新浪网,2009年12月30日, http://finance.sina.com.cn/roll/20091230/02297172292.shtml; Michael Grubb, "Copenhagen: Back to the Future?", Climate Policy, No. 10, 2010, pp. 127 – 130.

成为缔约方大会的'潜规则'。"① 经过两年的磋商，2011 年底的德班气候大会启动了"德班增强行动平台特设工作组"（简称"德班平台"，ADP）进程。直到 2012 年的多哈气候大会才最终完成了"巴厘路线图"谈判，确定了 2013—2020 年《联合国气候变化框架公约》及其《京都议定书》框架下气候谈判的制度安排，要求于 2015 年达成新的气候协定，使全球气候谈判产生了"回暖"态势，也给谈判设置了明确的时间表。而且，多哈气候大会就"损失与损害"问题达成了原则性决定，为此后包括太平洋岛国在内的小岛屿发展中国家提出各种诉求提供了合法性。

进入 2015 年后，全球气候治理进入了"巴黎时间"。从当年 2 月到 6 月，谈判一直紧锣密鼓地进行，但直到 6 月的波恩会议上，案文仍然长达 85 页——案文越长，意味着谈判难度越大。这给巴黎气候大会蒙上了不容乐观的阴影。进入 7 月后，在卢森堡和巴黎举行的两次部长级会议推动了谈判，这是全球为巴黎气候大会的成功做出努力的重要时间节点。这也是太平洋岛国各个地区机制开始集中进行磋商、发表与巴黎气候大会相关声明的背景。9 月，中国国家主席习近平在北京与时任联合国秘书长潘基文会晤，出席在纽约举办的联合国可持续发展峰会，并在此期间与时任美国总统奥巴马达成了《中美元首气候变化联合声明》，为推动巴黎气候大会达成全面、均衡、有力度的协议发挥了积极作用，做出了"中国贡献"。②

巴黎气候大会"达成了一份具有划时代意义的全球气候协定"，"实现了气候治理的转折"。③ 其中第二条就明确了应对气候变化的长期目标是"把全球平均气温升幅控制在工业化前水平以上低于 2℃之内，并努力将气温升幅限制在工业化前水平以上 1.5℃之内"，是在雄心方

---

① 朱松丽、高翔著：《从哥本哈根到巴黎：国际气候制度的变迁和发展》，北京：清华大学出版社，2017 年，第 52 页。
② "习近平：中国愿为巴黎气候变化大会发挥建设性作用"，新华网，2015 年 10 月 19 日，http：//www.xinhuanet.com/world/2015 - 10/19/c_128335447.htm.
③ Nature Editorial，"A Seismic Shift"，Nature，Vol. 528，No. 12，p. 307.

面的一个巨大跃升,也是小岛屿国家此前一直求而不得的核心内容。第四条虽然没有明确表明全球排放何时达到峰值,只表示要"尽快达到"峰值,但明确提出"在21世纪下半叶实现温室气体源的人为排放与汇的清除之间的平衡",即"源汇平衡",这又可以被理解为一个具有雄心的长期目标。第四条还规定,最不发达国家和小岛屿发展中国家可编制和通报反映它们特殊情况的关于温室气体低排放发展的战略、计划和行动,这给南太平洋地区气候议程带来了新的需求。此外,与小岛屿国家的特殊国情息息相关的"损失和损害"被作为单独的章节(第八条)列出,并明确提出开展合作的领域包括早期预警系统、应急准备以及社区、生计和生态系统的复原力等;[1] 第九条则明确规定"提供规模更大的资金,应当旨在实现适应与减缓之间的平衡……尤其是……最不发达国家和小岛屿发展中国家的优先事项和需要,同时也考虑为适应提供公共资源和基于赠款的资源的需要"。这些条款初步达到了岛国的目的,提升了岛国的信心,也向国际社会彰显了岛国在全球治理中的话语权。[2]

不过,《巴黎协定》在法律约束力上的措辞有诸多模糊之处——尽管协定文本非常像国际条约或议定书的格式,然而其名称与自我定性都说明这并非一份类似《京都议定书》那样具有完全的法律约束力的议定书,而是具有很大的模糊空间。此外,"损失与损害"章节未提及责任与赔偿事宜。这些都促使太平洋岛国在会后进一步推动全球与地区治理向岛国希望的方向继续发展。

需要特别说明的是,在巴黎气候大会中,太平洋岛国也发挥了重要作用,发出了"岛国声音",为《巴黎协定》的达成并保留太平洋岛国一直主张、但美澳新等国组成的"伞形国家集团"一直反对的"1.5℃目标"做出了相应的贡献。在巴黎气候大会的最后时刻,一个自称为

---

[1] "复原力"为《巴黎协定》联合国官方中文版译法。考虑到这属于能力建设的范畴,本书在不同语境下亦将resilience译为"复原能力"。

[2] 联合国:《巴黎协定》,2015年。

"高雄心联盟"（High Ambition Coalition）的非正式集团组成，太平洋小岛屿发展中国家在集团的组成和亮相上起了很大作用，尤其是时任马绍尔群岛外交部长托尼·德·布鲁姆。①

当然，"高雄心联盟"到底是在最后一刻促进了《巴黎协定》的达成，还是扮演了一个搅局者角色，以及太平洋岛国在"高雄心联盟"中的角色还有待定论——一些熟悉气候谈判的观察者认为，与往常一样，小岛国在前台扮演"亮相"的角色，背后仍然是发达国家尤其是欧盟的支持。② 还有一些研究指出，《巴黎协定》达成的根本原因是2014年11月《中美气候变化联合声明》的达成，太平洋岛国只不过扮演了"追随者"的角色，"本质上是搭便车"③。但是，这些都已经显示了太平洋岛国在全球治理中不可忽视的作用，提高了太平洋岛国的重要性；而这更促进了域外国家加大对太平洋岛国的支持力度，从而进一步巩固太平洋岛国在全球治理中的重要地位，形成了正向循环。

《巴黎协定》给气候界带来的信心在一年后的马拉喀什气候大会上遭遇了挫折。《巴黎协定》落实进度缓慢令人失望。特别是会议期间传来了否认气候变化的特朗普当选美国总统的消息，让现场很多人落泪乃至愤怒，甚至有"美国籍观察员当场抱头痛哭"的报道。④

2016-2018年，"后巴黎时代"国际气候谈判推进乏力，特朗普就任美国总统后退出《巴黎协定》、持续贬低气候变化议题并大幅度削减应对气候变化预算，全球议程焦点转移等，都给全球气候治理带来不利影响，使得《巴黎协定》带来的信心与势头有所消退。

---

① 刘伊曼："气候谈判背后的暗战：'更高雄心联盟'搅局"，《南方都市报》，2015年12月14日，AA04/05版。

② 一位多次参会的观察人士直言，这种操作手法其实还是发达国家在气候谈判中的老一套战术："抢道德制高点"和"扣阻碍谈判的帽子"。参见周锐："巴厘气候大会最后阶段 欧美联手推出'雄心联盟'"，参考消息网，2015年12月13日，http://www.cankaoxiaoxi.com/china/20151213/1024439_4.shtml。

③ 李冰岩：《太平洋岛国气候合作机制研究》，华东师范大学国际关系与地区发展研究院硕士学位论文，2018年，第52页。

④ 俞岚、李晓喻："中国强力发声'四个不变'引领气候谈判进程"，中国新闻网，2016年11月11日，http://www.chinanews.com/cj/2016/11-11/8060368.shtml。

如前文所述，IPCC作为"认知共同体"对全球气候治理产生影响。[①] 新一轮全球气候治理的热度也再次由IPCC发起。根据巴黎气候大会决议1/CP.21的要求，2018年10月，IPCC发布"1.5℃报告"。报告显示，控制增温1.5℃与2℃相比，能避免大量因气候变化带来的损失与风险，但减排任务更加紧迫，2030年要比当前减排45%，2050年实现全球净零排放或"碳中和"（carbon neutrality），即实现温室气体源的人为排放与汇的清除之间的平衡。"1.5℃报告"强化并推进了全球21世纪中叶实现"碳中和"的目标导向，以及长期低碳排放战略和路径的选择。欧盟、英国等发达国家经济体业已提出2050年实现"碳中和"的战略；尽管特朗普退出《巴黎协定》，但加利福尼亚等部分美国州市依然提出了各自实现"碳中和"的时间表。尽快实现"碳中和"目标已经成为国际气候界对发达国家的期望与压力，对尚未乃至不愿宣布这一目标的澳新尤其是澳大利亚构成压力。[②]

进入2019年，IPCC先后发布《关于变化气候中的海洋与冰冻圈的IPCC特别报告》（"海洋与冰冻圈报告"）[③] 和《关于气候变化与土地的IPCC特别报告》（"土地报告"）[④]，连同"1.5℃报告"，给气候界带来了新势头。这三份IPCC特别报告都与小岛屿发展中国家密切相关，因此也受到了太平洋岛国和地区组织的热烈响应。2019年9月23日在纽约召开的联合国气候行动峰会推动了新一轮热度，给南太平洋地区气候议程制造了新的时间节点。

[①] 董亮、张海滨："IPCC如何影响国际气候谈判：一种基于认知共同体理论的分析"，《世界经济与政治》，2014年第8期，第64—83页。

[②] IPCC, "Summary for Policymakers of IPCC Special Report on Global Warming of 1.5°C Approved by Governments", https：//www.ipcc.ch/2018/10/08/summary – for – policymakers – of – ipcc – special – report – on – global – warming – of – 1 – 5c – approved – by – governments/；何建坤："全球气候治理新形势及我国对策"，《环境经济研究》，2019年第3期，第3页。

[③] IPCC, "Special Report on Oceans and Cryosphere in a Changing Climate – Summary for Policymakers", https：//www.ipcc.ch/srocc/chapter/summary – for – policymakers/.

[④] IPCC, "Special Report on Climate Change and Land – Summary for Policymakers", https：//www.ipcc.ch/srccl/chapter/summary – for – policymakers/.

2. 影响南太平洋地区气候议程的路径

由此，从本书的理论框架出发，提出全球气候治理影响南太平洋地区气候议程的路径，具体包括以下5条命题：

第一，全球气候治理进程使得像太平洋岛国这样的小国能够"借力"。前文将"借力"定义为"国际体系中原本权力较小的行为体通过运用外部权力资源对国际进程施加影响以实现该行为体目标的行为与过程"。在气候变化议题上，"借力"尤其具体指，通过借助既有全球气候治理规则体系赋予的国际道义来进行话语生产与话语传播，按照基欧汉和约瑟夫·奈所说在某一议题领域内（例如地区气候议程）形成权力资源分配的优势，提升地区话语权、影响地区议事权，推动南太平洋地区气候议程。[①]

第二，全球气候治理进程通过国际议程设置，为太平洋岛国应对气候变化的共同利益提供了合法性，并创造了表达这些利益的关键时间节点，激励了太平洋岛国在地区主义中的利益表达。如前文所述，韦宗友将国际议程设置过程分成了四个阶段：议题选择与界定、冲突拓展与利益动员、寻找"切入点"，以及借助恰当的切入点将议题成功列入国际议程。[②] 通过这4个阶段，全球层面的气候议程转化为地区层面的共同利益表达，推动南太平洋地区气候议程。

第三，域外大国、国家集团或国际组织参与南太平洋地区气候议程，有利于太平洋岛国"借力"，提高对澳新尤其是澳大利亚的博弈议价能力。例如，太平洋岛国与欧盟的长期合作，近年来中国、印度、印尼等新兴大国也更多与太平洋岛国展开应对气候变化与自然灾害的南南合作，南太平洋地区环境与气候变化议程与地缘政治更多联系起来，这

[①] 参见 [美] 罗伯特·基欧汉、约瑟夫·奈著：《权力与相互依赖》，门洪华译，北京：北京大学出版社，2003年，第34页；李昕蕾："全球气候治理中的知识供给与话语权竞争：以中国气候研究影响IPCC知识塑造为例"，《外交评论》，2019年第4期，第47—51页。

[②] 参见韦宗友："国际议程设置：一种初步分析框架"，《世界经济与政治》，2011年第10期，第49—51页。

些都有利于太平洋岛国提高议价能力。①

第四，气候变化对太平洋岛国的威胁以及目前南太平洋地区应对气候变化的治理缺失，通过形成认知、叙事建构，形成共同利益表达。

第五，南太平洋地区组织与机制为了获得太平洋岛国的更多支持、提高合法性、避免"合法性丧失"（delegitimation）②，出现了在地区气候议程中竞相表达太平洋岛国共同利益的现象，成为南太平洋地区机制竞合格局的组成部分。

以上5条命题是本书提出的整体理论框架在应对气候变化领域中的具体应用。下文将通过对南太平洋地区气候议程中的重要地区组织与机制的案例研究对此予以论证。

第二节 地区气候议程的重要机制

本节重点探讨南太平洋地区气候议程相关的重要地区组织与机制，包括太平洋岛国论坛、太平洋共同体等既有地区组织和太平洋岛国发展论坛、美拉尼西亚先锋集团等新地区组织与机制，概述它们各自在地区气候议程中的角色、特点、相互之间的关系、主要政策与行动等，考察在这个复杂过程中全球气候治理起到的推动作用和影响路径。

一、改革后的太平洋岛国论坛

太平洋岛国论坛在2014年改革后仍然是南太平洋地区在气候变化议题上最重要的地区组织。而且，论坛仍然保持着其政治性定位——事实上，由于改革的推进和气候变化议题在全球范围内的"升温"，2014

---

① Nic Maclellan, "The Region in Review: International Issues and Events, 2016", *The Contemporary Pacific*, Vol. 29, No. 2, 2017, p. 322.

② Ian Hurd, "Legitimacy and Contestation in Global Governance: Revisiting the Folk Theory of International Institutions", *The Review of International Organization*, Vol. 14, 2019, p. 719.

年以后的太平洋岛国论坛在气候变化议题上的政治讨论愈发激烈，成为全球气候议程与整个地区气候议程势头的主要呈现平台，也越来越成为太平洋岛国和澳大利亚矛盾显性化的场所。

由于在避免事权重叠方面的改革和《太平洋地区主义框架》的推出，太平洋岛国论坛秘书处不再具体参与具体的气候项目，而是主要在宏观层面负责整个地区的政策协调，包括协助领导人层面的政治讨论，并根据领导人的授权制定地区范围内应对气候变化的倡议、计划与行动方案。这符合"温德尔报告"对太平洋岛国秘书处在气候变化议题上事权的建议。①

在太平洋地区组织理事会协调下，太平洋岛国论坛在地区应对气候变化议题上扮演政策中心的角色，任何由理事会成员组织提出的覆盖整个地区的气候合作制度设计与规划，都要由太平洋岛国论坛领导人会议背书或授权，由领导人指定论坛秘书处或其他机构具体执行，其执行也都要向领导人会议汇报、由领导人会议审议与监督。因此，论坛领导人会议的政治讨论及通过的地区协调合作文件就成为太平洋岛国论坛参与地区气候合作的主要途径。

1. 2015 年莫尔兹比港峰会

如前文所述，《太平洋地区主义框架》推进的事权改革有助于成员国领导人专注政治讨论而非具体项目操作；议事规则改革有利于太平洋岛国领导人讨论他们更加关切的地区议题（例如气候变化），有利于太平洋岛国表达政治意愿，并将这种政治意愿通过公报、决议、声明等文件转化为地区政策与实际影响力。太平洋岛国论坛改革后的首届峰会——2015 年莫尔兹比港峰会就出现了这样的结果。

莫尔兹比港峰会的召开正值巴黎气候大会前的敏感时间节点。严重旱灾和在赤道地区极为罕见的严寒天气正在肆虐巴新等美拉尼西亚国

---

① Peter Winder, Tessie Eria Lambourne and Kolone Vaai, *Review of the Pacific Islands Forum Secretariat – Draft Report*, Leaked Document, May 2012, pp. 37–38.

家，造成人员伤亡。而且，峰会前其他的南太平洋地区组织与机制纷纷发布气候变化宣言，各方也在会场内外争相发声，使得气候变化问题成为这次峰会最"热"的议题。

在《太平洋地区主义框架》确立的新的议事规则下，太平洋岛国积极发声，将岛国和澳新在气候谈判上的对立立场凸显出来。双方对立尤其体现在控温目标问题上，澳新坚持2℃目标，而岛国坚持1.5℃目标。此外，新建煤矿和化石能源使用、澳新特别是澳大利亚的减排目标等问题也都是会议的焦点。在会议开始第一天，时任基里巴斯总统汤安诺就放出重话："澳大利亚如果不接受太平洋岛国论坛在气候变化问题上采取坚定立场，就应该考虑离开这个地区组织。"他表示，太平洋岛国正在与全球变暖搏斗，莫尔兹比港峰会在此问题上没有妥协空间，"这是无法谈判的，我们不会被（澳大利亚的）援助所收买"。[①] 时任帕劳总统小汤米·雷门格绍也予以呼应，呼吁"清谈已经结束，现在需要的是紧急行动"，表示太平洋岛国论坛目前存在的价值就是解决气候变化问题，这个议题是新的地区主义面临的最大挑战。萨摩亚总理图伊拉埃帕也明确表达了所有太平洋岛国在气候变化议题上的受挫感。[②]

与此同时，时任澳大利亚总理托尼·阿伯特（Tony Abott）对媒体表示，澳新没有做出对气候变化的新承诺（显然，这是讲给国内反对气候变化的群体听的），辩称澳大利亚现有的减排措施已经非常有雄心了，自信能够向那些宣称他们的生存遭受威胁的人们做出保证。阿伯特的这个表态引发了岛国方面的强烈不满，在会场内外"火上浇油"。[③]

峰会的前两天，澳新和岛国领导人在气候变化问题上的分歧一直无

[①] "Pacific Islands Forum Leader Warns Australia on Climate Stance", *The Straits Times*, 8 September 2015, https：//www.straitstimes.com/asia/australianz/pacific-islands-forum-leader-warns-australia-on-climate-stance.

[②] Koro Vaka'uta, "Climate Change Tension at Pacific Islands Forum", 10 September 2015, https：//www.rnz.co.nz/audio/player? audio_id=201770059.

[③] Michael Gordon, "Pacific Island Leaders Agree to Disagree on Climate Change", *Sydney Morning Herald*, 11 September 2015, https：//www.smh.com.au/politics/federal/pacific-island-leaders-agree-to-disagree-on-climate-change-20150910-gjjzmb.html.

法弥合。在峰会最后一天,论坛举行了"闭门交流休息",给领导人单独会谈的时间。按照图伊拉埃帕的说法,在"闭门交流休息"期间,"我们可以像兄弟一样谈话,因为可以互相咒骂对方但没人知道。"① 闭门交流进行了9个小时,但仍然无法达成一致。《悉尼晨锋报》(Sydney Morning Herald)一度报道"1.5℃"被删去;但到了最后,领导人决定在公报上体现双方的立场分歧,各自保留意见。这在太平洋岛国论坛历史上尚不多见。②

最后,在会议公报中,澳新以如下措辞承认了"1.5℃"的存在:

> 我们太平洋岛国论坛领导人……声明,升温1.5摄氏度将尤其给太平洋小岛屿国家面对脆弱性带来更严峻的挑战,并敦促拿出所有努力控制在如《联合国气候变化框架公约》第20次缔约国会议决议1/CP.20中注意到的全球气温目标以内。③

当然,这种带有模糊性的措辞并不代表澳新认可岛国的控温目标,而仅仅是肯定升温1.5℃带来的负面影响。此外,对"如《联合国气候变化框架公约》第20次缔约国会议决议1/CP.20中注意到的全球气温目标"这个措辞也可以有不同诠释方式,澳新显然更愿意将其诠释为2℃。不过,考虑到太平洋岛国论坛公报首次承认了"1.5℃目标"的存在(尽管使用了模糊措辞),这对岛国来说,已经是巴黎气候大会前在太平洋岛国论坛取得的一个"妥协后的胜利"。

---

① Koro Vaka'uta, "Climate Change Tension at Pacific Islands Forum", 10 September 2015, https://www.rnz.co.nz/audio/player?audio_id=201770059.
② Michael Gordon, "Pacific Island Leaders Agree to Disagree on Climate Change", *Sydney Morning Herald*, 11 September 2015, https://www.smh.com.au/politics/federal/pacific-island-leaders-agree-to-disagree-on-climate-change-20150910-gjjzmb.html.
③ Pacific Islands Forum Secretariat, Pacific Islands Forum Leaders Declaration on Climate Change Action, PIFS (15) 7 Annex 1, Port Moresby, Papua New Guinea, 2015, p.1.

2. 2019年富纳富提峰会

部分由于《巴黎协定》已经历史性地实现了太平洋岛国的"1.5℃目标",使得澳新在这个问题上向岛国靠拢,加之其他地区议程尤其是海洋议程获得了更大关注,在2016—2017年的太平洋岛国论坛中,气候变化议题并未像莫尔兹比港峰会那样成为澳新与岛国的对立焦点。"后巴黎时代"全球层面上气候治理的困难增多和热度"降温"也一定程度上传导到南太平洋地区,使得南太平洋地区气候议题在保持热度的基础上激烈程度有所消退。

不过,随着2018—2019年全球气候治理议程的新一轮推进,气候变化议题再次获得了发展势头。尤其是预定于2019年9月23日在纽约召开的联合国气候行动峰会,恰在太平洋岛国论坛第50届领导人会议(富纳富提峰会)后不久召开,而且会议拟发布的宣言将在联合国气候行动峰会上当面提交给联合国秘书长安东尼奥·古特雷斯(Antonio Guterres)。这使得这届峰会上气候变化议题再次成为重中之重。

"气候变化危机"概念是这届峰会的焦点。在这次会议召开两周前,太平洋岛国发展论坛召开了第五届领导人会议,"气候变化危机"成为会上讨论的焦点和会后通过的《楠迪湾宣言》中明确提出的核心概念。借着这个势头,太平洋岛国领导人纷纷要求将"气候变化危机"写入太平洋岛国论坛的会议公报。

除了写入"气候变化危机"外,太平洋岛国领导人还有如下被他们称为"红线"的要求:明确承认全球控温目标为1.5℃;国家自主贡献应符合IPCC全球升温1.5℃特别报告;认可到2050年全球实现碳中和的长期目标;澳大利亚在9月23日联合国气候峰会前即完成国别实施计划;停止新建煤矿和火电站;紧急废除所有化石能源补贴;不应将

《京都议定书》承诺期内的"排放许可盈余"① 带到2020年后的气候机制里充作减排成绩,表述为《京都议定书》承诺期与2020年后的气候机制之间"没有间歇"。②

澳大利亚则一开始坚决反对将气候变化形容为"危机"的提法,主张改用"气候变化现实"(climate change reality)一词。澳方还试图抹掉或修改岛国几乎所有关键主张,包括:将"全球控温目标1.5℃"提法改为"符合《巴黎协定》"——如前文所述,《巴黎协定》的全球控温目标措辞模糊,留下了较大解读诠释空间;将"符合"IPCC全球升温1.5℃特别报告改为"确认这个信息";删去"2050年全球实现碳中和"字眼和2050年全球远景目标;将国别实施计划改为"发展战略",截止时间改为2020年,即2020年先完成一个发展战略框架,具体实施留待2020年以后;删去了所有和煤矿、火电站和化石能源补贴有关的内容,或改为"回忆联合国秘书长的呼吁";删去"排放许可盈余"问题、删去"没有间歇"表述。显然,澳方主张的所有修改都是相对于岛国主张的大幅度弱化。此外,与会的澳大利亚总理斯科特·莫里森(Scott Morrison)表示将从已有的援助基金中出资5亿澳元(约合3.4亿美元)投资于太平洋岛国的可再生能源和气候与灾害可复原性基础设施,希望将澳大利亚多年来向岛国提供的援助数额和贡献加入文本。③

---

① 澳大利亚在《巴黎协定》的国家自主贡献中承诺在2005年基础上减排26%,但其实考虑到澳大利亚拥有的"剩余配额",其减排效果仅为在1990年基础上的16%,这使得澳大利亚无须做太多努力就能实现减排承诺,引发国际社会特别是太平洋岛国的普遍不满。

② Chloé Farand, "Australia Seeks to Water Down Climate Declaration at Pacific Summit", 13 August 2019, https://www.climatechangenews.com/2019/08/13/australia-seeks-water-climate-declaration-pacific-summit/.

③ Kate Lyons, "Australia Removes Climate 'Crisis' from Pacific Islands Draft Declaration", *The Guardians*, 14 August 2019, https://www.theguardian.com/world/2019/aug/15/australia-removes-coal-and-climate-crisis-references-from-pacific-islands-declaration; Chloé Farand, "Australia Seeks to Water Down Climate Declaration at Pacific Summit", 13 August 2019, https://www.climatechangenews.com/2019/08/13/australia-seeks-water-climate-declaration-pacific-summit/.

但是，澳大利亚这种以出资换取岛国妥协的方式引发了岛国的强烈不满，何况这些资金并非新增资金，而仅仅是从已有的援助基金中出资，这意味着其他地方将减少相应的援助，实际上是一种"拆东补西"行为。东道主图瓦卢总理埃内莱·索波阿加（Enele Sopoaga）表示，"无论你把多少钱放在桌面上，都不是你不做减排新开煤矿的借口。"①

会议最后一天的领导人"闭门交流休息"成为耗时12小时的马拉松式谈判。包括瓦努阿图外交部长拉尔夫·雷根瓦努（Ralph Regenvanu）在内的多个消息源称，领导人之间的谈判进行得异常激烈，谈判两次差点破裂，险些导致会议无果而终。谈判激烈时，汤加总理阿卡利西·波希瓦（Akalisi Pohiva）甚至当场落泪。会谈不得不一度休会，闭幕式也只好在领导人不在场的情况下举行。②

在闭门会谈中，太平洋岛国领导人坚持使用"危机"这种政治性措辞，并借用欧盟和中国作为"杠杆"向澳大利亚联合施压，姆拜尼马拉马甚至称"澳大利亚总理在图瓦卢（峰会上）的做法只会将岛国推向中国"。③ 新西兰总理杰辛达·阿德恩（Jacinda Ardern）主动坐在姆拜尼马拉马旁边试图在岛国与澳大利亚之间居中调和，劝说莫里森理解岛国在气候变化上的立场，以至于莫里森在会上显得势单力薄，有观察者将现场情形称为"17∶1"。④ 最后，莫里森难以阻挡这个措辞在公报中的使用，只能在作出较大让步后保留一定意见，使用"太平洋岛国面临的气候危机"措辞，在逻辑上暗示澳大利亚并不一定在面临气候危

---

① "Tuvalu PM Says No Amount of Money Avoids Australia's Responsibility for Climate Change", *ABC News*, 13 August 2019, https://www.abc.net.au/news/2019-08-13/tuvalu-pm-says-no-amount-of-money-avoids/11409144.

② Kate Lyons, "Revealed: 'Fierce' Pacific Forum Meeting Almost Collapsed over Climate Crisis", *The Guardians*, 16 August 2019, https://www.theguardian.com/environment/2019/aug/16/revealed-fierce-pacific-forum-meeting-almost-collapsed-over-climate-crisis.

③ Kate Lyons, "Fiji PM Accuses Scott Morrison of 'Insulting' and Alienating Pacific Leaders", *The Guardians*, 16 August 2019, https://www.theguardian.com/world/2019/aug/16/fiji-pm-frank-bainimarama-insulting-scott-morrison-rift-pacific-countries.

④ Nic Maclellan, "Trouble in the Family", *Islands Business*, Vol. 40, No. 8, 2019, https://www.islandsbusiness.com/archives/2019/item/2550-trouble-in-the-family.html.

机之列,也暗示并不一定整个太平洋岛国地区都面临气候危机。①

最后,会议公报正文使用了"气候危机"一词,而作为附件的《为当前紧急气候变化行动的卡伊纳基宣言》首次将"气候变化危机"完整、明确地提了出来,尽管明确限定这是太平洋岛国面临的危机。此外,公报及其附件5次提及1.5℃目标,3次提及IPCC全球升温1.5℃特别报告,明确2050年要实现碳中和目标,虽然没有采用"废除"化石能源补贴的字样,但表示要"迅速消除无效率的化石能源补贴"和"去化石能源的公正转型"。②瓦努阿图外长雷根瓦努表示,"大部分我们(指岛国)要求的关键措辞被写进去了,而这些措辞此前从来没有被写进(公报)过。"③

当然,最后公报也体现了澳方的"红线",例如在停止新建煤矿和火电站问题上未作表述,未提及《京都议定书》"排放许可盈余"问题,在化石能源补贴问题上的措辞也弱化了很多。在制定国家自主贡献方面,公报也依照澳大利亚的立场表述。而且,岛国取得的"胜利"主要体现在《卡伊纳基宣言》部分,公报正文对气候变化问题的措辞并没有非常强烈。

整体评价会议公报和《卡伊纳基宣言》,如果说岛国赢得了"面子",将关于气候变化的措辞提到了前所未有的政治高度,在太平洋岛国论坛历史上前所未有地使用了极为偏向岛国的表述;那么澳大利亚则守住了经济利益的"里子",在实实在在的煤炭发展与碳排放等问题上没有实质性让步。④

---

① Stefan Armbruster and Tess Newton Cain, "Trying times in Tuvalu", 20 August 2019, https: //devpolicy.org/trying-times-in-tuvalu-20190820/.

② Pacific Islands Forum Secretariat, Fiftieth Pacific Islands Forum, Funafuti, Tuvalu, 13-16 August 2019: Forum Communiqué, PIFS (19) 14, Funafuti, Tuvalu, 2019, pp. 11-13.

③ Nic Maclellan, "Forum Marathon Reveals Tensions over Climate Policy", *Islands Business*, 16 August 2019, https://www.islandsbusiness.com/2017/itemlist/tag/Forum%20communique.html.

④ Pacific Islands Forum Secretariat, Fiftieth Pacific Islands Forum, Funafuti, Tuvalu, 13-16 August 2019: Forum Communiqué, PIFS (19) 14, Funafuti, Tuvalu, 2019, pp. 11-13.

这次会议再次暴露了太平洋岛国与澳大利亚在气候变化问题上的严重分歧，广受国际媒体的报道。① 近10年来首次参会的斐济总理姆拜尼马拉马在闭门会谈结束后当即接受了英国《卫报》独家专访并在当天迅速发表，公开指责莫里森"侮辱"了岛国领导人。②

会谈期间还发生了一起节外生枝的事件：澳大利亚副总理迈克尔·麦科马克（Michael McCormack）在媒体发布时称，太平洋岛国可以继续生存，因为"它们许多工人到我们这里来摘水果"，被在场的《卫报》等国际媒体直接报道，引发了强烈反响。③ 姆拜尼马拉马当即对《卫报》反驳称这是极为侮辱和不尊重的言论。图瓦卢总理索波阿加甚至对新西兰国家广播电台（Radio NZ）表示，如果这代表了莫里森政府的政策，那么他将召回所有在澳工作的图瓦卢劳工，并声称所有太平洋岛国将联合行动。④ 他还将富纳富提峰会期间澳方的言行称为"非太平洋"（un‐Pacific）——在波利尼西亚文化中，东道主如此形容一位来宾，可以被视为一种非常尖刻的指责。⑤ 这迫使麦科马克不得不作出致

---

① 国际媒体关于太平洋岛国论坛富纳富提峰会在气候变化问题上的谈判折冲过程的报道还参见 Julia Hollingsworth, "Pacific Islands Wanted More Action on the Climate Crisis. Australia Said No", *CNN*, 16 August 2019, https：//edition. cnn. com/2019/08/16/australia/australia‐pacific‐islands‐climate‐crisis‐intl‐hnk/index. html；"Climate Change Split Dominates Pacific Summit", *Economist Intelligence Unit*, 23 August 2019, https：//country. eiu. com/article. aspx? articleid = 1008364084&Country = Solomon%20Islands&topic = Politics.

② Kate Lyons, "Fiji PM Accuses Scott Morrison of 'Insulting' and Alienating Pacific Leaders", *The Guardians*, 16 August 2019, https：//www. theguardian. com/world/2019/aug/16/fiji‐pm‐frank‐bainimarama‐insulting‐scott‐morrison‐rift‐pacific‐countries.

③ Ben Smee, "Pacific Islands Will Survive Climate Crisis Because They 'Pick Our Fruit', Australia's Deputy PM Says", *The Guardians*, 16 August 2019, https：//www. theguardian. com/australia‐news/2019/aug/16/pacific‐islands‐will‐survive‐climate‐crisis‐because‐they‐can‐pick‐our‐fruit‐australias‐deputy‐pm‐says.

④ Jamie Tahana, "Australian PM's Attitude 'Neo‐colonial' Says Tuvalu", *Radio NZ*, 20 August 2019, https：//www. rnz. co. nz/audio/player? audio_id = 2018709354.

⑤ Tess Newton Cain, "Australia Shows Up in Tuvalu and Trips over", 30 August 2019, https：//www. eastasiaforum. org/2019/08/30/australia‐shows‐up‐in‐tuvalu‐and‐trips‐over/.

歉姿态。①

尽管岛国向澳方作了不少让步，特别是在关乎澳大利亚经济利益的煤矿发展和碳排放问题上，期间还遭受了澳方的侮辱性言论，但这份公报仍然是太平洋岛国在南太平洋地区组织中的一次重大成功。太平洋岛国论坛秘书长泰勒将其形容为在气候变化问题上"论坛有史以来最强烈的宣言"。②

另一方面，太平洋岛国论坛越来越成为表达和调和分歧的场所，"而在过去，岛国领导人习惯于自我克制对澳新在论坛中所作所为的批评"。③ 在领导人亲自谈判的格局下，明显看出出太平洋岛国领导人表现得比此前更为强势，主动提出议题，而澳大利亚总理则在谈判中采取守势。

表7-1 太平洋岛国论坛富纳富提峰会前澳大利亚与岛国的主张差异

分歧点	太平洋岛国的主张	澳大利亚的主张	公报及其附件表述	公报立场倾向
对气候变化的定性	表述为"气候变化危机"	表述为"气候变化现实"	表述为"太平洋岛国面临的气候危机"	倾向岛国立场
全球控温目标	明确为1.5℃	表述为"符合《巴黎协定》"	5次提及1.5℃目标	倾向岛国立场
IPCC全球升温1.5℃特别报告	指导国家自主贡献	表述为"确认这个信息"	3次提及特别报告	折中

---

① Maani Truu, "McCormack Apologises to Pacific over 'Pick Our Fruit' Climate Change Comment", *SBS News*, 22 August 2019, https://www.sbs.com.au/news/mccormack-apologises-to-pacific-over-pick-our-fruit-climate-change-comment.

② Meg Taylor, "Pacific Leaders Set New Bar by Collectively Declaring Climate Crisis", 28 September 2019, https://www.climatechangenews.com/2019/08/28/pacific-leaders-set-new-bar-collectively-declaring-climate-crisis/.

③ Nic Maclellan, "Trouble in the Family", *Islands Business*, Vol. 40, No. 8, 2019, https://www.islandsbusiness.com/archives/2019/item/2550-trouble-in-the-family.html.

续表

分歧点	太平洋岛国的主张	澳大利亚的主张	公报及其附件表述	公报立场倾向
2050年实现碳中和	明确2050年实现碳中和	删去相关表述	明确2050年实现碳中和	倾向岛国立场
国别实施计划完成时间	2019年9月23日	2020年先完成长期战略计划	2020年完成长期战略计划	倾向澳新立场
停止新建煤矿和火电站	停止新建	删去相关表述或改为"回忆联合国秘书长的呼吁"	未提及	倾向澳新立场
化石能源补贴	紧急废除所有化石能源补贴	删去相关表述或改为"回忆联合国秘书长的呼吁"	表述为"迅速消除无效率的化石能源补贴"和"去化石能源的公正转型"	折中
《京都议定书》"排放许可盈余"	不应作数	删去相关表述	未提及	倾向澳新立场
澳大利亚的贡献	强调澳方应支持绿色气候基金，而且5亿澳元援助并非新增资金，而是从他处转移而来	反复要求加入澳方为岛国提供资金和作出贡献的表述	未特别提及，笼统表示"支持尽快向绿色气候基金注资"	折中

表格来源：笔者自制。

3. 地区协调

在太平洋地区组织理事会机制下协调地区应对气候变化的战略与行动计划，也是太平洋岛国论坛的一个职责。在2014年改革进一步明确了太平洋岛国论坛、太平洋共同体和太平洋环境规划署的分工后，这种协调尤为必要。其中，全球第一份关于气候变化与灾害复原能力的地区框架，是太平洋岛国论坛协调多家地区组织与利益相关方的一个重要成果。

如前文所述，长期以来，南太平洋地区应对气候变化一直欠缺一个顶层规划，特别是欠缺不同地区组织之间、防灾减灾与应对气候变化之间的统筹。2015年9月通过的联合国可持续发展议程，将应对气候变化和防灾减灾整合在一起，提供了全球治理层面的指导。在此指导下，论坛在2016年波纳佩峰会上，《太平洋地区可复原性发展框架：应对气候变化与灾害风险管理的整合方法》（简称《可复原性框架》，FRDP）正式出炉。作为最新的、整合起来的南太平洋地区应对气候变化的中长期规划，它得到了论坛领导人会议的认可。

FRDP是太平洋岛国论坛秘书处作为第一作者与太平洋共同体、太平洋地区环境规划署秘书处、南太平洋大学三家地区组织及其执行机构和联合国开发计划署、联合国减少灾害风险办公室（UNISDR）联合制定的，由太平洋共同体地理科学部门（部分由原南太平洋应用地球科学委员会改组而来）具体拟定。李冰岩通过研究认为，FRDP的编写体例和编写思路显然受到了《太平洋地区主义框架》的深刻影响：与《太平洋地区主义框架》相仿，FRDP同样设定了愿景、目标和实施方案三大部分；最为重要的是，FRDP全面贯彻了《太平洋地区主义框架》在具体实施中倡导的开放性、包容性和灵活性的精神。"FRDP试图将所有利益相关方一并纳入到框架的制定执行中，通过为其提供参与FRDP的有效方式，实现指导战略和利益主体的双向互动，使框架得以不断发展和完善。"可以说，FRDP就是气候变化领域的《太平洋地区主义框架》。[1]

FRDP提出了三大目标：第一，加强对适应气候变化和防灾两个议题的整合，以提升应对气候变化和灾害的复原能力；第二，低碳发展；第三，强化防灾、应急和复原。该规划强调国家和次国家政府和行政机构、公民社会与社区、私营部门以及地区组织与其他发展伙伴四大类行

---

[1] 李冰岩，《太平洋岛国气候合作机制研究》，华东师范大学国际关系与地区发展研究院硕士学位论文，2018年，第25页。

为体之间的协作，因此在每条目标之下都列出了这四大类行为体各自的"优先行动"共计131项。这体现了FRDP从战略规划到行动落地、各类行为体密切协作的整合方式。①

2019年8月，富纳富提峰会接受论坛经济部长会议的建议，为了实现"蓝色太平洋"框架下的复原能力，同意建立本地区所有并领导的"太平洋复原能力基金"（Pacific Resilience Facility），并注意到萨摩亚有意在基金成为国际组织后担任东道国。这是本书截稿前太平洋岛国论坛领导人会议在复原能力建设方面的最新进展之一。

4. 议题整合

随着地区海洋治理、地区可持续发展议程、地区非传统安全问题与气候变化之间的关联越来越密切，太平洋岛国论坛在这些领域的地区协调也和地区气候变化议程愈发相关，整合不同议题、共同应对气候变化也就成为太平洋岛国论坛的工作重点。当然，地区海洋治理、地区可持续发展议程和地区传统安全问题等，也都从根本上受到全球治理进程的推动。

由于太平洋岛国的特殊地理情况，南太平洋地区海洋治理与应对气候变化息息相关。2014年7月，就在发布《太平洋地区主义框架》的同时，第45届太平洋岛国论坛领导人会议（科罗尔峰会）发布了《帕劳宣言："海洋：生活与未来"——规划可持续发展之路》，其中表示气候变化导致的海洋变暖、极端气象增加、海平面上升、海洋酸化和潜在的领土损失等，对太平洋人民的生计、安全和福祉构成了"最大程度

---

① Pacific Community (SPC), Secretariat of the Pacific Regional Environment Programme (SPREP), Pacific Islands Forum Secretariat (PIFS), United Nations Development Programme (UNDP), United Nations Office for Disaster Risk Reduction (UNISDR) and University of the South Pacific (USP), Framework for Resilient Development in the Pacific: An Integrated Approach to Address Climate Change and Disaster Risk Management (FRDP), 2017 – 2030, Suva, Fiji, 2016, pp. 12 – 25.

的"威胁，为此需要在地区海洋政策框架内采取混合型管理方法。①2015年7月，太平洋岛国论坛渔业局部长会议通过了《可持续的太平洋渔业地区路线图》，将可持续性、渔获价值、渔业相关就业和食品安全作为地区渔业治理的四大目标，并提出6项对策，包括：有效的地区管理；继续减少非法、不报告和不受管制（IUU）的捕鱼行为；严格限制外国船只公海捕鱼；为本地区金枪鱼加工业提供原材料优先权；设立金枪鱼捕捞和加工业就业高标准；在岛国伙伴之间建立地区性加工中心。②虽然在具体实施路径上尚存就《瑙鲁协定》缔约国主张的"作业天数计划"和新西兰等国主张的配额管理制度之间的分歧。但这与《瑙鲁协定》缔约国的渔业治理在目标和大方向上有一定趋同，2016年9月，第47届太平洋岛国论坛领导人会议（波纳佩峰会）发布了《波纳佩海洋声明：可持续发展之路》，强调"我们的海洋与太平洋岛国人民之间的联系不可分割"，认为海洋对气候变化造成的负面效应敏感而脆弱，呼吁在《太平洋地区主义框架》和《帕劳宣言》下采取行动，尽快实施旨在海洋治理的可持续发展目标－14，包括减少并解决海洋酸化的负面影响等。③2017年8月，第48届太平洋岛国论坛领导人会议（阿皮亚峰会）重点推出了"蓝色太平洋"概念作为地区认同的"新叙事"，将海洋治理与气候变化更进一步结合，将全球治理中的"海洋—气候连结"（ocean - climate nexus）概念更多引入地区层面，寻求将海洋与气候两大议题更好地整合。太平洋岛国论坛秘书处网站对此进行了

---

① Pacific Islands Forum Secretariat, Forty - fifth Pacific Islands Forum, Koror, Republic of Palau, 29 - 31 July 2014: Forum Communiqué (Annex B), PIFS (14) 10, Koror, Republic of Palau, 2014, pp. 1 - 2.

② Pacific Islands Forum Fisheries Agency (FFA) and Secretariat of Pacific Community (SPC), "Future of Fisheries: A Regional Roadmap for Sustainable Pacific Fisheries", https: // www. ffa. int/system/files/Roadmap_web_0. pdf.

③ Pacific Islands Forum Secretariat, Forty - seventh Pacific Islands Forum, Pohnpei, Federal States of Micronesia, 8 - 10 September, 2016: Forum Communiqué (Annex 3), PIFS (16) 7, Pohnpei, Federal States of Micronesia, 2016.

政策解释。① 在国内学者中，曲升、梁甲瑞等已经对2014年下半年至2018年上半年的南太平洋地区海洋治理问题进行过较为详细的研究，本书在此不再赘述，仅重点列出其与地区气候变化议程协调整合密切相关之处。②

气候变化与可持续发展的联系非常紧密。2015年联合国可持续发展目标的出台，以及将气候变化作为单独的目标，标志着气候变化从此可被视为从属于广义的可持续发展议程。2017年，论坛阿皮亚峰会通过了《可持续发展太平洋路线图》（PRSD），重申了《太平洋地区主义框架》在落实联合国可持续发展目标和《萨摩亚途径》中的中心地位，试图将17项联合国可持续发展目标细化为符合南太平洋地区的战略和132小项具体指标，从领导力与协调、宣传与交流、地区监测与指标、整合汇报、执行手段支持5个方面将联合国可持续发展目标与南太平洋地区的实际情况相结合。③ 在这个过程中，离不开域外发展伙伴与相关方的积极支持，其中包括中国的支持力量。例如，联合国开发计划署北京办公室组织撰写《中国与太平洋岛国在2030可持续发展议程背景下的南南合作》报告；④ 太平洋岛国论坛驻华贸易与投资专员署特别是时任专员大卫·莫里斯（David Morris）积极联系咨询中国智库，向太平洋岛国的可持续发展战略提出意见建议。

此外，气候变化与地区安全的结合也越来越紧密，发展出"地区气

---

① "The Ocean Plays an Integral Part in the Climate System", https://www.forumsec.org/the-ocean-plays-an-integral-part-in-the-climate-system/.

② 曲升：《近年来太平洋屿区域海洋治理的新动向和优先事项》，见陈德正主编：《太平洋岛国研究（第二辑）》，第47—68页；梁甲瑞、曲升："全球海洋治理视域下的南太平洋地区海洋治理"，《太平洋学报》，2018年第4期，第48—64页；曲升："南太平洋区域海洋机制的缘起、发展及意义"，《太平洋学报》，2017年第2期，第1—19页。

③ Pacific Sustainable Development Goals Taskforce, "The Pacific Roadmap for Sustainable Development", https://www.forumsec.org/wp-content/uploads/2018/10/The-Pacific-Roadmap-for-Sustainable-Development.pdf.

④ United Nations Development Programme in China, *China's South - South Cooperation with Pacific Island Countries in the Context of the 2030 Agenda for Sustainable Development* (Series Report), Beijing, China, 2017.

候安全"概念。这是气候变化等非传统安全议题的"安全化"——越来越成为地区安全议题,或者说,是南太平洋地区安全的"非传统化"——地区安全越来越扩展到气候变化等非传统安全议题。近年来,这种结合最具标志性的事件是,2018 年第 49 届太平洋岛国论坛领导人会议(亚伦峰会)通过了《博埃宣言》(Boe Declaration),强调在《太平洋地区主义框架》下"扩展的安全概念",包括人类安全、人道主义援助、环境安全的优先性以及地区合作建设应对灾害和气候变化的复原能力。[1] 2019 年 8 月,第 50 届太平洋岛国论坛领导人会议(富纳富提峰会)通过了《博埃宣言行动计划》,提出了地区安全合作的六大战略焦点领域——气候安全;人类安全与人道主义援助;环境与资源安全;跨国犯罪;与网络相关的犯罪与网络空间安全;创造实施环境,包括适当的协调机制。其中,气候安全被放在首位。这在一定程度上改变了地区安全议题长期由澳新尤其是澳大利亚主导阐释的局面,把太平洋岛国在气候变化上的关切纳入了地区安全议题。[2]

二、太平洋共同体

太平洋共同体成为南太平洋地区气候变化议题的主要地区组织之一有多种原因,但最直接的原因是,2011 年的机构改革将原南太平洋应用地球科学委员会(SOPAC)主要部分并入太平洋共同体,大大强化了太平洋共同体在应对气候变化上的能力与职权。

根据《太平洋共同体战略计划(2016—2020)》,在气候变化方面,太平洋共同体的目标是改善多部门应对气候变化和灾害,手段包括支持太平洋岛国和岛屿领地规划气候变化和灾害风险管理,以及通过对社区适应采取整合手段加强国家应对,包括基于教育、海洋与海岸地理科

---

[1] Pacific Islands Forum Secretariat, Forty‐ninth Pacific Islands Forum, Yaren, Nauru, 3‐6 September 2018: Forum Communiqué (Annex 1), PIFS (18) 10, Yaren, Nauru, 2018, p. 10.

[2] Pacific Islands Forum, "*Boe Declaration Action Plan*", 2019, pp. 9‐25, https://www.forumsec.org/wp‐content/uploads/2019/10/BOE‐document‐Action‐Plan.pdf.

学、风险评估、地理信息系统（GIS）和相关技术的倡议。①

1. 对地区组织提供技术性支持

太平洋共同体在南太平洋地区气候治理中的主要角色是技术性支持，延续了南太平洋委员会/南太平洋会议传统上的技术性定位。② 太平洋共同体秘书长科林·图库伊汤加在接受采访时表示，目前太平洋共同体在气候变化方面的工作主要是，协助成员在减缓与适应气候变化方面确保粮食安全和水安全，实施对传染病爆发的监测和管理，降低灾害风险和建设复原性社区。作为太平洋地区组织理事会成员，太平洋共同体在《太平洋地区主义框架》下与太平洋岛国论坛紧密合作，为以太平洋岛国论坛为中心的地区组织网络和地区性倡议提供技术性支持。③

例如，如前文所述，太平洋共同体秘书处在 FRDP 的拟定过程中发挥了技术性支持的作用。为了落实 FRDP，太平洋岛国论坛波纳佩峰会公报及其附件二《波纳佩宣言：加强应对气候变化与灾害风险的太平洋复原能力》宣布召集工作组细化"太平洋复原能力伙伴关系"（PRP）以实施 FRDP，并呼吁所有发展伙伴、私营部门和公民社会共同支持新的"太平洋复原能力伙伴关系"。④ 工作组主要由太平洋岛国论坛秘书处、太平洋共同体秘书处和太平洋地区环境规划署秘书处共同组成。太平洋共同体秘书处在其中起主要的技术支持作用。

2017 年 6 月，"太平洋复原能力伙伴关系"工作组初步形成了"太平洋复原能力伙伴关系"治理结构设计方案。根据设计方案，"太平洋

---

① Pacific Community, Pacific Community Strategic Plan 2016 – 2020, Noumea, New Caledonia, 2015, p. 6.

② 关于太平洋共同体的改革与发展，参见曲升："南太平洋委员会演进的轨迹、动力及意义"，《贵州社会科学》，2018 年第 12 期，第 65—73 页。

③ "Interview with Dr Colin Tukuitonga: from Crisis to action in Pacific Communities", https://www.phrp.com.au/issues/december – 2018 – volume – 28 – issue – 4/interview – with – dr – colin – tukuitonga – from – crisis – to – action – in – pacific – communities/.

④ Pacific Islands Forum Secretariat, Forty – seventh Pacific Islands Forum, Pohnpei, Federal States of Micronesia, 8 – 10 September, 2016: Forum Communiqué, PIFS (16) 7, Pohnpei, Federal States of Micronesia, 2016, p. 3.

复原能力伙伴关系"的具体工作包括：制定和共享信息、经验和教训学习；协调和加强不同层面上各利益相关方的关系；承担地区协调工作，包括在项目规划与执行上；支持监督、评估、汇报、学习和交流；发现和解决与《萨摩亚途径》、《太平洋地区主义框架》和诸如关于气候变化的《巴黎协定》、《仙台减灾框架》和联合国可持续发展议程等其他协定/框架存在的差距，并加强联系、追踪和报告。

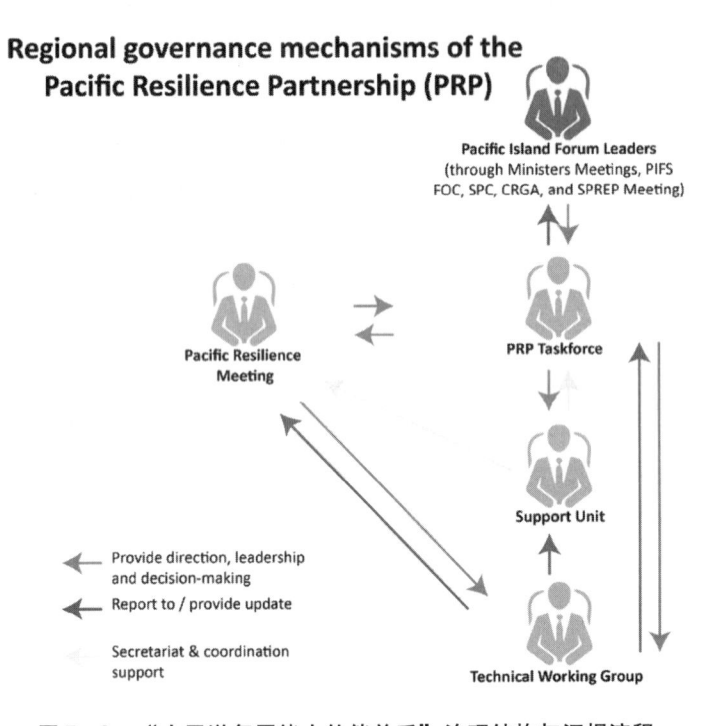

图7-2　"太平洋复原能力伙伴关系"治理结构与汇报流程

图片来源：PRP Working Group, "Pacific Resilience Partnership (PRP) – Governance Structure (Draft Final)", 14 June 2017, https://www.pacificmet.net/sites/default/files/inline-files/documents/WP%208.0%20Att%202-PRP%20Working%20Group%20Governance%20Paper%20clean%2016%20June.pdf.

据此，这套治理结构设计方案为"太平洋复原能力伙伴关系"设计了包括太平洋复原能力会议（Pacific Resilience Meeting）、"太平洋复原能力伙伴关系"工作队（PRP Taskforce）、"太平洋复原能力伙伴关系"工作队支持单位（PRP Taskforce Support Unit）和技术性工作组（Technical Working Groups）在内的组织架构，并设计了一套指示与汇报流程，使得各个地区组织和各利益相关方都能包容性地参与到伙伴关系当中，通过流程将应对气候变化与防灾减灾的设想最终汇报给太平洋岛国论坛领导人会议（见图7-2）。[1]

李冰岩的研究认为，这套治理结构几乎完全复制了《太平洋地区主义框架》中规定的议事机构与议事程序，机构设置实际上是《太平洋地区主义框架》在气候问题方面的延伸，因此，"太平洋复原能力伙伴关系"本质上是《太平洋地区主义框架》的一部分，是太平洋地区主义在气候问题上的具体表现。[2]

2. 科研、能力建设与气候融资

科研是太平洋共同体的核心职能之一，也是太平洋共同体应对气候变化工作的主要内容之一。太平洋共同体内设具有国际认可的科研专业能力的研究机构，包括太平洋作物与树木中心（CePaCT）和太平洋共同体海洋科学中心（PCCOS）等，支持了太平洋共同体的气候科研。2016年，太平洋共同体秘书处发布了《太平洋岛屿农业与森林在气候变化下的脆弱性》[3]一书，搭建了潮汐日期信息系统，进行了海岸危险品与脆弱性评估，进行了对海洋变暖对金枪鱼影响的科学评估，还研究了海洋酸化对黄鳍金枪鱼卵和幼体的影响等。2018年，太平洋共同体

---

[1] PRP Working Group, "Pacific Resilience Partnership (PRP) – Governance Structure (Draft Final)", 14 June 2017, https://www.pacificmet.net/sites/default/files/inline-files/documents/WP%208.0%20Att%202-PRP%20Working%20Group%20Governance%20Paper%20clean%2016%20June.pdf.

[2] 李冰岩：《太平洋岛国气候合作机制研究》，华东师范大学国际关系与地区发展研究院硕士学位论文，2018年，第25—26页。

[3] M. Taylor, A. McGregor and B. Dawson, *Vulnerability of Pacific Island Agriculture and Forestry to Climate Change*, Pacific Community, Noumea, New Caledonia, 2016.

帮助斐济运用新技术建立了浪涌所致泛滥的早期预警系统和预报。

此外，太平洋共同体还承担提升整个地区应对气候变化能力建设和信息交流的任务。例如，在旨在落实 FRDP 的"太平洋复原能力伙伴关系"中，太平洋共同体秘书处负责网站的搭建，网站包括对"太平洋复原能力伙伴关系"的解释说明，还包括与此相关的资源库。事实上，太平洋共同体秘书处网站本身就是一个资源库和信息中心，下设"太平洋海洋门户网站"、"太平洋数据中心"、"太平洋为了所有人的可持续能源数据知识库"等。例如，可持续能源数据知识库里有 220 个资料集和超过 1500 个出版物（截至 2020 年底），对南太平洋地区这样的体量来说，这已经算较大的气候变化专业数据库了。①

作为绿色气候基金认证实体，太平洋共同体还具备对接多边气候融资并帮助成员获取气候资金的能力。例如，2016 年太平洋共同体接受全球环境基金（GEF）的资金，按照"全岛"模式，建立了 14 个环境与自然资源管理国家级示范点。太平洋共同体更具有长期重要性的工作是，提升太平洋岛国自主获取多边气候资金的能力。2019 年 8 月，太平洋共同体在太平洋岛国论坛和美国国际开发署的支持下发布了《太平洋地区气候变化与灾害风险融资评估地区合成报告》，旨在为决策者提供关于太平洋地区与气候变化相关的融资的背景、范围、方法学和局限，以及对共同趋势和问题的地区整合分析，其中列出了太平洋岛国有资格获取的 20 个多边气候基金来源。② 这有助于缓解太平洋岛国长期以来面临的气候融资难的问题。

基于欧洲国家与太平洋共同体前身南太平洋委员会的历史联系，太平洋共同体尤其发挥着接受欧盟气候资金并实施项目的作用。③ 例如，

---

① http：//prdrse4all.spc.int/.
② Pacific Community, Regional Synthesis Report of the Pacific Climate Change and Disaster Risk Finance Assessments, Suva, Fiji, August 2019, p. 14.
③ Pacific Community, "The Pacific Community (SPC) and Climate Change: Building Resilient Communities in the Pacific", https://www.spc.int/resource-centre/publications/the-pacific-community-spc-and-climate-change-building-resilient.

2016年太平洋共同体在欧盟"建设安全与复原能力项目"支持下执行了减少灾害风险战略的制定,到2018年已在7个岛国或岛屿领地实施;2016年在法国开发署(AFD)"生态系统修复与适应气候变化"项目资金支持下开展海岸管理整合项目,到2019年发布评估报告,总结经验得失。[1]

太平洋共同体在其他领域的一些活动也与气候变化相关,例如太平洋共同体长期以来聚焦的公共卫生与健康问题。太平洋共同体秘书长科林·图库伊汤加特别强调了气候变化对太平洋岛国人民健康带来的影响,包括极端气温可能造成心脏病与呼吸道疾病高发,并认为气候变化对健康的冲击还尚未被认识到。[2]

三、太平洋地区环境规划署

根据太平洋地区环境规划署的自我定位,该署是南太平洋地区气候变化问题的"领导者、协调者和执行者","将继续在地区应对气候变化挑战中发挥领导力"。[3]

1. 政策规划与地区协调

早在2012年,"温德尔报告"就已经发现了太平洋岛国论坛、太平洋共同体和太平洋地区环境规划署在气候变化问题上存在事权竞争。"温德尔报告"建议明确太平洋地区环境规划署在气候变化问题上的核心角色,将气候资金的使用和项目归入太平洋地区环境规划署,实质上

---

[1] Pacific Community, Pacific Community Results Report 2016, Noumea, New Caledonia, 2017, p. 42; Pacific Community, Pacific Community Results Report 2017, Noumea, New Caledonia, 2018, p. 45; Pacific Community, Pacific Community Results Report 2018, Noumea, New Caledonia, 2019, p. 53.

[2] "Interview with Dr Colin Tukuitonga: from Crisis to action in Pacific Communities", https://www.phrp.com.au/issues/december-2018-volume-28-issue-4/interview-with-dr-colin-tukuitonga-from-crisis-to-action-in-pacific-communities/.

[3] "Climate Change Resilience", https://www.sprep.org/programme/climate-change-resilience.

加强太平洋地区环境署的权力，给该署更多介入政策规划与地区协调的职能和需求。①

2016年出台的FRDP整合了此前由太平洋地区环境规划署负责的《太平洋岛国气候变化行动框架》，成为整个地区的气候变化顶层设计。在新的顶层设计与地区组织分工之下，太平洋地区环境规划署于2017年出台了《战略计划（2017—2026）》，明确将FRDP作为指导与其他地区组织、捐助者和联合国共同加强应对气候变化复原能力的地区合作方针。②

据此，太平洋地区环境规划署提出了四大优先地区目标——气候复原能力、岛屿和海洋生态系统、废弃物管理和污染控制，以及环境监测和治理。具体内容见下表：

表7-2　太平洋地区环境规划署《战略计划（2017—2026）》设定的地区目标和具体内容

地区目标	具体内容
1. 加强气候变化复原能力	1.1 加强太平洋岛屿成员在领导、排序和管理适应与减缓国家自主贡献以及减少灾害风险方面的能力
	1.2 最大化降低对太平洋岛屿生态环境脆弱性的多重压力
	1.3 提高在气象预报、早期预警系统、长期预测和改善气候服务中的国家气象和水文服务能力
	1.4 支持太平洋岛屿成员获取和管理气候融资和申请成为认证实体
	1.5 支持太平洋岛屿成员制定应对气候变化与灾害所致的损失与损害和人口流动的政策

---

① Peter Winder, Tessie Eria Lambourne and Kolone Vaai, *Review of the Pacific Islands Forum Secretariat – Draft Report*, Leaked Document, May 2012, pp. 37 – 38.

② Secretariat of the Pacific Regional Environment Programme, Strategic Plan 2017 – 2026, Apia, Samoa, 2017, pp. 3 – 4.

续表

地区目标	具体内容
2. 健康和可复原性的岛屿和海洋生态系统	2.1 有效管理保护海洋与海岸生态系统；减缓渔业活动对濒危物种种群健康的影响；减少海洋污染物的泄露等
	2.2 支持与地区和国际承诺一致的海洋、海岸和陆地生态系统和生物多样性自然保护与可持续利用
	2.3 预防濒危物种灭绝，支持其自然保护状态
	2.4 大幅度减少外来物种入侵对陆地和海洋生态系统的社会—经济与生态影响，控制或消灭重点外来入侵物种
3. 改善废弃物管理和污染控制	3.1 最大化降低化学品和所有废品对人类健康和环境的负面冲击
	3.2 加强废弃物管理的国家、地区和国际机制
	3.3 从废品和污染物中回收再利用资源
	3.4 改善废品和污染物的周边环境监测
4. 环境治理的承诺和最佳实践	4.1 加强可持续发展国家计划和实施系统
	4.2 改善良好环境治理的国家能力
	4.3 加强国家和地区层面环境数据采集、监测、分析与对成果的报告
	4.4 加强对机制资金的获取与对资金的有效使用和所需的高效介入
	4.5 加强科学、政策和传统及当地知识的集成，指导政策制定

资料来源：Secretariat of the Pacific Regional Environment Programme, Strategic Plan 2017 – 2026, Apia, Samoa：SPREP, 2017, pp. 15 – 17.

在地区协调方面，太平洋地区环境规划署在《太平洋地区主义框架》和 FRDP 指导下与其他太平洋地区理事会成员机构展开合作，其中特别是与太平洋岛国论坛和太平洋共同体密切协调。2017 年，该署秘书处与太平洋共同体秘书处签订了《谅解备忘录》，进一步确认了双方各自的事权，加强了分工协调。[1] 此外，该署还与太平洋岛国发展论坛、美拉尼西亚先锋集团等新地区组织加强了合作，签订了《谅解备忘

---

[1] Rohit Rex, "SPC And SPREP Seal Partnership For Resilient And Sustainable Pacific Development", 27 July 2017, https：//corporate. southpacificislands. travel/spc – sprep – seal – partnership – resilient – sustainable – pacific – development/.

录》，支持这些新地区组织应对气候变化的政策。① 在"2017 太平洋海洋年"特别是"首届联合国海洋大会"期间，该署牵头组织了"我们的海洋、我们的人民、我们的太平洋"高级别会议和主题航海文化展示，并参与了其他 10 余场边会的组织工作。②

2. 融资支持与项目实施

《战略计划（2017—2026）》提出，增加获取气候融资是太平洋岛国的高优先事项，作为绿色气候基金、全球环境基金和适应基金的认证实体，该署将支持成员申请这三个基金和其他资金来源。作为太平洋气候变化中心（PCCC）的承办机构，该署还希望成为太平洋地区气候变化行动的协调者，负责具体项目的执行。③

《战略计划（2017—2026）》提出后太平洋地区环境规划署的在手项目、资金数量及资金来源如下表：

表 7－3　太平洋地区环境规划署从事项目与经费一览表

项目名称	项目开展时间	项目经费	预算与经费来源	实现地区目标
"太平洋集成中心"——非加太地区与多边环境协议有关的能力建设项目（第 2 阶段）	2014—2018	116.9 万美元	联合国环境署	环境监测与治理
生物多样性和保护区管理项目（第 2 阶段）	2018—2023	162.4 万美元	欧盟	海岛与海洋生态系统

---

① "MSG And SPREP Seal Partnership", 4 December 2013, https：//www.sprep.org/news/msg-and-sprep-seal-partnership.
② "Our Ocean, Our People, Our Pacific", 9 June 2017, https：//www.sprep.org/news/our-ocean-our-people-our-pacific.
③ Secretariat of the Pacific Regional Environment Programme, Strategic Plan 2017－2026, Apia, Samoa, 2017, p. 15.

续表

项目名称	项目开展时间	项目经费	预算与经费来源	实现地区目标
太平洋地区气候和海洋支持项目	2012—2018	25.0 万美元	澳大利亚	气候复原能力
减少持续性有机污染物（POPs）泄露项目	2013—2018	303.5 万美元	全球环境基金	废弃物管理与污染控制
（保护生物多样性的）《名古屋议定书》在太平洋岛国的批准与实施	2016—2020	299.7 万美元	全球环境基金（主要来源）；太平洋岛国政府；太平洋地区环境规划署；联合国环境署；多个捐助者	海岛与海洋生态系统
整合海岛多样性的自然保护管理以实施海岛生物多样性工作项目	2012—2017	430.3 万美元	全球环境基金	海岛与海洋生态系统
气候变化信息知识管理项目（第2阶段）	2017—2020	104.4 万美元	澳大利亚 各岛国政府	气候复原能力
加强太平洋地区的环境评估和汇报规划与水平以实施多边环境协议的国家与地区能力建设项目	2016—2021	432.0 万美元	全球环境基金	环境监测与治理
太平洋危险品废弃物项目	2013—2017	785 万欧元	欧盟	废弃物管理与污染控制
太平洋基于生态系统的气候变化适应项目	2017—2020	600 万欧元	德国	海岛与海洋生态系统
海洋酸化的新西兰—太平洋岛国伙伴关系	2015—2019	122.2 万欧元	新西兰	气候复原能力

资料来源：太平洋地区环境规划署秘书处网站①

---

① "Projects Database"，https：//www.sprep.org/projects.

值得注意的是，太平洋地区环境规划署在获取气候融资和实施项目的职能上与太平洋共同体有重叠之处。特别是在气候融资方面，太平洋地区环境规划署的项目资金来源与太平洋共同体相似，都有大量资金来自欧洲国家和全球环境基金等多边机制。此外，与太平洋共同体相同，太平洋地区环境规划署也有一些项目涉及能力建设，包括在 FRDP 推出后新上的项目，例如"太平洋集成中心"、气候变化信息知识管理项目、加强太平洋地区的环境评估和汇报规划与水平以实施多边环境协议的国家与地区能力建设项目等。这说明两个地区组织之间的事权重叠问题仍然存在。

四、太平洋岛国发展论坛

作为新地区组织的代表，太平洋岛国发展论坛建立伊始就以"绿色/蓝色发展"为主要宗旨，应对气候变化是该组织的最重要议题。因此，太平洋岛国发展论坛在气候议题上投入很大，已成为南太平洋地区气候治理中的重要组成部分。

太平洋岛国发展论坛在地区气候议程中的特点突出。作为新兴的、完全由太平洋岛国和岛屿领地组成的地区组织，太平洋岛国发展论坛有三个"缺乏"：缺乏经费保障、缺乏人员与能力、缺乏机构组织经验，这限制了这个地区组织在筹集气候资金和开展具体项目上的能力。太平洋岛国发展论坛在地区气候议程上实际上主要走政治路线（与类似太平洋共同体的技术路线相对），侧重通过发布政治宣言与文件、制造概念、开展宣传活动等手段，占据道义制高点，引领地区议程设置，争取其在地区气候议程上的议事权和话语权。此外，太平洋岛国发展论坛走"草根"路线，比其他地区组织更加"接地气"，广泛依托地区内外的非政府组织、公民社会、社区和个人，弥补在经费、人员和能力上的先天不足，利用这些非国家行为体为其主张造势。

太平洋岛国发展论坛被广泛视为太平洋岛国论坛的竞争者，这尤其体现在气候议程上。太平洋岛国发展论坛为了降低这种竞争性，宣称自己是专门聚焦绿色/蓝色发展的组织，以示与聚焦政治讨论的太平洋岛国论坛相区别。但实际上，气候政治才是南太平洋地区最大的政治，气候话语权与议事权是重要的权力，而这恰恰是太平洋岛国发展论坛的重点。太平洋岛国发展论坛开会的时机也往往在太平洋岛国论坛开会前一到两周，有利于其通过发布文件、提出概念等方式提升某个话题的热度，为地区议程"造势"，直接影响到太平洋岛国论坛的氛围。当然，2017年以后，两大论坛之间的关系中的合作特征加强，机制间关系呈现出复杂的动态。

太平洋岛国发展论坛与同为新地区组织的美拉尼西亚先锋集团关系紧密，在气候议程上是相互配合的关系。此外，与太平洋共同体、太平洋地区环境规划署、南太平洋大学等地区组织在气候议程上的合作关系也逐步建立。

1. 第三届峰会与《苏瓦宣言》

如前文所述，太平洋岛国发展论坛的《宪章》就已经明确了该组织以应对气候变化为主要愿景。这个愿景在2015年9月第三届太平洋岛国发展论坛领导人会议通过的《苏瓦宣言》中尤其明显。

第三届太平洋岛国发展论坛领导人会议召开时值2015年巴黎气候大会即将召开，各方都在为巴黎气候大会进行活跃的外交和舆论准备。太平洋岛国发展论坛希望以"我们的论坛"身份代表太平洋岛国人民在此时发出"太平洋声音"。为此，《苏瓦宣言》着重强调三个主题：昭示太平洋岛国和岛屿领地在气候变化威胁下的脆弱性；声讨现有的应对气候变化措施严重不力；不仅向本地区，而且向国际社会呼吁巴黎气候大会达成全面、充分、有法律约束力、回应太平洋岛国诉求的协议。

《苏瓦宣言》开篇就将气候变化上升到生存与道义高度："气候变化给我们的人民、社会、生计和自然环境造成了不可逆的损失与损害；给我们的生存造成了业已存在的威胁以及对整个太平洋小岛屿国家的人权侵犯。"宣言强调，太平洋岛国和岛屿领地人民正在遭受气候变化的真实威胁，并列出了热带风暴、海平面上升、风暴与风浪、更频繁的极端气象、珊瑚礁退化、海水入侵、更高的大潮、海岸侵蚀、降水模式变化、海岛被淹没和海洋酸化等具体表现形式。

《苏瓦宣言》使用"强烈遗憾"和"深切不满"等强烈措辞表达对现存的应对气候变化措施严重不力的不满。宣言特别强调了减缓气候变化的国家自主贡献预案（INDCs）与气候融资严重不足，强调了减排要基于公平、符合共同但有区别的责任和各自的能力原则，认为发达国家应当在减缓行动和执行实施中起到带头作用——这与澳新等"伞形国家"一贯模糊发达国家与发展中国家区别的做法明显不同。

《苏瓦宣言》呼吁巴黎气候变化协议将升温控制在1.5℃——这代表了岛国的一贯立场，但与澳新拉开了距离；呼吁发达国家尤其担负起责任——这与太平洋岛国论坛强调"所有缔约方"都要负责形成了对比；强调巴黎气候变化协定必须在德班平台确定的六大要素（减缓、适应、资金、技术、能力建设和透明度）间保持平衡，并将（气候变化造成的）损失与损害单列为第七大要素——这一条鲜明针对澳新等"伞形国家"在巴黎气候大会前已经显现出的过于强调德班平台中的某些要素而忽视其他要素、在各要素之间不平衡的倾向，并突出了小岛屿国家对损失与损害的特殊关切；明确提出了巴黎气候变化协定须纳入气候难民问题；强调了太平洋岛国低碳交通转型，特别是海运，表示这对于太平洋岛国来说尤其重要；强调适应气候变化的措施必须100%为赠款，反对发达国家在援助上"拆东补西"的行为；发展基于太平洋岛国的研究和技术能力，加强能力建设，支持社区、公民社会和私营部门更强有力的参与等。此外，宣言还提出了一些列非常激进（当然也意味着难以实现）的减排方案，例如呼吁各方承诺禁止新建化石能源开采产业，尤其是禁止新建煤矿。[①]

《苏瓦宣言》带有鲜明的政治性质与道义性质。与其他文件特别是一周后太平洋岛国论坛发布的宣言相比，《苏瓦宣言》在立场上明显更

---

① Pacific Islands Development Forum, Suva Declaration on Climate Change, Suva, 2 – 4 September, 2015.

为激进、更代表太平洋岛国一贯的气候变化立场，大打"道义牌"、"悲情牌"和"雄心牌"，提出了若干高要求、高难度的具体措施，在措辞上使用了更加鲜明、带有草根特色的语言。显然，这是由这份宣言的功能有关——这份宣言的主要目的并非提出一套切实可行的方案，而是"发声"、"呐喊"，向随后举行的太平洋岛国论坛施压，也是为准备巴黎气候大会而占领道义高地、追求气候议程领导权、制造舆论氛围。这也符合太平洋岛国发展论坛的机制特点。正如时任中国—太平洋岛国论坛对话会特使杜起文在第三届太平洋岛国发展论坛领导人会议致辞所说，这届峰会必将对巴黎气候大会的准备施加影响。[①] 事实确实如此，《苏瓦宣言》为筹备巴黎气候大会、试图引领全球和地区气候议程、发出"太平洋声音"起到了特殊作用。

2. 第四届峰会与《太平洋气候条约》

《巴黎协定》的达成，其中多少出人意料地纳入"努力"将全球升温控制在1.5℃的岛国立场，以及太平洋岛国（至少在表面上）在整个谈判中所起的重要作用，都曾一度给太平洋岛国带来了强烈的、乃至在某些方面不切实际的自信。但《巴黎协定》在措辞上有意留下了诸多模糊之处，使各方都可以根据自己的理解对其进行解读诠释，这开启了"后巴黎时代"的气候话语权博弈。

第四届太平洋岛国发展论坛领导人会议就是在这个大背景下召开的。这也是太平洋岛国发展论坛领导人会议第一次在斐济以外召开，第一次由斐济以外的太平洋岛国领导人担任论坛主席，第一次有传统上的南太平洋地区以外的国家（东帝汶）正式加入，在当时都显示了这个新生的地区组织正在走向机制化发展的正轨。

由此，太平洋岛国发展论坛领导人在气候治理方面萌生了更雄心勃

---

① Du Qiwen, "Address by H. E. Ambassador Du Qiwen at the Third Summit of the Pacific Islands Development Forum", 4 September 2015, http://fj.china-embassy.org/eng/xw/t1293737.htm.

勃的目标，在这届峰会的成果文件中提出了一系列需要在 2017 年执行的与气候变化相关的工作计划，包括开展"气候领导力行动"、考虑制定"气候变化路线图"、举办"2017 太平洋海洋年"活动、参与筹备2017 年"首届联合国海洋大会"、举办首届"太平洋蓝色经济高级别会议"、获得联合国观察员席位、制定太平洋岛国发展论坛 2017—2020 年战略计划草案、制定《太平洋气候条约》等。对这个预算、人员、能力与精力等都非常有限的新地区组织来说，这个工作计划显然过于"超负荷"了。虽然太平洋岛国发展论坛 2016 年底即获得了联合国观察员席位（提前完成了 2017 年的任务），2017 年努力完成了与海洋治理相关的任务，但"气候领导力行动"、"气候变化路线图"和《太平洋气候条约》三项工作均没有落实，而且没能如期在 2017 年召开第五届峰会。

尽管《太平洋气候条约》并没有真正制定出来，一直停留在草案阶段，但太平洋岛国发展论坛委托南太平洋大学法学院高级讲师玛格丽塔·维维林克（Margaretha Wewerinke）起草的条约草案也显示出这个新地区组织在"后巴黎时代"开启之时，在地区气候治理方面的意图，特别是试图强化《巴黎协定》中较为模糊的措辞的法律约束力。可以说，《太平洋气候条约》本身就是太平洋岛国发展论坛抛出的一个概念，旨在在"后巴黎时代"提出一份地区性的国际条约，对《巴黎协定》加以落实。其中最大的亮点之一是条约草案首次提出彻底禁止在缔约国领土上新建煤矿或化石能源矿产项目（没有限定为矿石开采，而且不止煤矿，因此甚至可以理解为比《苏瓦宣言》在限制新建煤矿上更为激进）。这也因此被英国《卫报》等国际媒体报道为"全球首份禁止新建煤矿的国际条约"。[①]

在控温目标上，条约草案开篇就表示，尽管应对气候变化的《巴黎

---

① Michael Slezak, "Pacific islands nations consider world's first treaty to ban fossil fuels", *The Guardians*, 14 July 2016, https：//www.theguardian.com/world/2016/jul/14/pacific-islands-nations-consider-worlds-first-treaty-to-ban-fossil-fuels.

协定》取得了可观进展，尤其是"1.5℃"被写入协定文本，然而根本矛盾是国家自主贡献提出的措施不足以实现1.5℃的高目标且不具法律约束力。

在对《巴黎协定》设定的减排目标上，条约草案也做了高限解读。《巴黎协定》规定，21世纪下半叶全球要实现温室气体的源汇平衡，但"源汇平衡"的表述非常微妙，既可以理解为实现"零排放"乃至彻底淘汰化石能源，也可以理解为碳汇与碳排放实现平衡。条约草案按照太平洋岛国的激进立场对此进行了解读，明确提出2050年前要尽早实现全球"零排放"。可以说，这是对《巴黎协定》中的明显模糊之处进行话语权争夺的尝试。

条约草案还首次以法律文本形式尝试提出了岛国的"永久主权"问题——在气候变化对太平洋岛国的生存构成真实威胁的情况下，采取条约形式在条款中明确"保护太平洋岛国人民及其领土的永久主权与权利"。可以将其解读为：即使将来气候变化、海平面上升使得岛国的某些乃至全部领土丧失，这些岛国仍然具有国际法意义上的永久主权。这种尝试性的提议既有前瞻性，也有现实性。

此外，条约草案还提出建立"太平洋岛屿气候委员会"继续推进地区合作、促进太平洋气候领导力，并建立"太平洋岛屿气候赔偿（补偿）基金"对太平洋岛屿国家与社区遭受气候变化所致的损失与损害进行赔偿（补偿）。这是对《巴黎协定》虽然提出损失与损害议题但缺乏令人满意的具体赔偿（补偿）措施的补充。

当然，条约草案也认识到实现上述这些目标并不十分现实，因此将这份条约定位为地区性国际条约，缔约国限定为太平洋小岛屿发展中国家。条约草案援引《南太平洋无核区条约》（《拉罗汤加条约》），表示这份条约将起到类似《拉罗汤加条约》的作用，建立一个类似"无核区"的"无煤区"。虽然历史上的《拉罗汤加条约》由于没有得到西方拥核国家的首肯而无法真的实现无核区目标，但起到了在道义上的引领作用；这份条约也寄希望起到类似的示范作用。①

显然，如同太平洋岛国发展论坛的很多倡议一样，提出者本身并没有指望真的将这些雄心勃勃的目标和举措一一落实。《太平洋气候条约（草案）》本身就明确表示了这一点。并不意外地，这份条约草案至本书截稿时仍处在被搁置的状态。但是，提出这些目标和举措本身就是发出"太平洋声音"，在气候话语权的争夺中仍然发挥了作用。

3. "2017太平洋海洋年"

以2016年马拉喀什气候大会和特朗普当选美国总统为转折点，全球气候治理进入了低谷期。不过，2017年是全球海洋治理的一个高潮。在南太平洋地区，海洋治理与气候治理自然而然地密切结合在一起。其中，太平洋岛国发展论坛于第四届领导人会议上形成的霍尼亚拉决议，2017年初正式发起的"2017太平洋海洋年"成为引领地区海洋议程的倡议。地区气候议程借助地区海洋议程持续扩展。

根据霍尼亚拉决议，"2017太平洋海洋年"的一大背景就是联合国海洋大会预计于2017年6月召开，斐济担任联合主办国。为此，太平洋岛国发展论坛成员领导人鼓励各方参与海洋年在地方、国家和地区多个层面的各项活动，包括促进海洋可持续发展主题、征集信息、形成"自下而上"的当地民众广泛参与、动员合作伙伴、组织媒体活动、利用社交媒体宣传、开展后续活动等。可见，从一开始，岛国领导人就将扩展影响力作为"2017太平洋海洋年"的主要目标，把动员和媒体传播作为实施"2017太平洋海洋年"的主要举措。

2017年6月，为了落实联合国可持续发展目标-14关于海洋和水下生物保护的议程，被称为"首届联合国海洋大会"的"保护和可持续利用海洋和海洋资源以促进可持续发展"联合国高级别会议在纽约联合国总部召开。预热、配套和相关系列活动从2017年2月就开始进行。

---

① Margaretha Wewerinke, "Thinking Globally, Acting Regionally: the Case for a Pacific Climate Treaty", http://pacificidf.org/wp-content/uploads/2013/07/Pacific-Climate-Treaty.pdf.

作为联合主席国，办好这次会议和系列活动成为斐济在 2017 年上半年的重点外交工作之一。太平洋岛国在会场内外都非常活跃，在会场内就海洋治理、蓝色经济、海洋与气候变化、海洋与可持续发展等主题表达太平洋岛国的观点；在会场外则组织了若干边会，包括太平洋地区环境规划署牵头的"我们的海洋、我们的人民、我们的太平洋"主题航海文化展示。正是在这次会议上，"蓝色太平洋"作为综合太平洋岛国海洋、气候与可持续发展治理的新概念逐渐开始流行，为此后成为整个南太平洋地区的新叙事、新观念提供了雏形。①

太平洋岛国发展论坛举办的"2017 太平洋海洋年"活动的高潮是 8 月举行的首届"太平洋蓝色经济高级别会议"，为"蓝色太平洋"表述的形成起到了承上启下的推动作用。会议主题"变化气候中的可持续海洋"将海洋治理与气候变化联系在一起。会议主席为时任太平洋岛国发展论坛主席国所罗门群岛的外交部长米尔纳·托扎卡（Milner Tozaka）。值得注意的是，太平洋岛国论坛秘书长达梅·梅格·泰勒以"太平洋海洋专员与联合国海洋大会可持续发展目标 - 14 伙伴关系对话主席"的身份出席并做主旨发言，这标志着两个论坛之间的关系缓和，以及在地区海洋治理中共同行动。

就在会议召开前一天，太平洋岛国的"气候领袖"、在巴黎气候大会中起到太平洋岛国代言人作用的前马绍尔群岛外交部长托尼·德·布鲁姆去世，会议开幕前专门为他和另一位太平洋岛国"气候领袖"马特兰·扎克拉斯（Mattlan Zackhras）默哀。这给会议的召开更增添了悲情色彩，也自然而然引入了更多关于气候变化的讨论。斐济总理姆拜尼马拉马在开幕发言中，强调了海洋与气候之间的互动联系。图瓦卢总理索波阿加通过对托尼·德·布鲁姆的怀念，表达将气候变化纳入地区海洋议程的立场。会议讨论与成果文件认为，海洋与气候是同一枚硬币的

---

① 参见 "The Blue Pacific at the United Nations Ocean Conference", https://www.forum-sec.org/blue-pacific-united-nations-ocean-conference/; "SPREP at the United Nations Ocean Conference", https://www.sprep.org/attachments/pacvoyage_un_oceans/SPREP_at_UNOC.pdf; "Calendar", https://oceanconference.un.org/calendar.

两面，认为旧的经济模式导致了海洋污染与气候变化，主张建立"可持续的太平洋蓝色经济"。成果文件建议将气候变化更多纳入《联合国海洋法公约》框架，从国际法与全球治理层面考虑气候变化与海洋边界、渔业、可持续旅游业、海洋绿化与"蓝碳"（blue carbon）等蓝色产业之间的关系，通过蓝色经济应对气候变化。

两周后的太平洋岛国论坛确立了将"蓝色太平洋"作为太平洋岛国地区认同的"新叙事"。"2017 太平洋海洋年"在整个进程中发挥了关键角色。

4. 第五届峰会与《楠迪湾宣言》

尽管包括太平洋岛国发展论坛在内的南太平洋地区组织在 2017—2018 年间在海洋治理议题上非常活跃，也取得了一些实际成果和宣传效果；但是如文前所述，这段时间全球气候治理整体处于低谷期。2019 年，全球气候治理重新起势。在此背景下，2019 年 7 月底，第五届太平洋岛国发展论坛领导人会议在延迟了两年后终于召开。峰会通过了《楠迪湾宣言》，试图唤起人们对太平洋岛国面临气候变化威胁的重视。

《楠迪湾宣言》最核心的一条就是"宣布太平洋地区进入气候变化危机"，明确抛出了"气候变化危机"概念。将气候变化的威胁界定为"危机"，在地区组织宣言中前所未有，将这份宣言的政治性推向了一个新的高度。

《楠迪湾宣言》提出了 12 点呼吁，其中特别包括呼吁《京都议定书》缔约方不要将《京都议定书》第一承诺期内的"排放许可盈余"带到 2020 年后的气候机制里。这条特别针对澳大利亚等"伞形国家"。澳大利亚在《巴黎协定》的国家自主贡献中承诺在 2005 年基础上减排 26%，但其实考虑到澳大利亚拥有的"剩余配额"，其减排效果仅为在 1990 年基础上的 16%，这使得澳大利亚无须做太多努力就能实现减排承诺，引发国际社会特别是太平洋岛国的普遍不满。宣言将这种不满明确表达出来。

此外，宣言还再次呼吁煤炭生产者停止新建煤矿，并制定为期 10

年的"退出计划",逐步关停所有现有煤矿生产,并呼吁各国逐步减少化石能源生产与使用,呼吁所有发达国家支持脆弱发展中国家的气候融资、能力建设和技术转移等。

与太平洋岛国发展论坛的行为模式相符,《楠迪湾宣言》也是政治性大于可操作性——提出了若干高目标,实现的可行性较弱,但重在争夺气候话语权,为紧接着召开的太平洋岛国论坛富纳富提峰会、联合国气候变化峰会和预计于年底召开的智利圣地亚哥气候大会(后因智利国内局势动荡改在西班牙马德里召开)制造重点议题(尤其是《京都议定书》"排放许可盈余"问题)、引领国际舆论。①

《楠迪湾宣言》提出的"气候变化危机"在两周后的太平洋岛国论坛富纳富提峰会上得到热烈讨论,通过议题设置与舆论压力引领了会议议程。当然,这只是太平洋岛国发展论坛与太平洋岛国论坛两大地区组织在地区气候治理和议程设置上的一次较新的互动案例。在机制并存的背景下,这种互动可能还将持续下去。

5. 全球合作与活动

太平洋岛国发展论坛主动与全球范围内的机构寻求在应对气候变化问题上的合作。2014 年 10 月,时任太平洋岛国发展论坛临时秘书长特奥访问了位于韩国首尔的全球绿色增长研究所(GGGI),双方探讨了如何推动太平洋岛国绿色增长的问题。此后,双方关系不断加深。2017 年 6 月,双方签订合作谅解备忘录,太平洋岛国发展论坛得以借助全球绿色增长研究所的专家资源和专业支持应对气候变化。② 例如,2019 年 11 月,全球绿色增长研究所支持了在斐济楠迪举办的太平洋岛屿交通

---

① "Pacific Leaders Declare Climate Crisis, Demand End to Coal", Radio NZ, 31 July 2019, https://www.rnz.co.nz/international/pacific-news/395629/pacific-leaders-declare-climate-crisis-demand-end-to-coal; "Pacific Islands Criticise Australia's Carbon Accounting Dodge", 31 July 2019, https://www.climatechangenews.com/2019/07/31/pacific-islands-criticise-australias-carbon-accounting-dodge/.

② "Development Forum Signs on for Green Growth Help", Fiji Sun, 28 June 2017, https://fijisun.com.fj/2017/06/28/development-forum-signs-on-for-green-growth-help/.

论坛。①

太平洋岛国发展论坛还积极"走出去"。2015 年 1 月，太平洋岛国发展论坛代表团参加了在阿联酋阿布扎比举行的国际可再生能源局第五次会议，探讨了阿联酋与南太平洋大学的合作、对太平洋岛国水资源和可再生资源提供援助等事宜，并给予阿联酋太平洋岛国发展论坛观察员资格。2016 年 1 月，时任太平洋岛国发展论坛秘书长马特尔出席了由太平洋海洋专员办公室主办的"太平洋小岛屿发展中国家海洋伙伴"培训会，学习了地区性架构如何支持联合国的任务，确保在联合国未来的议程中在地区海洋问题上获取最新信息。2017 年 2 月，太平洋岛国发展论坛代表团赴新加坡访问，就气候变化的适应与减缓问题与新方交换意见，学习了新加坡在城市岛屿复原性发展的七大关键战略领域的经验，参观了新加坡的港口管理、水资源管理、经济发展、职业教育、公共管理与旅游推广等项目。② 2019 年 10 月，太平洋岛国发展论坛候任秘书长索洛·马拉参加第三届中国－太平洋岛国经济发展合作论坛并就绿色经济做了大会发言。③

五、美拉尼西亚先锋集团

美拉尼西亚先锋集团作为一个次地区组织的应对气候变化议程是多层次地区主义在气候领域的具体案例。

与覆盖整个地区的组织与机制相比，美拉尼西亚先锋集团在地理（以及心理）上更为接近，共同特点更多。美拉尼西亚先锋集团的 4 个岛国（巴新、斐济、所罗门群岛、瓦努阿图，但斐济具有美拉尼西亚和

---

① "GGGI Supports Pacific Islands Transport Forum and Expo in Fiji", 12 November 2019, https://aws.gggi.org/gggi-supports-pacific-islands-transport-forum-and-expo-in-fiji/.

② "Singapore High Level Study Trip", 21 February 2017, http://www.pidf.int/singapore-high-level-study-trip/.

③ "PIDF Secretary General Amb. Solo Mara Talks Up the Green Economy at the China-Pacific Forum", 21 October 2019, http://greenbusiness.solutions/pidf-secretary-general-solo-mara-talks-up-the-green-economy-at-the-china-pacific-forum/.

波利尼西亚双重性）和一个岛屿领地（新喀里多尼亚）"占了太平洋岛屿陆地总面积的 98%、自然资源和生物多样性的 90% 和总人口的 87%"①。除去卡纳克社民解阵作为一个并不具有主权的政治势力，情况特殊外，美拉尼西亚先锋集团 4 个主权成员国在应对气候变化的国情与面临挑战方面具有诸多相似之处：陆地面积都相对较大（因此与密克罗尼西亚或波利尼西亚的小岛屿国家国情存在差异）；都拥有较丰富的陆上自然资源（包括林业资源和生物多样性）；海岸线长，海岸生态系统（包括红树林、海草床、海岸沼泽地等）分布广；除斐济外都是最不发达国家；农业仍然是国民经济和生计的支柱而且种植与收获方式仍然保留有大量原始残余、缺乏现代化手段；土地所有状况复杂，私有、国家所有和社区所有并存，传统与现代土地所有制并存，涉及土地的现代法律与传统习惯并存；都同时面临经济发展和应对气候变化的双重任务，其中包括利用林业资源发展经济与保护林业资源应对气候变化之间的突出矛盾；而且都存在国家能力建设严重不足但能力建设资金严重缺乏的矛盾，是南太平洋三大次地区中得到的人均气候援助最少、与需求相比的差距最大的次地区。

在这些共同特点背景下，美拉尼西亚先锋集团在地区气候议程上的立场也很鲜明，专注于维护本次地区利益，尤其是在林业和海岸生态系统应对气候变化等方面有特殊关切。在职能上，综合性是美拉尼西亚先锋集团的特点，融政治意愿表达、行动计划制定和具体项目开展为一体，而且行动相对较为迅速，较为贴近本次地区的实际需求。

1. 表达政治意愿

美拉尼西亚先锋集团的气候治理，首先体现在领导人从最高层表达的政治意愿。其中，2012 年的《美拉尼西亚先锋集团领导人关于环境与气候变化的宣言》（MSG - ECC 宣言）具有纲领性，而且引领了其他

---

① Sandra Tarte, "Regionalism and Changing Regional Order in the Pacific Islands", *Asia & The Pacific Policy Studies*, Vol. 1, No. 2, 2014, p. 318.

两个次地区乃至整个太平洋岛国领导人的政治意愿的表达。

宣言首先强调美拉尼西亚独特的生态系统和生物多样性，包括热带森林、河流流域、山地和海岸生态系统及海洋资源，美拉尼西亚先锋集团需要采取有效措施加以管理保护，但业已存在的人口增长和社会经济发展，威胁了自然环境和健康的生态系统在减缓和防护气候变化所致影响的"生态基础设施"角色，而气候变化又加剧了这种挑战。这是美拉尼西亚次地区应对气候变化的核心问题与矛盾。

宣言提出了美拉尼西亚国家气候治理的一整套方案，包括：

第一，采纳"美拉尼西亚先锋集团绿色增长框架"，作为整合所有已有和新增地区倡议的基础，包括"太平洋红树林倡议"（Pacific Mangroves Initiative）、"珊瑚礁三角区倡议"（Coral Triangle Initiative）等。

第二，呼吁"美拉尼西亚蓝碳倡议"（Melanesia Blue Carbon Initiative）重视红树林、湿地、海岸沼泽地、海草床在固碳（carbon sequestration）和海岸保护、粮食安全等其他方面的内在收益。

第三，宣布成立"美拉尼西亚陆生生物承诺"（Melanesia Terrestrial Commitment），以将每个成员保护管理森林、主要河流、山区和海岸生态系统的义务正式化，同时保证农业和经济发展所需土地的可持续利用。

第四，将减少毁林和森林退化所致排放（REDD+）扩展到非林区的社区与生态系统，呼吁所有成员在落实爱知生物多样性目标（Aichi Biodiversity Targets）上在地区与全球发挥领导力。

可以看出，这四个方面都符合美拉尼西亚次地区的主要自然特征，也是美拉尼西亚各国应对气候变化利益的共同点。

所有这些举措都需要行政和资金支持方能加以落实。为此，宣言决定在美拉尼西亚先锋集团秘书处设立环境与气候变化部门，以承担行政职能。宣言还呼吁建立"美拉尼西亚绿色气候基金"（Melanesia Green Climate Fund），从国际应对气候变化的减缓与适应基金和通过其他创新性方式（如从矿业、采掘业和私营部门）获取资金资源。美拉尼西亚领导人还呼吁成员在地区和国家层面上建立可持续的融资机制以支持上述这些活动。宣言最后邀请全球和地区发展伙伴和包括矿业与其他采掘业在内的私营部门支持美拉尼西亚先锋集团的工作，将这份宣言落实为成果。①

MSG－ECC宣言既体现了太平洋岛国在地区气候治理中的共性，也体现了基于美拉尼西亚国家自身特点的特殊关切，例如对森林与陆生生物的保护和基于海岸生态系统的"蓝色碳汇"。作为南太平洋地区最大的红树林、海草与海岸沼泽地的拥有者，美拉尼西亚国家尤其强调这些生态系统的重要性，并试图通过"蓝碳"等倡议在应对气候变化与获得经济收入之间取得双赢。在林业与矿业、林业与农业、林区与非林区之间的平衡考虑，尤其体现了美拉尼西亚国家面临的复杂矛盾。

MSG－ECC宣言在美拉尼西亚次地区气候治理中发挥了纲领性文件作用，影响了此后数年美拉尼西亚先锋集团的气候治理路径，在整个南太平洋地区应对气候变化的领导人政治意愿表达中处于领先地位，也产生了一定的国际影响。国际自然保护联盟在宣言发布后即表示赞同。②在宣言发布后不久，瓦努阿图总理萨托·基尔曼等美拉尼西亚领导人前往"里约+20"峰会，推广这份宣言并寻求潜在支持，特别是为实现宣言中所列倡议与计划的资金支持。③

寻求资金支持的努力在相当长一段时间里并没有取得成功，这使得设想中的"美拉尼西亚绿色气候基金"一直没有真正运行，"美拉尼西亚先锋集团绿色增长框架"也因缺乏外部资金支持而实现程度不高。不过，寻求道义支持的努力取得了成功。REDD+更多关注了林区与非林区的关系问题。旨在加强对红树林、海草与海岸沼泽地等海岸生态系统

---

① "MSG Leader's Declaration on Environment and Climate Change – PACNEWS PINA", 11 April 2012, http://pacifikanakynews.blogspot.com/2012/04/msg-leaders-declaration-on-environment.html.

② "Melanesian Leaders Make Serious Commitment for Nature and Climate Change", 4 April 2012, https://www.iucn.org/content/melanesian-leaders-make-serious-commitment-nature-and-climate-change.

③ Makereta Komai, "MSG Promotes Declaration", *Fiji Sun*, 22 June 2012, https://fijisun.com.fj/2012/06/22/msg-promotes-declaration/.

保护与开发利用的"蓝碳"倡议逐渐得到越来越多国家与国际组织接受与支持,扩大了国际影响力。例如,中国政府 2017 年 6 月将"蓝碳"纳入《"一带一路"建设海上合作设想》,提议发起"21 世纪海上丝绸之路蓝碳计划"[1],并在当年 9 月的《平潭宣言》中正式提出要鼓励开展蓝碳研究与交流合作。[2] 在新西兰大洋洲一带一路促进机制发起的首届国际展望峰会上,笔者援引了"21 世纪海上丝绸之路蓝碳计划",提议中新两国可以成为"海洋绿色金融"伙伴,共同开展在太平洋岛国的蓝碳合作。[3]

此后的历届美拉尼西亚领导人会议都表达了对 MSG-ECC 宣言的重申,并提出了一系列旨在实现宣言的行动计划与具体措施。例如,2013 年 6 月的第 19 次美拉尼西亚领导人会议重申了 MSG-ECC 宣言提出的各项倡议并将其具体化或设置推进时间表,其中特别强调制定美拉尼西亚绿色增长计划、利用太平洋岛国发展论坛进一步推进绿色增长对话、推进美拉尼西亚绿色气候基金等。[4]

2. 制定行动计划

《美拉尼西亚绿色增长框架》是美拉尼西亚先锋集团秘书处制定的与 MSG-ECC 宣言相配套的行动计划。该框架以"协助美拉尼西亚国家追求整合的可持续发展","复原环境、社会和经济的可持续发展支柱之间的平衡"为宗旨,整体目标是"通过避免生物多样性损失和不可持续地利用自然资源和环境退化,通过提升社会福利,提升经济增长与发展"。

---

[1] 国家发展改革委、国家海洋局:《"一带一路"建设海上合作设想》,国家发展改革委,2017 年 6 月 19 日,https://www.ndrc.gov.cn/fzggw/jgsj/kfs/sjdt/201711/t20171116_1086282.html。

[2] 国家海洋局:《平潭宣言》,自然资源部,2017 年 9 月 21 日,http://www.mnr.gov.cn/zt/hy/xysjd/hhgz/201709/t20170921_2102066.html。

[3] "陈晓晨:中国新西兰要成为'海洋绿色金融'伙伴:在新西兰国际展望峰会的演讲",人大重阳网,2017 年 12 月 12 日,http://rdcy.org/index.php?s=/Index/news_cont/id/41976。

[4] Melanesian Spearhead Group Secretariat, 19th Leaders' Summit, 20 June 2013, Noumea, New Caledonia: Communiqué, Noumea, New Caledonia, 2013, pp. 4–5.

框架设立了五大目标：第一，提升增长的质量，最大化"净增长"，促进生产与消费的可持续；第二，减少经济与生态赤字之间的鸿沟；第三，规划和建设生态高效型基础设施；第四，促进可持续商业机遇；第五，整合绿色增长与可持续发展计划。在这五大目标之下，还有若干具体计划和措施设想，例如建立整合的美拉尼西亚绿色增长知识网上平台等。①

2015 年，第 20 次美拉尼西亚领导人会议通过了《美拉尼西亚先锋集团 2038 年为了所有人的繁荣计划》。在已有的 6 条一致原则基础上增加了第 7 条——环境与气候变化原则。② 这项原则着重强调了要促进国家和行业发展的绿色增长目标，推进可再生能源，鼓励整体的陆生与蓝碳生态系统管理，建立合理的气候变化减缓、适应和移民措施，制定必需的政策和立法，有效回应被自然灾害影响的社区的需求，创立美拉尼西亚绿色气候基金的融资机制和架构，以及加强气候变化方面的知识和能力建设等。③

在这次峰会的授权下，为了进一步落实 MSG-ECC 宣言以及《美拉尼西亚绿色增长框架》的五大目标，2016 年 3 月，美拉尼西亚先锋集团秘书处出台了《关于经济、气候变化与可持续发展的行动框架 2025》，除了继续呼吁建立"美拉尼西亚环境与气候变化基金"外，还提出了环境可持续、生计、气候变化适应与减缓和自然资源管理的文化与自然四大类共 17 个主题项目。④

---

① Amena Yauvoli, "Pacific SIDS Meeting and MSG Green Growth Framework", http://pacificidf.org/wp-content/uploads/2013/08/PS-Amena-Yauvoli-s-Presentation-PIDF-Session-1.pdf.

② 已有的 6 条一致原则是：美拉尼西亚传统及独特的文化、习俗和价值观；彼此和与其他国际组织例如南太平洋论坛和联合国的友好关系；对美拉尼西亚国家之间"（社交）网络"和自由互动的需求；尊重每个国家的主权；促进经济和技术合作；保持和平与地区内和谐。

③ "MSG 2038 Prosperity for All Plan", 26 June 2015, https://www.msgsec.info/wp-content/uploads/publications/26-June-2015-MSG-2038-Prosperity-for-All-Plan-and-Implementation-Framework.pdf, pp. 87-89.

④ "MSG Framework for Action on Environment, Climate Change & Sustainable Development 2025", 31 March 2016, https://www.msgsec.info/devmsgsec/images/Publications/Framework%20for%20Action/2016%2031%20Mar%20-%20MSG%20Framework%20for%20Action%20on%20Environment,%20Climate%20Change%20&%20Sustainable%20Development%202025.pdf.

当然，由于长期缺乏足够的资金支持，以上这些行动计划大部分未能转化为实际项目或成果。不过，提出这些行动计划更大的目的是试图掌握在美拉尼西亚次地区设置议程与优先度排序的权力，使这些议程能够贴近本地区的实际需要，以设定好的议程引导捐助者或投资者。

3. 落实具体措施

当然，也有一部分领导人的政治倡议与地区组织的行动计划在美拉尼西亚先锋集团秘书处有限的经费下最终转化为具体项目与措施。

如前文所述的斯德哥尔摩环境研究所《太平洋地区的气候融资：本地区小岛屿发展中国家的资金流动概述》研究报告显示，美拉尼西亚先锋集团成员国是人均接受气候援助最少的几个太平洋岛国，而能力建设是气候融资支持太平洋岛国、特别是美拉尼西亚次地区应对气候变化的短板。[①] 因此，自行开展能力建设，成为落实 MSG‐ECC 宣言和《美拉尼西亚绿色增长框架》的首要切入点。2013 年 6 月，在第 19 次美拉尼西亚领导人会议结束后，根据 MSG‐ECC 宣言和《美拉尼西亚绿色增长框架》由美拉尼西亚先锋集团秘书处最初设计、由欧盟提供搭建支持的美拉尼西亚先锋集团绿色增长知识网上平台正式发布。网上平台分为四部分：地区会议、网上讨论、网上通知和成果文件，使得注册会员可以在同一个平台上学习绿色增长相关信息、组织网络会议、网络协作办公、使用社交媒体等，旨在加强美拉尼西亚次地区应对气候变化的能力建设。[②]

需要说明的是，太平洋岛国网络基础设施建设总体上较为滞后，美拉尼西亚次地区尤其是巴新、所罗门群岛和瓦努阿图更为落后，因此上

---

① Aaron Atteridge and Nella Canales, "Climate Finance in the Pacific: An Overview of Flows to the Region's Small Island Developing States", Working Paper No. 2017‐04, Stockholm Environment Institute, March 2017, https://mediamanager.sei.org/documents/Publications/Climate/SEI‐WP‐2017‐04‐Pacific‐climate‐finance‐flows.pdf.

② 该平台至今仍然发挥作用，详见"MSG Green Growth Knowledge e‐Platform", https://www.msgsec.info/eportals/.

述这些网络技术在当时、当地环境下已经称得上先进了，被称为"新途径"和"创新方式"，是在资源有限的条件下落实《美拉尼西亚绿色增长框架》的一个可行措施。①

2015年，在《美拉尼西亚绿色增长框架》之下，美拉尼西亚先锋集团秘书处制定了分行业、分领域的具体方案，例如可持续渔业等。②成员据此签订了《美拉尼西亚先锋集团关于海岸渔业与水产业发展技术合作的谅解备忘录》，在合作领域与权责划分方面将其转化为各成员政府的行动。③

林业在经济发展与应对气候变化中的重要地位和二者之间的复杂矛盾，是美拉尼西亚次地区的突出特点，也是 MSG - ECC 等各种文件都重点强调的。为此，美拉尼西亚先锋集团秘书处开展了"美拉尼西亚先锋集团森林基准研究"项目，委托澳大利亚生态农业研究所（AIEA）的专家与秘书处自己的工作人员共同组成研究课题组，对美拉尼西亚次地区林业基本状况进行详细研究。2016年11月，课题组发布研究报告《冲突的森林：寻找美拉尼西亚林业的新视角》，其中核心问题就是探讨林业经济与林业环保与固碳功能在应对气候变化条件下的现状与二者之间的冲突，分析当前存在的问题是什么、大致需要多少资金、美拉尼西亚林业新的出路在哪里。例如，这份报告估算整个美拉尼西亚次地区林业应对气候变化的行动需要每年4亿美元的资金，这为两年后美拉尼西亚先锋集团在全球率先完成"基于需求的气候融资"具体方案提供

---

① "MSG Launches Green Growth Knowledge e - Platform", 21 June 2013, https://www.msgsec.info/wp - content/uploads/PR_archives/2013/2013 - June - 21 - MSG - Launches - Green - Growth - Knowledge - e - Platform.pdf.

② Stanley Wapot, "MSG Green Growth Framework & Roadmap for Inshore Fisheries Management and Sustainable Development", https://unctad.org/meetings/en/Presentation/ditc - ted - 05082015 - vanuatu - 2 - wapot.pdf.

③ "MOU on MSG Coastal Fishery and Aquaculture Development", 26 June 2015, https://www.msgsec.info/wp - content/uploads/documentsofcooperation/2015 - 26 - Jun - MOU - on - MSG - Coastal - Fishery - and - Aquaculture - Development.pdf.

了林业部分的研究基础。①

此外，鉴于近年来每年都会有气候变化带来的自然灾害对美拉尼西亚国家的袭扰，防灾减灾已经成为美拉尼西亚先锋集团秘书处的日常工作。前文提到的美拉尼西亚人道主义与应急反应协作中心也发挥了一部分防灾减灾的功能。②

4. 全球首份"基于需求的气候融资"

在若干具体措施中，最能体现美拉尼西亚先锋集团贴近美拉尼西亚次地区实际情况与具体需求、提供公共产品与服务的案例，当属该集团于2019年9月正式提交《美拉尼西亚先锋集团气候融资战略（2019—2021）》，成为全球第一个完成"基于需求的气候融资"具体方案制定的地区组织。

缺乏气候资金来源与融资渠道一直是美拉尼西亚先锋集团进行次地区气候治理的"软肋"。虽然该集团领导人持续呼吁，秘书处多次尝试，但该集团提出的"美拉尼西亚绿色气候基金"及此后的"美拉尼西亚环境与气候变化基金"倡议一直没有得到真正落实，使得"美拉尼西亚绿色增长框架"因为缺乏资金来源而大部分停留在空谈阶段；其他不少倡议也因为缺乏资金而仅仅停留在发声、争取话语权的阶段，没有真正转化为具体项目与措施。

"基于需求的气候融资"给美拉尼西亚先锋集团建立气候融资机制带来了新的来自全球气候治理层面的动力。如前文所述，"基于需求的气候融资"是《联合国气候变化框架公约》2017斐济主席年下取得的一个成果，旨在协助发展中国家评估需要和优先事项，以便安排气候融

---

① Johannes Bauer, David Hopa and Stanley Wapot, *The Contested Forests: Searching for New Visions for Forestry in Melanesia*, MSG Secretariat, Port Vila, Vanuatu, November 2016.

② "Honiara MSG Leaders' Summit Ends with Approval of Key Resolutions", Ministry of Foreign Affairs and External Trade of Solomon Islands Government, 15 July 2016, http://www.mfaet.gov.sb/index.php?option=com_content&view=article&id=72:honiara-msg-leaders%E2%80%99-summit-ends-with-approval-of-key-resolutions&catid=52:foreign-affairs.

资。美拉尼西亚先锋集团成员国（卡纳克社民解阵并非国家，自然也不属于《联合国气候变化框架公约》缔约国，因此不在此案例探讨范围内）国情有诸多相似之处，特别是都存在单个国家进行评估工作人力与能力不足的困难。因此，美拉尼西亚先锋集团很自然地在第一时间迅速介入，与《联合国气候变化框架公约》秘书处密切协调，汇集专家资源，开始编制"基于需求的气候融资"具体方案。①

第一次技术专家工作会于2018年8月在美拉尼西亚先锋集团秘书处举行。秘书长阿梅纳·尧沃利在致欢迎辞时表示，美拉尼西亚是全球排放最少、但却最需要气候融资的次地区，面临着共同的挑战。他认为，美拉尼西亚先锋集团可以介入、推动"基于需求的气候融资"项目，乃至将其推广到其他次地区或整个地区层面。他预计，通过双边和外出调研活动向利益相关方广泛进行咨询，能够在《联合国气候变化框架公约》第24次缔约方会议期间拿出初步方案。②

在经过咨询、调研、案头研究和又一次技术专家会后，2019年6月，作为"基于需求的气候融资"项目成果和具体方案的《美拉尼西亚先锋集团气候融资战略（2019—2021）》在《联合国气候变化框架公约》谈判边会上发布，当年9月正式完成提交。③

这份方案发现，美拉尼西亚次地区的气候融资存在以下问题：整体气候资金供给不足以满足需求；资金供给存在来源多样和碎片化问题；各成员国接受融资的能力和机制不足，难以获得融资，对接不上资金供给。方案提出了本地区气候融资的六大战略领域，分国别测算了各成员

---

① "Needs – based Finance (NBF) Project – Regional Projects", https：//unfccc.int/NBF%20Project/Regions#eq – 6.
② Amena Yauvoli, "Welcoming Remarks by the Director General Ambassador Amena Yauvoli – Technical Workshop on Needs – based Climate Finance, 15 – 16 AUG 2018", https：//www.msgsec.info/wp – content/uploads/Statements/2018 – Aug – 15 – Welcoming_Remarks_to_the_Technical_Workshop_on_Needs – based_Climate_Finance.pdf.
③ "MSG Countries on Track to Implement Their Sub – regional Climate Finance Strategy", 26 June 2019, https：//www.msgsec.info/msg – countries – on – track – to – implement – their – sub – regional – climate – finance – strategy/.

国的气候资金供给（包括国内供给和国际供给）和需求（包括减缓资金和适应资金），并分行业、分领域、分阶段具体说明。方案还提出了通过气候融资将资金供需对接起来的若干具体应对措施，包括利用清洁发展机制（CDM）、公私伙伴关系（PPP）、适应气候变化债务掉期（climate adaptation debt swap）等。方案建议斐济作为四国中唯一具有绿色气候基金执行实体的国家加强经验分享；建议瓦努阿图作为在气候融资测算方面有实践经历的国家在这方面支持其他美拉尼西亚国家；建议美拉尼西亚国家联合起来制定国家自主贡献、建立地区碳排放交易市场和地区金融工具等。①

按照美拉尼西亚先锋集团秘书长阿梅纳·尧沃利所说，这份方案给潜在资助者提供了美拉尼西亚国家到底需要什么、优先需要什么、需要多少资金的图景，有利于确认具体需求、动员气候融资，解决气候资金供需对接不畅的问题，使气候融资的扩展具有可预测性。他表示，美拉尼西亚先锋集团作为本地区的组织对成员国的评估需求与面临的挑战有理解，又广泛与本地区的公民社会组织（CSOs）和非政府组织进行接触，坚持由各成员国领导人最终决定，与本地区和全球性的发展伙伴保持协调合作。②

总之，这份方案由最贴近本地区实际情况的次地区组织制定，试图做到成员"所有"，提出了对资金的明确需求，整个反应过程较为迅速，是美拉尼西亚先锋集团参与地区和次地区气候治理的典型案例，也体现了这个组织的特色。由此，困扰美拉尼西亚先锋集团多年的气候资金不足问题迎来了新的解决方案。

---

① "Melanesian Spearhead Group（MSG）Climate Finance Strategy 2019 - 2021", https://unfccc.int/sites/default/files/resource/52859% 20 - % 20UNFCCC% 20MSG% 20Climate% 20Finance% 20Strategy% 20 - % 20web. pdf.

② "MSG Climate Finance Strategy Declared First in the World to Implement COP23 Mandate", https://www.msgsec.info/msg - climate - finance - strategy - declared - first - in - the - world - to - implement - cop23 - mandate/.

小　　结

　　本章将新时期的太平洋岛国地区气候合作放在全球气候治理的大背景和新时期太平洋岛国地区主义的大框架之下。正如李冰岩所说，"气候合作，作为太平洋地区国际合作的重要一环，也是地区合作的一个组成部分，附着于《太平洋地区主义框架》的统一指导之下。"[1]

　　通过"借力"、议程设置、叙事建构、提高合法性等路径，全球气候治理推动了南太平洋地区气候议程。全球气候治理进程为南太平洋地区气候议程设置了重要时间节点，特别是2009年哥本哈根气候大会和2015年巴黎气候大会对推动南太平洋地区气候治理发挥了关键作用。在此框架下，该地区各个地区组织与机制都在气候议程中发挥了作用：改革后的太平洋岛国论坛仍然是地区气候政治的政策中心；原南太平洋应用地球科学委员会主要部分并入太平洋共同体后，太平洋共同体是为地区气候议程提供技术性支持的主要地区组织；太平洋地区环境规划署也将自身定位为地区应对气候变化的"领导者、协调者和执行者"；太平洋岛国发展论坛以"绿色/蓝色发展"为主要宗旨，将应对气候变化视为该组织的最重要议题，在气候议题上投入很大，尤其在争夺道义制高点和话语权上表现突出，成为南太平洋地区气候治理中的重要组成部分；美拉尼西亚先锋集团在地区气候变化议程中专注于维护本次地区的利益，贴近实际需求。各个地区组织与机制之间的关系呈现出合作与竞争、差异与同质并存的状态，竞相为太平洋岛国争取气候利益，构成了多层次、多领域的太平洋岛国地区主义的组成部分。

---

[1] 李冰岩：《太平洋岛国气候合作机制研究》，华东师范大学国际关系与地区发展研究院硕士学位论文，2018年，第18页。

第八章 结语

本章是结语，总结全书的研究结论与逻辑链条，简述本研究带来的一些启示，并提出尚待进一步研究的问题。

一、研究结论与逻辑链条

综上所述，本书的研究结论概括如下：

2009年以后，在全球治理深化与地缘政治活动加剧的背景下，太平洋岛国在气候变化、渔业与海洋治理和可持续发展等领域的共同利益凸显，尤其是在气候变化问题上的立场和利益独特，对既有地区机制的不满加剧，促使了太平洋岛国推动对以太平洋岛国论坛为核心的既有地区机制进行改革，并创建新的地区组织与机制以促进这种利益。全球治理扩展与地缘政治活动加剧促使太平洋岛国在全球治理领域的权力尤其是投票权重要性增长，在联合国席位的重要性上升，是岛国的权力来源之一。在这种大环境下，太平洋岛国主动"借力"，通过运用外部权力资源对国际进程施加影响，在具体过程中推进了太平洋岛国地区主义。从"旧机制"——太平洋岛国论坛的改革和新机制——太平洋岛国发展论坛、太平洋小岛屿发展中国家集团、《瑙鲁协定》缔约国办公室、首席贸易顾问办公室以及以美拉尼西亚先锋集团为代表的次地区机制的创建与发展过程中，可以观察到这种权力上升带来的影响和太平洋岛国的"借力"过程，全球治理对太平洋岛国共同利益的推动作用，太平洋岛国的利益诉求与不满表达，以及对新旧机制演进过程的影响。不过，由于存在实力上明显的局限性，新机制难以取代旧机制，新时期的太平洋岛国地区主义因此表现为多个地区组织与机制并存并立、复杂互动，形成了多层次的地区主义格局。

以下逻辑链条总结了新时期的全球背景作用于太平洋岛国地区主义的主要路径：

第一，全球治理设置了新的国际议程，有利于太平洋岛国将气候变化、海洋治理和可持续发展等领域的共同利益设置为地区优先议程。

全球治理的三大重点议题——全球经济金融与发展治理、全球气候治理与全球海洋治理通过全球—地区两个层次的互动，通过国际议程设置过程，包括议题选择与界定、冲突拓展与利益动员、寻找"切入点"以及最终进入议程4个阶段，促进了地区议程的设置，构成了地区层次的议题政治。地区集体外交是全球治理时代太平洋岛国实现其在气候变化、海洋治理和可持续发展等议题上共同利益的重要途径，也内在要求更倾向太平洋岛国利益的地区主义。

气候变化议题集中体现了全球治理议题与太平洋岛国共同利益之间的联系。全球气候治理进程有利于太平洋岛国通过"借力"、国际议程设置、域外势力参与和认知叙事建构，形成共同利益表达。南太平洋地区组织与机制为了提高合法性、避免"合法性丧失"，出现了在地区气候议程中竞相表达太平洋岛国共同利益的现象。可持续发展也是全球治理给太平洋岛国地区设置的议题，其中首先表现为联合国为可持续发展"正名"，在话语上给太平洋岛国创造了议题空间。

全球治理的议题政治促进了太平洋岛国的共同利益，体现在太平洋岛国地区主义的主要机制中：太平洋岛国发展论坛突出体现了全球治理中的"绿色发展"与"蓝色经济"概念对太平洋岛国话语权的影响和建构作用；太平洋小岛屿发展中国家集团直接体现了全球气候治理进程对太平洋岛国组成"小集团"的推动；《瑙鲁协定》缔约国机制化主要体现了全球海洋治理背景下金枪鱼资源富集的太平洋岛国的共同渔业利益，而中西太平洋的海洋环流也对全球气候模式产生重要影响，使得这一地区越来越受关注；首席贸易顾问办公室主要体现了全球贸易治理大背景下岛国的共同贸易利益尤其是在劳动力流动方面的利益；美拉尼西亚先锋集团则综合体现了各个重点议题的岛国共同利益和美拉尼西亚次地区的特殊关切。

第二，全球治理与地缘政治活动加剧改变了国家间政治的规则，有利于太平洋岛国提高博弈能力。

太平洋岛国国小民寡、综合国力孱弱，其权力的重要来源就是威斯特伐利亚体系下的主权，而全球治理的民主化提高了太平洋岛国拥有的投票权的重要性。通俗地说，岛国手中握有的选票的筹码价值提高了。大国为了太平洋岛国的投票权及其在国际社会的影响力而加大对该地区的投入，围绕太平洋岛国地区的地缘政治活动加剧。这扩大了太平洋岛国的国际选择空间，提升了在本地区事务中的自主选择权。

全球治理的勃兴促使域外发达国家竞相"重返南太"。美国官员的言行尤其能够佐证太平洋岛国的投票权与美国加大对太平洋岛国的投入力度之间的关联。本书举出美国前驻太平洋多国大使斯蒂芬·麦根、时任助理国务卿丹尼·拉塞尔和美国国会美中经济与安全评估委员会2018年6月的幕僚研究报告为证。其他发达国家也佐证了这一点，例如德国驻澳大利亚大使和驻新西兰大使的联合撰文。

新兴的发展中国家也加大了对太平洋岛国的投入力度，尤其是亚洲国家与太平洋岛国的联系不断加强。"近年来，该区域已经成为世界各大国和新兴国家战略博弈的竞技场。"[①]

域外国家在全球治理大背景下竞相加大对太平洋岛国的投入，降低了太平洋岛国对澳大利亚的依赖程度，扩大了岛国选择合作伙伴的余地，提高了岛国与大国平起平坐的底气，使得太平洋岛国更容易利用第三方势力"借力"。例如，太平洋岛国在渔业谈判中"借力"中国与美国博弈、在与气候相关的谈判与会谈中"借力"欧盟与澳新美博弈等。这强化了澳大利亚本已存在的"中等强国困境"，使澳大利亚难以像冷

---

① 于洪君：《序》，见吕桂霞编著：《斐济》，北京：社会科学文献出版社，2015年，第1页。

战结束后一段时期那样对太平洋岛国施加影响、全面主导地区主义进程。反过来，澳新对太平洋岛国在国际事务上的需求上升了，给了后者对前者的权力"杠杆"。

此外，域外国家还向太平洋岛国创建的新地区组织与机制提供直接支持，例如欧盟向多个新地区组织与机制提供应对气候变化资金、阿拉伯国家出资支持首届太平洋岛国发展论坛召开、印尼缴纳美拉尼西亚先锋集团会费，以及中国援建美拉尼西亚先锋集团秘书处办公楼等。

第三，全球治理对太平洋岛国身份建构也产生了作用。

全球治理的新议题与新观念有机结合在一起（例如气候变化议题与"绿色经济"概念、海洋治理议题与"蓝色经济"概念），在新的网络化条件下加速向太平洋岛国传播，有利于塑造太平洋岛国对自身价值的认同，也为太平洋岛国设置议题、改革或创建地区机制提供了话语权，促进太平洋岛国地区主义的发展。

其中，全球治理领域的"绿色经济"概念在太平洋岛国的传播最有代表性。就在太平洋岛国发展论坛的筹备期间，"里约+20"召开，"蓝色经济"概念得到联合国的认可并大力推广。这样，"绿色/蓝色经济"概念得以成形并在太平洋岛国传播开来，塑造了太平洋岛国发展论坛的宗旨"绿色/蓝色经济"和名称中的"发展"。非政府组织在传播"绿色经济"观念中发挥了很大作用，其中国际自然保护联盟的绿色增长领导联盟项目作用关键。

在网络化时代，太平洋岛国的信息隔绝程度大大降低。太平洋岛国与国际社会的关系超越精英层面，越来越受到了岛国大众的普遍关注。这使得国际观念出现了"内化"现象，例如马修·多南学者发现，"气候变化"与"可持续发展"等全球观念在本地区民众中逐渐形成了对"绿色/蓝色经济"的意象，形成了全球治理概念对本地思想的建构。

本书研究的太平洋岛国地区主义的8个主要机制都不同程度地围绕"绿色/蓝色经济"观念。"蓝色太平洋"认同的形成则是最典型的代表。气候变化则是最典型的地区议程。观念的传播既形成了新的地区认同，也有助于太平洋岛国用国际上认可的话语"包装"自己的利益，增进合法性，提升在地区政治中的话语权。

最后，太平洋岛国地区主义存在明显的局限性，导致了南太平洋地区出现了多个地区组织与机制并存并立的格局，塑造了多层次地区主义。

尽管太平洋岛国在地区主义中的主导权有所上升，但是与大国（尤其是澳大利亚）相比仍然是相当有限的。太平洋岛国难以也不愿从根本上颠覆以太平洋岛国论坛为最主要地区组织的地区机制网络，只能或只愿做到结束澳大利亚的全面主导、与澳新在一定程度上分享主导权，对太平洋岛国论坛全面改革，但目的并非取代其在地区机制网络中核心的地位，反而是通过改革巩固了这一地位。诸多新地区组织与机制也体现了这种局限性：太平洋岛国发展论坛以发展议题为主要领域，一直只聚焦岛国集中关切的气候变化等议题，尽量避免触碰政治领域、避免与太平洋岛国论坛直接产生竞争乃至冲突；太平洋小岛屿发展中国家集团是外交领域的机制，主要目的是参与全球治理和多边谈判，基本没有进一步扩展功能的意图；《瑙鲁协定》缔约国的地域范围目前还严格限定在金枪鱼资源富集、因而能形成垄断权力和共同利益的8个国家，领域范围主要还是渔业，兼有海洋治理等功能，但难以继续扩展；首席贸易顾问办公室的职权仅限于太平洋岛国论坛内部的贸易谈判，很多人认为澳大利亚对其有很大影响力乃至控制力，并随着《太平洋更紧密经济关系协定》的达成而宣告解散；美拉尼西亚先锋集团则基本以美拉尼西亚文化圈和次地区为界。

另一方面，正是由于这些岛国创建并主导的新地区机制在地域或领域功能上的有限性，太平洋岛国得以在总体上仍处于权力不对称的劣势下，在某个局部形成优势，例如垄断金枪鱼资源、定价权和塑造"气候话语权"等，从而在这个局部形成对某个地区机制的主导权。

从对不同的地区机制案例研究和气候变化的领域案例研究中，我们可以进一步发现，各个地区组织与机制之间的关系呈现出合作与竞争、差异与同质并存的复杂状态，存在相互影响和相互作用，在外在行为上表现为竞相为太平洋岛国争取发展利益，尤其是在气候变化与海洋治理等重点领域。

新旧地区组织与机制在各自的领域保持优势，难以互相取代，导致了南太平洋地区出现不同层次（全地区、次地区、跨次地区）和不同领域范围的多个地区机制并存并立的格局，在全球治理时代南太平洋地区"复杂而拥挤"的地缘战略环境下相互作用，塑造了多层次地区主义在南太平洋地区的最终形成。

二、研究启示

1. 比较地区主义视角

从比较地区主义的视角看，对新时期太平洋岛国地区主义的研究可能超越本地区。地区间的比较是比较地区主义在方法论上的基本要义。在全球治理时代，"全球南方"的发展中地区在发展问题上表现出某些相似性，特别是在对本地区来说关键的发展议程上。另一方面，全球各个地区都普遍存在受到全球治理深化与域外地缘政治加剧的现象。这种相似性背后可能预示着相似的逻辑：全球治理的深化与地缘政治影响的加剧对全球的发展中地区来说，都是促进其本土化发展地区主义的因素。从这个意义上，本书提出的假说框架有适用于其他发展中地区的潜力。

在传统的旧地区主义思维中，一体化是地区主义的主要内容，甚至地区主义与地区一体化二者经常直接划等号。然而，在新时期的南太平洋地区，地区集体外交是地区主义的主要形式，这超越了"欧洲经验论"。一方面，这是由太平洋岛国"小岛国、大海洋"的基本国情决定的：由于国家之间乃至国家内部各个岛屿之间相距遥远，互联互通水平低下，交易成本较高，经济一体化推进困难重重，这在《太平洋更紧密经济关系协定》谈判中显现；而实力弱小的太平洋岛国对联合发声争取发展权益的需求大过贸易领域一体化的需求，这尤其体现在气候变化议题中。另一方面，地区集体外交也具有发展中地区的共性，而对地区集体外交的地区案例研究目前还未得到充分重视。对太平洋岛国地区集体外交的研究可能有助于与东南亚、非洲、拉美和加勒比地区的集体外交进行横向比较。

此外，制度与观念在地区间的扩散（diffusion）过程对不同地区的地区主义发展产生建构作用。传统的地区主义研究聚焦欧洲的地区主义对其他地区的制度扩散，即其他地区怎样学习乃至模仿欧洲。但是，这种传统观念已经受到了阿查亚等人的批判，将其斥之为"欧盟中心主义"（EU - Centrism）①。与此同时，对发展中地区之间相互学习借鉴的研究受到了更多重视。从这个角度出发，东盟、拉丁美洲、加勒比地区的地区主义对同一时期的太平洋岛国地区主义有哪些示范效应，以及太平洋岛国地区主义对其他发展中地区是否产生影响，都是值得深入探究的问题。

2. 发展地区主义视角

本书认为，"发展地区主义"可以统领概括新时期太平洋岛国地区主义的核心特征，这些核心特征体现了发展地区主义的一般内涵，也体现了南太平洋地区的特殊"区情"：

第一，在主要内容上，以地区发展为主要目标。需要特别说明的是，此处的发展指的是广义的发展，而非单纯的经济发展。在南太平洋地区，广义的发展包括应对气候变化、渔业与海洋治理、可持续发展等重点领域。既有地区组织与机制的改革与新地区组织与机制的创建都围绕太平洋岛国最为关切的发展议题展开，强调应对本地区面临的发展挑战，为岛国争取发展权益。

第二，在主要领域上，以"海洋外交"为主要特色。新时期的太平洋岛国地区主义具有浓郁的海洋特色。在南太平洋地区，传统安全问

---

① Amitav Acharya, "Regionalism beyond EU - Centrism", in Tanja A. Börzel and Thomas Risse (eds.), *The Oxford Handbook of Comparative Regionalism*, Oxford: Oxford University Press, 2016, p. 109.

题几乎不会成为地区议题，海平面上升与海岸侵蚀、飓风海啸等自然灾害、渔业资源枯竭、生态环境破坏等才是它们真切面临的生存与安全威胁，因此是关乎南太平洋地区秩序的重要问题。正因为此，有学者以"海洋外交"概括太平洋岛国地区主义的最新发展。

第三，在外延范围上，聚焦有限的发展议题。在2009年以后的新地区机制中，《瑙鲁协定》缔约国仍然主要聚焦渔业领域，并有限扩展到海洋治理领域；美拉尼西亚先锋集团仍然主要局限在美拉尼西亚文化圈；太平洋小岛屿发展中国家集团机制专注全球多边发展治理议题；太平洋岛国发展论坛聚焦"绿色发展"和"蓝色经济"。不过，这更促使这些机制专注于有限的专业发展领域，在这些领域取得成果。

传统的地区主义研究重点关注地区经济一体化；近年来对发展地区主义尤其是对东亚、东南亚、非洲等地区的研究也主要聚焦在经济发展，尤其是贸易问题上。本书研究的新时期南太平洋地区的发展地区主义强调综合意义上的、适合本地区特点的广义的发展，是对这些思维定式的超越，是在比较地区主义视域下对发展地区主义进一步的案例研究。本书重点讨论的领域案例气候变化是新时期南太平洋地区的发展地区主义的重要议题，这是南太平洋地区"小岛国、大海洋"的"基本区情"决定的，是南太平洋地区的特殊性所在。不过，这也具有普遍性启示：本地区的"基本区情"决定的重点议题可能成为该地区发展合作的驱动因素。例如，基础设施建设与互联互通已经是东南亚和非洲发展地区主义的重要领域。对发展中地区的研究将为发展地区主义的理论提供更多案例，而理论进展也将给地区研究更多支持。

3. 小国外交策略视角

本书将小国外交策略的一般性与南太平洋岛国的特殊性予以结合，是小国外交的研究在南太平洋地区的应用。小国研究传统上的研究对象，如新加坡、瑞士、挪威、新西兰等，都可以被归为"小而强"的国家；而本书研究的太平洋岛国则是"小且弱"的国家。与"小而强"的国家相比，这些"小且弱"的国家采取的外交策略更加体现了充分利用主权、扬长避短、地区联合的原则。"数量优势牌"、"海洋权利牌"和"多层制度牌"是太平洋岛国具体的外交策略。通过本书的研究，这些外交策略具体体现在：

第一，"数量优势牌"——集中数量优势是小国的一项基本外交策略。在南太平洋地区，岛国数量显著超过大国。但是，由于岛国相对于大国的实力劣势，这种数量优势并不必然导致话语权上升。汤姆·隆已经发现，调节制度内部国家间关系的规则是小国的一种集体权力，但是他并没有将制定规则与发挥数量优势在具体案例中结合起来。影响成员国在地区组织中的话语权的因素有很多，包括经费贡献大小、能力强弱和利益输送等与综合实力更为相关的因素。数量和实力哪个更起决定性作用，还取决于地区组织内部决策采用什么样的程序和规则。因此，为了发挥岛国在数量上的优势，规避它们在实力上的劣势，进行规则与程序改革就成为一个主要策略。本书研究了太平洋岛国如何通过推动太平洋岛国论坛内部进行程序改革，在地区组织中建立有利于发挥数量优势的规则，确保由领导人而不是官僚机构掌握决策权，将数量优势转化为在地区主义中的话语权。其中，建立地区主义专家小组委员会是保障决策权回归太平洋岛国论坛成员国领导人的关键制度。此外，本书还研究了太平洋岛国怎样"另起炉灶"，建立一系列完全由岛国组成并决策的地区组织与机制，与太平洋岛国论坛构成了一定程度上的多层次、多领域机制竞争，共同促进了太平洋岛国数量优势的发挥。

第二，"海洋权利牌"——充分利用主权是太平洋岛国外交策略的原则。太平洋岛国陆地领土较小，其主权主要体现在"蓝色国土"，即领海与专属经济区。因此，如何最大限度地利用"蓝色国土"，就成为太平洋岛国首要的外交策略。渔业是太平洋岛国的国计民生所在，因而地区渔业合作最能体现太平洋岛国充分利用海洋资源优势实现利益最大化的外交策略。其中有两个问题最为关键：太平洋岛国如何将理论上、国际法意义上的海洋权利通过机制的设计与规则的塑造转化为实际权益？太平洋岛国如何与游离在这套规则之外的美国展开实力极不对称的博弈？本书研究了太平洋岛国在总体实力弱小的情况下，如何将重点聚焦在地区渔业合作议题上，通过建立和创新地区渔业合作机制并与美国进行渔业集体谈判等途径，将国际法意义上的海洋权利转化为实际权益。其中的重点是在《瑙鲁协定》缔约国机制化过程中创设并执行了"作业天数计划"，相当于建立了一套类似欧盟碳市场那样的金融市场，以水涨船高的"作业天"价格为依据，并借助有力的第三方支持，与美国展开渔业集体谈判并取得成功。

第三，"多层制度牌"——在应对气候变化方面，太平洋岛国一开始在南太平洋论坛中因为实力不足而受挫，但转而通过跨地区的"大联盟"与本地区的"小联盟"相结合的策略，在多层次的国际制度中选择最有利于太平洋岛国争取气候权益的制度。维克托·吉格列从角色理论出发认为小国可以有多重的自我角色，因此可以在不同的多边制度中进行选择。[①] 不过，在气候政治案例中，太平洋岛国寻求多层次国际制度的动力主要还是在实力劣势下寻求最有利于实现共同利益的制度。本书研究了太平洋岛国在气候政治中采用了在多个层次上寻求不同联盟的策略，特别是创建太平洋小岛屿发展中国家集团，在巴黎气候大会中发挥了巨大作用。本书还研究了不同地区组织与机制在关键的时间节点竞相表达气候变化立场并进行博弈的案例。从这些案例中可以看出，全球气候治理的特征使太平洋岛国使用"多层制度牌"成为可能。

总之，太平洋岛国地区主义的兴起，既是全球层次因素的作用，也是太平洋岛国主动"借力"、顺势而为的外交策略，特别是太平洋岛国主动使用"数量优势牌"、"海洋权利牌"和"多层制度牌"，使太平洋岛国在一定程度上规避了实力劣势，发挥了国际影响力。这有潜力成为小国研究领域中的一个经典案例。[②]

[①] Victor Gigleux, "Explaining the Diversity of Small States' Foreign Policies through Role Theory", *Third World Thematics*, Vol. 1, No. 1, p. 39.

[②] 参见陈晓晨："小国研究视域下太平洋岛国的外交策略"，《国际关系研究》，2020年第2期，第108—131页。

三、尚待进一步研究的问题

1. 本书研究的下一步延伸

在更大范围和更高层次上,南太平洋地区属于亚太地区的一个组成部分。但是,当人们谈论"亚太"的时候,大部分情况下并不包含、甚至没有意识到这些岛国和岛屿领地的存在。冷战结束以来,亚太地区合作、跨地区合作不断加强。其中,最具代表性的机制是亚太经合组织。但是,在亚太经合组织成立后的大约20年里,南太平洋地区基本没有被纳入如火如荼的亚太地区合作。最显而易见的是,太平洋岛国中仅有巴新是亚太经合组织成员。这种错位被杨杰生等一些学者形象地称之为"多纳圈"(donut),意思是目前人们所说的"亚太地区"实际上是环太平洋的沿岸国家,经常忽略位于太平洋中央区位的太平洋岛国,使其在地理上更像是一个"多纳圈中间的孔洞"(the hole in the donut)。[①] 用本书强调的衡量地区性的三条标准衡量,太平洋岛国与其他太平洋沿岸国家长期以来没有形成很强的共同特性或机制化的互动,更没有形成相互之间的地区认同——环太平洋的沿岸国家没有把太平洋岛国当作亚太的一部分,而太平洋岛国也没有把这些沿岸国家当作"太平洋"的一部分。例如,太平洋岛国人士和南太平洋地区研究者所称的"太平洋"经常仅包含南太平洋地区;他们有时以"环太平洋"(Rim of the Pacific)称传统习惯上的亚太地区,但这个称呼并没有被广泛接受且易与这个名词的其他义项混淆。不过,太平洋岛国地区主义的兴起可能是连通南太平洋地区与亚太地区之间的助推因素。2018年亚太经合组织领导人峰会在巴新举办,更是一个里程碑。今后,更加地区化的太平洋岛国在整个亚太地区发挥什么作用,亚太与南太之间的关系如

---

① Jason Young, "Multilayered Regionalism in Oceania and the Pacific: Seeking Converging Points of Cooperation", in Yu Changsen (ed.), *Regionalism in South Pacific*, Beijing: Social Science Academic Press, 2018, p. 8.

何，值得进一步深入追踪研究。这也是本书多层次地区主义视角的进一步延伸。

地区间主义（interregionalism）是理解太平洋岛国地区主义在新时期的动因与效果的重要视域。例如，非加太集团（ACP）的发展，欧盟与太平洋岛国在欧盟—非加太（EU‐ACP）机制下的地区间合作都是理解新时期太平洋岛国地区主义的全球背景。太平洋岛国作为一个整体与域外大国或地区组织的正式或非正式机制也带有地区间主义色彩。本书对涉及太平洋岛国的地区间主义并未深入研究，这值得列入下一步研究的课题。

本书将太平洋岛国地区主义作为主要研究对象，将其视为因变量，以全球—地区双层互动的视角重点考察全球层次的原因（主要是全球治理和地缘政治）对地区层次的结果产生的单向度的影响。但是，实际上，全球和地区两个层次之间存在复杂的双向乃至多向互动关系：新时期太平洋岛国地区主义的兴起同样对全球治理和大国的行为产生影响。那么，太平洋岛国在全球治理中发挥着什么作用？大国如何对更加主动积极的太平洋岛国做出反应？这些问题都有助于进一步研究全球治理时代小国如何"撬动"大国。

最后，作为中国学者，中国与太平洋岛国地区主义之间的互动尤其值得关注。本书第三章已经对中国对南太平洋地区的影响进行了概述，但尚未对中国参与太平洋岛国地区主义与中太之间的地区间主义进行细致具体的研究，其中包括但不限于中国—太平洋岛国论坛对话会、中国—太平洋岛国经济发展合作论坛、中国—太平洋岛国农业部长会议等合作机制，中国—太平洋岛国论坛合作基金、中国—太平洋岛国抗疫合作基金、中国—太平洋岛国论坛奖学金、中国气候变化南南合作基金等合作基金，以及亚洲基础设施投资银行等中国和太平洋岛国共同参加的国际金融机构。2020年3月，中国—太平洋岛国应对新冠肺炎疫情卫生专家视频会议举行，中国使用了中国—太平洋岛国抗疫合作基金向巴新等太平洋岛国提供捐款，支持后者的抗疫举措，这是本书截稿前中太地区间主义的最新事例。① 下一步可以对中太之间在全球治理框架下应对各种挑战的地区间主义和多边合作进行更加深入的研究，以丰富共建"一带一路"南太平洋方向的多边主义路径研究。

2. 我国南太平洋地区研究的下一步课题

当前，我国的地区研究正在蓬勃开展，对南太平洋地区这个最晚进入威斯特伐利亚体系的"新"地区已经实现了初步覆盖。我国的南太平洋地区研究在短时间内能取得如此多的进展，总体是非常值得肯定的。当然，作为一个还非常新的、仍然处在较为边缘地位的研究领域，目前还存在一些问题，但前景广阔，未来可期。正如中国太平洋学会太平洋岛国研究分会特聘顾问于洪君所说，"中国的太平洋岛国地区研究应该是多领域、多层次的，应该是与时俱进的。"② 本书通过对新时期太平洋岛国地区主义的研究，或许可以给我国的南太平洋地区研究的下一步发展提供以下几个视角和课题。

第一，本土视角：地区建构与主体性研究。③ 对研究对象的界定与对研究单位的划分是科学研究的第一步。太平洋岛国是一个独立构成的地区还是从属于大洋洲或者更大范围的地区，太平洋岛国研究与大洋洲研究之间的关系如何，一直以来都是存在疑问的。④ 这背后反映的是根本问题：到底应当把南太平洋地区看作一个主体，还是一个客体？这个地区主体性更强，还是从属性更强？同时，也要看到，当今这个"地区构成的世界"存在"多层次嵌套"和"多孔性"，任何地区都存在与更

---

① "守望相助 合力抗疫：中国—太平洋岛国抗疫合作基金助力巴布亚新几内亚抗击疫情"，《经济日报》微信公众号，2020 年 4 月 2 日，https://cj.sina.com.cn/articles/view/3037284894/b5094a1e02000sxjx.

② 聊城大学太平洋岛国研究中心编：《太平洋岛国研究通讯：第二届太平洋岛国研究高层论坛专刊》，2016 年，第 5 页。

③ 对社会科学中的"本土性"与"主体性"的概念辨析，参见任晓："本土知识的全球意义：论地区研究与 21 世纪中国社会科学的追求"，《北京大学学报（哲学社会科学版）》，2008 年第 5 期，第 87—98 页。

④ 国内大洋洲研究的现状评估参见汪诗明："稳步推进的大洋洲区域研究"，《光明日报·理论版》2020 年 1 月 6 日，第 14 版。

大范围的国际体系（可能是一个更大的地区）之间的互动。以此观之，南太平洋地区的主体性与从属性其实只是这种互动在某段时间和空间内的结果。当然，今后由太平洋岛国构成的这个南太平洋地区也存在走向式微乃至消亡的可能性，如同"东欧"这个概念在苏东剧变后展现出来的趋势一样。① 但是，至少目前这个地区仍然存在多层次的地区嵌套，而且预计这种状况近期还将持续下去。这就需要我们从地区建构、地区认同与地区主体性的视角，回到科学研究的第一步去重新认识南太平洋地区。这对当前较多的以地缘政治为视角的南太平洋地区国际关系研究也是一种补充。也只有从本土视角去理解南太平洋地区的主体性，才能真正从"认识南太"升华到"理解南太"。

第二，比较视角：比较地区研究。比较是社会科学的基本研究方法之一。近年来，比较地区研究逐渐兴起，包括比较地区秩序、比较地区治理和比较地区主义等相互嵌套和交织的领域。不妨站在一定的理论高度上将南太平洋地区与其他地区进行比较，除了进一步认识其独特性外，也要考察其普遍性与共性。这有可能丰富我们的理论认知，反过来更好地解释南太平洋地区。

第三，全球视角：全球治理研究。南太平洋地区面临的气候变化、海洋治理、生物多样性与可持续发展等问题都属于全球治理范畴，与我们息息相关。中国学界理应投入更多力量，去研究那些看似遥远、但与我们同在一个屋檐下的地区。太平洋岛国如何组织起来与其他行为体互动，在全球治理舞台上发挥作用，也可以成为下一步研究的重点。

第四，中国视角：共建"一带一路"研究。最后，对太平洋岛国地区主义的研究还要回到中国的立场与视角上。共建"一带一路"是当下中国与太平洋岛国关系的大局，如何通过多边主义路径与太平洋岛国共建21世纪海上丝绸之路南太平洋方向是重要课题。② 本书对太平洋

---

① 孔寒冰、韦冲霄："中东欧研究的历史演变、特征及发展趋势"，《国际政治研究》，2019年第3期，第126—160页。
② 参见中国人民大学重阳金融研究院：《扬帆向南：中国与太平洋岛国共建"一带一路"的机遇与挑战》，人大重阳研究报告第61期，2019年11月14日。

岛国地区主义的研究有助于回答这个问题。下一步还需要进一步的学术和政策研究，分析太平洋岛国地区主义的新发展对中太关系有何影响，以及应怎样顺应这个新趋势，以多边主义路径推进中太共建"一带一路"，构建中国—太平洋岛国命运共同体。[1]

---

[1] 参见陈晓晨、王海媚："21世纪以来中国的太平洋岛国研究：历史、现实与未来——陈晓晨研究员访谈"，《国际政治研究》，2020年第4期，第136—160页。

参考文献

中文文献

陈德正主编:《太平洋岛国研究(第一辑)》,北京:社会科学文献出版社,2017年。

——主编:《太平洋岛国研究(第二辑)》,北京:社会科学文献出版社,2018年。

——主编:《太平洋岛国研究(第三辑)》,北京:社会科学文献出版社,2019年。

——主编:《太平洋岛国研究(第四辑)》,北京:社会科学文献出版社,2019年。

——主编:《太平洋岛国研究(第五辑)》,北京:社会科学文献出版社,2020年。

陈德正、吕桂霞主编:《太平洋岛国发展报告(2020)》,北京:社会科学文献出版社,2020年。

陈祥:"日本的南太平洋外交战略演变与太平洋岛国峰会:从环境外交到海洋外交",《太平洋学报》,2019年第5期,第26—39页。

陈晓晨:"南太平洋地区主义的新发展:地区机制与影响评估",《国际关系研究》,2019年第3期,第79—106页。

——:"全球治理背景下的太平洋岛国发展论坛:成因、过程与影响",《区域与全球发展》,2019年第4期,第5—22页。

——："小国研究视域下太平洋岛国的外交策略",《国际关系研究》, 2020 年第 2 期, 第 108—131 页。

——："南太平洋地区公共产品机制化研究：以'限额交易'规则为中心",《亚太安全与海洋研究》, 2020 年第 4 期, 第 82—99 页。

——："南太平洋地区界定新论：太平洋岛国何以构成地区",《太平洋学报》, 2020 年第 8 期, 第 81—94 页。

——："美拉尼西亚先锋集团：一个次区域组织的发展探析",《区域与全球发展》, 2020 年第 5 期, 第 51—67 页。

——："全球治理与太平洋岛国地区主义的发展",《国际论坛》, 2020 年第 6 期, 第 119—136 页。

——著：《南太平洋地区主义：历史变迁的逻辑》, 北京：社会科学文献出版社, 2020 年。

陈晓晨、常玉迪："南太平洋的发展地区主义：概念、特征与进展",《南海学刊》, 2019 年第 4 期, 第 100—109 页。

陈晓晨、王海媚："21 世纪以来中国的太平洋岛国研究：历史、现实与未来——陈晓晨研究员访谈",《国际政治研究》, 2020 年第 4 期, 第 136—160 页。

陈艳云、张逸帆："日本对南太平洋岛国 ODA 政策的调整及其特点",《东北亚学刊》, 2013 年第 4 期, 第 41—44 页。

方玄烨：《奥巴马政府时期美国对南太平洋岛国的政策研究》, 中国青年政治学院硕士学位论文, 2018 年。

费晟主编：《大洋洲发展报告（2018—2019）：变局中的大洋洲对外关系》, 北京：社会科学文献出版社, 2020 年。

郭春梅："南太平洋的'大国博弈'",《世界知识》, 2012 年第 20 期, 第 32—33 页。

姜芸：《澳大利亚对太平洋岛屿国家的援助研究》, 华东师范大学国际关系与地区发展研究院博士学位论文, 2018 年。

金文盼：《中国对南太平洋岛国的公共外交》, 北京外国语大学国际关系学院硕士学位论文, 2020 年。

李冰岩:《太平洋岛国气候合作机制研究》,华东师范大学国际关系与地区发展研究院硕士学位论文,2018年。

李昕蕾:"全球气候治理中的知识供给与话语权竞争:以中国气候研究影响 IPCC 知识塑造为例",《外交评论》,2019 年第 4 期,第 32—70 页。

李秀蛟、李蕾:"俄罗斯重返南太平洋外交解析",《俄罗斯东欧中亚研究》,2017 年第 4 期,第 101—113 页。

李喆主编:《太平洋岛国的历史与现实:"太平洋岛国研究高层论坛"论文集》,济南:山东大学出版社,2014 年。

梁甲瑞:"德国对太平洋岛国政策的新动向、原因及影响",《德国研究》,2017 年第 1 期,第 41—54 页。

——:"海上战略通道视角下中印在南太平洋地区的海上战略博弈",《南亚研究季刊》,2017 年第 1 期,第 25—32、108 页。

——:"英国在南太平洋地区的战略评析:基于海上战略通道的视角",《国际论坛》,2018 年第 2 期,第 69—78 页。

——著:《中美南太平洋地区合作:基于维护海上战略通道安全的视角》,北京:中国社会科学出版社,2018 年。

——著:《域外国家对太平洋岛国的外交战略研究》,北京:社会科学文献出版社,2019 年。

——:"印度海上战略通道的新动向、动因及影响",《世界地理研究》,2020 年第 1 期,第 52—62 页。

梁甲瑞、曲升:"全球海洋治理视域下的南太平洋地区海洋治理",《太平洋学报》,2018 年第 4 期,第 48—64 页。

梁甲瑞、张金金:"太平洋岛国论坛为何恢复斐济的成员国资格",《战略决策研究》,2016 年第 1 期,第 42—58 页。

——:"印度在南太平洋地区的战略评析",《南亚研究季刊》,2016 年第 1 期,第 9—17 页。

梁源:"'一带一路'在太平洋岛国地区的良性发展路径",《人民论坛·学术前沿》,2019 年第 10 期,第 108—111 页。

刘建峰、王桂玉："基于知识图谱的国内太平洋岛国研究趋势展望"，《国际观察》，2019年第1期，第139—157页。

——："基于知识图谱的国际太平洋岛国研究趋势展望"，《太平洋学报》，2019年第11期，第50—64页。

刘卿："澳大利亚强化南太政策：措施、动因及制约因素"，《国际问题研究》，2019年第4期，第64—81页。

刘伟主编：《读懂"一带一路"蓝图：〈共建"一带一路"：理念、实践与中国的贡献〉详解》，北京：商务印书馆，2017年。

鲁鹏：《南太平洋地区主义的"三环模式"研究》，华中师范大学硕士学位论文，2014年。

鲁鹏、宋秀琚："澳大利亚与南太平洋地区主义"，《太平洋学报》，2014年第1期，第61—68页。

——："浅析太平洋岛国论坛对区域一体化的推动作用：兼论太平洋计划"，《国际论坛》，2014年第2期，第26—31页。

吕桂霞："全球化、区域化与太平洋岛国发展论坛"，《历史教学问题》，2018年第4期，第105—111页。

吕桂霞、张登华："太平洋岛国地区气候变化现状及各方的应对"，《学海》，2017年第6期，第59—62页。

秦升："中国与太平洋岛国携手打造'抗疫之路'"，《世界知识》，2020年第22期，第64—65页。

曲升："南太平洋区域海洋机制的缘起、发展及意义"，《太平洋学报》，2017年第2期，第1—19页。

沈予加："巴布亚新几内亚：'南太平洋蓝色经济通道'的支点"，《世界知识》，2018年第22期，第66—68页。

——："巴布亚新几内亚的战略重要性"，《现代国际关系》，2019年第5期，第54—61页。

沈予加、陈晓晨："地区间互动视角下的南太平洋地区与东南亚"，《东南亚研究》，2020年第6期，第19—30页。

宋秀琚、鲁鹏："浅析南太平洋地区灾害管理合作体系"，《社会主义研究》，2014 年第 6 期，第 161—166 页。

宋秀琚、叶圣萱："浅析'亚太再平衡'战略下美国与南太岛国关系的新发展"，《太平洋学报》，2016 年第 1 期，第 50—62 页。

——"日本—南太岛国关系发展及中国的应对"，《国际观察》，2016 年第 3 期，第 144—157 页。

田肖红："学理探究与经世致用：太平洋岛国研究的路径与方法"，《亚太安全与海洋研究》，2017 年第 5 期，第 48—56 页。

汪诗明："国内太平洋岛屿国家研究趋势前瞻"，《太平洋学报》，2017 年第 9 期，第 86—95 页。

——："开放的区域主义与中澳在南太平洋岛屿地区的合作"，《国际问题研究》，2019 年第 1 期，第 54—74 页。

汪诗明、王艳芬："如何界定太平洋岛屿国家"，《太平洋学报》，2014 年第 11 期，第 1—8 页。

——："论习近平访问太平洋岛国的重要历史意义"，《人民论坛·学术前沿》，2015 年第 24 期，第 54—67 页。

王竞超："日本南太平洋战略初探：历史渊源、实施路径与战略动因"，《边界与海洋研究》，2019 年第 4 期，第 85—98 页。

王志："比较地区主义：理论进展与挑战"，《国际论坛》，2017 年第 6 期，第 56—62 页。

韦宗友："国际议程设置：一种初步分析框架"，《世界经济与政治》，2011 年第 10 期，第 38—52 页。

吴艳："美国对太平洋岛国援助现状及政策分析（2009—2019 年）"，《国际论坛》，2020 年第 3 期，第 119—135 页。

吴正英："南太平洋三大区域'异质性'空间之建构"，《哈尔滨师范大学社会科学学报》，2020 年第 3 期，第 96—102 页。

邢瑞磊著：《比较地区主义：概念与理论演化》，北京：中国政法大学出版社，2014 年。

徐秀军：《地区主义与南太平洋地区秩序的构建》，华中师范大学博士毕业论文，2009 年。

——："发展中国家地区主义的政治经济学：以南太平洋地区为例"，《世界经济与政治》，2011年第3期，第138—160页。

——著：《地区主义与地区秩序：以南太平洋地区为例》，北京：社会科学出版社，2013年。

徐秀军、田旭："全球治理时代小国构建国际话语权的逻辑：以太平洋岛国为例"，《当代亚太》，2019年第2期，第95—125页。

叶圣萱："欧盟对南太平洋岛国的外交战略论析"，《德国研究》，2020年第1期，第98—114页。

余姣："太平洋岛国参与全球气候治理问题探析"，《战略决策研究》，2018年第3期，第67—80页。

——：《全球气候治理格局下中国与南太平洋岛国气候治理合作研究》，华中师范大学政治与国际关系学院硕士学位论文，2019年。

于镭、赵少峰："'21世纪海上丝绸之路'开启中国同太平洋岛国关系新时代"，《当代世界》，2019年第2期，第29—34页。

喻常森："试析21世纪初美国对太平洋岛国的援助"，《亚太经济》，2014年第5期，第65—69页。

——主编：《大洋洲发展报告（2014—2015）：21世纪海上丝绸之路南线建设：中国与大洋洲关系》，北京：社会科学文献出版社，2015年。

——主编：《大洋洲发展报告（2015—2016）：大洋洲国家投资环境和风险分析》，北京：社会科学文献出版社，2016年。

——主编：《大洋洲发展报告（2016—2017）：全球治理框架下的大洋洲区域合作》，北京：社会科学文献出版社，2017年。

——编著：《国际社会对太平洋岛国援助的比较研究》，北京：时事出版社，2017年。

——主编：《大洋洲发展报告（2017—2018）："印太战略"构想与澳大利亚》，北京：社会科学文献出版社，2018年。

岳小颖："南太平洋岛国应对气候变化融资的困境与启示"，《时代金融》，2014年第4期（下旬刊），第173—174页。

——:"南太平洋地区形势与'21世纪海上丝绸之路'建设:挑战与应对",《国际论坛》,2020年第2期,第141—154页。

张颖:"试论'一带一路'倡议在南太平洋岛国的实施路径",《太平洋学报》,2019年第1期,第93—104页。

中国(深圳)综合开发研究院编著:《21世纪海上丝绸之路:构建中国与太平洋岛国新型合作关系》,北京:中国经济出版社,2020年。

中国人民大学重阳金融研究院:《扬帆向南:中国与太平洋岛国共建"一带一路"的机遇与挑战》,人大重阳研究报告第61期,2019年11月14日。

英文文献

Aqorau, Transform, "State of the Pacific: Slippery Slopes and Rough Rides in Regional Cooperative Endeavours in the Islands", *SSGM Discussion Paper*, 2016/8, Australian National University, 2016.

Azizian, Rouben, and Carleton Cramer (eds.), *Regionalism, Security & Cooperation in Oceania*, Honolulu: The Daniel K. Inouye Asia-Pacific Center for Security Studies, 2015.

Betzold, Carola, "'Borrowing' Power to Influence International Negotiations: AOSIS in the Climate Change Regime, 1990-1997", *Politics*, Vol. 30, No. 3, 2010, pp. 131-148.

Börzel, Tanja A., and Thomas Risse (ed.), *The Oxford Handbook of Comparative Regionalism*, Oxford: Oxford University Press, 2016.

Bryant-Tokalau, Jenny, *Indigenous Pacific Approaches to Climate Change: Pacific Island Countries*, Cham: Palgrave Macmillan, Springer International Publishing, 2018.

Bryant-Tokalau, Jenny, and Ian Frazer (eds.), *Redefining the Pacific? Regionalism Past, Present and Future*, Aldershot: Ashgate Publishing Limited, 2006.

Bryar, Tim, and Anna Naupa, "The Shifting Tides of Pacific Regionalism", *The Round Table*, Vol. 106, No. 2, 2017, pp. 155 – 164.

Chen, Xiaochen, "China, the United States and Changing South Pacific Regional Order in the 2010s", *China International Strategy Review*, Vol. 1, No. 2, 2019, pp. 330 – 343.

Connell, John, "Vulnerable Islands: Climate Change, Tectonic Change, and Changing Livelihoods in the Western Pacific", *The Contemporary Pacific*, Vol. 27, No. 1, 2015, pp. 1 – 36.

Crocombe, Ron, *Asia in the Pacific Islands: Replacing the West*, Suva: IPS Publications & The University of the South Pacific, 2007.

Cullen, Rowena, and Graham Hassall (eds.), *Achieving Sustainable E – Government in Pacific Island States*, Cham: Springer Nature, Springer International Publishing, 2017.

Curtain, Richard et al., *Pacific Possible – Labour Mobility: The 10 Billion Dollar Prize*, Australian National University and the World Bank, July 2016.

Denton Ashile Denée, "Voices for Environmental Action? Analyzing Narrative in Environmental Governance Networks in the Pacific Islands", *Global Environmental Change*, Vol. 43, 2017, pp. 62 – 71

——, *Building Climate Empire: Power, Authority, and Knowledge within Pacific Islands Climate Change Diplomacy and Governance Networks*, Ph. D. Dissertation, Portland State University, 2018.

Dornan, Matthew et al., "What's in a Term? 'Green Growth' and the 'Blue – Green Economy' in the Pacific Islands", *Asia & The Pacific Policy Studies*, Vol. 5, Special Issue, 2018, pp. 1 – 18.

Dornan, Matthew, and Tess Newton Cain, "Regional Service Delivery among Pacific Island Countries: An Assessment", *Asia & the Pacific Policy Studies*, Vol. 1, No. 3, pp. 541 – 560.

Dorney, Sean, "The Papua New Guinea Awakening: Inside the Forgotten Colony", *Australian Foreign Affairs*, Vol. 3, No. 6, 2019, pp. 71 – 87.

Fanta, Emmanuel, Timothy Shaw and Vanessa Tang (eds.), *Comparative Regionalisms for Development in the 21st Century*, Surrey: Ashgate Publishing Limited, 2013.

Firth, Stewart and Vijay Naidu (eds.), *Understanding Oceania*, Canberra: ANU Press, 2019.

Fisher, Denise, *France in the South Pacific: Power and Politics*, Canberra: ANU E Press, 2013.

Fry, Greg, "Recapturing the Spirit of 1971: Towards a New Regional Political Settlement in the Pacific", *SSGM Discussion Paper*, 2015/3, Australian National University, 2015.

——, *Framing the Islands: Power and Diplomatic Agency in Pacific Regionalism*, Canberra: ANU Press, 2019.

Fry, Greg, and Sandra Tarte (eds.), *The New Pacific Diplomacy*, Canberra: Australian National University Press, 2015.

Hayward – Jones, Jenny, "Cross Purposes: Why is Australia's Pacific Influence Waning?" *Australian Foreign Affairs*, Vol. 3, No. 6, 2019, pp. 29 – 50.

Herr, Richard, "The Frontiers of Pacific Islands Regionalism: Charting the Boundaries of Identity", *Asia Pacific World*, Vol. 4, No. 1, 2013, pp. 36 – 55.

Herr, Richard, and Anthony Bergin, *Our Near Abroad: Australia and Pacific Islands Regionalism*, Barton: The Australian Strategic Policy Institute Limited, 2011.

Hingley, Rebecca, " 'Climate Refugees': An Oceanic Perspective", *Asia & The Pacific Policy Studies*, Vol. 4, No. 1, 2017, pp. 158 – 165.

Holtz, Andreas, Matthias Kowasch, Oliver Hasenkamp (eds.), *A Region in Transition: Politics and Power in the Pacific Island Countries*,

Saarbrücken: Saarland University Press, 2016.

Iati Iati, "Pacific Regionalism and the Polynesian Leaders Group", *The Round Table*, Vol. 106, No. 2, 2017, pp. 175 – 185.

Ismail, Zenobia, *Public Sector Reform and Capacity Building in Small Island Developing States*, Helpdesk Report, K4D, 2019.

Jayaraman, Tiru, "Regional Integration in the Pacific", in Emmanuel Fanta, Timothy Shaw and Tang, Vanessa (eds.), *Comparative Regionalisms for Development in the 21st Century*, Surrey: Ashgate Publishing Limited, 2013, pp. 103 – 125.

Kaufmann, Uwe, "Pacific Trade Liberalisation and Tariff Revenues", *Pacific Economic Bulletin*, Vol. 24, No. 3, 2010, pp. 173 – 182.

Kautoke – Holani, Alisi, "Labour Mobility in the PACER Plus", *Asia & The Pacific Policy Studies*, Vol. 5, No. 1, 2018, pp. 90 – 101.

Keohane, Robert and David Victor, "The Regime Complex for Climate Change", *Discussion Paper*, 10 – 33, The Harvard Project on International Climate Agreements, January 2011, https://www.belfercenter.org/sites/default/files/legacy/files/Keohane_Victor_Final_2.pdf.

Lange, Matthew, *Comparative – Historical Methods*, London: SAGE Publications Ltd., 2013.

Lawson, Stephanie, "Regionalism, Sub – regionalism and the Politics of Identity in Oceania", *The Pacific Review*, Vol. 29, No. 3, 2016, pp. 387 – 409.

——, "Australia, New Zealand and the Pacific Islands Forum: A Critical Review", *Commonwealth & Comparative Politics*, Vol. 55, No. 2, 2017, pp. 214 – 235.

Leslie, Helen, and Kirsty Wild, "Post – hegemonic Regionalism in Oceania: Examining the Development Potential of the New Framework for Pacific Regionalism", *The Pacific Review*, Vol. 31, No. 1, 2018, pp. 20 – 37.

Maclellan, Nic, "Transforming the Regional Architecture: New Players and Challenges for the Pacific Islands", *Asia - Pacific Issues*, East - West Center, No. 118, August, 2015.

——, "The Region in Review: International Issues and Events, 2015", *The Contemporary Pacific*, Vol. 28, No. 2, 2016, pp. 430 - 447.

——, "The Region in Review: International Issues and Events, 2016", *The Contemporary Pacific*, Vol. 29, No. 2, 2017, pp. 322 - 339.

——, "The Region in Review: International Issues and Events, 2017", *The Contemporary Pacific*, Vol. 30, No. 2, 2018, pp. 468 - 481.

——, "The Region in Review: International Issues and Events, 2018", *The Contemporary Pacific*, Vol. 31, No. 2, 2019, pp. 498 - 518.

McGann, Steven, and Ricahrd K. Pruett, "A New Strategic Architecture for the Pacific", *Pacific Islands Brief*, Pacific Islands Development Program (PIDP), No. 2, 13 December 2012.

McNamara, Karen, "Voices from the Margins: Pacific Ambassadors and the Geopolitics of Marginality at the United Nations", *Asia Pacific Viewpoint*, Vol. 50, No. 1, 2009, pp. 1 - 12.

Morgan, Wesley, "Trade Negotiations and Regional Economic Integration in the Pacific Islands Forum", *Asia & The Pacific Policy Studies*, Vol. 1, No. 2, 2014, pp. 325 - 336.

——, "Much Lost, Little Gained? Contemporary Trade Agreements in the Pacific Islands", *The Journal of Pacific History*, Vol. 53, No. 3, 2018, pp. 268 - 286.

Noonan, Chris, "Trade Negotiations with the Pacific Islands: Promise, Process and Prognosis", *New Zealand Yearbook of International Law*, Vol. 9, 2011, pp. 241 - 283.

——, "PACER Plus Progress and Promise: Regional Integration Challenges and Opportunities in the Pacific", *Trade Negotiations Insights*, Vol. 10, No. 9, 2011, pp. 6 - 7.

Penjueli, Maureen, and Wesley Morgan, *Speaking Truth to Power:*

Australian and New Zealand Use of Power Politics to Launch Pacific Free Trade Negotiations, Suva: Pacific Network on Globalisation, 2009.

——, "Putting Development First: Concerns about a Pacific Free Trade Agreement", *Pacific Economic Bulletin*, Vol. 25, No. 1, 2010, pp. 211 – 221.

Porta, Donatella Della, and Michael Keating (eds.), *Approaches and Methodologies in the Social Sciences: A Pluralist Perspective*, Cambridge: Cambridge University Press, 2008.

Powles, Michael (ed.), *Pacific Futures*, Canberra: Pandanus Books, Research School of Pacific and Asian Studies, The Australian National University, 2006.

—— (ed.), *China and the Pacific: The View from Oceania*, Wellington: Victoria University Press, 2016.

Quirk, Genevieve and Quentin Hanich, "Ocean Diplomacy: The Pacific Island Countries' Campaign to the UN for an Ocean Sustainable Development Goal", *Asia – Pacific Journal of Ocean Law and Policy*, Vol. 1, No. 1, 2016, pp. 68 – 95.

Ratuva, Steven, "A New Regional Cold War: American and Chinese Posturing in the Pacific", *Asia & The Pacific Policy Studies*, Vol. 1, No. 2, 2014, pp. 409 – 422.

Schultz, Jonathan, "Theorising Australia – Pacific Island Relations", *Australian Journal of International Affairs*, Vol. 68, No. 5, 2014, pp. 548 – 568.

Scollay, Robert, *South – South and North – South Trade Agreements: The Pacific Islands Case*, United Nations University – Comparative Regional Integration Studies (UNU – CRIS) Working Papers, W – 2010/7, United Nations University, Brugge, Belgium, 2010.

Siekiera, Joanna, "Pacific Islands Development Forum: Emergence of the New Participant in the Pacific Regionalism", *Studia Iuridica Lublinensia*,

Vol. 28, No. 3, 2019, pp. 77 – 87.

Söderbaum, Fredrik, *Rethinking Regionalism*, London: Palgrave, Macmillan Publishers Limited, 2016.

Tarte, Sandra, "Regionalism and Changing Regional Order in the Pacific Islands", *Asia & The Pacific Policy Studies*, Vol. 1, No. 2, 2014, pp. 312 – 324.

——, "The Changing Paradigm of Pacific Regional Politics", *The Round Table*, Vol. 106, No. 2, 2017, pp. 1 – 9.

The Pacific Network on Globalisation, *Defending Pacific Ways of Life: A Peoples Social Impact Assessment of PACER – Plus*, Suva: PANG, June 2016.

Tupou, Olita, *Digital Diplomacy as a Foreign Policy Statecraft to Achieving Regional Cooperation and Integration in the Polynesian Leaders Group*, Dissertation, the University of Malta, 2018.

Wallis, Joanne, *Crowded and Complex: The Changing Geopolitics of the South Pacific*, Barton: The Australian Strategic Policy Institute Limited, 2017.

——, *Pacific Power? Australia's Strategy in the Pacific Islands*, Melbourne: Melbourne University Publishing Limited, 2017.

Warner, Robert, and Marlon Anatol, "Caribbean Integration: Lessons for the Pacific?", *Asia & The Pacific Policy Studies*, Vol. 2, No. 1, 2015, pp. 183 – 196.

Weber, Eberhard, "Trade Agreements, Labour Mobility and Climate Change in the Pacific Islands", *Regional Environmental Change*, Vol. 17, 2017, pp. 1089 – 1101.

Wesley – Smith, Terence, "China's Rise in Oceania: Issues and Perspectives", *Pacific Affairs*, Vol. 86, No. 2, June, 2013, pp. 351 – 372.

Williams, Marc, and Duncan McDuie – Ra, *Combatting Climate Change in the Pacific: The Role of Regional Organizations*, Cham: Palgrave

Macmillan, Springer International Publishing, 2018.

Wolfenden, Adam, and Katie Hepworth, "Bad Neighbours: Australia and New Zealand's Anti - Development Trade Agenda", *Alternative Law Journal*, Vol. 41, No. 3, 2016, pp. 204 - 206.

Yu, Changsen (ed.), *Regionalism in South Pacific*, Beijing: Social Science Academic Press, 2018.

Zhang, Denghua, and Stephanie Lawson, "China in Pacific Regional Politics", *The Round Table*, Vol. 106, No. 2, 2017, pp. 197 - 206.

附　录

附录一　有关国家在太平洋岛国领土上设置的外交机构所在国一览表

	中国	澳大利亚	新西兰	美国	日本	英国	法国	印度
库克群岛		◎	√					
斐济	√	√	√	√	√	√	√	√
密联邦	√	√		√	√			
基里巴斯	◎	√	√					
马绍尔群岛		◎		√	√			
瑙鲁		√						
纽埃			√					
帕劳				√	√			
巴新	√	√	√	√	√	√	√	√
萨摩亚	√	√	√	◎	◎			
所罗门群岛	◎	√	√	◎	√	√		
汤加	√	√	√			◎		
图瓦卢								
瓦努阿图	√	√	√		◎	◎	√	

资料来源：笔者自制（数据截至 2020 年底）

图示：√ 2011 年之前已　◎ 2011—2020 年之间新设立（或恢复设立）

注：不含馆址设在该国领土以外的外交机构。例如，新西兰驻图瓦卢大使馆设在新西兰，美国驻图瓦卢大使馆设在斐济，本表均不予计入。

附录二　太平洋岛国论坛 2019 年 5 月 15 日
关于应对全球气候变化的声明

蓝色太平洋呼吁

紧急采取行动 应对全球气候变化

太平洋岛国论坛声明

2019 年 5 月 15 日

太平洋岛国论坛领导人热烈欢迎联合国秘书长安东尼奥·古特雷斯（António Guterres）到访我们的蓝色太平洋地区，见证气候变化的日常现实，为他 9 月份的气候行动峰会预热。

在《联合国气候变化框架公约》第 25 次缔约方大会即将到来之时，很难找到新词汇、新故事和新体验来传递我们的蓝色太平洋信息——但我们对多边主义的支持是不动摇的，正如我们支持继续为一个更安全的世界的更安全气候而奋斗。

在气候行动峰会上，陈词滥调和重新包装的承诺不能成为我们意见的实质。我们需要根本性的大转变，需要有勇气的领导人准备好落实。

太平洋领导人承诺尽其所能使气候行动峰会成为一个具有雄心的气候变化行动的全球转折点。

我们要求联合国秘书长将我们的观点分享给世界：

蓝色太平洋——我们的伟大海洋大陆，我们的千万座岛屿，我们的强大而坚韧的人民——已经时日无多了。

我们需要现在就行动。我们的生存，这个伟大的蓝色太平洋大陆的生存，系于此举。

气候变化是对我们的蓝色太平洋地区唯一最大的威胁。

所有国家必须同意采取果断而根本性的行动以减少全球排放，确保对需要的国家进行减缓与适应的支持，没有借口。

如果我们不这样，我们将失败。我们将失去我们的家，我们的生活方式，我们的幸福与我们的生命。我们知道这些，是因为我们已经正在经历失去。

我们已经就科学讨论和辩论多年。现在，我们发现没有疑问。我们的美丽蓝色星球正在面对着前所未有的全球灾难。

我们必须改变航向。控制升温在 1.5°C 以下仍然可能，是唯一可行的道路。我们敦促所有缔约方，在所有层次上，现在行动。我们的行动必须迅速，必须具有雄心。

我们的蓝色太平洋正在——将要继续——采取果断行动。

我们颁布了《博埃宣言》，将气候变化置于我们的集体安全行动的最前沿。我们驱动了气候变化的全球倡导，设置了具有雄心的国家自主贡献（NDCs）。通过我们的《太平洋地区可复原性发展框架》（FRDP），我们采取了世界领先的应对气候变化和灾害风险的融合方案。

在今天相会后，我们将返回我们的岛屿家园。我们中的一些人将会发现我们的村子被海浪淹没，我们的家园和公共设施被飓风损毁。我们的珊瑚礁正在死亡，我们的食物正在消失，我们惧怕我们所爱之人的安危，或被最为肆虐的飓风和其他我们地区正在见证的极端天象所伤害乃至夺取。

就（应对气候变化的）目标和承诺取得多边一致还不够。多边主义必须有效，我们必须在各个层次——国际、地区、国家和地方——的面向行动的集体努力上做得更好。

让我们一起抓住联合国大会气候行动峰会的机会，做出我们逆转气候变化所需要的改变。

致主要污染者——我们太平洋的今天就是你们无可置疑的明天。

图瓦卢的海平面上升就是纽约的海平面上升，尽管可能有先有后。

气候变化的影响将削弱——可能逆转——经济发展，制造不稳定与冲突，威胁全地球的生命。没有一个国家或个人能幸免。

我们敦促所有的世界领袖倾听并行动。

为我们所有人行动。

为我们的子孙后代行动。

为我们的未来行动。

让我们一起来拯救我们的蓝色星球。

这必将是我们的遗产。

（翻译：陈晓晨）

Afterword

后 记

本书是我的前一本学术专著《南太平洋地区主义：历史变迁的逻辑》的续作，以我的博士论文第六章"新时期的南太平洋地区主义"为基础，加入了新理论、新观点、新问题和新材料，经过进一步研究扩充而成，可以说是我近年来对太平洋岛国的系列研究的一个阶段性收尾。而整个研究的缘起，可以回溯到五年多前的一次受命。

当时，"一带一路"顶层设计文件《推动共建丝绸之路经济带和21世纪海上丝绸之路的愿景与行动》刚刚发布，明确提出了丝绸之路经济带的六大经济走廊和21世纪海上丝绸之路的两大方向——印度洋方向和南太平洋方向。大方向确定了，如何进行顶层设计，规划建设路径，就成为摆在面前的一道课题。陆上的六大走廊和海上的印度洋方向都有成熟的研究力量；相比之下，南太平洋方向一时找不到合适的团队来执行政策研究。在这种情况下，我接受了任务主持相关研究工作，从此与太平洋岛国结缘。后来，我和我的团队还完成了推进"一带一路"建设工作领导小组办公室的"21世纪海上丝绸之路南太平洋方向建设路径研究"、自然资源部的"21世纪海上丝绸之路进展评估"、"21世纪海上丝绸之路南太平洋方向重点领域研究"等专项课题，参与了《共建"一带一路"：理念、实践与中国的贡献》文件的初稿起草，还承担了一些与"一带一路"南太平洋方向顶层设计和政策沟通有关的课题与任务，为决策的专业性和科学性尽了些绵薄之力。此外，我和团队成员秉持"脚下做学问"的原则，深入一线进行调研和国际交流，将我们对太平洋岛国的实地感知带到政策研究中来，让政策研究更接地气、更有温度。

到2018年年中，这些课题均已结项完成，颇有一点如释重负之感。此时，与太平洋岛国共建"一带一路"南太平洋方向从理念、倡议逐步落实为中太双方的发展战略对接，各领域务实合作进展良好，这也意味着顶层设计阶段的课题研究任务基本告一段落，但同时也面临着一些新问题。在这种背景下，我感到我的研究有必要进一步延伸，从政策研究进入学术研究，并深入到这个地区内部。我发现，多边主义、地区主义是这个地区的重要特征，也是与太平洋岛国共建"一带一路"绕不开的课题，而相关的学术基础研究尚不多，特别是对新时期的太平洋岛国地区合作缺乏研究。因此，我对这个问题又进行了长时间的学术研究。这本专著可以算是对整个系列研究的一次阶段性总结。

在本书付梓之时，我要感谢很多人对这一系列研究的帮助。首先要感谢参与上述课题的课题组成员、咨询和评审专家，包括陈德正、陈永、董雪兵、关照宇、何广顺、吕桂霞、庞中英、苏瑞娜、王学东、相均泳、徐秀军、余家豪、张婷婷、周戎等专家学者，以及同样为课题研究工作做出贡献的实习生常玉迪、池颖、段弄玉、高颜秋雨、何泉霖、吕子亮、杨婷婷、张竞霜等同学。感谢对上述课题提供了帮助的大洋洲研究界前辈、同仁和友人郭春梅、韩锋、李永辉、李增洪、梁甲瑞、刘卿、刘树森、牛丽、沈予加、汪诗明、王华、王婷婷、王晓晴、王作成、于镭、喻常森、张颖、赵青海、赵少峰、周方银等，感谢所有在工作中、特别是从事"一带一路"南太平洋方向研究过程中对我提携帮助的领导、师长、同仁和中外友人，恕不能一一提到。没有他们，这些课题就不可能顺利高质量地完成并达到预期效果。

博士论文写作对我来说是研究途中的一次沉淀。感谢为我的博士学位论文进行指导和评审的老师，特别是我的导师于铁军教授和答辩委员会主席王逸舟教授。感谢范士明、耿协峰、节大磊、梅然、张小明、袁正清、翟崑、周丕启等老师担任开题和答辩委员，感谢对我的论文提出宝贵意见建议的各位匿名评审专家。感谢董聪利、潘荣英和吴昊昙为开题和答辩提供协助。感谢陈晨晨、程诚、顾炜、李晨、梁健、马鑫、祁昊天、邱稚博、许钊颖等学界好友在这个过程中对我的鼓励和指点帮助。感谢斯蒂夫·霍德利和陈新两位老师，促成我到南太研究重镇奥克兰大学访学并担任当地接待人。感谢在此期间帮助过我的那些当地朋友们，给我的人生增添了别样的"南太缘分"。

专著出版和论文发表是对研究成果的又一次淬炼。感谢为《南太平洋地区主义：历史变迁的逻辑》一书出版付出心血的社会科学文献出版社社长谢寿光、组稿编辑张晓莉和责任编辑叶娟。感谢在学术论文刊发过程中为我提供帮助的具名或匿名的专家学者和编辑老师们。感谢华东师范大学外语学院为本书的出版提供的指导，特别感谢国别与区域研究团队陈弘教授、侯敏跃教授、李辉博士、张琳博士和陈曦同学等的大力支持。感谢时事出版社的编辑谢琳和薛晓钰为本书的出版付出的辛勤劳动。

最后，感谢生我养我的父母家人。古人云：父母在，不远游，游必有方。这些年我一次次背起行囊为家国远行，少了很多陪伴父母的时间，也错过了外公外婆的最后一面。2020年因为疫情等原因，我主要都"宅"在家里写作这部书稿和相关文稿，闲暇时看父亲在小菜园里种地，陪母亲在小花园里散步，就这样日出日落，不经意间成全了我长大后跟父母朝夕相处最久的一段时光。父亲现在已经能在地球仪上熟练找到太平洋岛国的位置；母亲是我专著的"第一读者"，已经能把这些岛国的国名记住七八个了，虽然书签好像一直还留在第一章。秋天，我的书房做了重新装修，父亲帮我设计了新书架的外观，木料挑选了巴布亚海棠木，算是把"南太风"带到了家里。也因此起了"海棠书屋"的别名，并不求玉堂富贵，唯愿家人安康。

疫情前的最后一次南太之行，我去了距我国最远的太平洋岛国库克群岛，飞越了国际日期变更线。当然所谓的"线"只是人类的想象，真正的南太平洋并没有这样一条"线",只有别无二致的蓝天白云和蓝色大海,就从一日的结束飞到了又一日的开始。我们的南太研究之旅也是如此,总要有个阶段性收尾,但更是奔向大海和星辰的一次新的启程。

2021 年元旦

北京·海棠书屋

图书在版编目（CIP）数据

新时期太平洋岛国地区合作：全球背景下的考察/陈晓晨著. —北京：时事出版社，2021.12
ISBN 978-7-5195-0427-4

Ⅰ.①新… Ⅱ.①陈… Ⅲ.①太平洋岛屿—国家—国际合作—研究 Ⅳ.①D812

中国版本图书馆 CIP 数据核字（2021）第 266343 号

出 版 发 行：时事出版社
地　　　址：北京市海淀区彰化路 138 号西荣阁 B 座 G2 层
邮　　　编：100097
发 行 热 线：（010）88869831　88869832
传　　　真：（010）88869875
电 子 邮 箱：shishichubanshe@sina.com
网　　　址：www.shishishe.com
印　　　刷：北京良义印刷科技有限公司

开本：787×1092　1/16　印张：27　字数：405 千字
2021 年 12 月第 1 版　2021 年 12 月第 1 次印刷
定价：118.00 元

（如有印装质量问题，请与本社发行部联系调换）